본문 번역과 주석 딸린

대승기신론 통석

본문 번역과 주석 딸린

대승기신론 통석

이홍우 지음

大 乘 起 信 論　通 釋

김영사

본문 번역과 주석 딸린
대승기신론 통석

저자_ 이홍우

1판 1쇄 발행_ 2006. 7. 24.
1판 4쇄 발행_ 2019. 4. 11.

발행처_ 김영사
발행인_ 고세규

등록번호_ 제406-2003-036호
등록일자_ 1979. 5. 17.

경기도 파주시 문발동 출판단지 515-1 우편번호 10881
마케팅부 031)955-3100, 편집부 031)955-3200, 팩시밀리 031)955-3111

값은 뒤표지에 있습니다.
ISBN 978-89-349-2247-6 03220

홈페이지_ www.gimmyoung.com   블로그_ blog.naver.com/gybook
페이스북_ facebook.com/gybooks   이메일_ bestbook@gimmyoung.com

좋은 독자가 좋은 책을 만듭니다.
김영사는 독자 여러분의 의견에 항상 귀 기울이고 있습니다.

머리말

　제가 이 통석의 대본이 된 대승기신론의 본문을 번역하고 약간의 주석을 붙인 것은 정확하게 15년 전의 일입니다. 저는 그때 제가 한 일의 결과를 그 당시에 출판된 형태 그대로 이 통석의 부록으로 붙여 놓았습니다. 독자가 보는 바와 같이, 그 책의 '역자 후기'에서 저는, 제가 붙인 주석은 '이론적 논의'라고 할 만한 것이 되지 못한다는 말에 뒤이어, '본격적인 이론적 논의는 별도의 기회로, 또는 아마도 기신론 연구의 능력과 열의를 가진 독자에게 미룰 수밖에 없다'고 말하였습니다. 이 말을 했을 때 저는 다른 사람들('독자')이 그 일을 해 주기를 바랐을망정, 제 자신이 그 일을 하리라고는 별로 생각하지 않았습니다. 저의 그 작업이 다른 사람들의 '이론적 논의'를 얼마나 촉진했는가는 저로서는 알 수 없습니다마는, 결과적으로 이 통석은 그때 '별도의 기회로' 미루겠다고 한 그 일에 해당합니다. 생각해 보면, 제가 기신론을 번역하고 주석을 붙인 그 원래의 작업이 모종의 불가사의한 필연에 의한 것이었듯이, 이 통석 또한 그러합니다.

그 '역자 후기'에 적혀 있는대로, 저는 불교신자가 아니요 불교학자는 더욱 아닙니다. 그 후에 저는 이 사정을 아는 사람들로부터 '불교신자도 불교학자도 아닌' 제가 애당초 어떻게 기신론을 번역하게 되었는가 하는 질문을 이따금 받았습니다. 이제, 이야기삼아 이 질문에 대답해 보겠습니다.

저의 '학문적 생애'의 꼭 절반이 되는 시점에서 저는 '홀연히' 다음과 같은 생각을 하게 되었습니다. (여기서 '학문적 생애'라고 말하는 것은 제가 대학에서 교육학을 가르치기 시작했을 때부터 정년퇴임까지의 기간을 가리킵니다.) ― '가령 지금 당장 영어로 된 교육학 책이 한 권도 없이 사라진다고 하자. 이미 머리 속에 들어와 있는 "서양 교육학"이야 지워버릴 수도 비워버릴 수도 없겠지만, 머리 바깥에 있는 책은 모두 없어진다고 하자. 그래도 교육학 공부는 해야 하고, 교육학을 가르치고 배우는 일은 해야 한다고 하자. 어떻게 하겠는가? 누구든지 이때에는 영어로 된 책―말이 아니라 생각이 영어로 된 책―이외의 것으로서 교육학 책에 해당하는 것을 읽고 그것으로 교육학을 가르치고 배울 수밖에 없을 것이다.' 이 생각을 한 이후에 저는 제가 담당한 과목 중에서 그 이름이 저의 목적에서 그다지 멀리 빗나가지 않는 과목을 담당할 때마다 유가 사상과 도가 사상에 관련되는 고전들을 한 학기에 한 권씩 학생들과 읽고 그것을 '교육학적 관점'에서 해석하는 일을 하였습니다. 학생들도 아마 마찬가지였을 것입니다마는, 특히 그 교과목을 담당한 저에게 그 어려움은 그야말로 '껍질이 째지는 아픔'이요 '두뇌 수술의 고통'에 해당하는 것이었습니다. 그 강의는 거의 완전히 장님이 장님을 이끄는 꼴로 진행되었습니다.

물론, 저의 능력과 정력의 제약뿐만 아니라 제가 담당한 교과목의 성격에서 오는 제약 때문에 저는 유가와 도가의 고전을 별로 많이 읽지는 못하였습니다. (그래도 저는 그 얼마 안되는 고전에 관해서는 학기가 끝날 때마다 논문 한 편씩을 써서 출판하였습니다.) 그 계통의 책을 얼마만큼 읽은 후에 저는 불교에도 제가 읽어야 할 책이 있으리라는 데에 생각이 미쳤습니다. 그때 저의 눈에 띈 것이 대승기신론입니다. 이 책은 그 제목—대승의 믿음을 일으키는 논술—부터가 교육학적 의미를 강하게 풍기고 있었습니다. 그때 저는 이전에 유가와 도가의 고전을 읽던 방식대로, 한문 원문 이외에 국문과 영문 번역을 참고해 가면서 학생들과 완전히 동일선상에서 읽고 토론하였습니다. 아니, 그렇게 읽고 토론하면 되겠지 하고 생각했다고 말하는 편이 더 정확합니다.

그러나 이 생각은 어이없이 빗나갔습니다. '역자 후기'에 적혀 있는대로, '사람이 한 말은 사람이 알아들을 수 있다'는, 기신론을 처음 손에 넣었을 때의 저의 마음가짐이 그토록 무참히 저를 배반할 줄이야 어찌 알았겠습니까? 제가 참고한 국문 번역 네댓 권은 제가 기신론의 말을 알아듣는 데에 전혀 도움이 되지 못하였고, 그 점에서는 저의 번역판 말미에 그의 기신론 해설이 실려 있는 Y. S. Hakeda의 영문 번역도 별로 나을 것이 없었습니다. 제가 유가 도가의 문헌을 읽었을 때 겪었던 어려움은 기신론에 비하면 아무 것도 아니었습니다. 지금 생각해 보면, 앞의 어려움은 거기에 적힌 말이 드러내고자 하는 '객관적' 세계를 상상하기가 어려웠기 때문인 반면에, 뒤의 어려움은 거기에 적힌 말을 배태하고 있는 '주관적' 사고방식을 함께할 수 없었기 때문이었던 듯합니다. 그 정도로 그것은 도무지 '사람이 한 말' 같지가 않았습니다.

첫 번의 참담한 패배에도 불구하고 그 이후 저는 계속 기신론에 마음이 끌렸던 것이 분명합니다. 왜냐하면 그로부터 3년이 지난 어느 학기에 저는 또 한번 학생들을 볼모로 하여 기신론 이해에 도전하였기 때문입니다. 지난 번의 쓰라린 경험을 교훈으로 삼아, 저는 이번에는 주별로 할당된 원문을 매주 '국어의 표준적 문법에 맞게 고쳐 써서' 그때그때 학생들에게 나누어 주었습니다. 그러니까 저의 이른바 '기신론 번역'은 애당초 출판은 말할 것도 없고 번역을 하겠다고 생각하고 한 것이 아니라 오로지 기신론을 제 자신이 알아들을 수 있는 말로 바꾸어 보려는 슬픈 열망에서 빚어진 것입니다. 어쨌든 이런 식으로 하여 그 학기가 끝났을 때 저는 기신론 본문 번역의 草案초안을 가지게 되었습니다. 그후에 출판된 번역도 완전히 정확하다고는 말할 수 없습니다마는, 그것에 비하면 이 초안은 그야말로 노트에 불과하다고 말할 정도로 불완전하기 짝이 없었고, 게다가 초안에는 현재의 번역판에 나와 있는 註釋주석은 전연 달려 있지 않았습니다. 이 초안이, 그 당시 저와 가까이서 공부하던 한 학생의 격려와 지원에 뒷받침되어, 그것을 정식 번역물로 출판하도록 저를 부추겼습니다.

학기 말 이후 신정 연휴가 끝난 1월 4일, 출판사에 원고를 넘기기까지 약 한 달 동안, 저는 오로지 그 초안을 번역물로 만드는 일에 매달렸습니다. 그때 저는 한글을 창제할 때의 세종대왕을 가리키는 '침식을 잊고'라는 말이 무슨 뜻인지 알 것 같았습니다. 세종대왕의 경우에 그 말은 '먹지 않고 자지 않았다'는 뜻이 아니라 '밥먹고 잠자는 시간 이외에는 오로지 그 일에 매달렸다'는 뜻입니다. 저도 그러했습니다. 분명히, 이런 의미에서의 '침식을 잊는' 일은 누군가가 시킨다고 되는 일이 아니라 하지 않을래야 않을 수 없을 때, 한자어로 '不得已'부득이할 때 비로소 되는 일입니다. 그 짧은 기간에 제가 한 일의 양—원문을 가다듬는 것 이외에, 빈약하기는 하지만 군데군데 문단 대조까지 곁들인 주석을 붙이는 것과 색인을 만드는 것 등등—을 보면, 그것은 제 자신이 한 일이라고는 도저히 믿어지지 않습니다. 제가 언제나 달고 다니는 만성적인 두통과 팔다리의 통증이 그 동안에는 감쪽같이 사라진 것만 보더라도, 그 일을 한 저는 분명히 제 자신이 아니었다고 말할 수밖에 없습니다. 현재의 번역판 앞부분에 실려 있는 '말 울음 보살에게'라는 詩시는 번역판 원고의 마지막 글자를 쓰고 난 순간, 초등학교 작문 시간 이후로 시라고는 써본 일이 없는 저에게 '홀연히' 떠오른 생각을 그대로 적은 것입니다.

제가 보관하고 있는 이전의 강의 노트들을 뒤져 보고 비로소 안 사실입니다마는, 저는 번역판이 출간된 이후로도 1992년 봄에서 2002년 가을에 이르는 기간 동안 네 학기나 더 기신론 강의를 하였습니다. (그러니까 저는 번역판 전후에 걸쳐 도합 여섯 학기 동안 기신론 강의를 한 셈입니다.) 이것은 제 자신도 믿기 어려울 정도로 놀라운 일입니다. 제가 무엇 때문에 그토록 여러 번 똑같은 책으로 강의를 했는지 도무지 알 수가 없습니다. 제가 자신 있게 말할 수 있는 것은, 그 강의는 번번이 저에게 그전에는 할 수 없었던 생각을 하도록 만들었고 그 결과로 저에게 가르쳐 준 것이 있었다는 것입니다. 이 통석은, 그것이 생겨난 배경으로 말하면, 저의 기신론 '강의'—그 중에서도 특히 번역판이 출간된 이후 네 차례에 걸쳐 학생들과 동일선상에서 기신론을 읽고 토론한 지적 탐색—의 결과입니다. 이렇게 말하는 것은 그 강의가 저에게 이 통석에서 말할 거리를 안겨 주었기 때문이라기보다는 저에게 이 통석의 필요성을 느끼게 해 주었기 때문입니다. 저의 강의에 참여

한 학생들은, 소수의 학사 과정 상급학년 학생들을 제외하면, 주로 대학원 과정의 학생들이었습니다. 독서 능력으로 말하면 그 학생들은 우리 나라 독서 인구의 상위 5퍼센트나 10퍼센트에 속한다고 말할 수 있습니다. 그런데도 그 학생들은 우선 본문과 주석을 '해독'하는 데에 굉장한 곤란을 겪고 있었습니다. 사실상, 필자인 저의 눈이 아닌 독자인 학생의 눈으로 그 책을 읽어 보았을 때 저는 그 주석이 결코 친절하지 않다는 것을 느낄 수 있었습니다. 만약 '通釋'통석이라는 말 그대로, 기신론 본문의 순서에 구애됨이 없이, 기신론의 특징적인 사고체계를 전체적으로 해석하는 책이 있어서 그것을 먼저 읽는다면 학생들은 본문과 주석을 읽고 그 의미를 스스로 찾아 내는 데에 그토록 곤란을 겪지 않았을 것입니다.

그러나 통석은 결코 흔히 말하는 '알기 쉬운 기신론'이 되어서는 안됩니다. 제가 생각하기에, '알기 쉬운'이라는 말이 붙어 있는 책은 어떤 것이든지 일단 수상한 눈으로 보아야 합니다. 제가 생각하는 통석은 오히려 '알기 쉬운' 것과는 반대가 되어야 합니다. 이것은 이 통석의 '기본 정신'에 해당하는 것이기 때문에 약간 자세하게 말할 필요가 있습니다. 사실상, 저와 함께 기신론을 읽고 토론하는 동안, 학생들은 고등학교 교과서를 공부할 때 누구나 하는 것과 같은 '요점 정리'를 하면서 기신론을 읽고 있었습니다. 이것은 예상되고도 남음이 있습니다. 글자로 찍혀 있다는 점에서는 기신론이나 고등학교 교과서나 전혀 다를 것이 없고, 학생들에게 익숙한 공부 방법은 그런 '요점 정리' 이외의 다른 것이 될 수 없을 것이기 때문입니다. 공부라는 것은 책으로 하는 것이요, 책으로 하는 공부는 모두 그런 것으로 생각되는 것입니다. 그러나 분명히 말하여, '요점 정리' 식으로 기신론을 읽어서는 기신론이 전달하고자 하는 의미의 근처에도 가지 못합니다. 이렇게 말하는 것은, 고등학교 교과서는 '요점 정리' 식으로 공부해도 괜찮다는 뜻이 아닙니다. 그러나, 약간은 냉소를 섞어 말하자면, 고등학교 교과서의 '요점 정리'는 시험 치는 데라도 도움이 됩니다. 조금이라도 고등학교 교과서를 닮은 책—이른바 '이론 서적'—을 읽는 경우에는 다같이 해당합니다마는, '요점 정리'가 글공부의 전형적인 또는 유일한 방법이라는 통념은 글공부를 위한 가장 치명적인 해독입니다. 기신론의 경우에 그 '요점'이라는 것은 무엇의 요점이며, 그 요점을 알게 되었다고 해서 무엇이 달라지는지는 아무도 모릅니다. 기신론에 적혀 있는 말을 읽을 때마다 '응, 그렇지, 그렇지' 하면서 읽는 것은, 물은 수소와 산소로 되어 있다, 응, 그렇지, 삼각형의 內角내각의 합은 180도다, 응, 그렇지 하는 것과 마찬가지로, 아무런 '이해'도 가져다 주지 않습니다.

　'요점 정리'가 배우는 사람 편에서 기신론을 공부하는 방법이라면, 그것에 상응하는 '가르치는 방법'이 어떤 것인가 하는 것도 우리 모두에게 익히 알려져 있습니다. 그것은 곧 그 요점을 자세하게 풀이하거나, 특히 기신론의 경우에는, 그 요점과 관련된 다른 경전 구절을 덧붙이는 것입니다. 이것은 기신론 '강의'에서 제가 한 일이 아니었습니다. (차라리 제가 할 수 있는 일이 아니었다고 말하는 편이 더 옳습니다.) 기신론 '강의'에서 제가 할 수 있고 또 해야 할 역할은 오직 '요점 정리'에 익숙한 학생들을 '모르는 사람'으로 만드는 일이었습니다. 기신론이건 H2O건 삼각형의 내각의 합이건 그밖의 어떤 것이건 간에, 공부에 선생이 필요한 이유는 바로 여기에 있습니다. 학생들을 '모르는 사람'으로 만드는 것은 '알기 쉬운 기신론'이 취하는 것과는 완전히 반대되는 방향입니다. 학생들을 모르는 사람으로 만든다는 것은 그들이 질문을 가지도록 이끈다는 뜻입니다.

학생은 질문을 할 수 없다 하더라도 선생은 질문을 할 수 있고 또 해야 합니다. 학생이 해야 할 질문에는 '어째서 그러한가'와 같이 비교적 단순한 의문에서 시작하여 '이 말이 맞다면 그 다음에는 무슨 말을 받아들여야 하는가'라든지 '이 말을 할 때 저자는 무슨 생각을 했겠는가' 또는 '그때 저자의 정서상태는 어떠했겠는가'와 같이 비교적 높은 수준의 것에 이르기까지 여러 층이 있을 것입니다. 학생들이 이런 질문을 할 수 있도록 하는 일은 결코 쉽지 않습니다. 그것은 바로 가르치기가 어려운 것과 동일한 이치입니다. 학생을 '모르는 사람'으로 만들기 위해서는 우선 선생 자신이 모르는 사람이 되어야 하며, 선생이 모르는 사람의 입장에서 위와 같은 질문을 할 수 있으려면 그는 '아는 사람'이어야 합니다. 제가 학생들을 가르친 그 기간 동안 시시각각 뼈저리게 경험한 사실입니다마는, 심지어 '어째서 그러한가'와 같은 단순한 의문조차도—만약 그것이 생트집이 아닌 진정한 의문이라면—지금 공부하는 내용에 관하여 알지 못하고는 생길 수 없습니다. 그동안의 교직 생활이 저에게 안겨준 한 가지 확신은, 선생이 갖추어야 할 가장 중요한 자질은 명제('아는 것')를 질문('모르는 것')으로 바꾸는 능력이라는 것입니다. 물론, 이 선생의 자질은 학생이 현재 갖추고 있거나 궁극적으로 갖추어야 할 자질과 다르지 않으며, 그 학생이 장차 선생이 되는가와는 상관없이 누구에게나 중요합니다. 그리고 이 자질은 소크라테스가 죽음으로 그 중요성을 입증하려고 한 자질이기도 합니다.

교실이나 학회에서 너무나 자주 목격되는 바와 같이, '반론'은 흔히 질문과 동일한 형식을 취하고 또 그 때문에 질문과 혼동됩니다마는, 질문과 반론은 엄밀히 구분되어야 합니다. 질문은 명제를 그 대답으로 요구하는, 명제를 그것이 나오기 이전으로 한 단계 뒤로 물린 '열린 명제'임에 비하여, 반론은 명제와 동일한 위치에 있는 '닫힌 명제'입니다. 그러나 또한 반론은, 명제가 그렇듯이, 질문을 잠재적인 형태로 배태하고 있으며, 이 점에서 원칙상 질문으로 바꿀 수 있습니다. 제가 경험한 바에 의하면, 학생들은 자신이나 다른 학생의 '반론'을 질문으로 바꾸어야 하는 경우에 완전히 속수무책이었습니다. 명제를 질문으로 바꾸는 능력이 있는 선생은, 또 그런 선생이라야 이 일을 할 수 있습니다. 한 가지 대단히 중요한 사실은, 반론은, 만에 하나 누군가에게 이익이 된다면, 그것을 받는 사람에게만 이익이 되는 반면에, 질문은 그것을 하는 사람이나 받는 사람에게 다같이 이익이 된다는 것입니다. 저는 학생들을 향하여 이따금 농담조로 질문과 반론을 각각 '自利行자리행 질문'과 '利他行이타행 질문'이라고 불렀습니다. 자리행은 이타행을 겸할 수 있지만, 이타행은 결코 자리행이 될 수 없습니다.

제가 앞에서 이 통석의 '기본 정신'이라고 말한 것은 바로 이 점을 가리킵니다. 실지로 그 일을 얼마나 잘 해내었는가와는 별도로, 이 통석에서 저는 스스로 '모르는 사람'이 되어 그 '모르는 것'을 저의 지력이 허락하는 데까지 해명하려고 노력하였습니다. 똑같은 말을 다르게 하는 것에 지나지 않습니다마는, 저에게 있어서 이 통석은 다른 누구도 아닌 제 자신에게 기신론의 의미를 분명히 하기 위하여 쓰인 것입니다. 사실상, 이 통석을 쓰는 동안에 여러 대목에서 저는 이전에 막연하게 생각했던 것이 한층 더 명료한 형태로 제 자신에게 확인되는 것을 경험할 수 있었습니다. 이 통석이 다른 사람에 대하여 가지는 의미가 있다면, 그것은 오직 그가 기신론을 읽는 동안에 할 수 있고 또 해야 할 생각을 제가 대신해 주었다는 것과, 그가 이 통석에 적힌 것을 디딤돌로 삼아 자신의 독자적 생각을 할 수 있게 되리라는 것입니다. 말할 필요조차 없습니다마는, 저는 이 통석에서 기신론에 들어 있는 문제를 남김없이 들추어냈다고는 말할 수 없습니다. 기신론에 들어 있는 문제는 삶의 문제가 그렇듯이 기신론의 표현으로 '한도 끝도 없는'(無量無邊무량무변) 것입니다.

이 자리에서 저는 이 통석을 읽는 독자에게 감히 두 가지 당부의 말씀을 올릴까 합니다. 제가 독자에게 당부하고 싶은 것은 한두 가지가 아니지만, 그 중에서 가장 중요한 것은 이 통석을 대하는 독자의 마음가짐에 관한 것입니다. 최종적으로 독자의 손에 쥐어졌을 때의 모양으로 보면, 이 책은 마치 일사천리로 쓰인 듯이 깨끗하게 정리된 모양을 하고 있을 것입니다. 그러나 말할 필요도 없이 그것이 '처음부터' 그러한 모양을 하고 있었던 것은 아닙니다. 이 통석을 쓰기 '전에' 제가 한 많은 생각은 그만두고 그것을 쓰는 '동안에' 한 생각만 가지고 말하더라도 여기에 최종적으로 적힌 것은 그것의 10분의 1, 100분의 1도 되지 않습니다. 제가 독자에게 당부하고 싶은 것은 제가 이 책을 쓰는 동안에 기울인 '노력'까지는 아니라 하더라도 들인 '시간'의 절반만 들여달라는 것입니다.

위에서 말한 이 통석의 '기본 정신'이 기신론 본문과 통석의 서술 방식에 어떤 모양으로든지 차이를 가져오리라는 것은 충분히 예상될 수 있습니다. 약간 단순화해서 파악하자면 그 차이는 진여와 상념의 관련 방식의 차이로 도식화될 수 있습니다. 기신론 본문은 진여가 있다는 것을 전제로 하여 그것으로 상념의 존재를 설명한다는 점에서 진여를 논의의 출발로 삼는다고 말할 수 있습니다. 여기에 비하여, 통석은 상념의 존재에서 출발하여 그것에서 진여를 도출해 내는 방식을 따르고 있습니다. 도식적으로 말하여, 기신론 본문은 '진여에서 상념으로'의 방향으로 논의를 진행시키는 반면에 통석은 '상념에서 진여로'의 방향을 따르고 있습니다. 이 서술 방식의 차이는 실지로 진여를 먼저 말하는가 상념을 먼저 말하는가와는 관계가 없습니다. 이 통석의 말미에 붙은 '追記' 추기에 드러나 있는 바와 같이, '상념에서 진여로'의 방향은 칸트 철학이 따르는 방향과 동일합니다. 기신론이 따르는 방향과의 관련에서 보면, 그것은 칸트의 표현으로 '코페르니쿠스적 전환'을 나타낸다고 말할 수 있습니다. ('진여에서 상념으로'의 방향을 '상념에서 진여로'의 방향으로 전환한 것이 칸트가 말한 '코페르니쿠스적 전환'과 그 의미나 지시대상에 있어서도 동일한 것인가에 관해서는 더 생각해 볼 여지가 있습니다.)

생각해 보면, 본문과 통석이 따르는 그 두 가지 상이한 방향은 종교적 사고방식과 철학적 사고방식의 차이에서 비롯된다고 말할 수 있습니다. 종교는 진여가 있다는 '믿음'에서 출발하는 반면에, 철학은 그것을 개념적으로 논증해야 하는 것입니다. 그리하여 이 통석이 '상념에서 진여로'의 방향을 따르는 것은 기신론이 나타내고 있는 종교적 사고를 개념적 사고에 의하여 이해하려고 하는 데서 불가피하게 취해진 조치라고 말할 수 있습니다. 그러나 그렇다고 해서 이것이 기신론의 취지에서 완전히 벗어났다고 말할 수는 없습니다. 기신론이 종교적 저작임을 부정할 수는 없습니다마는, 그 종교적 저작은 독자에게 가장 치밀한 개념적 사고에 의하여 그것을 '논증'하도록 요구하고 있습니다. 아닌게 아니라, 이 통석을 쓰는 동안 이따금 저는 기신론이 말하고자 하는 내용을 글로 옮기는 제 자신을 돌아보면서, 스스로 참선을 하는 수행자가 하는 것과 본질상 동일한 일을 개념적 사고방식으로 한다는 느낌을 받았습니다. 모르기는 합니다마는, 저의 그 '수행'은 효과에 있어서도 참선과 별로 다르지 않을 뿐만 아니라, '효과'로는 다 말할 수 없는 그 이상의 의미를 가지고 있을 것입니다.

이 통석을 쓰는 일이 거의 끝나갈 무렵에 가서야 비로소 저는 위에서 말한 '전환'은 전환으로서 충분히 근본적인 것이 되지 못한다는 점에 생각이 미쳤습니다. 참으로 근본적인 것이 되려면 그 전환은 진여와 상념의 관련 방식에서의 전환이 아닌 이론적 설명과 실제적 수행의 관련 방식에서의 전환이어야 합니다. 더 정확하게 말하여 그것은 한편으로 진여와 상념의 관련 방식에 관한 이론적 설명과 또 한편으로 상념을 진여로 향하게 하는 실제적 수행의 관련 방식에서의 전환이어야 합니다. 만약 이 전환을 표면에 명백히 노출시키려고 하면, 저는 현재의 통석에서처럼 이론적 설명을 먼저 하고 난 뒤에 그것을 실제적 수행과 관련지어 설명하는 대신에, 실제적 수행 방법을 먼저 제시하고 난 뒤에 그것에 들어 있는 이론적 문제를 해결 또는 해명했어야 할 것입니다. 애당초 이 후자의 '근본적 전환'을 실현할 생각을 했다 하더라도 과연 제가 그 방향대로 통석을 쓸 수 있었을지는 의문입니다. 그러나 그렇다 하더라도, 이 전환된 방향에서는 수행이라는 것이 참으로 어떤 것이며 그것이 우리 삶에서 어떤 의미를 가지는가가 좀더 완전하고 분명하게 드러나리라는 믿음에는 변함이 없습니다. 당부하건대, 독자는 통석에서 제가 '수행의 주제가 다루어지기 전에 기신론이 제시하는 이론적 설명은 수행의 주제 안에서 그대로 되풀이된다고 보아야 한다'고 말했을 때의 저의 생각을 좀더 눈여겨보면서 통석을 그런 관점으로 이해할 수 있었으면 합니다.

이 통석의 부록으로 붙어 있는 기신론 본문은 몇 군데 표현을 가다듬고 誤字오자를 바로잡은 것을 제외하고는 15년 전에 나온 그대로입니다. 그것을 부록으로 붙인 것은 무엇보다도 통석을 읽는 동안에 필요할 때마다 본문을 '즉각적으로' 참조할 수 있도록 하기 위한 것입니다. 지금 인용되고 논의되는 기신론의 말을 이해하는 데에는 본문에서는 그것이 어떤 맥락에서 등장하는지를 아는 것이 도움이 될 것입니다. 그러나 분명히 말하여, 이 통석은 본문을 이해하는 데에 필요한 길잡이요 보조 수단이며, 결코 본문을 대치할 수는 없습니다. 본문을 둘러싸고 있는 문헌학적인 불가사의에 관해서는 통석의 앞부분에 언급되어 있습니다마는, 大乘起信論대승기신론은 문헌학적인 면에서만 아니라 내용 면에서도 그에 못지않게, 또는 아마도 그보다 더하게, 불가사의를 나타내고 있습니다. 제가 읽은 책과 읽지 않은 책을 통틀어 세상에는 훌륭한 책들이 하늘의 별보다 많겠지만, 저의 경우에 이 책만큼 詩的시적 감동을 자아내는 아름다운 문장으로 그토록 심오하고 숭고한 생각을 압축해서 표현한 책은 아직 보지 못하였습니다. 저의 느낌은, 한 마디로, 이 책은 사람의 손으로 쓴 책이 아니라는 것입니다. 거의 틀림없이, 저의 이 느낌은 기신론 본문이나 심지어 통석에 인용된 본문 구절을 통해서도 독자에 의하여 직접 확인될 수 있을 것입니다. 뿐만 아니라, 이 책은 불교신자나 불교에 특별히 관심을 가진 독자에 국한되지 않고 모든 독자에게 보편적 관심사가 되는 문제를 다루며, 따라서 삶의 문제에 관심이 있는 독자라면 누구나 관심을 가질 수 있고 또 가져야 마땅합니다. 이 책의 한 마디 한 마디를 좁은 의미에서의 '불교적' 관점에서 이해하려고 하는 것은 필경 이 책의 의미와 의의를 어이없이 훼손하는 결과를 가져오게 될 것입니다.

元曉大師원효대사(617~686)가 쓴 大乘起信論疏대승기신론소로 말미암아, 우리나라 사람들에게 대승기신론은 본문 이전에, 또는 심지어 본문과는 무관하게, 원효의 그 주석을 통하여 널리 알려져 있습니다. 저의 대승기신론 본문 번역판의 말미에 실려 있는 '하께다 해설'에 명백히 지적되어 있는 바와 같이, 원효의 주석은 세계적으로 그 권위가 인정되고 있는 우리나라의 자랑거리입니다. 그러나 원효의 주석은 본문과 마찬가지로 한문으로 되어 있기 때문에, 오늘날의 형편으로 보면 그것이 기신론 이해에 주는 도움에는 분명히 한계가 있습니다. 감히 말씀드리자면 저의 이 통석은 편집체제에 있어서만 아니라 말이나 생각에 있어서도 원효의 대승기신론소와 다른 '현대판 대승기신론소'에 해당합니다.

이 통석에는 번역본의 첫머리에 실렸던 '역자 해설'이 맨 마지막으로 옮겨 실려 있습니다. 통석과의 관련에서 보면, '역자 해설'은 15년 전에 쓰인 통석의 압축판에 해당한다고 볼 수 있기 때문에 빼어버릴 생각도 했습니다마는, 그 자체로서도 읽힐 만하다는 생각에서 그대로 싣기로 하였습니다. 기신론 해설이라면 모두 그렇듯이, 이 통석은 기신론에 관한 저의 '주관적인' 해석을 나타내고 있습니다. 통석이 '제가 보기에는'이라든지 '제가 생각하기에는'으로 점철되어 있다는 것은 그 명백한 증거입니다. 그러나 '주관적인' 해석이라고 하여 '임의적인' 것이 될 수는 없습니다. 제가 어떤 대목에서 기신론 본문과 어긋나는 해석을 했는지는 저로서는 알 길이 없습니다. 그것은 독자가 판단해야 할 문제입니다.

번역판이 출간된 이후에 저는 생면부지의 독자 서너 명으로부터 격려의 전화를 받았습니다. '一騎當千'일기당천이라는 말은 이 경우

를 위하여 생겨난 듯합니다. 그 한 명 한 명의 독자는 그냥 한 명이 아
니라 제가 이 통석을 쓰는 데에 '千軍萬馬'천군만마의 힘을 실어 주었
습니다. 서울대학교 사범대학 교육학과 박사과정에서 불교와 관련된
논문을 준비하고 있는 李美鍾 선생은 민첩하고 정확하게 저의 난잡한
手稿수고를 깨끗하게 타자하는 일에서 시작하여 모든 필요한 도움을
아끼지 않았습니다. 그의 노력과 정성이 단순히 육체적, 정신적 '노동'
에 그치지 않고, 이미 상당히 멀리 나아간 그의 공부에 조금이라도 보
탬이 되기를 바랍니다. 마지막으로, '불교 연구'와 공식적인 인연이 없
는 저를 믿고 이 책의 출판을 선뜻 허락해 주신 김영사의 朴恩珠 사장
님께 감사를 드리며, 이때까지 그분이 쌓으신 法布施법보시가 이 책
의 출판으로 더욱 빛을 발하게 되기를 바랍니다. 또한, 이 책의 내용에
과분하도록 아름답게 책을 꾸며주신 편집부의 黃銀姬 선생께도 감사
의 뜻을 표합니다.

2006년 正初

李 烘 雨 謹識

大乘起信論 通釋

大乘起信論 通釋

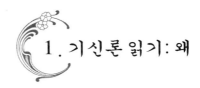

1. 기신론 읽기 : 왜

책을 읽을 때 우리는 반드시 무슨 '목적'이나 '이유'가 있어서 읽는 것은 아닙니다. 또 설사 목적이나 이유가 있다고 하더라도 그것은 사람마다 또 경우마다 다를 것입니다. 그런데 이제 막 어떤 사람이 이 책, 대승기신론을 손에 들고, 자신은 왜 이 책을 읽어야 하는지, 무엇 때문에 이 책을 읽으려고 하는지 스스로에게 물어 본다고 생각해 봅시다. 그 당사자의 대답이 중요하지 않은 것은 아니지만, 그것과는 별도로, 우선 이 기신론이라는 책에서는 이 질문에 대하여 어떤 대답을 내어놓고 있는지 알아보는 것이 좋을 듯합니다.

이 책의 마지막에 '수행이 가져다 주는 이익'을 말하는 부분에는 다음과 같은 말이 적혀 있습니다―'어떤 사람이 있어, 능히 삼천대천 세계에 가득 찬 중생을 교화하여 그들로 하여금 十善십선을 행하도록 한다 하더라도, 한끼 밥먹을 동안 이 가르침에 관하여 올바른 사색을 하는 것만 같지 못하다. 이 후자의 공덕은 전자의 공덕과는 비길 수조차 없다. 또한 어떤 사람이 이 논술을 구하여 그 의미를 세밀히 살피고 그에 따라 수행하기를 하루 낮 하루 밤을 하면 그가 쌓은 공덕은 한도 끝도 없이 이루 말로 다할 수 없으며, 설사 시방 세계의 모든 부처가 각각 무수겁의 세월을 두고 그 공덕을 찬양한다 하더라도 오히려 부족하다'(93). (이하 인용된 글 다음에 나오는 숫자는 이 통석의 부록으로 붙어 있는 기신론 본문의 문단 번호이며, 인용은 특별한 경우가 아닌 한 모두 번역문입니다.)

이제 여기에 인용된 말을 좀더 자세히 읽어 봅시다. 이 책에 적혀 있는 가르침에 관하여 '한끼 밥먹을 동안' 올바른 사색을 하는 것, 또는 이 책의 의미를 세밀히 살피고 그것에 따른 수행을 '하루 낮 하루 밤'을 하는 것, 그것은 이 세상에서 우리가 쌓을 수 있는 그밖의 어떤 공덕보다 이루 말할 수 없이 한도 끝도 없이 크며, '시방 세계의 모든 부처가 각각 무수겁의 세월(영원)을 두고 그 공덕을 찬양해도 오히려 부족하다'는 것입니다. 이런 말을 들을 때 우리는 당장 어떤 생각을 하게 됩니까? 제가 짐작하기로는, 아주 독실한 불교 신자를 포함하여 대다수의 사람들은 '말인즉, 그렇다'는 식으로 생각할 것입니다—'그것은 정말로 그렇다는 뜻이 아니라, 그 정도로 이 책을 읽는 것이 중요하다는 뜻이다. 말하자면, 기신론 저자의 그 말은 "백발이 3천 척"이라든지 이 책에 몇 번 나와 있듯이, "간지스하의 모래보다 더 많은 번뇌"와 같은 중국 사람이나 인도 사람 특유의 과장법을 나타내고 있다. 언어적 감수성이 극도로 무딘 사람이 아니고는 아무도 그 말을 문자 그대로 받아들이려고 하지 않을 것이다. 등등.'

그러나 저는 그렇게 생각하지 않습니다. 언어적 감수성이라면 저도 남에게 별로 뒤지지 않는다고 생각합니다마는, 저는 기신론의 그 말이 털끝만큼도 과장이 아닌, 사실 그대로라고 생각합니다. 이제 제가 어째서 그렇게 생각하는지 말해 보겠습니다.

　무엇보다도, 이 책의 내용에 관하여 '한끼 밥먹을 동안 올바른 사색을 하는 공덕'과 비교되어 있는 그밖의 공덕이라는 것은 어떤 것입니까? 위에 인용된 말에 의하면, 그것은 '삼천대천 세계에 가득 찬 중생을 교화하여 그들로 하여금 십선을 행하도록 하는 것'입니다. ('십선'—열 가지 착한 일—은 본문 59문단에 언급되어 있고 76문단에 열거되어 있습니다.) 이 후자의 공덕을 편의상 '중생 제도의 공덕'이라고 부르겠습니다. '중생 제도의 공덕'이라고 불릴 수 있는 공덕에는 위의 말에 지적되어 있는 것 이외에도 수많은 것들이 있을 수 있습니다마는, '온 세상의 중생을 교화하여 십선을 행하도록 하는 것'은 아마 그 중에서도 가장 큰 공덕에 해당한다고 보아도 좋을 것입니다. 어쨌든, 이런 것들을 '중생 제도의 공덕'이라고 부른다면, 기신론의 내용에 관하여 한 끼 밥먹을 동안 올바른 사색을 하는 공덕은 무엇이라고 불러야 하겠습니까? '중생 제도의 공덕'에 온갖 것들이 포함된다 하더라도, 이 후자의 공덕은 거기에 포함되지 않습니다. 이것은 중생 제도의 공덕과는 '종류'가 다릅니다. 똑같이 중생제도에 속하는 공덕끼리는 서로 비교할 수 있습니다. 예컨대 배고픈 중생에게 밥을 먹여 주는 공덕과 중생이 불법을 배울 수 있도록 절을 지어 주는 공덕은 서로 비교하여, 결론이야 어떻든지 간에, 어느 쪽이 큰 공덕인가를 따질 수 있습니다. 그러나 기신론에 관하여 사색하는 공덕은 이런 것들과 '종류'가 다르며, 따라서 그것은 서로 비교할 수 있는 것이 아닙니다.

　그런데도 기신론의 저자는 이 공덕이 중생 제도의 공덕과는 '비길 수조차 없고, 한도 끝도 없이 이루 말로 다할 수 없으며, 시방 세계의 모든 부처가 영원토록 그것을 찬양해도 오히려 부족하다'고 말합니다. 다시, '중생 제도의 공덕'에 비하여 이 공덕은 무엇이라고 부를 수 있 겠습니까? 사실상, 그것에 이름을 붙이는 것은 그다지 중요하지 않습 니다. 만약 우리가 두 가지 공덕의 '종류'를 정확하게 구분해 낼 수 있 다면, 이름이야 아무렇게나 붙여도 상관없습니다. (가령 그것을 '깨달 음의 공덕' 또는 '자아 실현이나 자아 완성의 공덕'이라고 부른다 하더 라도, 이런 것들이 참으로 무엇을 뜻하는지는 적어도 현단계에서는 전 혀 분명하지 않습니다.) 그 두 가지 종류의 공덕이 각각 어떤 것인가에 관하여 조금만 세밀히 생각해 본다면 누구든지, 그 두 가지 공덕은 수 행자의 '안과 밖'으로 구분된다는 것을 알 수 있을 것입니다. '온 세상 의 중생을 교화하여 그들로 하여금 십선을 행하도록 하는 것'은 배고 픈 중생에게 밥을 먹여 주는 것이나 절을 짓는 것과 마찬가지로 수행 자의 바깥에서 일어나며 또 수행자의 바깥에 나타납니다. 그러나 기신 론에 관하여 사색하는 것은 그 사색의 과정이나 결과가 모두 수행자의 마음 안에 국한되어 있습니다. 기신론의 저자가 그 '바깥의 공덕'을 하 찮게 여기겠습니까? 결코 그렇지 않습니다. 그런데도 그는 이 '안의 공덕'이, 만약 크기로 따진다면, 한도 끝도 없이 크다고 말합니다.

이때쯤 독자의 머리 속에는 그 '마음 안의 공덕'에 관하여 여러 가 지 의문이 떠오를 것입니다. 예컨대 다음과 같은 것입니다— '공덕'이 라는 것은 그 말의 의미부터 벌써 '바깥에서 일어나는 것'인데, '마음 안의 공덕'도 과연 '공덕'이라고 부를 수 있겠는가? 뿐만 아니라, '바 깥의 공덕'과는 달리, '마음 안의 공덕'이라는 것은 있는지 없는지, 일 어났는지 아닌지 알 도리가 없다. 그러므로 설사 '마음 안의 공덕'을 공덕으로 쳐 준다 하더라도 그것은 필경 '바깥의 공덕'으로 표현되어야 한다. 바깥으로, 하다 못해 배고픈 중생에게 한끼 밥 먹여 주는 것으로라도 표현되지 않는 한, 그것은 있으나마나한 공덕이요, 결국은 공덕이 아니다, 등등.

많은 독자들에게 이 의문은 대단한 무게를 가질 것입니다. 게다가 이 책의 제목에 나와 있는 '大乘'대승(큰 수레, 여럿이 함께 타는 수레)이라는 단어가, 특히 '小乘'소승(작은 수레, 혼자 타는 수레)이라는 단어와의 대비에 의하여, 일반적으로 이해되는 방식에 비추어 보면 더욱 그렇습니다. (대승의 이념을, 흔히 이해하듯이, 오로지 또는 주로 중생 제도의 관점에서 이해하는 것은, 제가 보기에는 옳지 않습니다. 차차 설명하겠지만, 이 책의 첫 부분에 나와 있는 '큰 수레'에 관한 설명에는 대승을 중생 제도와 관련하여 해석할 하등의 단서가 나타나 있지 않습니다.) 흔히 '대승'은 '소승'처럼 혼자만 구원을 얻겠다는 생각을 나타내는 것이 아니라, 많은 사람들이 다같이 구원을 얻도록 한다는 생각을 나타내는 것으로 알려져 있습니다. 이 생각대로라면 수행자의 '공덕'이 일단 바깥으로 드러나야 한다는 것은 아주 자연스러운 생각입니다. 대승과 소승 사이에 아무런 차이가 없다고는 말할 수 없지만, 이와 같이 그 두 가지를 밖의 공덕과 안의 공덕으로 구분하는 것은, 적어도 기신론의 관점에서는, 옳지 않습니다.

대승의 이념이야 어떻든지 간에, 제가 생각하기에, 위와 같은 의문은 기신론이라는 책이 말하고자 하는 것—그리하여 이 말을 이해하고 난 뒤에 독자에게 나타날 '공덕'—을 잘못 이해하는 데서 나오는 것입니다. 만약 독자가 그것은 어디까지나 제 자신의 생각이라고 말한다면, 적어도 저는 기신론의 저자가 위의 의문에 나타나 있는 대로 안의 공덕은 반드시 밖으로 나타나야 한다든지 나아가서 기신론을 읽는 것은 밖의 공덕을 위한 것이라는 견해에 찬성하지 않으리라는 것은 분명히 말할 수 있습니다. 생각해 보십시오. '삼천대천세계에 가득 찬 중생을 교화하는 것'은 일단 젖혀 두고, 배고픈 중생에게 밥 먹여 주는 공덕이나 절 짓는 공덕을 쌓는 것은 기신론을 읽지 않고도 충분히 할 수 있고, 또 그런 공덕을 쌓기 위하여 기신론을 읽을 필요는 없습니다. 이 책을 읽고 그것에 관하여 사색하는 것은 그런 공덕과 거의 아무런 관계가 없습니다. 짐작컨대, 저자는 기신론을 읽고 그 뜻을 세밀히 살핀 독자라면, 그 책의 마지막 부분에 그가 적어 놓은 '수행이 가져다 주는 이익'에 관한 말이 결코 허장성세식 과장이 아닌, 문자 그대로의 의미로 이해될 수 있으리라고 생각했을 것입니다.

그러나 기신론을 읽는 공덕을 그냥 '마음 안의 공덕'이라고만 말해서는 그것이 어떤 공덕인지 이해되지 않습니다. 이것을 이해하기 위해서는 그 공덕의 내용이 구체적으로 명시되어야 합니다. 그리고 이것을 이해하기 위해서는 기신론에 적혀 있는 내용이 어떤 것인지 알아 보지 않으면 안됩니다.

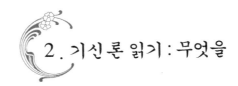

2. 기신론 읽기 : 무엇을

'기신론에는 어떤 내용이 적혀 있는가' ―이 질문에 대한 가장 '정확한' 대답은 이 책의 첫 글자에서 마지막 글자까지를 대는 대답일 것이며, 그 정도로는 아니더라도, 이 책 본문의 부록에 붙어 있는 '분석 목차'의 여러 항목을 대는 대답일 것입니다. 이 대답은 '정확한' 대답일지는 모르지만, '타당한' 대답은 될 수 없습니다. 왜냐하면 그 질문은 그런 대답을 요구하는 질문이 아니기 때문입니다. 그 질문이 요구하는 것은 그 첫 글자에서 마지막 글자에 이르는 말 또는 분석 목차의 여러 항목에 적혀 있는 그 말이 결국 우리에게 무엇을 알려 주는가를 말하라는 것입니다. 그 질문을 이런 뜻으로 이해하더라도, 아마 그것에 대해서는 기신론을 읽어 보고 나면 각자 적절한 대답을 할 수 있을지도 모르겠습니다. 그럼에도 불구하고 여기서 그 질문을 제기하는 것은 이 책을 읽을 때 무슨 내용을 읽게 될 것인가를 생각하고 읽는 것이 그것을 올바르게 이해하는 데에 대단히 중요하다고 생각하기 때문입니다. 이 책의 내용에 대한 독자의 기대는 그가 이 책에서 알아내어야 할 것이 무엇인가를 크게 좌우할 것입니다.

기신론에 적혀 있는 모든 말은 결국 우리에게 무엇을 알려 주려고 하는가—이 질문에 대한 대답은 기신론을 왜 읽어야 하는가에 관한 앞의 항목에 이미 부분적으로 시사되어 있다고 말할 수 있습니다. 거기에 시사되어 있는 바에 따라, 우선 이 질문에 대하여 대다수의 사람들이 할 수 있는, 그러나 제가 보기에는 분명히 그릇된 대답 한 가지를 말씀드릴 수 있습니다. 그것은 곧 기신론에 적혀 있는 모든 말은 결국 우리에게 옳은 일을 해야 한다든지 착하게 살아야 한다는 것을 말해 준다는 식의 대답입니다. 대부분의 독자는 저의 이 말을 믿을 수가 없을 것입니다. 아니, 그럴 리가 있는가, 기신론에 적혀 있는 말이 우리에게 착하게 살아야 한다는 것을 말해 주지 않는다면 그밖에 또 무엇을 말해 준단 말인가—그들은 이렇게 생각할 것입니다. 그들이 이렇게 생각하는 것도 무리가 아닌 것이, 제가 알기로, 기신론이건 그밖의 어떤 불교 문헌이든지 간에, 그것을 해설하는 사람은 거의 예외 없이 말을 꺼내기가 무섭게 당장 사람은 착하게 살아야 한다는 요지의 '도덕적 교훈'을 그 문헌에서 끌어내고 있습니다. 예컨대 '마음을 비우라'든지 '집착을 버리라'는 말은 그 도덕적 교훈이 표현되는 대표적인 형태입니다.

물론, 이런 말은 결코 나쁜 말이거나 그릇된 말이 아니요, 또 기신론에 그러한 요지의 말이 적혀 있는 것도 틀림없는 사실입니다. 아닌 게 아니라 기신론의 뒷 부분에 나와 있는 '수행의 다섯 가지 방법'(修行五門, 72~79)은, 그 전부는 아니라 하더라도 대부분이, 옳은 일을 한다든지 착하게 사는 것을 그 내용으로 하고 있습니다. 거기에는 자신이 가지고 있는 물질적, 정신적 자산을 그것을 필요로 하는 사람들에게 널리 베풀어야 한다든지(施門), 생명을 함부로 해치지 말며 도둑질 하지 말며 음란한 행위를 하지 말아야 한다는 등의 여러 계율을 지켜야 한다든지(戒門), 억울한 일을 당하더라도 당장 보복할 생각을 품지 말아야 한다든지(忍門), 게으름을 피우지 말고 옳은 일을 위하여 결단과 용기를 발휘해야 한다는 것(進門) 등이 '수행의 방법'으로 지적되어 있습니다마는, 그것은 비단 수행의 '방법'만이 아니라 수행의 '목적'이 된다고 볼 수도 있을 것입니다. 다시 말하여, 기신론이 권유하는 것과 같은 수행은 결국 그런 것들을 포함하여 세상에 널리 알려져 있는 옳은 일, 착한 삶을 실천하기 위하여 필요하다는 것입니다.

　이런 점을 생각해 보면, 기신론을 읽을 때 우리가 알아내어야 할 것, 기신론이 우리에게 알려 주려고 하는 것이 결국은 옳은 일을 하고 착하게 살아야 한다는 데에 있다는 것은 의심의 여지가 없는 것처럼 생각됩니다. 그렇다면 저는 어째서 이 의심의 여지가 없이 명백한 사실을 부정하려고 하는 것입니까? 분명히 말씀드려서, 저에게는 그것이 결코 의심의 여지가 없이 명백한 사실이 아닙니다. 이렇게 말하는 것은 그런 일을 하는 것이 옳지 않다든지, 그런 일을 하면서 사는 것이 착한 삶이 아니라는 뜻이 아닙니다. 제가 말하고자 하는 것은 다만 그런 것들을 알아내기 위해서라면 구태여 기신론을 읽을 필요가 없다는 것입니다. 생각해 보십시오. 앞에서 든 '수행의 다섯 가지 방법' ―정확하게는 마지막 다섯째 방법을 제외한 처음 네 가지 방법―을 위시하여 그런 종류의 행동이 옳은 행동이라는 것을 모를 사람이 어디에 있겠습니까? 또 설사 그것을 모르는 사람이 있다 하더라도 그것은 기신론이 아닌 다른 데서도 얼마든지 알아낼 수 있을 것입니다. 이것은 곧 기신론에서 우리가 알아내어야 할 것은 그런 것이 아닌, 그것과는 다른 것임을 뜻합니다. 그렇기 때문에 만약 어떤 독자가 기신론을 읽고 난 뒤에 알아낸 것이 결국 사람은 착하게 살아야 한다는 것 (그리고, 물론, 착하게 산다는 것은 이러이렇게 사는 것을 의미한다는 것) 밖에 없다면, 그 독자는 기신론을 읽기 전에 비하여 더 알게 된 것이 아무 것도 없으며, 따라서 그의 기신론 읽기는 헛수고에 지나지 않는 셈이 됩니다. 그렇지 않고, 만약 어떤 독자가 기신론을 읽음으로써 그것을 읽기 전에는 도저히 할 수 없었던 생각을 하게 되었다면, 이때 독자가 하게 된 생각은 기신론 (또는 그것과 동일한 내용의 문헌)이 아닌 다른 곳에서는 배울 수 있는 것이 아니며, 따라서 그 생각이야말로 기신론이 우리에게 말해 주려고 하는 내용, 우리가 기신론에서 알아내어야 할 내용이 된다고 말할 수 있을 것입니다. (그러나, 물론, 기신론이 우리에게 말해 주려고 하는 내용은 성격상 한 번 알아내는 것으로 끝날 수 있는 것이 아니요, 정확하게 말하자면, 한 평생을 두고 알아내어도 완전히는 알 수 없는 것이라고 말해야 할 것입니다.)

그렇다면 그 내용이라는 것은 어떤 것이겠습니까? 이 질문에 답하기 위하여 저는 이 항목에서 다루고자 하는 질문을 약간 다른 각도에서 제기해 보겠습니다. 그 질문은 이런 것입니다—가령 기신론을 읽고 거기에 적힌 내용을 상당한 정도로 이해한 사람이 있다고 합시다. 그리고 이 사람은 우리와 똑같은 사회에서 생활하는 '정상적인 생활인'이라고 합시다. 이제 이 사람의 삶의 모습과 기신론 (또는 그것과 유사한 종교적 문헌)을 읽은 일도 없고 그 내용에 관한 이해라고는 전연 없는 또 하나의 '정상적인 생활인'의 삶의 모습을 비교한다고 합시다. 두 사람의 삶의 모습에 어떤 차이가 있겠습니까? 이 질문의 의미를 이해한 독자는, 아래에 적힌 저의 대답을 들으려고 하기 전에, 자신은 그 질문에 대하여 어떤 대답을 하려고 하는지 심각하게 생각해 보시기 바랍니다. (위의 질문에서 '삶의 모습'이라는 용어는 약간은 막연하다는 느낌이 들 수도 있습니다. 그러나 그 용어의 의미는 질문 자체에 의하여 이미 대체로는 규정되어 있습니다. 여기서 말하는 '삶의 모습'이라는 것은 예컨대 어떤 집에서 살며 어떤 직장을 다니는가, 또는 넉넉하게 사는가 가난하게 사는가를 가리키는 것이 아닙니다. 그것은 기신론의 이해 여부와 관련된 삶의 모습, 또는 더 직접적으로 말하여, 기신론의 이해 여부가 그것에 영향을 미치는가 아닌가가 문제되는 그러한 삶의 모습을 가리킵니다. 만약 두 사람의 삶의 모습에 차이가 있다면 그것은 기신론을 따라서 사는 삶과 그렇지 않은 삶이 서로 다른 모습으로 나타나기 때문일 것입니다.)

이제 편의상 두 사람의 삶을 각각 '종교적 삶'과 '세속적 삶'이라고 부르겠습니다. 그리하여 앞의 질문은, 정상적인 생활인에서 종교적 삶과 세속적 삶은 각각 다른 모습을 띠는가 하는 것으로 됩니다. (여기서 '정상적인 생활인'이라고 말하는 것은 성직자의 경우는 별도의 고려 사항이 된다는 뜻입니다. 그러나, 물론, 성직자를 '정상적인 생활인'에 포함시킬 때 이하의 논의가 과연 어떻게 달라질지는 의문입니다.) 여기에 대하여 두 사람의 삶의 모습이 다르다고 대답하는 사람과 다르지 않다고 대답하는 사람은 삶과 종교의 관계 또는 삶에서의 종교의 위치를 각각 다른 방식으로 파악하고 있습니다. 먼저, 다르다고 대답하는 사람의 경우를 생각해 보면 그 사람은 종교를 삶의 바깥에서 삶을 이끄는 기준과 같은 것으로 생각합니다. 그 사람의 사고방식에 의하면, 먼저 삶이라는 것이 있고―이 삶은 우리가 일상 살아가는 '세속적 삶'입니다—종교는 그 삶을 그것과는 다른 방향으로 이끌어 갑니다. 그리고 종교에 이끌림을 받는 삶, 즉 '종교적 삶'은 세속적 삶과 다른 모습으로 나타납니다. 이 사고방식에서는 마치 종교적 삶과 세속적 삶이라는 두 개의 삶이 각각 별도로 있는 것처럼 생각됩니다. 물론, 이 두 개의 삶 중에서 종교적 삶은 정의상 거룩한 삶, 착한 일을 하면서 사는 삶이며, 세속적 삶은 그렇지 못한 삶으로 인식됩니다. 그리고 이렇게 생각하는 사람들은 십중팔구 기신론의 내용을 착하게 살라는 도덕적 교훈과 관련지어 이해할 것입니다.

제가 보기에는, 이것이 대다수 사람들이 종교와 삶의 관계를 파악하는 방식입니다. 우리가 흔히 볼 수 있듯이, 사람들은 종교를 가진 사람에 대하여 그가 종교를 가지지 않은 사람들과는 다른 모습으로 살아가리라는 기대를 가지고 있고, 또 그가 그 기대에 어긋나는 행동을 할 때에는 종교를 가지지 않은 사람에 대해서보다는 훨씬 더 큰 실망감을 가지며, 심한 경우에는 종교 그 자체에 대한 회의조차 품게 됩니다. (물론, 종교를 가진 사람들도 스스로에 대하여 그런 기대를 가지고 있고 그 기대를 저버린 데 대하여 남보다 더 심한 자책감을 가지게 됩니다.) 이와 같이 대다수 사람들이 가지고 있는 이러한 생각이 완전히 그릇되다고 말하기는 어려울 것입니다. 그러나 분명한 것은, 종교는 삶의 바깥에서 삶을 이끄는 기준이라는 식의 생각, 그리고 그 기준을 따르는 종교적 삶과 그렇지 않은 세속적 삶은 전혀 다른 모습을 띠는 두 가지 별개의 삶이라는 생각이 종교와 삶의 관계에 관한 유일한 생각은 아니라는 것입니다. 종교와 삶의 관계는 그것과는 다른 방식으로도 파악될 수 있는 것입니다.

이 후자의 사고방식에 의하면, 종교적 삶과 세속적 삶—그 원래의 의미대로, 기신론의 내용을 이해하면서 사는 삶과 그렇지 않은 삶—은 겉으로 나타나는 모습으로 보아서는 하등 특별한 차이가 없습니다. 삶은 오직 한 가지, 우리 모두가 살고 있는 그 한 가지 삶입니다. 물론, 사람에 따라 착하게 사는 사람도 있고 그렇지 못한 사람도 있습니다마는, 그 차이는 기신론을 읽고 이해했는가의 여부에서 빚어지는 것이 아닙니다. 이렇게 말하는 것은 기신론의 내용을 이해하지 못하는 사람 중에도 그것을 이해하는 사람 못지 않게, 또는 그보다 더 착하게 사는 사람이 있을 수 있으며, 그렇다고 하더라도 그 기신론을 이해한 사람이 반드시 기신론을 잘못 이해했다고 말할 수는 없다는 뜻입니다. 이 후자의 사고방식에 의하면, 종교는 삶의 바깥에서 삶을 이끄는 기준이 아니라, 삶의 안에서 그 삶을 이해할 때 드러나는 '의미'입니다. 이것을 다소간 학술적인 용어로 표현하자면, '종교는 삶의 형식'이라고 말할 수 있을 것입니다. '기준'과는 달리, '형식'은 삶 안에서 그 삶이 어떤 삶인가를 보여 줍니다. 종교적 문헌으로서 기신론이 우리에게 알려 주려고 하는 것, 그리고 우리가 기신론을 읽음으로써 알아내어야 할 것은 우리가 사는 이 삶이라는 것은 어떤 것인가, 그리고 그 삶을 사는 우리는 어떤 존재인가 하는 것입니다. 그리고 이것은, 착하게 살아야 한다는 도덕적 교훈과는 달리, 기신론 (또는 그와 동일한 내용의 문헌)을 읽지 않고는 알아낼 수가 없습니다.

사실상, '삶의 의미'라든가 '삶의 형식'이라는 용어는 어떤 의미에서는 현재의 우리의 삶이 합치해야 할 기준을 나타내고 있으며, 따라서 그것은 앞에서 말한 '삶의 바깥에서 삶을 이끄는 기준'과 다를 바 없다고 생각할 수도 있을 것입니다. 이런 생각을 하는 사람은 더 나아가서 저에게 다음과 같은 질문을 해 올 것입니다— '선생의 말대로 기신론을 읽은 사람이 우리는 어떤 삶을 살고 있으며 그 삶을 사는 우리는 어떤 존재인가를 알아내었다고 하자. 그 다음에는? 그 사람이 그런 것들을 알아내었다면 그것은 필경 그 사람의 삶의 모습으로 나타나야 할 것이 아닌가? 만약 삶의 모습으로 나타나지 않는다면 그 사람의 기신론 이해는 무슨 소용이 있단 말인가? 등등.' 이 질문에 대해서는 당장 저에게 좋은 대답이 없습니다. 다만, 제가 말씀드릴 수 있는 것은, 위와 같은 질문은 제가 기신론에 적혀 있는 내용이라고 말한 것—우리는 어떤 삶을 살고 있으며 그 삶을 사는 우리는 어떤 존재인가—을 알아내는 일이 별로 어렵지 않다는 것을 전제로 할 때에만 의미를 가질 수 있다는 것입니다. 이 질문을 하는 사람은 틀림없이, 기신론의 내용을 이해하는 것이 어려운 것이 아니라 그 내용을 따라서 사는 것이 어렵다고 생각할 것입니다. 그러나 저의 생각은 완전히 그 반대입니다. 이 통석의 뒷부분에서 제가 말할 바와 같이, 우리는 누구나 다소간은 이미 기신론의 내용을 따라서 살고 있습니다. 여기에 비하여, 앞에서 잠깐 말한 바 있고, 또 이하 이 통석에서 분명히 드러날 바와 같이, 기신론이 우리에게 가르쳐 주려고 하는 그것은 결코 기신론을 한두 번 읽어서 알아낼 수 있는 것이 아니요, 오히려 한 평생을 바쳐도 완전히 알아낼 수 있는 것이 아닙니다. 그것은 원칙상 인간의 지력으로 '이해할' 수 있는 것이 아니라고 말하는 편이 더 정확할 것입니다. 이 점은 기신론을 어떻게 읽어야 하는가와 관련되어 있습니다.

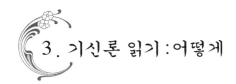

3. 기신론 읽기 : 어떻게

이 책의 부록에 실려 있는 기신론 원문의 번역본(1991)에는 그 날개 표지(표지를 둘러 싼 겉표지)의 이면에 다음과 같은 말이 적혀 있습니다.

'때로는 화려하게 때로는 추악하게 우리 눈앞에 나타나는 모든 현상은 원래 어디서 온 것인가? 만약 일체의 현상이 어딘가에서 생겼다면, 그것이 생기기 이전의 원래 상태는 어떤 모습을 띨 것인가? 우리가 겪는 모든 번뇌와 고통은 무엇으로 말미암은 것인가? 만약 모든 번뇌와 고통이 그 일체의 현상에서 빚어진다면, 우리는 우리의 마음을 그 현상 이전의 원래 상태로 되돌려 모든 번뇌와 고통에서 벗어날 수 있는가? 이 상태를 지향한다면, 우리는 어떤 삶을 살아야 하는가?

'대승기신론은 위의 여러 문제에 대한 해답을 진여, 평등, 망심, 훈습, 수행 등 불교의 개념으로 제시하고 있다. 이 논술에는 실재와 현상의 관계에 관한 형이상학적 견해, 마음의 성격과 작용에 관한 인식론적 견해, 그리고 이들 견해를 바탕으로 한 삶의 지혜가 하나의 일관된 체계 속에 통합되어 있다. 이 논술은 불교의 진리를, 어느 특정한 부파에 치우침이 없이 포괄적으로, 또한 詩的시적 감동을 자아내는 찬란한 문체로 진술한 불교 문헌의 극치를 보여 준다. 오늘날 우리에게 이 논술이 가지는 의의는 무엇보다도 그것이 종교와 철학과 교육 3자의 접합점을 제시한다는 데서 찾아볼 수 있다.'

　날개 표지에 적힌 말이 모두 그렇듯이, 위의 말은 제가 기신론 원문을 번역했을 때(15년 전) 그 책이 어떤 책인가를 간단하게 소개할 목적으로 한 말입니다. 지금 이 통석의 날개 표지에 다시 그런 소개의 말을 적어 넣는다면, 과연 제가 위와 똑같은 말을 할 수 있을지 자신이 서지 않습니다. 어쨌든 제가 여기서 그것을 그대로 옮겨 적는 것은 기신론을 어떻게 읽어야 하는가 하는 이 항목의 주제에 비추어 볼 때 위의 말은—전체가 모두 그러하지만 특히 앞 문단의 말은—말이 되지 않는다는 것을 말하기 위해서입니다.

　위에 적힌 말을 읽어 본 독자는 그것이 말이 되지 않는다는 저의 말을 믿을 수 없을지 모르겠습니다. 겉으로 보아서는 그 말은 아무 문제가 없는, 우리가 보통 하는 말로 되어 있기 때문입니다. 우선 첫 문장을 다시 읽어 봅시다—'때로는 화려하게 때로는 추악하게 우리 눈앞에 나타나는 모든 현상은 원래 어디서 온 것인가?' 문장 구성으로 보아 이 문장은 '저 꽃병에 꽂혀 있는 화려한 장미는 원래 어디서 온 것인가'라는 문장과 완전히 동일합니다. 그러나 이 두 문장 또는 질문이 문장 구성에 있어서 동일하기 때문에 '의미'에 있어서도 동일하다고 생각한다면, 그것은 문법에 사기 당하는 것입니다. 왜냐하면 그 두 질문이 요구하는 대답 또는 그 두 질문에 대답하는 방식은 전혀 다르기 때문입니다. 장미의 경우에는, 꽃집에서 사왔고, 꽃집에서는 화원에서 가져 왔고, 화원에서는 묘목을 심고 가꾸어… 등등의 대답을 할 수 있고 또 이런 것들로 충분히 만족스러운 대답이 될 수 있습니다. 물론, 여기에 대하여 묘목은 '원래' 어디서 왔는가를 물을 수도 있겠지만, 설사 그 대답이 생물 진화에서 시작하여 우주 발생까지 거슬러 올라간다 하더라도 그 대답의 성격은 꽃집이나 화원으로 하는 대답과 조금도 다르지 않습니다. 만약 우리가 묘목이 원래 어디서 왔는지 모른다면 그것은 우리가 그 자리에 있지 않았기 때문이며, 만약 우리가 그 자리에 있었더라면 우리는 묘목이 어디서 왔는지를 눈으로 확인할 수 있었을 것입니다.

그러나 '모든 현상이 원래 어디서 왔는가'를 묻는 앞의 질문은 결코 이런 방식으로 대답될 수 있는 것이 아닙니다. 여기서 '모든 현상'은 장미꽃이나 저녁노을, 구더기나 해골바가지 같은 개별적인 현상을 가리키는 것이 아니라 그 모든 것을 뭉뚱그린 하나를 가리키며, '모든 현상'이 원래 어디서 왔는가를 묻는 것은 그 하나하나가 각각 어디서 왔는가를 묻는 것이 아니라 모든 것을 뭉뚱그린 그 하나가 어디서 왔는가를 묻는 것입니다. 그 질문을 이런 뜻으로 해석하면 그것에 대해서는 꽃병의 장미에 대해서 한 것과 동일한 방식으로는 대답할 수 없습니다. 아니, 그 정도가 아니라, 그것에 대해서는 어떤 말로도 대답할 수 없다고 말해야 할지 모르겠습니다. 그 질문은 '사실상' 대답할 수 없는 것이 아니라 '원칙상' 대답할 수 없습니다. 도대체 '원래 어디서 왔는가'라는 질문은, 그 성격으로 보아, 하나하나의 개별적인 사실에 대해서만 의미 있게 적용됩니다. 그리고 그 질문에 대해서는 꽃집과 화원으로 하는 대답 이외의 다른 방식으로는 대답할 수 없습니다. 말하자면 '모든 현상은 어디서 왔는가'라는 질문은 '말이 안되는' 질문입니다. 그럼에도 불구하고 만약 우리가 이런 '말이 안되는 질문'을 하고 그것에 대하여 대답을 찾으려고 한다면 그때 우리는 '말이 안되는 질문'을 하는 데에 '말이 되는 질문'의 문법적 형식을 차용할 수밖에 없습니다. 그러나 그것은 어디까지나 '차용'입니다. '모든 현상은 어디서 왔는가'라는 질문이 '장미꽃은 어디서 왔는가'라는 질문과 동일한 문법 형식을 갖추고 있다고 하여 양자가 동일한 방식으로 대답될 수 있다든지 그 대답이 동일한 의미를 나타낸다고 생각하는 것은 남에게서 빌어 온 물건을 자기 것으로 착각하는 것과 같습니다. 그것은 '문법에 사기 당하는 것'입니다.

　제가 15년 전 날개 표지에, 기신론은 '때로는 화려하게 때로는 추악하게 우리 눈앞에 나타나는 모든 현상은 원래 어디서 온 것인가'라는 질문을 제기하고 해답한다고 말했을 때, 저는 틀린 말을 한 것도 거짓말을 한 것도 아닙니다. 기신론에는 분명히 그 질문이 제기되고 해답되어 있는 것입니다. 그뿐만이 아닙니다. 이 질문을 제기하고 해답하는 동안에 기신론이 하는 말은 거의 전부가 그런 종류의 '말이 안되는 말'에 속합니다. 가장 쉬운 예로 '상념을 떠나서 진여로 돌아간다' (離念 歸於眞如)라는 말을 생각해 봅시다. 이 말은 '서울을 떠나서 고향으로 돌아간다'라는 말과 동일한 문법 형식을 취하고 있습니다. 어디어디를 떠나서 어디어디로 돌아간다는 말은 원래 서울이나 고향과 같은 두 지점 사이의 공간적 이동을 나타내는 데에 사용됩니다. 우리의 말이라는 것이 원래 그런 것입니다. 그런데 상념이나 진여는 그런 공간적 지점을 나타내는 말이 아니며, 여기에 쓰인 떠난다든가 돌아간다는 말도 그 사이의 공간적 이동을 가리키는 말이 아닙니다. 그렇기 때문에 만약 우리가 '상념을 떠나서 진여로 돌아간다'는 말을 읽고 그것을 '서울을 떠나서 고향으로 돌아간다'는 말과 동일한 의미로 이해한다면, 우리는 아무 것도 이해하는 것이 없습니다. 그 말을 원래의 의미에 따라 이해하려면 우리는 기신론이 차용하고 있는 그 말을 원래의 맥락으로 되돌려 주고 난 뒤에 남는 빈 자리, 그러니까 그 말을 차용함으로써 전달하려고 했던 그 원래의 의미가 무엇인가를 알아내지 않으면 안됩니다. 다시 말하여, 떠난다든가 돌아간다는 말이 '고향을 떠나서 서울로 돌아간다'는 말과는 다른 뜻으로 사용될 때 그것은 무엇을 뜻하는가 하는 것입니다. 그것을 알아내는 일은 웬만큼 노력을 기울여서는 이루어질 수 없고, 정확하게 말하자면 도대체 인간의 지력으로는 완전히 알아낼 수 있는 것이 아니라고 말해야 할 것입니다.

기신론은 그런 종류의 말을 그냥 보통 말을 하는 것처럼 아무렇지도 않게, 예컨대 '서울을 떠나서 고향으로 돌아간다'는 말을 할 때와 조금도 다름없이 태연자약하게 하고 있습니다. 그렇기 때문에 기신론 (또는 그와 유사한 불교 문헌)을 해설하는 사람들은 (15년전 기신론 원문을 번역한 역자를 포함하여) 기신론의 그 말을 되받아서 아무렇지도 않게 태연자약한 어조로 그런 말을 하고 있고, 또 그 말을 듣거나 읽는 사람 역시 그 말을 대체로 이해한 듯이 고개를 끄덕이고 있습니다. 제가 생각하기에, 이러한 사태는 기신론을 위하여 가장 불행하고 위태로운 사태입니다. 불교의 도덕적 교훈으로 흔히 언급되는 '집착을 버리라'는 말에 대해서도 마찬가지 말을 할 수 있습니다. 집착을 버린다는 것은 예컨대 호주머니에 있는 지갑을 버리는 것과 동일한 의미로 해석될 수 있는 것이 아닙니다. 호주머니에 있는 지갑은 꺼내어 길바닥에 던지면 '버리는 것'이 됩니다. 그러나 집착은 그런 방식으로 버릴 수 있는 것이 아닙니다. 호주머니에서 꺼내어 길바닥에 던지듯이 버릴 수 있는 것이 아닌데도 집착을 버린다는 말을 한다면 그것은 무엇을 뜻하는가, 그것이 어떻게 가능한가—이 점을 생각하지 않을 때 집착을 버린다는 말은 누구나 입에 올리는, 듣기 좋은 말에 지나지 않습니다. 그것은 한 번 듣고 흘려버려도 좋은, 또는 차라리 흘려버릴 수밖에 없는 '좋은 이야기'에 불과하며, 그것이 (행동은 고사하고) 생각에 무엇인가 변화를 일으킨다는 것은 원칙상 불가능합니다. (사실상, 저의 이 통석도 그 '문법적 사기'에서 완전히 벗어났다고 말할 수는 없습니다. 제가 이 통석에서 그 '문법적 사기'에 대하여 할 수 있는 일은 오직 그것에 현혹되지 말라는 경고를 발함으로써 그것을 약간 덜 치명적인 것으로 만드는 것뿐입니다.)

이런 점들을 고려하여, 기신론을 '어떻게' 읽어야 하는가 하는 질문에 직접 대답하자면 무엇이라고 말해야 하겠습니까? 제가 생각하기에 그 대답은, 기신론을 읽을 때에는 거기에 아무렇지도 않게 보통의 말처럼 적혀 있는 그 말을 한 마디도 믿을 수 없다는 생각을 언제나 바닥에 깔고 있어야 한다는 것입니다. 기신론의 한 마디 한 마디에 대하여 '응, 그렇지 그렇지'하고 읽어서는 기신론이 하는 말의 근처에도 가지 못합니다. 기신론이 하는 말에 대하여 의심을 품으라고 하는 것은 일부러 또는 억지로 믿지 말라는 뜻이 아니라 그것이 원래 믿을 수 없는 말이기 때문입니다. 원래 믿을 수 없는 말을 믿을 수 있다고 생각하는 것은 그 말의 의미를 완전히 그릇되게 파악하는 것입니다. 그러나 또한, 그 말에 의심을 품으라고 하는 것은 그것을 읽지 말고 팽개치라는 뜻이 아닙니다. 그렇게 하는 것은 기신론의 표현으로 '겁 많고 나약한 마음'(怯弱心)의 소유자나 하는 짓입니다. 그런 사람이 아니라면 한 마디도 믿을 수 없다는 의심을 깔고도 기신론을 계속 읽을 것입니다. 이렇게 말하는 것은 기신론을 계속 읽으면 언젠가는 그 의심이 사라진다는 뜻이 아닙니다. 기신론을 읽을 때 밑바닥에 깔고 있어야 하는 의심은 기신론을 백 번 천 번 읽으면 사라지는 그런 의심이 아니라, 믿음과 맞붙어 있는 의심, 의심하는 것과 믿는 것이 언제나 동시에 나아가는 그런 의심, 의심을 하지 않고는 믿을 수 없는 그런 의심입니다. 제가 앞의 항목에서 기신론이 우리에게 알려주려고 하는 것은 원칙상 인간의 지력으로 이해할 수 있는 것이 아니라고 말한 것은 바로 이런 뜻에서였습니다.

기신론 원문 번역의 끝에 실려 있는 '하께다 해설'에는 기신론이라는 문헌을 둘러싼 한 가지 참으로 불가사의한 점이 지적되어 있습니다. 명시적인 기록에 의하면, 이 문헌은 원래 馬鳴마명(아슈바고샤)이 산스크리트어로 쓴 것을 眞諦진제(파라마아르타)가 한문으로 번역한 것으로 되어 있습니다. 그렇다면 그 산스크리트 원본이 인도의 어느 곳이든지 아니면 티베트나 스리랑카의 어느 후미진 사찰에서라도 발견될 만한데, 세계의 어디에도 그 원본이 없다는 것입니다. 만약 기신론이 원래 산스크리트어로 쓰인 것이 사실이라면, 이러한 사태는 누군가가 그 산스크리트어의 원본을 하나도 남김없이 압수하여 불태워 버리지 않고는 벌어질 수 없는 사태입니다. 그리하여 저는 혼자서 이 불가사의한 사태의 설명으로 다음과 같은, 그에 못지 않게 불가사의한 상상을 해 봅니다. 가령 기신론의 산스크리트 원본이 나돌아 다닐 때, 가톨릭교의 로마 교황청과 같은 최고의 본산이 있었고 그곳에 교황과 같은 최고의 권위자가 있었다고 생각해 봅시다. 이제 이 최고 권위자는 그 당시 출가자와 재가 신도를 통틀어 불교계 인사들에게 널리 읽힌다는 기신론을 가져와 보라고 명령합니다. 그는 그 짤막한 글을 단숨에 읽습니다. 그는 그 글이 어떤 성격의 글인지, 그 글이 불교에 얼마나 심각한 해를 끼치는지 당장 알아차립니다. 그가 보기에, 그것이 불교에 끼치는 해는 예컨대 절을 불태우고 중을 잡아 가두는 것과 같은 이른바 '불교 탄압'과는 비교도 되지 않는, 그것과는 차원을 달리하는 근본적인 '불교 말살'에 해당합니다. 그는 그에게 위임된 권위에 의지하여, 기신론을 한 권도 남김없이 압수하여 불태우도록, 그리고 이후 단 한 권이라도 그것을 가지고 있는 사람이 발각되면 극형으로 다스리도록 명령합니다. 물론, 이 상상이 완전한 것이 되려면, 그 진제라는 인도의 승려가 죽음을 무릅쓰고 그 중의 한 권을 몰래 빼돌려 중국에 가지고 와서 중국 사람의 도움으로 그것을 한문으로 번역하고 난 뒤에 그 한 권의 원본마저 불태웠다는 말을 덧붙여야 할 것입니다. 그 최고 권위자의 명령이 한문으로 된 기신론에까지는 효력을 발휘하지 못했던 모양입니다.

그러나 이 상상의 근거는 어디에 있습니까? 또는 더 구체적으로, 이 상상 속의 최고 권위자가 기신론의 성격을 그와 같이 파악한 이유는 무엇입니까? 이 항목에서 제가 한 말을 이해한 독자라면 이 질문에 대한 저의 대답을 기다릴 필요가 없을 것입니다. 사실상, 그 근거나 이유는 기신론의 첫 부분(5), 기신론의 저술 동기를 다루는 대목에 의심의 여지없이 명백히 드러나 있습니다. 그 대목에서 저자는—그가 누구이든지 간에—'이 논술에 취급된 내용은 모두 경전에 자세하게 설명되어 있는데도 그것을 다시 설명할 필요가 있는가'를 묻고 여기에 대하여, 그 논술은 '장황한 설명을 되풀이해서 듣는 것을 번거롭게 생각하면서, 그것보다는, 마치 다라니처럼, 많은 내용을 짧은 글에 요약해 놓은 포괄적인 설명을 더 좋아하고 거기서 의미를 뽑아낼 수 있는 사람들'에게 참고가 될 수 있도록 하기 위하여 쓰였다고 말합니다. 이 말의 뜻은 여래의 가르침을 직접 기록한 '경전'(經)의 말과 기신론에 나와 있는 '이론적 설명'(論)의 차이를 생각해 보면 더 분명히 이해됩니다. 경전은, 오늘날에는 문자로 인쇄되어 있고 그것을 눈으로 읽게 되어 있지만, 원래는 구두로 암송하고 그것을 귀로 듣게 되어 있었습니다. 그러자면 그것은 같은 말을 되풀이할 수밖에 없었을 것입니다. 게다가 경전에 나와 있는 여래의 말은 대부분 일화나 비유로 되어 있기 때문에 그 말을 이해하기 위해서는 듣는 사람이 그 비유가 어떤 의미를 전달하려고 하는지를 자신의 사색에 의하여 알아내지 않으면 안 됩니다. 여기에 비하여 기신론은 그 의미를, 앞에서 말한 것과 같은 '상념을 떠나서 진여로 돌아간다'는 말—문법 형식으로 보아서는 '서울을 떠나서 고향으로 돌아간다'는, 우리가 일상 쓰는 말과 동일한 말—로 표현합니다.

상상 속의 최고 권위자가 본 기신론의 해독은 바로 여기에 있었습니다. 그가 보기에 기신론은 여래의 가르침을 이해하는 데에 필수적으로 요구되는 오랜 동안의 힘든 사색을 건너뛰도록 사람들을 부추기고 있었습니다. 사람들은 기신론에 적힌 말이 일상 자신이 하고 듣는 말과 동일한 문법 형식으로 되어 있다고 하여, 그 일상의 말을 이해하듯이 기신론을 이해할 수 있고 또 그것으로 충분히 이해된다고 생각하였습니다. 그러나 '많은 내용을 짧은 글에 요약해 놓은 포괄적인 설명'은 결코 그 길고 힘든 사색을 대치하거나 그것을 불필요한 것으로 만들 수 있는 것이 아닙니다. 그 최고 권위자가 기신론의 해독을 '불교 탄압'과는 비교도 되지 않는 '불교 말살'로 파악한 것은 전혀 기이한 일이 아닙니다. 탄압은 바깥에서 가해지는 것입니다. 이 바깥의 탄압은 역사가 증명하듯이 결코 완전한 것이 될 수 없습니다. 탄압에 대해서는 그것을 받는 사람들이 저항할 수 있고 결국에 가서는 그것에서 벗어날 수 있습니다. 그러나 기신론의 말을 전혀 이해하지 못하면서도 그것을 이해했다고 착각하는 것은 불교 안에서 벌어지는 일입니다. 이 착각은, 특히 그것이 널리 퍼져 있을 때에는, 착각으로 인식조차 되지 않고, 따라서 아무도 그것에 저항하거나 그것을 바로 잡으려고 생각하지 않습니다. 그리고 그렇게 되면 경전은 있고 그것을 읽는 사람은 있을지언정 '불교'는 없는 것입니다.

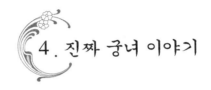

4. 진짜 궁녀 이야기

제가 읽은 석가모니의 전기에는 다음과 같은 이야기가 적혀 있었습니다. 그것은 석가모니가 스물아홉 살 때 가비라 성의 왕자로서 출가를 결심하고 어느 날 야반을 타서 성을 빠져 나올 때의 이야기입니다. 왕자는 정정당당하게 성문을 걸어 나갈 처지가 아니었습니다. 왕자는 그의 출가를 막는 부왕이 성의 곳곳에 세워 놓은 보초들의 눈을 피하여 몰래 성을 빠져 나가지 않으면 안되었습니다. 그 도중에 왕자는 궁녀들이 자는 방을 지나게 되었습니다. 누구든지 가령 두 시나 세 시쯤 궁녀들이 자는 방을 지나간다고 할 때 그 광경이 어떠하리라는 것은 짐작하고도 남음이 있을 것입니다. 저는 이 대목에서의 전기 작가의 말을 직접 인용하겠습니다— '넓은 방에는 아까까지 노래를 부르고 춤을 추던 궁녀들이 가득 쓰러져 자고 있었다. 피로하여 깊은 잠에 빠진 그 모습은 그녀들이 깨어 있을 때와는 판이하게 달랐다. 어떤 궁녀는 이를 갈고 혹은 이불을 안고 혹은 베개도 없이 천장을 향해

누워 떡 벌린 입으로 침을 흘리고 자는가 하면 어떤 궁녀는 이불을 걷어차 버리고 허벅지를 허옇게 드러내고 자는 등, 갖가지 추태를 연출하고 있었다.'

그 전기 작가는 왕자의 눈에 그들이 비천하고 불쌍하게 보였다는 말을 하는 것으로 그 에피소드를 마무리하였습니다. 그러나 위와 같이 징그러울 정도로 생생한 묘사를 전기에 적어 넣는 데는 그보다 더 중요한 이유가 있을 수 있습니다. 그것은 이런 것입니다—이때 왕자의 눈에 비친 궁녀는 낮에 예쁘게 단장한 몸으로 노래를 부르고 춤을 추면서 시중을 들던 바로 그 궁녀라고는 믿을 수 없을 정도로 그 모습이 판이하게 달랐습니다. 가령 이때 왕자가 '내가 낮에 보던 그 아리따운 궁녀와 지금 보고 있는 이 흉칙한 궁녀 중에서 어느 쪽이 진짜 궁녀인가'라는 질문을 머리 속에 떠올렸다고 생각해 봅시다. 야음을 타서 보초들의 눈을 피하면서 이리저리 왕궁을 빠져 나가야 하는 왕자가 그 질문을 품었으리라는 것은, 그가 아무리 석가모니의 지력을 가졌다 하더라도, 믿기 어려울지 모릅니다. 그러나 우리는 그후 왕자가 6년에 걸친 수행 끝에 깨달음을 얻었다는 것을 알고 있고, 또 그 깨달음의 내용을 언설의 수준에서나마 전해들을 수 있습니다. 적어도 이 깨달음의 내용으로 미루어 보면, 왕자가 그 질문을 떠올렸다는 것은 완전히 허무맹랑한 상상이라고 만은 말하기 어렵습니다. 왜냐하면, 우리의 입장에서 볼 때 그 6년 간의 수행은 오로지 그때 궁녀의 방에서 생긴 그 질문—내가 낮에 보던 그 아리따운 궁녀와 지금 보고 있는 이 흉칙한 궁녀 중에서 어느 쪽이 진짜 궁녀인가—에 대한 대답을 얻기 위한 것이었다고 말해도 좋을 것이기 때문입니다.

왕자의 그 괴상망측한 질문에 대하여 우리는 어떤 대답을 할 수 있겠습니까? 이 경우에 왕자가 그 후 6년 걸려서 알아낸 대답을 언설로 그대로 되받아 하는 것은 전혀 도움이 되지 않습니다. 그것은 그야말로 말에 불과하며 그것이 그대로 우리의 생각이 되는 것은 아닙니다. 물론, 우리는 그 대답을 알아내기 전의 왕자와 완전히 동일한 처지에 있는 것은 아니며, 그렇기 때문에 왕자가 하는 것과 똑같이 6년 동안 그 대답을 알아내려고 수행할 필요는 없을지 모르겠습니다마는, 그렇다 하더라도 왕자의 그 깨달음을 조금이나마 우리 자신의 생각으로 만들기 위해서는 왕자가 '혼자서' 그 대답을 알아낸 것과 가능한 한 비슷한 경로를 거치지 않으면 안됩니다. (사실상, 석가모니도 그 대답을 혼자의 힘으로 알아낸 것은 아닙니다. 그런 종류의 대답은, 그 질문과 마찬가지로, 누구도 혼자의 힘으로 생각해 낼 수 없습니다. 석가모니 또한 그 당시 인도의 사상적 분위기를 호흡하고 있었고, 그의 그 질문과 대답은 그 사상적 분위기 속에서 배태된 것입니다.) 왕자의 그 질문에 대한 한 가지 농담조의 대답은, '진짜 궁녀는 낮 세 시와 새벽 세 시의 가운데쯤, 그러니까 밤 아홉시, 잠자리에 들기 직전의 궁녀이다'라는 대답일 것입니다. 이 대답을 더 농담처럼 들리게 하려면, 밤 아홉시의 궁녀는 낮에 했던 화장도 말끔히 지우고 또 새벽에서처럼 입으로 침을 흘리지도 않는 가장 '있는 그대로의 모습'을 한 궁녀이다—라고 말할 수도 있을 것입니다. 제가 어째서 이것을 농담조의 대답이라고 말하는지 충분히 짐작하실 줄 압니다. 물론, 밤 아홉 시의 궁녀는 화장도 지우고 침도 흘리지 않습니다마는, 진짜냐 가짜냐 하는 관점에서는 낮 세 시의 궁녀나 새벽 세 시의 궁녀와 조금도 다름이 없는 것입니다. 화장을 한 궁녀에 비하여 화장을 지운 궁녀가 더 진짜라고 말할 수 있는 근거는 어디에도 없고, 만약 화장을 지운 궁녀가 진짜 궁녀라면 화장을 한 궁녀나 침을 흘리는 궁녀도 마찬가지로 진짜 궁녀라고 말해야 할 것입니다.

생각이 여기에 이르면, 당장 우리를 유혹하는 한 가지 그럴듯한 대답이 나옵니다. 그것은 다음과 같은 것입니다—낮 세 시의 궁녀도 새벽 세시의 궁녀도 모두 진짜 궁녀이며, 밤 아홉 시의 궁녀 또한 마찬가지이다. 한 쪽은 아리땁게 단장을 한 궁녀요 한 쪽은 흉칙하게 침을 흘리는 궁녀이며 또 한 쪽은 화장을 지운 수수한 궁녀라는 것 그것뿐이다. 그 중의 어느 것은 진짜요 어느 것은 진짜가 아니라는 말은 할 수가 없다. 도대체 낮 세 시와 새벽 세 시, 그리고 밤 아홉 시의 궁녀 이외에 그것과는 다른 '진짜 궁녀'가 있다는 생각 그 자체가 잘못된 것이다, 등등. 아마 이 대답은 특히 현대인들에게 광범하고 강력한 호소력을 가질 것입니다. 이 대답에 절대적인 확신을 가지고 있는 사람들의 눈에는 '석가모니가 그런 것이 있다고 가르쳤다니, 또 기신론에도 그렇게 되어 있다니, 그런 궁녀들과는 다른 진짜 궁녀라는 것이 있겠지' 하고 막연히 생각하는 사람은 지적 용기와 정직성이 결여된 사람으로 보일 것입니다. 그러나 그것이 왕자가 찾으려고 한 대답은 아닙니다. 석가모니의 입장에서 보면 그 대답은, 많은 사람들에게 공감을 일으킨다는 바로 그 점 때문에, 가장 위협적인 대답입니다. 사실상, 석가모니는 그의 일생을 통하여 그 대답이 그릇된 대답임을 사람들에게 일깨워 주려고 했으며, 그 점에서 그의 일생은 바로 그 대답과의 투쟁이었다고 말해도 과언이 아닙니다. 모르기는 합니다마는 석가모니도 우리와 똑같은 인간이었다면, 그 대답은 심지어 보리수 아래에서 깨달음을 얻고 난 후에조차도 그의 마음 한 구석에 여전히 자리를 잡고 있었을 것이며, 따라서 그에게 있어서 그 대답과의 투쟁은 바로 자기 자신과의 투쟁이었다고 말할 수도 있을 것입니다. 인간으로서의 석가모니에게 '진짜 궁녀'에 관한 믿음이 있었다면 그 믿음은, 앞 항목에서 말한 바와 같이, 그 밑바닥이나 이면에 의심이 깔린 믿음이었을 것입니다.

어쨌든, 석가모니가 대답을 찾으려고 한 질문은 낮 세 시와 새벽 세 시, 또는 밤 아홉 시의 궁녀도 진짜 궁녀가 아니라고 할 때의 그 진짜 궁녀가 무엇인가 하는 것입니다. 이것은 대답하기가 어려운 중에도 어려운 질문입니다. 여기서 '대답'이라는 것은 남이 하는 말을 뜻 모르고 되받아서 하는 대답이 아닌 자신의 대답을 말하는 것입니다. 석가모니의 지력으로도 그 대답을 혼자서는 알아낼 수 없었고, 인도의 사상적 분위기를 호흡하면서도 그 대답을 자신의 것으로 만드는 데에 꼬박 6년이라는 길고 험난한 세월이 걸렸습니다. 석가모니의 사고방식으로 보면, 진짜 궁녀가 아니라는 점에 있어서는 하루 중의 어느 한 시점에서의 궁녀만이 아니라, 어머니 뱃속에 있는, 태어나기 전의 궁녀나 죽어서 백골이 되고 진토가 된 궁녀도 모두 마찬가지입니다. 뿐만 아니라, 가령 금생의 그 궁녀가 전생에서 이집트 파라오의 딸이었다고 할 때 그 궁녀의 전생에서의 모습 또한 진짜 궁녀가 아닙니다. 태아나 백골, 파라오의 딸도 화장을 하거나 지운 궁녀와 그 모습은 다를망정, 진짜냐 가짜냐 하는 존재방식에 있어서는 조금도 다를 바 없습니다. 석가모니는 위의 어느 궁녀도 아닌 진짜 궁녀가 있다고 생각하고 그 진짜 궁녀가 무엇인가를 알아내고자 하였습니다. 우리가 다 아는 사실입니다마는, 석가모니는 자신을 포함하여 억만 중생을 제도할 길이 바로 그 대답을 찾는 데 있다고 생각하였습니다.

앞에서 말한 바와 같이, 현재 우리는 석가모니의 대답을 언설의 수준에서나마 알고 있거나 전해들을 수 있고, 곧 말씀드리겠습니다마는,

기신론의 '포괄적인 설명'에는 그 대답이 의심의 여지가 없이 나타나 있습니다. 그렇기 때문에 우리는, 석가모니 자신과는 달리, 그 언설 수준의 대답을 참고하여 진짜 궁녀에 관한 앞의 질문에 대답할 수가 있습니다. 알고 보면 그 대답은 석가모니의 질문 그 자체 속에 이미 들어 있습니다. 만약 석가모니가 찾는 진짜 궁녀라는 것이 있다면 그것은 석가모니가 '진짜 궁녀'라는 칭호를 붙이기를 거부한 그 모든 궁녀, 낮세 시, 새벽 세 시, 밤 아홉 시의 궁녀는 말할 것도 없고 태아인 궁녀, 해골인 궁녀, 전생의 궁녀 등등, 그 모든 궁녀의 어느 것과도 동일한 형태로 있을 수 없습니다. 이런 궁녀들과 동일한 형태로 있는 한, 그것은 그 자체가 다양한 형태의 궁녀들 중의 하나일 수밖에 없으며, 따라서 그것은 결코 그런 것들과는 다른 '진짜 궁녀'일 수가 없을 것입니다. 궁녀의 방을 지나갈 때 왕자의 머리에 떠올랐을 법한 그 질문에 대한 대답을 알아내는 데에 이 이상 명백한 단서가 또 어디에 있겠습니까? 이 단서에 의하면, 석가모니가 찾는 진짜 궁녀는 도대체 어떤 것으로든지 궁녀로서의 형태를 띠지 않는 것이어야 합니다. 다시 말하여, 진짜 궁녀는 궁녀로서의 형태를 띠지 않은, 또는 차라리, 띠기 '이전의' 궁녀입니다. 그리고 이 '궁녀로서의 형태를 띠기 이전의 궁녀'는 왕자로서의 형태를 띠기 이전의 '진짜 왕자'와 다르지 않으며, 생물과 무생물을 포함하여 우리 눈 앞에 보이는 만물이 각각 그 형태를 띠기 이전의 '진짜 만물'—진짜 코끼리, 진짜 모기, 진짜 책상 등등과도 다르지 않습니다.

이때까지 저는 석가모니가 수행의 결과로 얻은 대답에 의지하여 그가 수행의 과정에서 틀림없이 했을 법한 생각을 저의 지력이 허락하는 범위 내에서 충실히 따라 왔습니다. 그 결과로 제가 얻은 결론은,

진짜 궁녀는 어떤 형태로든지 궁녀로 나타나기 이전의 궁녀, 말하자면 '아무 것도 아닌' 또는 '아무 것도 없는' 궁녀이며, 그것은 또한 '아무 것도 없는' 진짜 만물과 다르지 않다는 것입니다. 이것은 분명히 인간의 '정상적인' 사고방식으로는 받아들이기 어려운 놀랄만한 결론입니다. 비록 그것이 석가모니의 생각을 따르는 한 불가피한 것이라 하더라도 그것은 그야말로 '믿을 수 없는' 결론입니다. 생각해 보십시오. 진짜 궁녀가 그런 것이라면 '진짜 나'도 마찬가지일 것입니다. 그 결론대로 생각하면 '진짜 나'도 진짜 코끼리, 진짜 모기와 조금도 다름없이, 아무 것도 아닌, 아무 것도 없는 나입니다. 진짜 코끼리나 진짜 모기야 그런 것이라고 말해도 별 상관이 없겠지만, 진짜 코끼리나 진짜 모기가 그런 것이라고 생각하는 나까지 그런 것이라니, 이것을 어떻게 믿을 수 있겠습니까? 그러나 석가모니는 이 믿을 수 없는 것을 믿어야 한다고 가르쳤고 그 가르침을 포괄적으로 설명한 기신론도 우리에게 그것을 믿도록 하고 있습니다.

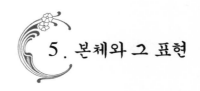

5. 본체와 그 표현

진짜 궁녀에 대한 기신론의 대답은 그 논술을 자세하게 해설하는 장(解釋分)의 첫머리에 나와 있습니다. 그 장의 첫 절로 되어 있는 '마하아야아나(大乘)의 가르침의 올바른 뜻을 제시하는 절'(顯示正義)은 다음과 같은 문단으로 시작합니다.

마하아야아나의 가르침은 다음과 같다. 즉, 마음은 하나이지만 그것은 두 개의 상이한 측면에서 파악될 수 있다는 것이다. 그것을, 각각 '실재의 측면에서 파악되는 마음'(心眞如門)과 '현상의 측면에서 파악되는 마음'(心生滅門)이라고 부를 수 있다. 이 두 측면은 그 각각이 '총체'로서, 각각 일체의 사물과 현상을 포괄한다. 이것은 곧 이 두 측면이 오직 개념상으로만 구분될 뿐, 각각 별도로 존재하는 것은 아니라는 뜻이다.(10)

이 문단에서 진짜 궁녀에 대한 대답을 읽어내기 위해서는 설명되어야 할 것들이 여러 가지가 있습니다. 예컨대 진짜 궁녀는 그것이 어떤 것이든지 간에 '마음'이 아닌 '사물'일 터인데, 이 문단에서는 '마음'을 말하고 있다는 것입니다. 이것을 포함하여 그밖의 필요한 설명은 차차 하기로 하고, 여기서는 일단 이 문단에서 말하는 '마음의 두 측면'—실재의 측면에서 파악되는 마음과 현상의 측면에서 파악되는 마음—이 각각 진짜 궁녀와 그것의 현상적 표현에 상응한다고 보아도 무방합니다. 현재의 맥락에서 관심의 초점은 그 마음의 두 측면이 각각 '총체'로서 '오직 개념상으로만 구분될 뿐, 각각 별도로 존재하는 것은 아니다'라는 설명에 있습니다. 위의 번역과 한문 원문을 대조해 보면, '오직 개념상으로만 구분될 뿐, 각각 별도로 존재하는 것은 아니다'라는 말은 '以是二門 不相離(이 두 측면은 서로 떨어지지 않는다)의 번역임을 알 수 있습니다. 이것을 보고 독자는 상당히 심한 '과잉 번역'이라고 생각할지 모르겠습니다마는, '개념상으로 구분된다'든가 '각각 별도로 존재한다'(또는 더 정확하게, '사실상으로 분리된다')는 말의 의미를 알고 나면, 전혀 그렇지 않다는 것을 알게 됩니다. '각각 별도로 존재하지 않는다' 또는 '사실상으로 분리되지 않는다'는 말에는 이미 '오직 개념상으로만 구분된다'는 뜻이 포함되어 있기 때문에, 위의 '과잉 번역'은 단순히 똑같은 말을 되풀이 한 것에 지나지 않습니다.

'오직 개념상으로만 구분될 뿐, 사실상으로 분리되는 것은 아니다'라는 말은 본체와 그 표현 사이의 관계를 규정합니다. 위의 문단에서 心眞如門심진여문과 心生滅門심생멸문의 번역에 사용된 '실재'와 '현상'은 각각 '본체'와 그 '표현'에 상응하며 그것과 동일한 의미를 나타냅니다. 실재와 현상(또는 더 일반적인 용어로, '실재와 외양 Reality and Appearance)은 주로 서양 철학에서 사용되는 용어입니다. 물론, 본체도 서양 철학에서 사용되지 않는 것은 아니지만, 다음에 다시 설명할 바와 같이, 기신론에서는 진여를 규정하는 데에 '본체' (體)라는 용어가 명시적으로 사용되고 있습니다. 구태여 이 두 가지 용어를 구분하자면, '실재와 외양'이라는 용어에 비하여 '본체와 그 표현'이라는 용어는 본체가 그 표현에 '앞선다'는 뜻을 더 강하게 부각시킨다고 말할 수 있을 것입니다. 어떤 것(Y)이 어떤 것(X)의 표현이라는 말을 할 때에는, 어떤 의미에서든지, 그 표현된 것의 원천 같은 것(X)이 표현된 것(Y)보다 먼저 있어야 할 것이기 때문입니다. 그러나 이런 용어의 차이는 당장은 그다지 중요한 문제가 아닙니다.

앞 문단의 '서로 떨어지지 않는다'(不相離)는 말을 이런 뜻으로, 본체와 그 표현의 관계를 나타내는 말로 읽을 때, 그것이 한편으로 진짜 궁녀와 또 한편으로 모든 다양한 형태의 궁녀 사이의 관계를 '포괄적으로' 나타낸다는 것은 이해하기 어렵지 않습니다. 앞의 항목에서 제가 도달한 결론은, 진짜 궁녀는, 만약 그런 것이 있다면, 어떤 형태로도 나타나기 이전의 '아무 것도 아닌', 또는 '아무 것도 없는' 궁녀라는 것이었습니다. 이런 의미에서의 진짜 궁녀는 모든 다양한 형태의 궁녀들과 동렬로 나란히 있을 수가 없습니다. 그런 궁녀들과 동렬로 있으려면 그 또한 어떤 것으로든지 형태를 띨 수밖에 없으며, 형태를 띠는 한 그것은 진짜 궁녀가 아닌 것으로 됩니다. 만약 진짜 궁녀라는 것이 있다면 그것은 다양한 형태의 궁녀들 바깥에 그것들과 따로 떨어져 있을 수 없고, 그 안에, 또는 그 이면이나 위에 그것들과 맞붙어 있습니다. (여기서 '이면'이라든가 '위'라는 것은, '따로 떨어져 있다'는 말과 마찬가지로 양자의 관계를 공간적 비유로 나타내는 데에 사용되는 용어입니다. 이런 용어를 쓰는 것은 양자의 관계가 용어의 정상적인 용법을 차용하지 않고는 표현할 수 없는 그런 관계이기 때문입니다.) 물론, 진짜 궁녀가 다양한 형태의 궁녀와 맞붙어 있다는 것은 하나하나의 형태마다 따로 따로 진짜 궁녀가 붙어 있다는 뜻이 아니라 그 모든 형태의 궁녀를 하나로 뭉뚱그린 그 이면이나 위에 맞붙어 있다는 뜻입니다.

그뿐만이 아닙니다. 아무 것도 아닌, 또는 아무 것도 없는 '진짜 궁녀'는 궁녀에만 맞붙어 있는 것이 아니라, 왕자나 코끼리, 모기 등, 형태를 가지고 있는 만물을 하나로 뭉뚱그린 그 위나 이면에 맞붙어 있습니다. 이렇게 말할 수 있는 것은 진짜 궁녀가 아무 것도 아니기 때문입니다. 만물과 맞붙어 있는 그 아무 것도 아닌 것은 크기로 말하면 만물과 완전히 동일합니다. 그 아무 것도 아닌 것을 '본체'라고 부른다면 각각 상이한 형태를 띤 만물은 그것의 '표현'이라고 부를 수 있을 것입니다. 본체와 표현은 따로따로 떨어져 있지 않지만, 여전히 본체는 본체요 표현은 표현입니다. 우리가 '본체와 그 표현'이라고 말하는 것은 그 두 가지가 따로따로 떨어져 있어서가 아니라 오직 머리 속으로— 즉, 개념상으로 또는 '생각'으로—다양한 표현의 이면이나 위에 그 표현 이전의 것, 아무 것도 아닌 것 또는 아무 것도 없는 것이 맞붙어 있다는 식으로 그 두 가지를 구분하기 때문입니다. 앞에서 인용한 기신론의 문단에서 '실재의 측면에서 파악되는 마음'과 '현상의 측면에서 파악되는 마음'을 일단 '본체'와 그 '표현'으로 고쳐 읽을 때, 그 두 가지가 '오직 개념상으로만 구분될 뿐, 각각 별도로 존재하는 것은 아니다'라는 말은 위와 같은 뜻으로 풀이됩니다.

그러나 문제는 만물이 그것의 표현인, 만물과 맞붙어 있는 '아무 것도 아닌' 본체라는 것이 과연 있는가, 그것이 있다는 것을 과연 믿을 수 있는가 하는 데에 있습니다. '있다'는 말의 정상적인 용법에 의하면, 이런 이런 것이 있다는 말은 오직 특정한 형태를 띠고 시공간의 특정한 위치를 차지하는 물체에만 의미 있게 적용됩니다. 본체의 표현인 만물은 이 기준에 들어 맞습니다. 그렇기 때문에 만약 '있다'는 말을 이와 같이 만물과 동일한 형태로 있다는 뜻으로 사용한다면 본체는 정의상 있을 수 없습니다. 앞에서 본체를 규정하는 데에 사용된 '아무 것도 아닌 것'이라든지 '아무 것도 없는 것'이라는 말은 바로 그런 것이 없다는 것을 천명한 것이나 다름없습니다. 그럼에도 불구하고, 만약 본체가 있다고 말한다면, 이 경우에 '있다'는 말은 본체의 표현이 있다고 할 때와는 다른 특별한 의미로 사용된다고 보지 않으면 안됩니다.

　　앞에서도 잠깐 비친 바 있습니다마는, '본체와 그 표현'이라는 말은 그것이 표현되기 이전에 본체가 '먼저' 있다는 뜻을 강하게 암시하고 있습니다. 그러나 본체가 만물보다 실지로 먼저 있어서, 그것을 '원인'이나 '원천'으로 하여 만물이 '표현'된다고 생각하는 것은 앞에서 제시한 본체의 정의와 정면으로 어긋납니다. 만약 본체가 그런 것이라면 그것은 만물의 안에, 만물의 이면이나 위에 있는 것이 아니라 만물의 '바깥'에 있으며, 만물의 바깥에 있는 한, 그것은 필경 만물과 동일한 형태를 띤, 만물 중의 하나일 수밖에 없습니다. 앞의 정의에 맞게 생각하자면, 먼저 있는 것은 본체가 아니라 표현이며, 본체는 표현이 있다는 사실로부터 논리적으로 추론해 낸 결과라고 말해야 할 것입니다. 진짜 궁녀의 경우를 생각해 보면 이 점을 더 쉽게 이해할 수 있을 것입니다. 진짜 궁녀는 본체요 모든 다양한 형태의 궁녀는 그것의 표현이라고 말하는 것은 '아무 것도 아닌' 궁녀가 실지로 먼저 있어서 그것이 모든 다양한 형태로 표현된다는 뜻이 아닙니다. 그 말을 '우리의' 사고 방식에 맞게 풀이하자면, 그것은 모든 다양한 형태의 궁녀가 있는 한 (또는, 있으려면) 진짜 궁녀가 있다고 말할 수밖에 없다는 뜻입니다. 즉, 진짜 궁녀는 모든 다양한 형태의 궁녀가 있다는 사실로부터 논리 적으로 추론하여 얻어진 결과입니다. 이것은 '본체와 그 표현'이라는 말이 시사하는 것과는 완전히 반대 방향으로 생각하는 것입니다.

　(본체가 만물과 떨어져서 그 바깥에 있는 것이 아니라 만물 안에 있다는 말을 들을 때, 독자는 본체와 만물의 관계를 개념과 사례의 관 계와 같은 것으로 생각할지 모르겠습니다마는, 이 생각은 옳지 않습니 다. 물론, 개념은 사례와 떨어져서 그 바깥에 있는 것이 아닙니다. 또 한 사례는 개념의 '표현'이며 개념은 사례를 통하여 표현됩니다. 그러 나 본체가 곧 개념은 아닙니다. 개념은 사례의 '이름'이지만, 본체는 만 물의 '이름'이 아닙니다. 궁녀의 '개념'―즉, '궁녀'라는 단어가 우리에 게 일으키는 생각―은 궁녀의 모든 다양한 사례와 면밀히, 또는 '일대 일로' 대응합니다. 개념은 만물 중에서 그것에 속하는 것들―즉, '사 례'―을 뭉뚱그려서 파악하는 수단이며, 따라서 그것은 만물의 종류만 큼 여러 가지일 수 있습니다. 그러나 본체는 만물을 이것저것 구분 없 이 하나로 요약합니다. 이것은 곧 본체는 하나밖에 없다는 뜻입니다.)

　앞에서 저는, 본체가 있다고 할 때의 '있다'는 말은 만물이 있다고 할 때의 그것과는 달리 특별한 의미로 사용된다고 말하였습니다. 방금 말씀드린 대로, 그 '특별한 의미'라는 것은 만물이 있는 이상, 또는 만 물이 있다고 말하기 위해서는 있다고 보지 않으면 안된다는 의미에서 의 '있다'는 것입니다. 이 두 가지 의미를, 약간 학술적인 용어로, 각각

'사실적 의미'와 '논리적 또는 개념적 의미'라고 부를 수 있을 것입니다. 말하자면 본체는 '사실적으로 있는' 것이 아니라 '논리적으로 있는' 것입니다. 여기서 '논리적으로 있다'는 말은, 물론, '있다고 보지 않으면 안된다'는 뜻입니다. 이렇게 말하면 대다수의 사람들은 이 '있다고 보지 않으면 안된다'는 말을 바로 '없다'는 말과 동일한 뜻으로 해석할지 모르겠습니다. 그런 사람들은 말할 것입니다— '있다고 보지 않으면 안된다'는 말에는 그 앞에 '없지만'이라는 말이 붙어 있다고 보아야 한다. 다시 말하여 그 말은 '없는데도 마치 있는 것처럼 생각해야 한다'는 뜻이다. 그것은 있다고 말해도 그만, 없다고 말해도 그만이다. 이 경우에 있다든가 없다든가 하는 말은 그냥 '말'일 뿐이며, 그것을 있다고 말하는가 없다고 말하는가는 순전히 언어상의 문제이다, 등등.

그러나 기신론에 의하면 본체가 있는가 없는가, 또는 있다고 말해야 하는가 없다고 말해야 하는가는 단순한 언어상의 문제도 아니요 한가한 말장난도 아닙니다. 그 옛날 석가모니의 생각대로, 그것은 '억만 중생의 濟度제도가 달린' 문제입니다. 기신론은 뒷 부분(73)에서, 수행자가 수행하는 동안에 가져야 할 믿음(信心)을 네 가지로 들면서 그 첫째 믿음으로 '진여가 세상의 근본이라는 믿음'(信根本)을 들고 있습니다. 앞에서 말한 대로 여기서 '진여'는 '본체'와 동일한 것을 가리킨다고 보아도 무방합니다. 아닌게 아니라, 기신론은 그 전체에서 본체가 그야말로 만물과 '동일한 형태로' 있는 것처럼 말하고 있습니다. 우리가 기신론에서 알아내어야 할 것은 그와 같이 '사실은 없는데도 있다고 보지 않으면 안되는' 그것을 있다고 보아야 하는 이유는 무엇인가, 그것을 있다고 보는 것이 어째서 억만 중생을 제도하는 길이 되는가 하는 것입니다.

앞에서 인용한 15년 전의 표지 글에서 저는 '기신론은 종교와 철학과 교육의 접합점을 제시한다'고 썼습니다. 또한, 위에서 본체의 의미를 설명하는 중에 저는, '본체와 그 표현'이라는 말은 본체라는 것이 먼저 있어서 그것이 만물로 표현된다는 뜻을 나타내고 있지만, 사실은 그런 것이 아니고, 먼저 있는 것은 본체의 표현이며 본체는 그 표현이 있다는 사실로 말미암아 그 사실로부터 '논리적으로 추론해낸 결과'라고 말하였습니다. 이 말을 할 때, 또한 저는 '본체'의 의미를 '우리의 사고방식에 맞게' 풀이하자면 그렇게 된다고 말하였습니다. 우리의 사고방식에 맞게 풀이한다는 것은 그것을 순전히 철학적으로 풀이한다는 뜻입니다. 그러나 표지글에서 제가 말한대로 기신론은 철학적인 것에 못지않게 종교적인 문헌입니다. 순전히 철학적으로만 풀이하자면, 본체는 '논리적으로 있다'든가 '있다고 보지 않으면 안된다'는 말을 하는 것으로 충분할지 모릅니다. 그러나 '우리의 사고방식'에 맞지 않는 것을 믿도록 하는 데에는 종교가 필요할 것입니다.

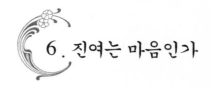

6. 진여는 마음인가

앞에서 말한 진짜 궁녀 또는 본체에 해당하는 기신론의 용어는 眞如입니다. 이 용어는 '그러한 것'을 뜻하는 산스크리트어 '타타아타아'의 한자 번역어입니다. 진여라는 한자어도 다소간 그렇습니다마는, 그것을 우리말로 옮긴 '참으로 그러한 것'이라는 용어는 얼른 듣기에는 아무렇지도 않은 보통 말처럼 들릴지 모르겠습니다. 그러나 그것은 참으로 기이한 용어입니다. 왜냐하면 여기서 말하는 '참으로 그러하다'는 말은 '참으로 기이하다'든지 '참으로 빨갛다'는 말에서와 같이 참으로 어떠어떠하다는 뜻이 아니라 그런 것이 없이 그냥 '참으로 그러하다'는 뜻입니다. 앞에서 진짜 궁녀를 규정하는 데에 사용된 '아무 것도 아닌 것' 또는 '아무 것도 없는 것'과 마찬가지로, 참으로 어떠어떠한 것이 아닌 그냥 '참으로 그러한 것'은, 그것이 있는가 없는가의 문제 이전에, 우선 말이 되지 않습니다. (진짜 궁녀를 가리키는 '아무 것도 아닌 것' 또는 '아무 것도 없는 것'은 이러이러한 것이어야 하는데 아무 것도 아니라든지 이러이러한 것이 있어야 하는데 아무 것도 없다는 뜻이 아니라 그런 것이 없이 그냥 아무 것도 아니고 아무 것도 없다는 뜻입니다.) 서양 철학의 용어인 Reality나 Being도 이와 다를 바 없습니다. 제가 생각하기에는, 참선의 가장 일반적인 화두로 알려져 있는 '이 뭐꼬'(이것이 무엇인가)에서 '이것'도 눈앞에 있는 특정한 물건을 지칭하는 것이 아닌 그냥 '이것'입니다. 그러니까 진여는 처음부터 용어의 정상적인 어법을 어기고 있다고 말할 수 있습니다.

기신론에서 진여는 大乘대승(마하야야나, 큰 수레)의 한 '측면'을 가리키며 대승은 '중생의 마음'의 비유적 표현으로 되어 있습니다. 기신론은 그 앞부분, 논술의 핵심적인 주장을 제시하는 장(立義分)에서 '큰 수레'의 의미를, '큰 수레'라는 것은 무엇을 가리키는가 하는 것(法)과 그것을 어째서 '큰 수레'라고 부르는가 하는 것(義)의 두 가지로 설명하면서 앞의 문제에 대하여 다음과 같이 말하고 있습니다.

첫째로, '큰 수레'라는 것은 '중생의 마음'(衆生心)을 가리킨다. 이 '마음'은 일체의 경험적 사실과 초경험적 관념을 포괄한다. 마하아야나에 관한 일체의 교설은 오로지 이 '마음'과 관련되어 있다. 보다 구체적으로 말하면, 마음은 '실재'(眞如)와 '현상'(生滅)이라는 두 측면에서 파악될 수 있으며, 이 중에서 실재의 측면은 마하아야나의 본체(體)를, 그리고 현상의 측면은 마하아야나의 본체의 외적 표현으로서의 양상(自體相)과 기능(用)을 나타낸다.(7)

뒤이어 기신론은, '그것을 어째서 큰 수레라고 부르는가'하는 문제에 대하여 '크다'는 말과 '수레'라는 말을 따로 따로 설명하지만, '큰 수레'라는 말을 한꺼번에 풀이하자면 그것은 모든 부처와 모든 수행자들이 다같이 탈 수 있을 만큼 큰 수레를 뜻한다고 말할 수 있습니다. 모든 부처는 그것을 '본래 타고 있으며', 모든 수행자는 '그것을 타고 여래의 땅으로 간다'는 것입니다(8).

이 구절에 관해서도 설명할 것이 여러 가지 있지만, 당장 주목의 대상이 되는 것은 진여가 마음의 한 측면을 이루고 있다는 점입니다. 우리의 정상적인 사고방식에 의하면, 진짜 궁녀를 가리키는 본체는 그것의 표현과 마찬가지로 마음이 아니라 마음이 대면하고 있는 대상 또는 사물이라고 보아야 합니다. 그렇다면 본체와 진여는 다른 것입니까? 또는, 그렇지 않고 이 두 가지가 다르지 않다면, 어떻게 하여 마음의 대상이 마음과 동일한 것으로 될 수 있겠습니까? 이 문제를 해명하기 위해서는 우선 기신론에서는 진여를 어떻게 규정하고 있는가를 알아보는 것이 순서일 것입니다. 기신론에 의하면,

'실재의 측면에서 파악되는 마음'(心眞如)은 오직 하나의 실재, 일체의 사물과 현상을 총체적으로 포괄하는 본체를 가리킨다. 이것이 곧 '마음의 본성'(心性)이다. 그러므로 마음은, 그 본성에 있어서는 시작도 끝도 없고 거기에는 하등의 구분도 변화도 있을 수 없다. 사물이 각각 상이한 성질을 가진 것(差別)으로 나타나는 것은 오직 우리의 '상념'(妄念)의 작용에 의해서이다. 만약 우리가 상념을 버릴 수만 있다면 우리가 지각하는 모든 대상, 그리고 그 대상이 나타내는 상이한 성질도 따라서 없어진다. 그러므로 모든 사물과 현상은 '그 원래의 모습에 있어서는'(從本已來) 말로 형용할 수도, 이름을 붙일 수도, 생각을 품을 수도 없다. '실재의 측면에서

파악되는 마음'은 일체의 구분이 배제된 '절대의 세계'(平等)이며, 그것은 변화를 겪는 일도, 송두리째 파괴되는 일도 없다. 그것은 '오직 하나인 마음'(一心)일 뿐이며, 이런 뜻에서 그것을 '참으로 그러한 것'(眞如)이라고 부른다. 일체의 언어적 기술은 실체를 지칭하는 것이 아닌, 헛된 이름에 지나지 않는다. 그것은 오직 상념에 파악되는 것을 그려낼 뿐이며, 따라서 언설을 통하여 '참으로 그러한 것'에 도달한다는 것은 있을 수 없다. 심지어 '참으로 그러하다'는 말조차도 무엇인가의 양상을 기술하는 것이며, '참으로 그러한 것'에는 그와 같이 기술될 수 있는 양상이 없다. 그리하여 '참으로 그러한 것'이라는 말은 '말할 수 없는 것을 말하는 것'이며 '말로써 말을 없애려는 것'(因言遣言)과 같다. '참으로 그러한 것'의 세계에는 부정할 것도 긍정할 것도 없다. 그 세계에는 모든 것이 여실하며, 또 모든 것이 동일하게 여실하기 때문이다. 우리가 명심해야 할 것은, 그 세계는 언어로 기술할 수도, 생각을 품을 수도 없다는 것이다. 그것을 '참으로 그러한 것'이라고 부르는 것은 이 때문이다.(11)

여기에 인용된 구절은 기신론의 본론(解釋分)의 첫머리에 나와 있습니다. 기신론의 설명은 일체가 진여에 관한 것이라고 볼 수 있는 만큼, 이 구절에 나타나 있는 진여의 규정은 어디까지나 잠정적인 '애벌 규정'이라고 보아야 할 것입니다. 그러나 또한, 기신론 전체를 통틀어 진여에 관한 직접적인 규정은 이 구절 이외의 다른 곳에서는 찾아볼 수 없습니다. 이 점에서 이 구절은 기신론의 '포괄적인' 설명을 다시 포괄적으로 제시한 것이라고 보아도 좋을 것입니다. 기신론을 이해하기 어렵다면 그것은 이 구절을 이해하기 어렵기 때문이며, 기신론이 하는 말을 믿기 어렵다면 그것은 이 구절에서 하는 말을 믿기 어렵기 때문입니다. 그 정도로 이 구절은 한 마디 한 마디 세심한 주의를 기울여 꼼꼼히 읽어야 할 것입니다. 비록 번역으로 말미암아 원문의 아름다움이 훼손되기는 했지만, 이 구절은 인간으로서 할 수 있는 가장 심오한 생각을 아름답고 힘찬 문장으로 표현하고 있습니다. 참으로 이 구절은 기신론의 백미라고 불러도 좋을 것입니다.

말할 필요조차 없는 일입니다마는, 기신론의 이 구절은 앞에서 진짜 궁녀와 관련하여 말한 내용을, 마음이냐 사물이냐의 차이를 별도의 문제로 젖혀두면, 그대로 이론적인 용어로 바꾸어 진술한 것이라고 말할 수 있습니다. 진짜 궁녀에 관한 설명을 이해한 독자라면 이 구절의 설명 하나하나를 진짜 궁녀와 관련하여 이해할 수 있을 것입니다. 거기서 저는, 진짜 궁녀는 궁녀로서의 형태를 띠기 이전의 '아무 것도 아닌 것'이라고 말하였습니다. 가령 진여는 '시작도 없고 끝도 없고 거기에는 하등의 구분도 변화도 있을 수 없다'는 말로 번역된 원문 不生不滅불생불멸을 두고 생각해 봅시다. 이 원문은 글자 그대로 옮기면 '생기지도 않고 없어지지도 않는다'는 말이 됩니다. 도대체 이 세상에 있는 사물치고 '생기지도 없어지지도 않는 것'은 하나도 없습니다. 그러나 만약 만물이 우리의 의식 앞에 나타나기 이전의 '아무 것도 아닌 것'이 있다면 그것은 생기지도 없어지지도 않을 것입니다. 또는 차라리, 그것이 없어지지 않는 것은 그것이 생기지 않기 때문이라고 말해야 할 것입니다. '"참으로 그러한 것"에는 [언어로] 기술될 수 있는 양상이 없다'라는 본문의 진술은 진짜 궁녀를 규정하는 데에 사용된 '아무 것도 아닌 것'이라는 말과 동일한 의미를 나타냅니다. '양상'(相)이

여에 의미 있게 적용되지 않는 마음과 대상의 구분은 그것의 표현(즉, 생멸)에는 엄격히 준수되지 않으면 안됩니다. 그리하여 '생멸'의 경우에는 마음과 사물(즉, 마음이 대면하는 대상)이 엄밀히 구분됩니다. 기신론에서 본체와 표현이라는 두 개의 세계를 구분할 때에는 '진여와 생멸'이라는 용어를 쓰는 것이 아니라 '眞如와 生滅心'이라는 식으로, 생멸에는 마음 心자를 붙여 씁니다. 진여는 진여심이라고 말할 필요가 없이 그 자체가 '마음'이기 때문입니다. '생멸'에서 마음(生滅心)과 구분되는 사물 또는 대상은 '육진경계'(六塵境界) 또는 더 간단하게 '경계'이며, 생멸심과의 대비를 살리자면, '생멸계'라고 불러도 좋을 것입니다.

여기서 우리는 기신론이 세상을 보는 '기본틀'(또는 보다 학술적인 용어로 '모형')이 어떤 것인가를 알아낼 수 있습니다. 말할 필요도 없이 기신론의 이 기본틀은 그것을 읽는 독자에게 채택되기를 바라는, 다시 말하여 독자도 그 기본틀로 세상을 보기를 바라는, 그런 기본틀입니다. 그 기본틀은 서로 맞붙어 있는 두 개의 층으로 이루어져 있습니다. 이것을 편의상 '마음의 重層構造'중층구조 또는 '세계의 중층구조'라고 부를 수 있을 것입니다. 그 위층에는 마음과 대상의 구분을 포함하여 '일체의 구분이 배제된' 진여가 있고 그 아래층에는 마음과 대상의 구분, 그리고 대상 상호간의 구분이 존재하는 생멸계가 있습니다. 그러므로 '마음의 중층구조'와 '세계의 중층구조'는 두 개의 중층구조가 아니라 마음과 세계가 구분되지 않는 위층과 그 양자가 구분되는 아래층으로 된 하나의 중층구조입니다.

이런 의미에서의 중층구조가 기신론에서 말하는 二門 不相離이문 불상리─심진여문과 심생멸문은 개념상으로만 구분될 뿐, 사실상으로 분리되는 것은 아니다—와 관련된다는 것은 말할 필요도 없습니다. 중층구조의 위층과 아래층은 심진여문과 심생멸문에 각각 상응합니다. 말하자면 二門 不相離는 중층구조라는 사고의 틀 또는 모형에 비추어서만 비로소 의미를 가지게 됩니다. 그러나 '모형'이라는 말에 부분적으로 암시되어 있습니다마는, '세상은 서로 맞붙어 있는 두 개의 층으로 이루어져 있다'는 말은, 기신론의 모든 설명과 마찬가지로, 어디까지나 비유입니다. 마음과 대상을 각각 위층과 아래층으로 구분하여 파악한다고 해서 그 두 층 사이에 탄탄한 칸막이 같은 것이 있다든지 위층은 아래층 위에 그냥 가만히 얹혀 있다고 생각해서는 안됩니다. 이것 또한 비유에 지나지 않습니다마는, 그 두 층 사이에는 바닥도 칸막이도 없고 어느 층이 어느 층인지도 모르게 끊임없이 운동이 일어나고 있습니다. 이 점을 감안한다면 기신론의 모든 설명은 이 두 층의 관계와 그 사이의 운동을 드러내기 위한 것이라고 말할 수 있습니다. 결국, 기신론의 설명은 이 기본틀을 바탕으로 깔고 있으며, 따라서 그 설명은 이 기본틀에 비추어 비로소 의미 있게 해석될 수 있습니다.

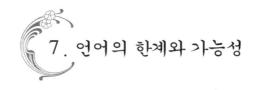

7. 언어의 한계와 가능성

앞 항목에서 인용한 진여의 언어적 규정에는 '그리하여 "참으로 그러한 것"이라는 말은 "말할 수 없는 것을 말하는 것"이며 "말로써 말을 없애려는 것"과 같다'라는 문장이 들어 있습니다. 이 번역의 원문 言眞如者 亦無有相 謂言說之極 因言遣言을 글자 그대로 옮기자면 '진여를 말하는 것 또한 양상을 가지지 않는다. 그것은 언설의 극한을 일컫는 것이며, 말로 말미암아 말을 보내는 것이다' 정도가 될 것입니다. 그리하여 원문의 言眞如者는 앞의 번역에서처럼 '"참으로 그러한 것"이라는 말'뿐만 아니라, 그와 똑같은 의미로, '진여에 관하여 이런저런 말을 하는 것'을 가리킨다고 볼 수도 있습니다. 그렇다면 기신론의 그 문단(11)은 스스로 묘한 입장에 빠집니다. 그것은 결국 '말할 수 없는 것을 말하는 것이며, 말로써 말을 없애려는 것과 같고', 나아가서 기신론의 그 말은 '스스로를 없애버림으로써' 비로소 의미를 가지게 됩니다. 물론, 여기서 '의미를 가지게 된다'는 말은 특별한 의미로 사용된 것입니다. 진여에 관한 이런저런 말이 '스스로를 없애버림으로써' 가지게 되는 의미는 사물이나 현상에 관한 이런저런 말이 가지는 의미와 동일한 것이 아니라 '아무 것도 아닌 것'으로서의 '의미'이며, 따라서 여기에 과연 '의미'라는 용어를 적용해야 할지조차 분명하지 않습니다.

　여기서 우리는 기신론의 그 구절에서 말하는 '언설의 극한'(言說之極)에 다다랐다는 느낌을 받습니다. 이것을 평이한 용어로 '언어의 한계'라고 부를 수 있을 것입니다마는, 여기서 말하는 언어의 한계는 어휘가 부족하다든지 표현 능력이 부족한 것과 같은 '언어 사용자의 한계'가 아닌, '언어 그 자체의 한계'를 가리킵니다. 다시 말하여 이 경우의 '언어의 한계'는 어휘가 아무리 풍부하고 표현 능력이 아무리 출중하다 하더라도 극복될 수 없는, 언어의 성격 그 자체에서 오는 한계입니다. 이런 의미에서의 언어의 한계—즉, 언어 사용자의 한계가 아닌, 언어 그 자체의 한계—는, 중층구조의 용어로는, 아래층과 위층을 가르는 경계선에 해당합니다. 그것은 '언설의 극한'이라는 말이 시사하는 것과 같이 언어가 정상적인 의미로 사용될 수 있는 마지막 가장자리, 그리고 거기서부터는 언어가 그 원래의 기능을 발휘할 수 없는 '출입 금지 구역'의 푯말과 같은 것입니다. 중층구조의 아래층에는 언어의 정상적인 용법이 적용될 수 있습니다. 거기서는 '이것은 이러이러하다'는 말이 그 본래의 뜻으로 이해됩니다. 그러나 중층구조의 위층은 기신론의 용어로 '일체의 구분이 배제된 절대의 세계', 또는 더 쉬운 말로 '아무 것도 아닌 것'이며, 이것은 언어의 정상적인 용법이 미치지 못하는 '말할 수 없는 세계'입니다.

　그러나, 앞에서 말한 바와 같이, 중층구조의 위층과 아래층을 가르는 경계선이라는 것은 누군가가 거기에 금을 그어 놓고 '출입 금지 구역'이라는 푯말을 세워 놓은 그런 것이 아닙니다. 그것은 어디까지나 비유입니다. 언어의 정상적인 용법이 적용될 수 있는 '말할 수 있는 세계'와 그것이 적용될 수 없는 '말할 수 없는 세계'의 구분도 그와 마찬가지입니다. 만약 이 두 개의 세계가 칸막이나 울타리 같은 것으로 완전히 갈라져 있다면 그 사이에는 그야말로 아무런 교섭도 있을 수 없을 것입니다. 만약 그 두 세계가 참으로 그런 것이라면, '말할 수 없는 세계'에 대해서는 그것을 그대로 방치하는 것밖에 아무 것도 할 수 없고, 나아가서는 그런 세계가 있는지조차 알 수 없을 것입니다. 그뿐만이 아닙니다. '말할 수 있는 세계', 다시 말하여 마음과 대상이 구분되어 있고 언어의 정상적인 용법이 적용되는 그 세계는 우리에게 주어진 세계의 전부이며, 그것 이외에, 그것과는 떨어진 또 하나의 세계가 있다는 것은 '세계'의 성격상 용납될 수 없습니다. 그렇기 때문에 만약 그 두 개의 세계가 칸막이나 울타리 같은 것으로 완전히 갈라져 있다면, 말할 수 있는 세계를 발판으로 하여 어떤 방식으로든지 말할 수 없는 세계에 들어간다는 것은 원칙상 불가능합니다.

이 점을 생각할 때마다 저는 언제나 知訥지눌의 勸修定慧結社文권수정혜결사문의 첫 문장이 머리에 떠오릅니다. 거기에는 '내가 경전에서 배운 바와 같이, "땅에 걸려 넘어진 사람은 땅을 디디고 일어선다." 땅을 떠나서 일어서려고 하는 것은 원칙상 불가능하다'(恭聞 人因地而倒者 因地而起 離地求起 無有是處也)라고 적혀 있습니다. 이 문장에서 '땅에 걸려 넘어진다'는 말은, 현재의 맥락에서 보면, 말할 수 있는 세계는 말할 수 없는 세계와 다르다는 것, 그리고 더 나아가서 그것이 말할 수 없는 세계에 이르는 데에 방해가 된다는 뜻을 나타냅니다. 앞에서 인용한 기신론의 구절에는 이것이 '일체의 언어적 기술은 실체를 지칭하는 것이 아닌 헛된 이름에 지나지 않는다'라는 말로 표현되어 있습니다. 뒤이어 기신론에서는 '그것은 오직 상념에 파악되는 것을 그려낼 뿐이며, 따라서 언설을 통하여 "참으로 그러한 것"에 도달한다는 것은 있을 수 없다'라고 말하고 있습니다. (여기서 '상념'은 대상을 대면하고 있는 마음, 또는 그 마음에 떠오르는 생각을 가리킵니다.) 기신론의 이 마지막 말을 그대로 지눌의 말로 바꾸면 '땅에 걸려 넘어진 사람이 땅을 디디고 일어서는 것은 원칙상 불가능하다'는 것으로 됩니다. 그렇다면 지눌은 기신론에서 말하는 것과는 정반대되는 말을 하는 것이겠습니까? 기신론은 땅에 걸려 넘어진 사람이 디디고 일어설 수 있는, 땅 이외의 다른 것이 있다든지, 말할 수 있는 세계를 발판으로 하지 않고 그것과는 다른 통로로 말할 수 없는 세계에 이를 수 있다고 말하는 것이겠습니까? 저는 그렇게 생각하지 않습니다. 기신론의 그 말은 오직 상념(또는, 상념에 그려지는 것)이 그대로 진여를 드러내는 것이 아님을 말한 것일 뿐, 상념을 '떠나서', 상념을 거치지 않고 진여에 도달할 수 있다는 것을 말한 것은 아닙니다. 기신론의 그 말은, '말할 수 없는 세계'에서 말은 '말할 수 있는 세계'에서와는 다른 방식으로 의미를 가진다는 뜻을 나타낸 것이라고 보아야 할 것입니다.

여기에 '말로써 말을 없애는 것'(因言遣言)의 비밀이 숨어 있습니다. '참으로 그러한 것'이 있다는 것을 믿는가 않는가는 독자 개개인의 사색과 수행에 달려 있는 문제이겠습니다마는, 그 이전에 그것을 개념적으로 이해하기 위해서라도 우리는 '말로써 말을 없앤다'는 것이 무슨 뜻이며 그것이 어떻게 가능한지를 생각해 보지 않으면 안됩니다.

제가 생각하기에, 이 문제는, 그것을 젖혀두고 불교 수행을 논의한다는 것은 있을 수 없다고 말할 정도로, 불교 수행 이론의 핵심을 이루는 문제이며, 또 그만큼 어려운 중에도 어려운 문제입니다. 왜냐하면 말을 없앤다는 것은 '말할 수 없는 세계', 즉 진여에 들어간다는 뜻이며, 그것은 또한 '상념을 버리는 것'과 동일한 의미를 나타내고 있기 때문입니다. '말로써 말을 없앤다'는 말이 나와 있는 바로 그 문단에는 '사물이 각각 상이한 성질을 가진 것(差別)으로 나타나는 것은 오직 우리의 상념(妄念)의 작용에 의해서이다. 만약 우리가 상념을 버릴 수만 있다면 우리가 지각하는 모든 대상, 그리고 그 대상이 나타내는 상이한 성질도 따라서 없어진다'(11)라는 말이 적혀 있습니다. 앞에서 저는, 집착이나 상념은 호주머니에서 지갑을 꺼내어 길바닥에 던지는 것과 동일한 방식으로 버릴 수 있는 것이 아니라고 말하였습니다. 만약 말을 없애는 것이 상념을 버리는 것과 동일한 의미를 나타낸다면, '말로써 말을 버리는 것'이 무슨 뜻이며 그것이 어떻게 가능한가 하는 질문에 대한 대답은 그대로 '상념을 버리는 것'이 무슨 뜻이며 그것이 어떻게 가능한가 하는 질문에 대한 대답이 될 것입니다.

'말로써 말을 없앤다'는 말에 이미 암시되어 있습니다마는, 만약 '말을 없애는' 데에 무엇인가 힘이나 원동력 같은 것이 필요하다면, 그것은 말이 아닌 다른 곳에서는 나올 수 없습니다. 그 힘이나 원동력은 바로 말 속에 들어 있다고 보지 않으면 안됩니다. 이것은, 우리에게 주어진 것은 상념과 그것이 대면하고 있는 세계 이외의 아무 것도 아니라는 것과 완전히 동일한 이치입니다. 말은 상념이 대면하고 있는 세계에나 의미 있게 적용될 수 있으며, 따라서 말을 없애는 힘이 말이 아닌 다른 것에서 나온다는 것은 있을 수 없습니다. 이렇게 생각해 보면,

말은 그것으로 없애야 할 것을 만들어낸다는, 두 가지 완전히 상반된 일을 동시에 하는 셈이 됩니다. 말이 없애야 하는 그것도 말이요, 그 말을 없애는 그것도 말인 것입니다. 기신론 본문에서는 말로써 말을 없애는 것은 오직 진여에 관한 말―'참으로 그러한 것'이라든지, '참으로 그러한 것'은 이러이러한 것이라는 말―에만 해당되는 것처럼 되어 있습니다. 그러나 말은 그것으로 없애야 할 것을 만들어내기도 하지만 그와 동시에 말을 없애는 원동력을 그 속에 간직하고 있다는 관점에서 보면, 진여에 관해서 말한 기신론의 그 구절(11)이 말로서 특별한 지위를 가진다고 보기 어렵습니다. 기신론의 그 구절도 언어의 한계 안에 속한다는 점에 있어서는 다른 말과 다를 바 없으며, 오히려 언어의 한계 너머에 있는 것을 기술하는 데에 언어의 한계 안의 말을 '차용'함으로써 그 말이 그대로 언어의 한계 너머를 기술한다는 착각을 불러일으킵니다.

언어의 한계는 그런 것이라고 치고, 그렇다면 언어의 '가능성'은 어디까지이겠습니까? 만약 말 속에 그 말을 없애는 힘이나 원동력 같은 것이 들어 있지 않다면 언어의 가능성은 언어의 한계 안에 철저하게 국한될 수밖에 없을 것입니다. 그러나 만약 말 속에 그것을 없애는 힘이 들어 있다면, 또는 더 강하게 말하여, 말을 없애는 힘은 말이 아닌 다른 곳에서는 나올 수 없다면, 말은 그 한계를 모르는 '무한한' 가능성을 가지고 있다고 말할 수 있을 것입니다. 다시 말하여 말은 그것의 한계 안에 머물러 있으면서 그것이 미치지 못하는 한계 너머의 것을 가리킬 수 있습니다. 이것이 언어의 가능성입니다. 그러나 또한, 진여가 이러이러한 것이라는 기신론의 그 구절이 말로서 특별한 지위를 가지는 것은 아니라 하더라도, 아무 말이나 또 아무렇게 하는 말이나 모두가 한계 너머의 것을 손가락질한다고는 말할 수 없을 것입니다. 거기에는 특별한 조건이 필요하며, 또 그 조건을 충분히 갖추려는 특별한 노력이 필요합니다. 기신론이 '상념을 떠나서 진여로 돌아가는 것'이 무엇을 뜻하며 그것이 어떻게 가능한지를 설명하려고 하는 한, 그것은 또한 그 조건과 노력이 무엇인가를 말하지 않으면 안될 것입니다.

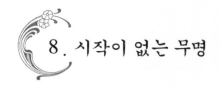

8. 시작이 없는 무명

이제 '실재의 측면에서 파악되는 마음'(즉, 진여) 이야기는 잠깐 접어 두고 눈을 중층구조의 아래층으로 돌려서 '현상의 측면에서 파악되는 마음'(즉, 생멸심)에 관하여 생각해 보겠습니다. (아무리 강조해도 부족합니다마는 이 두 측면은 따로 떨어져 있는 것이 아니라—즉, 사실상으로 분리되는 것이 아니라—오직 우리가 그 두 측면을 다른 것으로 생각할—즉, 개념상으로 구분할—뿐입니다.) 기신론에 의하면, 마음의 이 측면은 마음이 실재의 측면에 이르기 위하여 버려야 할 마음입니다. 그러나 진여와 생멸심이 사실상으로 분리되지 않는다는 사실에 이미 시사되어 있는 바와 같이, 생멸심을 버리는 것과 진여에 이르는 것은 두 가지 일이 아니라 생멸심을 버리는 것이 곧 진여에 이르는 것입니다. 기신론은 이 생멸심을 '妄心'망심(헛된 마음) 또는 '妄念'망념(헛된 상념)이라고 부르고 있습니다. 그것은 분명히, 이 마음은 버려야 할 것임을 나타내기 위한 것이겠지만, 여기서는 원문 번역에서와 마찬가지로 그런 부정적인 의미를 빼고 보다 중립적인 '상념'이라는 용어를 쓰겠습니다. 앞 항목에서 언어의 한계와 가능성을 말할 때 이미 시사되었다고 생각합니다마는 상념은 그냥 헛되기만 한 것이 아니라, 그 속에 진여에 이르는 힘이나 원동력 같은 것을 감추고 있기 때문입니다.

　상념은 우리 각자가 '나의 마음'이라고 부르는 것, 우리 각자가 몸 속의 어딘가에 가지고 있다고 생각하는 그 마음을 가리킵니다. 웬만큼 식견이 있는 독자라면 누구든지 이 마음이 어떤 것인지 알고 있고 또 다소간은 그것을 언어로 규정할 수 있을 것입니다. 이 마음은 그것이 대면하고 있는 대상과 관련하여 무엇인가를 하고 있고, 또 그것이 하는 일, 즉 '작용'이나 '기능'을 통하여 파악됩니다. 정확할 것도 자세할 것도 없이, 그 대강을 말해보면 다음과 같습니다. 우선, 이 마음은 우리 몸의 다섯 가지 감각 기관―눈, 귀, 코, 혀, 피부―을 통하여 바깥의 사물을 지각합니다. 이 마음은 주위의 다른 사람들, 특히 부모와 교사로부터 배운 개념을 써서 사물과 현상에 관한 일반적 관념을 형성합니다. 그와 동시에 이 마음은 사물과 현상에 관하여 좋아하는 것과 싫어하는 것, 이로운 것과 해로운 것을 분간하고 각각에 상응하는 태도를 가집니다. 이 마음은 대상을 자신에게 이익이 되는 방향으로 바꾸기 위하여 그것에 도움이 되는 적절한 조치를 취합니다. 그러기 위하여 이 마음은 그 목적을 달성하기 위한 방법이나 규칙을 정립하고 그 목적 달성에 성공했을 때와 실패했을 때를 당하거나 예견하면서 환희와 좌절을 경험합니다. 뿐만 아니라, 이 마음은 옳은 것과 그른 것을 분간하고 그 기준에 따라 자신과 다른 사람의 행동을 판단하면서 존경과 찬탄을 보내기도 하고 의분과 후회에 휩싸이기도 합니다.

여기에 적어 놓은 것은 우리가 '나의 마음'이라고 말할 때의 마음을 언어로 기술한 것입니다. 이와 같이 언어로 기술할 때에는 마음이 하는 '여러 가지 일'이 각각 따로 따로 또는 차례대로 일어나는 것처럼 되어 있지만, 대부분의 경우에 그 여러 가지 일은 한꺼번에 뒤섞여서 일어납니다. 그뿐만 아니라, 위의 그 여러 가지 일은 우리가 살아 있는 한 잠시도 그치는 일이 없이 끊임없이 계속됩니다. 살아있다는 것은 바로 그러한 마음의 기능이 일어나고 있다는 것을 뜻한다고 말해도 좋을 정도로, 우리의 삶은 거기서 벗어날 수가 없습니다. 기신론에 나와 있는 '무명에는 시작이 없다'(無始無明)라는 말은 이 점을 나타내고 있습니다. '중생은 본래부터 끝없이 계속되는 상념에 얽매어 있으며 거기서 벗어나는 법이 없다. 이런 뜻에서 "無始無明"무시무명이라는 말을 쓴다'(19). '무명'에 관해서는 나중에 다시 설명하겠지만, 여기서는 일단 그것을 (진여와 마찬가지로) 상념의 '원인'이라고 생각해 두겠습니다. 어떤 것의 원인에 시작이 없다는 것은 곧 그것이 언제 생겼는지 알 수 없다는 뜻이며, 또 이때까지 한 번도 그것이 없었던 적이 없다는 뜻입니다.

위에서 제가 말한 것은 그야말로 마음을 '대강'(즉, 일반적인 수준에서) 기술한 것이며, 그것을 자세하게 기술하기 위해서는 삶의 매 순간 우리 마음 속에서 일어나는 일을 말해야 할 것입니다. 기신론에서 '"깨닫지 못함"의 아홉가지 양상'(九不覺相 또는 不覺九位)이라고 말한 것 중의 마지막 여섯 가지는 위의 마음을 기술하고 있습니다.

'인식의 대상'이라는 외적 계기(境界緣)로 말미암아 다시 '깨닫지 못함'의 여섯 가지 양상이 나타난다. 첫째는 '차별적 지각'(智

相)이다. 인식의 대상이 나타남으로써 마음에 '가지고 싶어하는 것'과 '가지고 싶어하지 않는 것'의 구별이 생긴다. 둘째는 '차별적 지각의 연속'(相續相)이다. 차별적 지각으로 말미암아 괴로움과 즐거움의 느낌이 교차되며 상념이 끊임없이 일어난다. 셋째는 '집착'(執取相)이다. 차별적 지각의 연속으로 말미암아 지각의 대상에 대한 好惡호오, 그리고 그로 인한 괴로움과 즐거움에서 헤어나지 못하며 그것에 집착한다. 넷째는 '언어와 개념에 의한 계탁'(計名字相)이다. 그릇된 집착으로 말미암아 실체가 아닌 언어와 개념이 그 자체로서 진정한 의미를 가진다고 생각한다. 다섯째는 '행동'(起業相)이다. 공허한 언어와 개념의 사용으로 말미암아 그 의미를 추구하고 그것에 집착하면서 갖가지 행위를 한다. 여섯째는 '행위로 인한 괴로움의 유발'(業繫苦相)이다. 행위로 말미암아 그 결과를 겪게 되고 거기에 얽매이게 된다. 우리가 명심해야 할 것은, 일체의 상념과 그 대상은 無明무명을 원인으로 하여 생기며 일체의 상념과 그 대상은 모두가 '깨닫지 못함'의 양상(不覺相)이라는 것이다.(24)

앞에서 제가 말한 것과 기신론의 이 구절은 다같이 대상과 구분되는 마음, 즉 '현상의 측면에서 파악되는 마음'을 기술하고 있습니다. 그 두 가지 기술은 비록 사용된 용어는 다를망정 그것이 드러내고자 하는 내용은 동일한 것입니다. 그렇기 때문에 기신론의 그 구절에 나타나 있는 '여섯 가지 양상'이라는 것도 모종의 고정된 철칙 같은 것이 아니요 그 하나하나의 양상이 각각 따로 나타나는 것도 아닙니다. 그 '여섯 가지 양상'은 우리 모두가 나날의 삶에서 시시각각 드러내고 있는 마음의 작용을 구분하여 기술한 것에 지나지 않습니다. 요컨대 그것은, 앞에서 제가 말한 것과 마찬가지로, '현상의 측면에서 파악되는 마음'을 기술할 때 웬만큼 식견있는 독자라면 누구나 말할 수 있는 내용과 본질상 다르지 않습니다. 아닌게 아니라, 맨 마지막의 '우리가 명심해야 할 것은'에 이어지는 말은 의심의 여지없이 이 점—중요한 것은 여섯 가지 양상의 하나하나가 아니라 그것이 모두 '무명'을 원인으로 하여 생긴, '깨닫지 못함'의 양상이라는 사실—을 나타내고 있습니다.

그러나 또한, 그 맨 마지막 말은 특별한 설명을 필요로 합니다. ('우리가 명심해야 할 것은'으로 번역된 원문은 '當知당지—마땅히 알라'입니다.) '일체의 상념과 그 대상은 무명을 원인으로 하여 생기며, 일체의 상념과 그 대상은 모두가 "깨닫지 못함"의 양상이라는 것'은 웬만큼 식견있는 독자라고 하여 아무나 할 수 있는 말이 아닙니다. 아니, 그 정도가 아닙니다. 기신론의 다른 구절에는, '〔일체의〕 경험적 인식(識)이 무명훈습으로 일어난 결과라는 것은 우둔한 자가 알 수 있는 것이 아니요, 二乘이승의 수행자의 지혜로 깨달을 수 있는 것도 아니다. 그것은 수행자가 처음 올바른 믿음을 얻은 이후 내내 수행에 뜻을 두고 열심히 노력하여 진여를 증득하게 되더라도 오직 부분적으로 알 뿐이며, 수행의 완성단계에 있는 사람이라 하더라도 완전히는 알 수 없다. 그것을 완전히 아는 것은 오직 "깨달은 자"(佛) 뿐이다'(30)라는 말이 적혀 있습니다. '무명훈습'에 관한 설명을 당분간 뒤로 미룬다면, 여기에 적혀 있는 '일체의 경험적 인식이 무명훈습으로 일어난 결과'라는 말은 앞의 구절에서 '일체의 상념과 그 대상은 무명을 원인으로 하여 생긴다'는 말과 완전히 동일한 의미를 나타낸다고 보아도 무방할 것입니다.

안전하게 말하자면 저를 포함하여 웬만큼 식견있는 독자는 '우둔한 자'(凡夫)에 속한다고 말해야 할 것입니다. '완전히 안다'(知盡, 窮了)는 말은 분명히 '우둔한 자'의 경지에서와는 다른 특별한 의미로 사용되었을 것입니다마는, 그것을 아무리 특별한 의미로 해석하더라도 '깨달은 자'가 완전히 알 수 있는 그것을 우둔한 자가 조금이나마 알 수 있으리라는 것은 기대하기 어렵습니다. 그럴 수밖에 없습니다. 따지고 보면, '상념이 무명에서 생긴다'는 말의 의미는 '상념을 버리는 것'의 의미와 정확하게 맞물려 있어서 만약 앞의 말을 설명할 수 있으면 뒤의 말은 저절로 설명된다고 볼 수 있습니다. 그렇기 때문에 그 말의 의미는 간단하게 설명될 수 있는 것이 아니요, 사실상 아무리 길게 설명한다 하더라도 결코 충분하지 않습니다. 그럼에도 불구하고 기신론은 '무명이 상념의 원인'이라는 말을 설명하는 부분에서 그것을 마치 봄이 오면 꽃이 피고 겨울이 되면 눈이 오는 것과 같이 아무렇지도 않은 당연한 사실처럼 말하고 있습니다. 우둔한 자가 기신론을 읽을 때 할 수 있고 또 마땅히 해야 할 일은 그 당연한 말을 당연한 말로 받아들이는 것이 아니라 오히려 그것이 어째서 당연한 말이 아닌지, 그리고 기신론은 어째서 그것을 그렇게 당연한 것처럼 설명하는지를 알아내는 것입니다.

그것에 관한 기신론의 설명을 알아보기 전에, 이 항목에서 말한 내용과 직접 관련되는 두 가지 문제에 관하여 생각해 보겠습니다. 하나는 위에 기술된 것과 같은 상념이 무명이건 그밖의 어떤 것이건 간에 무엇인가를 '원인'으로 하여 생겼다고 말할 수 있는가 하는 것입니다. 기신론에서는 분명히 상념이 무엇인가를 원인으로 하여 생겨났다고 말합니다. 그러나 만약 상념이 참으로 무엇인가로부터, 또는 무엇인가에 의하여 생겼다면, '상념이 생기기 이전'이라는 것이 있고 '상념이 생겨난 시점'이라는 것이 있을 것입니다. 상념은 '언제' 생겼으며, 그것이 생기기 이전은 또한 '언제'이겠습니까? 앞에서 말한 바와 같이, 상념이라는 것은 우리가 삶을 사는 매 순간마다 우리를 사로잡고 있으며, 그렇기 때문에 '상념이 생기기 이전'은 고사하고 '상념에서 벗어난 때'라는 것은 우둔한 자의 사고방식으로는 상상되지 않습니다. 사실상, 앞에서 인용한 '무명에는 시작이 없다'(無始無明)는 말(19)은 그 우둔한 자의 사고방식이 기신론의 설명과 백팔십도로 어긋나는 것은 아님을 나타내고 있습니다. 상념의 '원인'인 무명에 시작이 없다는 것은 다름 아니라, 우리의 마음은 처음부터 상념이었으며, '상념이 생기기 이전'이라는 것은 있을 수 없다는 것을 뜻합니다. 그럼에도 불구하고 상념이 무명을 원인으로 하여 생긴다고 말한다면 이때의 '원인으로 하여 생긴다'는 말은 특별한 의미로 사용된 것이라고 보지 않으면 안됩니다. '상념은 무명을 원인으로 하여 생겨났다'는 말을 이해하기 위해서는 그 특별한 의미가 무엇인가를 알아내지 않으면 안됩니다.

현재의 맥락에서 생각해 보아야 할 또 한 가지 문제는 '나의 마음'이라고 할 때의 '마음'에 관한 위의 기술이 과연 '나의 마음'을 정확하게 또는 완전하게 드러내었는가 하는 것입니다. 제가 말하고자 하는 것은 거기에 사용된 용어가 적합하지 않다든지 그 기술에 당연히 포함되어야 할 것들이 빠져 있다는 것이 아닙니다. 그뿐만 아니라, 저는 또한, 위에 기술된 것은 오직 '현상의 측면에서 파악되는 마음'이며 마음에는 그것 이외에 '실재의 측면에서 파악되는 마음'도 있다는 기신론의 설명을 그대로 받아들이고 그것에 의지하여 위의 기술이 정확하거나 완전하지 않다는 것을 말하고자 하는 것이 아닙니다. 아닌게 아니라, 이때까지 저는 이 후자의 태도는 기신론을 읽는 독자가 항상 경계해야 할 태도라고 말하였습니다. 제가 생각해 보고자 하는 것은 기신론의 그 설명은 젖혀 두고, 그 설명을 듣지 않은 상태에서, 우리 자신이나 누군가가 '나의 마음'은 바로 그런 것이라고 말할 때, 과연 그 말이 마음을 있는 그대로 잘 드러내었는가 하는 것입니다.

얼른 생각하기에는 '그렇다'는 대답밖에 할 수 없을 것처럼 보입니다. 그럴 수밖에 없는 것이, 상념이라는 것은 우리가 가지고 있는 마음의 전부이며, 그것이 대면하고 있는 대상 또한 세계의 전부입니다. 그렇기 때문에 만약 우리가 그 마음을 정확한 언어로 빠트림이 없이 기술한다면 그것은 마음에 관한 '완전한' 기술이 된다는 생각도 충분히 나올만 합니다. 그러나 위의 질문에 대한 대답은 단정적으로 '그렇지 않다'는 것입니다. 여기에 대한 직접적인 단서는, '현상의 세계'(생멸계)—다시, 이 세계는 유일한 세계이며 세계의 전부입니다—에서 마음은 대상을 대면하고 있다는 점에 있습니다. 그런데 '마음은 이러이러한 것이다'라는 위의 기술 또한 마음에서 나온 것입니다. 말하자면 '마음은 이러이러하다'는 말은 마음이 마음을 기술한 것이며, 그때 기술되는 마음은, 마음과 대상의 관련에서 보면, 마음이 아닌 대상이라고 보아야 합니다. '마음은 이러이러한 것이다'라는 말을 할 때 마음은 그 스스로를 대상으로 바꾸고 있습니다. 더 정확하게 말하여, 마음은 그 스스로를 대상으로 바꾸지 않고는 그것을 기술할 수 없습니다. 마음이 기술하는 것이 '마음' 그 자체가 아닌 '마음의 대상'이라면, '마음의 대상'이 아닌 '마음' 그 자체는 무엇이며, 그것을 아는 방법은 무엇이겠습니까?

기신론에 나와 있는 心不見心심불견심(마음이 마음을 본다는 것은 논리적으로 불가능하다)(28)이라는 한 마디는 이 질문에 대한 분명한 대답을 해 주고 있습니다. 마음이 마음을 볼 수 없는 것은 비유적으로 말하면 눈이 눈을 볼 수 없는 것과 마찬가지입니다. 만약 마음이 마음을 볼 수 없다면, 바로 그 이유에서 우리는 우리의 마음에 파악되고 언어로 기술되는 '나의 마음'이 마음을 정확하고 완전하게 드러내는 것은 아님을 인정해야 할 것입니다. 이렇게 말하는 것은, 반드시 그것 때문에 '실재의 측면에서 파악되는 마음'이 있다는 것을 믿어야 한다는 뜻이 아닙니다. 제가 말하고자 하는 것은 우리의 인식에 파악되는 마음이 유일한 마음이요 그것 이외에 따로 마음이라는 것이 있을 수 없다는, 우리 모두가 가지고 있는 통념, 때로 확신에 가까운 통념에 대하여 한번쯤은 의심을 해 보아야 한다는 것입니다.

앞의 心不見心심불견심이라는 말이 나와 있는 기신론의 구절—다시, 아름답고 힘찬 구절—을 그대로 옮겨 적어 보면 다음과 같습니다.

그러므로 일체의 욕망과 사물과 관념, 한 마디로 우리가 생각을 품을 수 있는 모든 대상(三界)은 허위이며 '오직 마음'(唯心)의 조작이다. 마음을 떠나면(離心) 감각과 사고의 대상(六塵境界)이 없어진다. 이 말을 풀이하면 다음과 같다. 즉, 모든 사물과 현상은 마음의 작용으로 말미암아 나타나며 상념에 의하여 생겨난다. 모든 분별은 마음이 마음을 대상으로 하여 이루어진다. 그러나 마음이 마음을 본다는 것은 논리적으로 불가능하다(心不見心). 그것은 대상이 없는 것을 보는 것이기 때문이다. 요컨대, 현상계의 모든 대상은 무명과 그로 인한 헛된 마음으로 말미암아 인식에 자리잡게 된다. 그러므로 일체의 사물과 현상은 거울에 비친 그림자와 같다. 그것은 실체가 없이 '오직 마음'(唯心)으로 되어 있으며 따라서 허망하다. 즉, 마음이 생김에 온갖 사물과 현상이 생기며, 마음이 없어짐에 온갖 사물과 현상이 없어진다.(28)

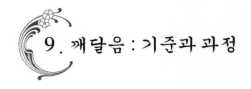

9. 깨달음 : 기준과 과정

앞 항목에서 살펴 본 상념은 기신론에서는 버리거나 떠나야 할 것으로 되어 있습니다. 이제 거기서 알아낸 상념의 의미를 염두에 두면서 현재 우리의 위치를 그대로 석가모니가 깨달음을 얻은 그 시점으로 옮겨 놓고 상념을 버리는 것이 무엇을 뜻하는가를 생각해 봅시다. 상념이라는 것은 호주머니에서 물건을 버리듯이 버릴 수 있는 것이 아니라고 할 때, 그것과는 다른 방법으로 상념을 버리기 위해서는 어떻게 해야 하겠습니까? 상념을 버리거나 떠나는 데는 그것 이외에 또 어떤 방법이 있겠습니까? 아마 독자는 석가모니가 길고 험난한 수행을 거쳐서 알아낸 심오한 진리를 당장 생각해 내라는 것은 무리한 요구라고 생각할지 모릅니다. 이 생각도 그다지 틀린 것은 아닙니다마는, 제가 요구하는 것은 석가모니가 알아낸 모든 진리를 심오하고 세부적인 수준에서 말하라는 것이 아닙니다. 만약 그 요구가 이런 것이라면 거기에 부응하기 위해서는 최소한, 상념은 왜 버려야 하는가, 상념이라는 것은 도대체 버릴 수 있는 것인가 등등의 문제를 취급해야 할 것입니다. 제가 바라는 것은 그런 것이 아니고, 단순히 어떤 '물건' — '상념'이라고 불리는 것 —을 호주머니에서 꺼내어 버리듯이 버리지 않고도 '버리거나 떠나는' 방법이 없겠는가를 생각해 보라는 것입니다.

위의 질문을 이런 뜻으로 해석하면 저의 요구는 그다지 무리한 요구가 아닐 것입니다. 독자는 조금만 생각해 보면 그 답을 알아낼 수 있을 것입니다. 그 답은 이런 것입니다—여기에 '상념'이라고 불리는 물건이 있다고 하자. 그것을 버리거나 떠나기 위해서는 그것이 어디서 왔는지, 어떻게 하여 여기에 있게 되었는지를 알아야 한다. 만약 이것을 알 수 있다면, 우리는 그것이 온 경로를 정반대 방향으로 되밟으면서 그것이 있기 전의 상태로 돌아갈 수 있다. 이것이 바로 그 물건을 버리거나 떠나는 방법이다. 아닌게 아니라, 이 방법에 비하면 호주머니에서 꺼내어 버리는 것은 '버리는' 것도 아니다. 그것은 잠깐 내 호주머니에 있지 않고 길바닥에 있거나 내 눈에 보이지 않는 다른 곳에 있을 뿐, 내가 참으로 버린 것은 아니다, 등등. (저에게서 위의 질문을 들은 독자가 한 대답 중에 '그 방법은 상념이라는 물건을 호주머니에 넣고 있으면서도 그것이 없다고 생각하는 것이다'라는 대답이 있습니다. 이 대답은 매우 그럴 듯하게 들립니다마는, 적어도 그 물건이 '상념'인 경우에는 들어 맞지 않습니다. 상념을 버린다는 것은 바로 '없다고 생각하는' 그 '생각'을 버린다는 뜻입니다.)

제가 생각하기에, 석가모니가 알아낸 진리를 순전히 '방법'의 측면에서, 또는 '형식' 상으로만 규정하자면 위의 대답—즉, 상념을 버리기 위해서는 그것이 생겨난 경로를 정반대 방향으로 되밟아서 그것이 생기기 이전 상태로 돌아가야 한다는 대답—과 같이 됩니다. 잘 알려져 있는 바와 같이, 석가모니는 깨달음을 얻고 난 뒤에 자신이 알아낸 진리를 사람들에게 전해야 하는가 하는 문제를 두고 오랫동안 깊은 번민에 빠져 있었다고 합니다. 그 이유는 주로 다른 사람들이 자신의 그 말을 알아들을 수 있을까, 자신의 그 말을 옳은 것으로 받아들여 줄까가 의심스러웠다는 것으로 설명되고 있습니다마는, 제가 생각하기에는 그 반대되는 이유 또한 그에 못지 않게, 아니면 그보다 더 크게, 번민의 원인으로 작용했을 것입니다. 그 반대되는 이유라는 것은 사람들이 그의 말을 즉각적으로 수긍하고 받아들인다는 것입니다. 이 경우에 석가모니의 번민은, 이때 사람들은 자신이 겪은 길고 어려운 사색과 명상을 생략한 채, 그 진리를 순전히 언설로만 받아들인다는 데에 있었습니다. 제가 보기에, 이때까지 불교의 역사는 석가모니의 이 번민의 근거를 사실로써 입증한다고 말해도 과언이 아닙니다.

석가모니가 이전에 그의 동료 수행자였던 다섯 사람에게 최초로 베풀었다는 설법(初轉法輪)의 내용을 살펴보면 저의 짐작이 그다지 허무맹랑한 것이 아님을 알 수 있습니다. 그 최초의 설법은 苦集滅道 고집멸도라는 '네 가지 거룩한 진리'(四聖諦 사성제)를 그 내용으로 하고 있습니다. 이 4성제는 간단하게, 괴로움(苦)─괴로움의 원인(集)─괴로움의 원인의 소멸(滅)─괴로움의 원인의 소멸을 위한 방법(道)으로 풀이됩니다. 이렇게 풀이되는 4성제는 제가 앞에서 말한 '상념을 버리는 방법'과 정확하게 일치합니다. 생각해 보십시오. 앞의 '상념'을 '괴로움'으로 바꾸어서 '괴로움을 없애는 방법'을 제가 말한 것과 같은 방식으로 설명했을 때─즉, 괴로움을 없애기 위해서는 그 원인을 알아야 한다. 만약 그 원인을 알아서 그것을 제거한다면 괴로움은 없어진다, 등등─그 이상 '알아듣기 쉬운' 설명이 또 어디에 있겠습니까? 모르기는 해도, 사람들 중에는 그 설명을, 종기가 나서 괴로울 때 수술을 하여 종기의 원인을 없애면 괴로움이 없어진다는 것과 같은 뜻으로 해석할 사람도 없지 않을 것입니다. 그렇게 되면 거기에는 '거룩할' 것도 아무 것도 없어 보입니다. (짐작컨대, 석가모니는 이따금 4성제를 설명할 때 꼭 이 비유는 아니더라도 이와 동일한 종류의 비유를 사용했을 것입니다.)

그러나 이것은 '네 가지 거룩한 진리'를 완전히 그릇되게 이해하는 것입니다. 무엇보다도 첫머리에 나와 있는 '괴로움'을 두고 생각해 봅시다. 이른바 '네 가지 괴로움'(四苦)으로 열거되는, 태어나는 것, 늙는 것, 병드는 것, 죽는 것(生老病死)은 苦의 대표적인 예로 생각되고 있고, 그밖에도 '미워하는 사람을 만나는 것'(怨憎會苦), '사랑하는 사람을 여의는 것'(愛別離苦), '가지고 싶은 것을 얻지 못하는 것'(求不得苦)도 苦에 드는 것으로 알려져 있습니다. 이런 것들은, 아마 '태어나는 것'을 예외로 치면, 모두 앞에서 말한 종기의 괴로움과 마찬가지로, 우리에게 '괴로움'으로 지각됩니다. 그러나, 이런 것들이 4성제의 苦와 전혀 무관하다고는 말할 수 없다 하더라도, 4성제의 苦를 순전히 이런 것들로 이해하는 것은 옳지 않습니다. 사성제의 苦는 우리가 '생멸계'—즉, 변화의 세계—에 속해 있다는 사실 그 자체, 그리고 그것에 따라 마음이 시시각각 움직인다는 사실 그 자체를 가리킵니다. 한 마디로 말하여, 그것은 상념을 가지고, 또는 상념 속에서, 살 수밖에 없다는 사실을 가리킵니다. 위에서 열거한 여러 가지 '괴로움'과는 달리, 이런 의미에서의 苦는 괴로움으로 지각되지 않습니다. 앞 항목에서 살펴 본 상념의 의미에 충분히 드러나 있다고 생각합니다마는, 상념 속에서 사는 것은 '즐거움'(樂)과 반반으로 섞인 괴로움이며, 사람에 따라서는 괴로움보다는 오히려 즐거움에 더 가까울 것입니다. 만약 석가모니가 苦의 의미를 '괴로움으로 지각되는 苦'로 설명했다면, 그것은 苦의 핵심적 의미가 거기에 있기 때문이 아니라, 오로지 '상념속에서 사는 것' ─즉, 괴로움으로 지각되지 않는 苦─도 괴로움으로 지각되는 苦와 조금도 다름없이 우리가 벗어나야 할 상태임을 알리기 위해서였을 것입니다. 석가모니가 보기에, '苦에서 벗어나는 일'의 어려움은 일차적으로 사람들이 苦에서 살면서도 자신이 苦에서 사는 줄 모른다는 사실에 있었을 것입니다. 만약 그것을 안다면 ─그냥 언설로서 아는 것이 아니라 참으로 그렇게 느낀다면─ 苦에서 벗어나는 일은 절반 이상은 성취된 것이라고 말할 수 있을 것입니다. 苦의 의미가 이러하다면, 4성제의 나머지, 集과 滅과 道 또한 보통의 사고방식으로 이해되는 것과는 다른 의미로 이해되어야 할 것입니다.

석가모니가 그의 깨달음을 통하여 알아낸 진리를 그 내용면에서 규정하자면 역시 '깨달음'이라고 부를 수 있을 것입니다. 석가모니의 가르침은 다른 사람들도 그가 얻은 그 깨달음을 얻도록 하는 데에 목적이 있었습니다. 깨달음을 얻는 것은 상념을 버리는 것과 동일한 의미를 나타냅니다. 이때까지 제가 말한 것은 깨달음을 얻는 방법 ─그것은 곧 '깨달음의 방법'입니다─ 에 관한 형식상의 규정입니다. '상념을 버리기 위해서는 상념이 생기는 과정을 반대방향으로 되밟아서 그것이 생기기 이전으로 돌아가면 된다'는 이 형식상의 규정이 얼른 듣기에 '알아듣기 쉬운' 것으로 들린다면, 그것은 우리가 언어의 문법에 사기당했기 때문입니다. 그런데 기신론은 상념을 버리는 방법을 설명하는 데에 바로 그 형식을 사용하고 있습니다. (물론, 기신론을 세밀히 읽는 독자는 그 저자가 여러 군데에서 자신의 그 설명이 '불가피한' 또는 '의도하지 않은' 사기임을 밝히고 있다는 것을 알아차릴 수 있을 것입니다.) 독자로서 우리가 해야 할 일은 우리가 할 수 있는 데까지 그 사기에서 벗어나서 그 설명을 원래의 의미로 이해하는 것입니다. 저의 경우에 이 일을 한 결과는 우선 다음과 같습니다.

앞 항목에서 인용한 '깨닫지 못함(不覺)의 여섯 가지 양상'은 상념—또는, 정확하게 말하자면, 상념의 가장 표면적인 형태—을 정의하면서 동시에 우리가 속하고 있는, 그리고 우리가 벗어나야 할 꿈의 상태를 나타내고 있습니다. '깨닫지 못함'이 상념 속에 사는 상태를 가리킨다면 '깨달음'은 상념을 '버린' 상태를 가리킵니다. 기신론에서는 '깨달음'(覺)을 '깨달음의 본체'(本覺)와 '깨달음의 과정'(始覺)으로 구분하여 설명하고 있습니다.

'깨달음'(覺)이라는 것은 상념에서 벗어난 상태로서의 '마음의 본체'(心體)와 그 상태에 도달하는 과정을 일컫는다. 상념에서 벗어난 상태를 언어로 기술하자면, 그것은 온 세상에 미치지 않는 곳이 없는 허공과 같은 것이라고 말할 수 있다. '깨달음'에서는 모든 사물이 오직 하나의 양상을 띠며 이 점에서 그것은 일체의 구분이 배제된 '진여 그 자체로서의 여래의 몸'(如來平等法身) 바로 그것이다. 이와 같이 '깨달음'이 '진여 그 자체로서의 여래의 몸' 바로 그것이라는 점을 강조할 때 '깨달음의 본체'(本覺)라는 용어가 사용된다. 다시 말하면, '깨달음의 본체'는 '깨달음의 과정'(始覺)과 대비되지만, '깨달음의 과정'과 '깨달음의 본체'는 그것이 지칭하는 깨달음의 상태에 있어서는 동일하다. '깨닫지 못함'(不覺)은 오직 '깨달음의 본체'를 상정할 때 그것과의 대비에 의하여 성립하며,

'깨달음의 과정'은 '깨닫지 못함'에서 '깨달음'으로 나아간다는 뜻을 나타낸다.(17)

이 구절과 관련하여 설명해야 할 그밖의 것들은 나중으로 미루고 여기서는 本覺본각(깨달음의 본체)과 始覺시각(깨달음의 과정), 그리고 그것과 不覺불각(깨닫지 못함)의 관계에 초점을 맞추어서 생각해 보겠습니다. 앞에서 말한 내용과 관련지어 생각하자면, 불각은 상념, 본각은 상념이 생기기 이전, 그리고 시각은 상념으로부터 상념이 생기기 이전에 이르는 과정을 가리킨다고 보아도 무방할 것입니다. '상념이 생기기 이전'이라는 말을 문자 그대로 해석하면, 본각은 불각(상념)과 시공간적으로 떨어진 지점—그 '이전'—을 가리킨다고 말할 수 있습니다. 그러나 또한 본각은 시각(깨달음의 과정)을 통하여 도달해야 할 상태이며, 이것은 불각으로부터 나아가야 할 그 '이후'를 가리킵니다. 다시 말하여 불각을 중심으로 하여 생각하자면 본각은 불각의 이전과 이후를 동시에 가리킵니다. 이것은 명백히 불합리합니다. 그리고 이 불합리한 결론은 본각과 불각의 관계를 이전과 이후라는 그릇된 시공간적 비유로 파악한 데서 빚어진 것입니다. 그 관계를 보다 올바른 시공간적 비유로 파악하자면 본각은 불각—우리가 삶을 사는 한 벗어날 수 없는 상념—의 '위에' 놓여 있다고 말할 수밖에 없습니다.

그런데 이 비유에서 시각(깨달음의 과정)의 진행 방향은 상념(불각)의 진행 방향과 다를 수 없습니다. 그것은 오직 '앞으로'('이후')라는 한 가지, 時間시간의 진행 방향뿐입니다. 이 始覺시각의 진행 방향과 관련지어 생각해 볼 때, '본각은 불각의 위에 놓여 있다'는 말을 해석하는 방법은 한 가지밖에 없습니다. 즉, 본각은 시각이 끝난 이후에 도달되는, 시각과 별도로 떨어진 상태를 가리키는 것이 아니라, 깨달음의 과정이 진행되는 순간순간마다 그 과정을 이끄는 기준이 된다는 것입니다. '"깨달음의 본체"는 "깨달음의 과정"과 대비되지만, "깨달음의 과정"과 "깨달음의 본체"는 그것이 지칭하는 깨달음의 상태에 있어서는 동일하다'(本覺義者 對始覺義說 以始覺者 卽同本覺)라는 기신론의 문장은 이런 뜻으로 해석될 수 있을 것입니다. 다시, 공간적인 비유를 써서 말하자면 본각은 불각의 이전이나 이후를 가리키는 것이 아니라 처음부터 끝까지 — '이전'부터 '이후'까지 — 불각의 '위에' 있으면서 불각과 수직으로 교차한다고 말할 수 있을 것입니다. 본각이 불각의 이전과 이후를 동시에 가리킨다는 말을 의미 있게 해석하는 유일한 방법은 이와 같이 본각이 불각에 대하여 매 순간 수직으로 교차하는 위치에 있다고 보는 것밖에 없습니다. 또한 시각의 진행 방향은 불각의 진행 방향과 동일할 수밖에 없으므로 — 다시 말하여, 깨달음의 진행 방향은 상념의 진행 방향과 동일할 수밖에 없으므로 — 본각이 불각과 직교한다는 것은 곧 깨달음이 상념과 직교하면서 상념이 진행되는 순간순간마다 그것을 이끄는 기준이 된다는 것을 뜻합니다.

그러나, 분명히 말하여, 깨달음과 상념의 관계를 위와 같이 설명한다고 하여 그것이 '상념을 버리는 것'에 관한 기신론의 설명 형식 — 상념을 버리는 것은 그것이 생기는 경로를 반대 방향으로 되밟는 것이다 — 을 완전히 무효화하는 것은 아닙니다. 위의 설명이 완전한 것이 되려면 상념을 이끄는 기준으로서의 깨달음이라는 것은 어떤 것이며 어떻게 그것이 상념을 이끄는 기준이 될 수 있는가가 설명되어야 할 것입니다. 그리고 그것을 설명하기 위해서는 기신론의 설명을 끝까지 따라가지 않으면 안됩니다.

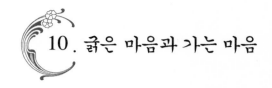

10 . 굵은 마음과 가는 마음

통석의 이 부분까지 읽은 독자는, 만약 그가 세밀히 읽었다면, 상
당한 사고의 혼란을 겪고 있을 것입니다. 우선, 진짜 궁녀 이야
기에서 사용된 '본체'라는 용어는, 그것이 사용되는 맥락은 다를망정,
그 이후에 사용된 '진여'나 '깨달음'(본각)과 그것이 지시하는 대상에
있어서는 동일한 의미를 나타낸다고 보아도 좋을 것입니다. 만약 독자
가 이와 같이 '본체', '진여', '깨달음' 등으로 불리는 것이 상념과 정
확하게 어떤 관계를 맺고 있는가를 생각해 본다면, 이때까지 제가 한
말에서는 그것에 관하여 서로 어긋나는 설명이 주어져 있어서 그 문제
가 머리 속에서 산뜻하게 정리되지 않는다는 느낌을 받을 것입니다.
'본체와 표현'이라는 말에는 진여가 상념보다 앞서 있고 그것이 상념
으로 표현된다는 암시가 나타나 있지만, 진여는 또한 상념과 동일한
과정을 따라 진행되는 '깨달음'(시각)의 결과이며 이 점에서 그것은
상념의 뒤에 오는 것이라고 말할 수 있습니다. (여기서 앞이다, 뒤다

하는 것은 보는 방향에 따라 정반대가 될 수도 있습니다.) 그뿐만이 아니라, 진여는 또한 상념의 위에서, 상념과 수직으로 교차하면서 상념과 깨달음의 과정을 이끄는 기준의 역할을 하는 것으로 되어 있습니다. 물론, 저는, 진여와 상념의 관계는 그런 시공간적인 비유로 정확하게 드러낼 수 있는 것이 아니라는 식으로 말하였습니다마는, 그것을 문자 그대로가 아닌 비유로 받아들인다 하더라도, 어떻게 하여 동일한 것이 앞과 뒤와 위에 동시에 있을 수 있는지에 관해서는 우리의 지력과 언어가 허용하는 한도 내에서 해명이 필요할 것입니다.

이 해명은 단번에 이루어질 수 있는 것이 아니요 이 통석 전체를 통하여 조끔씩 조금씩 이루어질 수밖에 없습니다. 확실한 약속은 드릴 수 없습니다마는, 이하 이 통석에서 저는 기신론의 도움을 받아 저의 지력이 미치는 범위 내에서 이 해명을 해보려고 합니다. 아마 틀림없이 저의 해명은 충분하지 않을 것입니다. 그것은 일차적으로는 저의 지력의 한계 때문입니다마는 순전히 그것 때문만은 아닐 것입니다. 감히 말씀드립니다마는, 기신론의 저자 또한 지력에 한계가 있다는 점에 있어서는 저와 조금도 다름이 없을 것입니다. 저의 해명이 불충분한 것은, 적어도 어느 정도로는, 기신론에 충분히 해명되어 있는 것을 제가 해독해 낼 수 없어서가 아니라 기신론의 해명 그 자체가 불충분하기 때문이기도 할 것입니다. 또한 기신론의 해명이 불충분하다면 그것은 저자가 그 지력을 끝까지 발휘하지 않았기 때문이 아닐 것입니다. 차라리 기신론은 그것이 다루는 주제의 성격상 인간에게 지력의 한계를 강요한다고 말하는 편이 더 정확할 것입니다.

독자가 겪는 사고의 혼란 중에는 위의 것보다 더 가까운, 더 시급한 해명을 요하는 것도 있을 것입니다. 그것은 상념의 '원인'에 관한 것입니다. '본체와 그 표현'이라는 말에 의하면, 상념의 '원인'은 진여입니다. 이 '원인'이라는 용어를 둘러싼 복잡한 문제를 우선 젖혀 두고 말하면, 상념이 진여의 표현이라는 말은 진여가 상념의 원인이 된다는 뜻으로 이해될 수 있습니다. 물론, 기신론에도 이 점은 명백히 지적되어 있습니다. 그런데 앞 항목에서는 진여가 아닌 '무명'이 상념의 원인으로 되어 있고, 이 점 또한 기신론에 명백히 지적되어 있습니다. 자세한 고찰은 나중으로 미루더라도, 진여와 무명은 완전히 상반된 의미를 나타낼 터인데, 어떻게 하여 상념이 이 두 가지 완전히 상반된 원인에서 생길 수 있는가—이것이 해명되어야 할 문제입니다. 아마 이 문제에 대해서는, 진여와 무명은 불과 얼음처럼 상반되는 물질이나 장소를 나타내는 것이 아니며, 따라서 이 경우에는 진여가 곧 무명이라고 말해도 조금도 어색하지 않다는 식의 해명을 할 수도 있을지 모르고, 또 궁극적으로는 이것을 유일한 해명으로 받아들여야 할지도 모르겠습니다. 그러나 현 단계에서 이 해명을 받아들이는 것은 문제로부터 눈을 감아 버리면서 문제가 없다고 우기는 것과 마찬가지입니다. 해명이 조금이라도 해명처럼 들리게 하려면, 기신론에서 말하는 '상념이 생기는 과정'을 살펴보아야 할 것입니다.

앞의 제8항목에서 상념을 설명할 때 저는 기신론에 나와 있는 '"깨닫지 못함"의 아홉 가지 양상' 중에서 마지막 여섯 양상을 설명한 구절을 인용하였습니다. 또한 바로 앞 항목에서는 이것을 '상념의 가장 표면적인 형태'라고 불렀습니다. 기신론에서는 이것과 처음 세 가지 양상을 '굵은 마음'(麁念추념)과 '가는 마음'(細念, 微細念미세념)으로 구분하고 있습니다. 우선, '깨닫지 못함'의 처음 세 가지 양상에 관한 기신론의 설명은 다음과 같습니다.

'깨닫지 못함'(不覺)은 세 가지 양상으로 나타난다. (물론, 불각의 이 세 양상은 불각과 별개의 것이 아니다.) 첫째는 '무명의 발동'(無明業相, 業相)이다. 이것은 '깨닫지 못함'으로 말미암아 마음이 동요하는 것을 가리킨다. 이 마음의 동요를 '業'업이라고 부른다. 깨달은 상태는 마음이 동요하지 않는 상태이며, 마음의 동요는 '괴로움'(苦)을 가져온다. '괴로움'이라는 결과는 '무명'이라는 원인과 떨어질 수 없다. 둘째는 '인식 주체의 성립'(能見相, 見相)이다. 마음이 동요함으로 말미암아 인식의 주체가 생기며, 마음의 동요가 없으면 인식의 주체도 없다. 셋째는 '인식 대상의 성립'(境界相, 現相)이다. 인식의 주체가 생김으로 말미암아 인식의 대상이 나타나며, 인식의 주체가 없으면 인식의 대상도 없다.(23)

앞에서 인용한 문단과 위의 문단(23과 24)은 '깨닫지 못함'을 종류에 따라 구분하고 있습니다마는, 기신론에는 이와 동일한 구분이 거의 동일한 형태로 도합 세 차례, 또는 엄밀히 말하자면 네 차례나 언급되어 있고, 또 내용상으로 보자면 기신론의 설명 여기 저기에 그 구분이 원용되고 있습니다. (그 여러 차례의 구분에는 용어에 약간씩 차이가 있습니다마는, 그 차이는 주의 깊은 독자라면 누구든지 구애받지 않을 정도의 차이입니다.) 그 구분이 이와 같이 여러 차례 거론된다는 것은 그것이 그만큼 기신론의 설명 ─'상념을 버리는 것'을 핵심적 관심사로 하는 설명─에서 중요한 위치를 차지한다는 것, 그리고 그것을 이해하지 않고는 기신론의 설명 전체를 이해할 수 없다는 것을 뜻합니다.

이제 그 구분이 언급되어 있는 그밖의 맥락을 말해 보겠습니다. 그러나 그에 앞서서 그 구분을 대할 때의 자세 또는 태도에 관한 저의 생각을 말할 필요가 있습니다. 앞에서 '깨닫지 못함의 여섯 가지 양상'을 말할 때, 저는 거기에 구분된 종류 하나하나에는 그다지 주의를 기울일 필요가 없다고 말했습니다마는, 이 점은 이하에 제시되는 다른 구분에도 그대로 적용됩니다. 중요한 것은 그 구분이 '상념을 버리는 것'과 관련하여 전체적으로 어떤 의미를 가지고 있는가를 이해하는 것이며 그와 같이 구분된 항목 하나하나의 차이를 밝히는 것이 아닙니다. 그 구분의 항목 하나하나에 철칙과도 같은 중요성을 부여하는 것은 오히려 기신론의 이해에 방해가 될 뿐입니다. 이 말이 무슨 뜻인가는 이하의 설명에서 저절로 드러날 것입니다.

기신론의 문단 27과 29에서는 문단 23과 24에 제시된 '깨닫지 못함의 아홉 가지 양상'(九不覺相)이 '의지'(意)와 '사고'(意識)라는 형태로 되풀이되어 있습니다.

'의지'(意)라는 것은 깨닫지 못한 상태에서 발생하여 인식의 주체와 대상을 성립시키며 대상에 대한 인식과 집착 등 상념을 끊임없이 일으키는 심리작용을 가리킨다. 이 '의지'에는 그것을 가리키는 측면에 따라 다섯 가지 이름이 있다. 첫째는 '무명을 발동시키는 의지'(業識)이다. 이것은 '의지'가 무명의 작용에 의하여 '깨닫지 못한 마음'(不覺心)을 일으키는 것을 가리킨다. 둘째는 '인식 주체를 성립시키는 의지'(轉識)이다. 이것은 '의지'가 '깨닫지 못한 마음'의 태동에 의하여 인식의 주체를 성립시키는 것을 가리킨다. 셋째는 '인식 대상을 성립시키는 의지'(現識)이다. 이것은 '의지'가 인식의 대상인 모든 사물과 현상을 나타나게 하는 것을 가리킨다. 이 면에서의 '의지'의 작용은 비유컨대 거울이 사물 앞에서 그것을 비추어 내는 것과 같다. '의지'는 5관의 대상(五塵)을 대면하면 즉각적으로 그것을 비추어 낸다. '의지'는 언제 어느 때든지 적절한 조건만 갖추어지면 반드시 발동하며, 그 결과로 인식의 대상은 언제나 5관 앞에 나타나 있다. 넷째는 '차별적 지각을 일으키는 의지'(智識)이다. 이것은 '의지'가 마음의 본성에 지각되는 것과 상념에 지각되는 것을 분별하는 것을 가리킨다. 다섯째는 '지각을 계속시키는 의지'(相續識)이다. 이것은 '의지'가 상념을 끊어지지 않게 하는 것을 가리킨다. '의지'는 과거 무한한 환생을 거쳐서 품었던 모든 착하고 악한 생각과 행했던 모든 착하고 악한 행위를 그대로 간직하고 잃어버리지 않게 하며, 그로 말미암아 현재와 미래에 당하게 될 모든 즐겁고 괴로운 업보의 열매를 거두는 데에 어김이 없게 한다. '의지'는 현재와 과거의 일을 홀연히 떠올리도록 하며 미래의 일을 부질없이 근심하도록 한다.(27)

'사고'(意識)라는 것은 '지각의 연속'(相續識)을 말한다. 이것으로 말미암아 우둔한 자는 뿌리깊은 집착을 일으키게 된다. 그들은 '나'와 '나에 속한 것'을 계탁하고 갖가지 그릇된 집착을 가지며 그때그때의 사태를 계기로 감각이나 사고의 내용을 파악한다. 그리하여 이것을 '구분하는 마음'(分離識)이라고도 하고 '분별하는 마음'(分別事識)이라고도 한다. '사고'는 자신의 견해와 자신에게 속한 것에 애착을 가지도록 하여 번뇌를 증가시킨다.(29)

바로 뒤이어 '물든 마음'(染心)을 분류하는 데에는 이와 동일한 구분이 반대 방향으로 설명되어 있습니다.

'물든 마음'(染心)에는 여섯 가지 종류가 있다. 처음 세 가지는 '밖에서 물든 마음'(相應染)이라고 부르고 마지막 세 가지는 '안에서 물든 마음'(不相應染)이라고 부른다. 첫째는 '집착하는 마음'(執相應染)이다. 二乘이승의 수행자가 자신의 일신상의 번뇌에서 벗어날 때(解脫), 또는 대승의 수행자가 '信相應地'신상응지에 다다를 때, 그들은 이 '집착하는 마음'에서 벗어난다. 둘째는 '기억하는 마음'(不斷相應染)이다. '신상응지'에 있는 수행자가 방편을 다하여 열심히 수행하면 점점 그 단계에서 벗어나 '淨心地'정심지에 다다른다. 이 둘째 마음은 이들이 벗어나는 마음이다. 셋째는 '분별하는 마음'(分別智相應染)이다. '具戒地'구계지에서 점차 벗어나 '無相方便地'무상방편지에 다다른 수행자가 벗어나는 것이 이 마음이다. 넷째는 '인식 대상을 성립시키는 마음'(現色不相應染)이다. 이것은 '色自在地'색자재지에 다다른 수행자가 벗어나는 마음이다. 다섯째는 '인식 주체를 성립시키는 마음'(能見心不相應染)이다. 이것은 '心自在地'심자재지에 다다른 수행자가 벗어나는 마음이다. 여섯째는 '의지를 발동시키는 마음'(根本業不相應染)이다. 이것은 수행의 마지막 단계인 '菩薩盡地'보살진지에서 '如來地'여래지로 들어가는 수행자가 벗어나는 마음이다.(31)

위의 세 가지 구분—'깨닫지 못함', '의지와 사고', 그리고 '물든 마음'—을 대강만 훑어보더라도 거기에는 몇 가지 점이 두드러지게 드러나 있다는 것을 알 수 있습니다. 첫째로, '깨닫지 못함'의 아홉 가지 양상이 다른 두 구분에서는 여섯 가지로 분류되어 있습니다. 뿐만 아니라, 다른 구분과의 일관성을 기하려고 하면 마땅히 '사고'에 속하는 것으로 분류되어야 할 智識지식과 相續識상속식이 본문에서는 '의지'에 속하는 것으로 분류되어 있고, 또 동일한 相續識이 '의지'와 '사고'에 다같이 속하는 것으로 되어 있습니다. 이것으로 미루어 보면, 기신론의 저자는 그것을 분류하는 데에 엄밀성이나 일관성을 기하는 것이 별로 중요하지 않다고 생각한 것임에 틀림없습니다. 둘째로, 마지막 '물든 마음'의 구분이 다른 두 구분에 비하여 순서가 반대로 되어 있는 이유 또한 표면에 두드러지게 드러나 있습니다. 다른 두 구분에서와는 달리 여기서는 상념이 '그것에서 벗어나는' 순서에 따라 분류되어 있습니다. 그렇다면 나머지 두 가지는, 논리적으로 말하여 '상념이 생기는' 순서를 따른다고 볼 수밖에 없습니다. 이것은 상념을 버리는 것은 상념이 생기는 것의 반대 방향을 취한다는 것을 명백히 보여주고 있습니다.

그리고 마지막으로—이것이 가장 중요한 점입니다—'깨닫지 못함'의 처음 세 가지 양상과 마지막 여섯 가지 양상은 다른 두 구분에서 각각 '의지'(意)와 '사고'(意識), 그리고 '안에서 물든 마음'(不相應染)과 '밖에서 물든 마음'(相應染)으로 불리고 있습니다. 여기에 사용된 相應상응과 不相應불상응은 본문에서 다음과 같이 정의되어 있습니다. 즉, '"밖에서 물들었다"(相應)고 하는 것은 마음과 상념이 그 맑고 물든 점에 있어서 차이를 나타내며 인식의 주체와 대상이 동일한 양상을 나타내는 경우를 가리킨다. 그리고 "안에서 물들었다"(不相應)고 하는 것은 마음이 "깨닫지 못한 상태"(不覺)에 있지만, 마음이 일정하여 마음과 상념의 구분이 나타나지 않고 인식의 주체와 대상이 동일한 양상을 나타내지 않는 경우를 가리킨다'(32)는 것입니다. 이 정의는, 그 원문은 물론이요 그것을 최대한 이해가능한 형태로 풀어 쓴 번역문으로도 이해하기가 쉽지 않습니다마는, 특히 위에서 정의되는 相應染상응염과 不相應染불상응염이 각각 '깨닫지 못함'의 마지막 여섯 가지 양상과 처음 세 가지 양상, 그리고 사고와 의지에 상응한다고 생각하면, 그것이 무엇을 뜻하는가는 의심의 여지가 없이 분명합니다. 말하자면 그것은 상념의 두 가지 형태 또는 차라리 두 가지 '단계'를 나타내는 것입니다. 물론, 이 단계는 상념이 생기는 과정으로 보면 不相應染(안에서 물든 마음)이 먼저이지만 상념을 버리는 과정으로 보면 相應染(밖에서 물든 마음)이 먼저입니다. 기신론의 다른 부분에서는 상념의 이 두 가지 형태를 '굵은 마음'(麁念)과 '가는 마음'(細念)이라고 부르고 있습니다. '현상계의 양상(生滅相)은 "굵은 것"(麁)과 "가는 것"(細)의 두 가지로 구분될 수 있다. 전자는 마음과 대상이 상응하는 경우이며, 후자는 마음과 대상이 상응하지 않는 경우이다'(33). 여기서 굵다든가 가늘다고 하는 것은 마치 굵은 밧줄과 가는 명주실처럼 전자가 후자보다 우리에게 쉽게 파악되고 또 그만큼 버리거나 없애기가 용이하다는 뜻을 나타냅니다. 손으로 움켜쥐기─把握파악─가 쉬운 것은 버리기도 쉬울 것이기 때문입니다.

위의 다소간 번잡한 설명을 간단하게 정리하자면, '깨닫지 못함'의 아홉 가지 양상은 결국 '굵은 마음'(麁念)과 '가는 마음'(細念)의 두 가지로 구분된다고 말할 수 있습니다. '사고'(意識)와 '밖에서 물든 마음'(相應染)은 '굵은 마음'에, 그리고 '의지'(意)와 '안에서 물든 마음'(不相應染)은 '가는 마음'에 각각 해당합니다. 이 구분이 상념을 버리는 것과 관련하여 어떤 의의를 가지고 있는가는 이하에서 생각해보겠습니다마는, 그에 앞서서 위의 세 가지 구분─'깨닫지 못함', '의지와 사고', 그리고 '물든 마음'─과 동일한 구분이 사용된 또 한 가지 맥락을 살펴보겠습니다. 저는 앞에서 그 동일한 구분이 '도합 세 차례, 또는 엄밀히 말하자면 네 차례'나 언급되어 있다고 말하였습니다. 그 마지막 맥락은 기신론 본문에서는 위의 세 가지 구분이 등장하기에 앞서서 '깨달음'(覺)을 설명하는 맥락입니다.

'마음의 근원'(心源)에까지 이르는 깨달음을 '완전한 깨달음'(究竟覺)이라고 부르고, '마음의 근원'에까지 이르지 못하는 깨달음을 '불완전한 깨달음'(非究竟覺)이라고 부른다. 이로부터 다음과 같은 말을 할 수 있다. 가령 우둔한 자(凡夫)가 자신이 이전에 품었던 생각이 나쁜 결과를 가져왔다는 것을 알고 다시는 그런 생각을 하지 않게(止:滅相) 되었다고 하자. 이것도 어떤 의미에서는 깨달음이 아닌 것은 아니지만, 사실상 그것은 '깨닫지 못함'(不覺)에 속한다. 또한 약간의 통찰을 얻은 二乘이승의 수행자 또는 본격적인 수행의 첫발을 내딛은 수행자가 자신이 현재 가지고 있는 상념이 다음 순간에 변한다는 것을 깨달아서 그런 가변적인 상념(異相)을 버렸다고 하자. 이것은 감각적 지각과 집착(麤分別執着相)에 마음이 얽매이지 않게 된 상태로서, 이것을 '피상적인 깨달음'(相似覺)이라고 부른다. 또한 法身법신의 경지를 향하는 수행자가 변화하는 사물의 齊一性제일성에 관한 자신의 상념이 언젠가는 그릇되리라는 것을 깨달아서 그런 항구적인 상념(住相)을 버렸다고 하자. 이것은 개념적 사고의 본질(分別麤念相)을 파악한 상태로서, 이것을 '개념적인 깨달음'(隨分覺)이라고 부른다. 그러나 수행의 단계를 끝까지 올라가서, 자신에게 허용된 모든 방편을 총동원하여 한 순간의 생각으로 진여를 마주보게 된 수행자는 마음이 일어나는 그 최초의 발단(心初起)이 부질없다는 것을 깨닫는다. 이제 그 마음에는 '의도' 그 자체(初相:生相)가 작용하지 않는다. 이것은 마음의 가장 원초적인 동기(微細念)가 사라져서 마음의 본성 그 자체(心性), 다시 말하면 항구여일하게 불변하는 마음을 유지할 수 있는 상태로서, 이것을 '궁극적인 깨달음'(究竟覺)이라고 부른다. '중생이 상념없는 상태를 통찰할 수 있다면 그는 이미 부처의 지혜로 나아가고 있다'는 경전의 말은 이것을 나타내고 있다.(18)

'깨달음'의 의미에 관해서는 이하에서 다시 언급할 기회가 있을 것입니다. 다만 여기서 한 가지 주목해야 할 것은 우리가 일상적으로 말하는 '깨달음'(자신의 잘못을 깨닫는다, 또는, 삼각함수의 의미를 깨닫는다, 등)이 여기서는 '깨닫지 못함'(不覺)으로 간주된다는 점입니다. 이때까지 기신론 연구가들 사이에서는, 아마 '이것도 어떤 의미에서는 깨달음이 아닌 것은 아니라는' 뜻에서였겠지만, 그것을 '일상적인 깨달음'(凡夫覺)으로 불렀습니다. 그러나 제가 우려하는 것은 이것을 '깨달음'이라고 부르는 것으로 말미암아 기신론에서 말하는 깨달음이 일상적인 깨달음과는 거의 천양지차라고 말해도 좋을 정도로 다른 특별한 의미를 지닌다는 사실이 무디어지지 않을까 하는 것입니다.

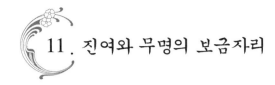

11. 진여와 무명의 보금자리

앞 항목에서 살펴 본 '가는 마음'과 '굵은 마음'—또는 意의(의지)와 意識의식(사고)—은 상념이 점점 뚜렷한 ('굵은') 형태를 띠는 과정을 두 개의 단계로 구분하기 위하여 사용되는 용어입니다. '굵은 마음'은 우리가 '나의 마음'이라고 부르는, 우리가 의식하는 마음입니다. 그것은 대상과 구분되는, 대상을 마주 대하고 있는 마음이며, 그 대상에 관하여 무엇인가 '기능'을 발휘하는 마음입니다. 우리는 언제나 이 마음을 가지고 살고 있기 때문에 그것이 어디서 왔는지, 우리가 어떻게 하여 그것을 가지게 되었는지 알 필요를 느끼지 않고, 하물며 그것에서 벗어나야 한다는 생각은 더욱 하기 어렵습니다. 불교의 용어로 고쳐 말하자면, 우리는 꿈 속에 있으면서도 꿈 속에 있는 줄 모릅니다. 현재 우리가 속하고 있는 상태—'굵은 마음'을 가지고 대상을 대면하면서 그것을 헤아리고 그것이 어떤 것인가에 따라 그것을 가지려는 욕망을 품고 살고 있는 상태—를 '꿈'라고 이름붙이는 순간, 그리고 그렇게 이름붙일 때 비로소, 우리는 그것에서 벗어나야 한다는 생각을 할 수 있습니다.

앞에서 말한 바와 같이, 거기서 벗어나는 유일한 방법은 그것이 생기기 이전 상태로 돌아가는 것이며, 그 이전 상태로 돌아가기 위해서는 그것이 생겨난 경로를 알아내지 않으면 안됩니다. 그리하여 이제, '나의 마음'이라고 부르는 그것이 무엇인가를 원인으로 하여 생겼다고 보고 그것이 어떤 경로를 통하여 생기게 되었는가를 알아내려고 해 봅시다. '굵은 마음'과 '가는 마음'은 이것을 알아내는 사고의 열쇠와 같은 것입니다. 상념의 최말단적인 표현인 '굵은 마음'이 위에서 말한 것과 같은 것이라면, 그 바로 앞 단계는 어떤 것이겠습니까? 그 앞 단계도, 만약 우리가 그렇게 할 수 있다면, 여러 개의 작은 단계로 구분할 수 있을 것입니다마는, 그것을 하나의 단계로 뭉뚱그리자면 그것은 마음과 대상의 구분이 나타나기 시작하는 단계라고 부를 수 있을 것입니다. 우리가 '나의 마음'으로 대상을 헤아리고 집착을 가지기 위해서는, 논리적으로 말하여, 먼저 마음과 대상이 구분되지 않으면 안됩니다. 앞 항목에서 길게 인용한 기신론 본문에 의하면 이 단계는 '무명의 발동'(業識-無明業相-根本業不相應染), '인식 주체의 성립'(轉識-能見相-能見心不相應染), 그리고 '인식 대상의 성립'(現識-境界相-現色不相應染)이라는 세 개의 작은 단계로 구분됩니다. 이 세 개의 단계에서의 마음을 부르는 이름이 '가는 마음'입니다. 이 세 개의 작은 단계는 '단계'라는 말이 의미하는 것처럼 엄밀하게 먼저와 나중의 순서를 나타내는 것이 아니라 '한꺼번에' 일어난다고 보아야 할 것입니다. 말하자면 그것은 '시간적 순서'를 따르는 것이 아니라 '논리적 순서'를 따릅니다. (앞 항목에 인용된 기신론의 문단을 비교해 보면 알 수 있듯이, 위의 괄호 안에 적힌 세 개의 용어는 그것이 사용되는 맥락만 다를 뿐, 그 의미에 있어서는 차이가 없습니다.)

가는 마음도 그것이 '생멸심' —현상의 측면에서 파악되는 마음— 이라는 점에 있어서는 굵은 마음과 차이가 없습니다. 그렇다면 그것은 굵은 마음과 마찬가지로 '나의 마음'으로 의식되는 것이겠습니까? 그렇지 않습니다. 앞의 설명에 시사되어 있듯이, 가는 마음은 굵은 마음이 생겨난 과정을 설명하기 위하여 머리 속으로 추론해 낸 마음입니다. 말하자면 현재 우리의 '마음'이 이런이런 것이라고 하면, 또 그것이 어디선가에서 생겨났다고 하면, 필시 그 우리의 '마음'이 생기기 바로 전에 '무명이 발동'하여 '인식의 주체'(마음)와 '인식의 대상'(대상)이 생겼다고 볼 수밖에 없다는 뜻입니다. 앞에서 인용한 '無始無明'(시작이 없는 무명)이 언급된 기신론의 문단에는 '앞에서 "마음이 일어난다"(心起)는 표현을 썼지만, 우리는 "마음이 일어나는 그 최초의 발단"(初相 또는 心初起)이라는 것을 알 방법이 없다. 그 최초의 발단을 안다는 것은 곧 그것에 뒤따르는 모든 상념을 버린 상태에 있다는 것을 의미한다. 모든 중생이 깨달음에 이르지 못했다고 말하는 것은 바로 그들이 이 상태에 이르지 못했다는 뜻이다. 중생은 본래부터 끝없이 계속되는 상념에 얽매어 있으며 거기서 벗어나는 법이 없다. 이런 뜻에서 "무시무명"이라는 말을 쓴다'(19)라는 말이 적혀 있습니다. 가는 마음을 의식하는 것 —'마음이 일어나는 그 최초의 발단'을 아는 것— 이 바로 '상념을 버리는 것'이라고 말하는 것은 곧 가는 마음은 우리에게 의식되지 않는다는 뜻입니다. (본문에서는 意의와 意識의식을 '의지'와 '사고'로 번역하고 있습니다마는 여기에 사용된 '의지'라는 번역어와 意識이라는 원문의 용어를 이해할 때에는 주의가 필요합니다. 원문의 '意識'은 예컨대 '의식을 잃는다'고 말할 때의 의식과 동일한 의미를 나타내는 것이 아니라 '意의 識'—즉, '의지'가 인식 현상으로 표출된 것—을 뜻합니다. 또한 일상용어로서의 '의지'는 우리에게 의식되는 반면에, 意의 번역어인 '의지'는 그렇지 않습니다.)

굵은 마음과 가는 마음이 기신론의 설명 체계에서 차지하는 위치를 더 자세하게 이해하기 위해서는 거기에 사용된 또 하나의 구분을 이해하지 않으면 안됩니다. 그것은 '因'인('내적 원인')과 '緣'연('외적 계기')의 구분입니다. 기신론에는 이 구분이 다음과 같이 설명되어 있습니다―'부처의 가르침에 의하면 모든 현상에는 "내적 원인"(因)과 "외적 계기"(緣)가 있다. 이 양자가 모두 갖추어질 때 결과가 이루어진다는 것이다. 예컨대 나무의 불붙는 성질은 불의 "원인"이다. 만약 사람이 불붙이는 수단을 강구할 줄 모른다면 나무가 혼자서 불붙는다는 것은 있을 수 없다'(39). 이 설명에 의하면 '내적 원인'은, 나무의 성질이 나무 안에 있듯이, 어떤 사물의 '안'에 있는 것이며 '외적 계기'는, 나무에 성냥을 그어대듯이, 그 사물의 '바깥'에 있는 것입니다. 그렇기 때문에 '내적', '외적'이라는 용어없이 '원인'과 '계기'만으로도 동일한 뜻을 나타낼 수 있습니다. 그런데도 그 용어를 덧붙이는 것은 기신론에서 쓰는 '원인'이라는 용어가 보통의 의미와는 다르다는 것을 강조하기 위해서입니다. 보통의 의미에서의 '원인'은, 성냥불을 불의 '원인'이라고 생각하듯이, 기신론의 '계기'에 해당합니다. 한 서양의 철학자가 '원인'을 엄밀히 정의하여, '일련의 조건들이 그 자체로서는 목하 문제되는 결과를 일으키는 데에 충분조건이 될 수 없고, 오직 새로운 조건이 앞의 조건들과 동시에 갖추어져야 충분조건이 될 때, 이 새로운 조건이 그 결과의 원인이다'라고 말한 것은 이 점을 보여 줍니다.

여기서 '이 새로운 조건'이라는 것은 위의 예에서 '성냥을 그어대는 것'을 가리킵니다.

기신론의 다음 구절은 굵은 마음과 가는 마음을 내적 원인과 외적 계기에 연결하고 있습니다.

현상계의 양상(生滅相)은 '굵은 것'(麤추)과 '가는 것'(細세)의 두 가지로 구분될 수 있다. 전자는 마음과 대상이 상응하는 경우이며, 후자는 마음과 대상이 상응하지 않는 경우이다. 이것을 다시 '굵은 것 중의 굵은 것', '굵은 것 중의 가는 것' 또는 '가는 것 중의 굵은 것', 그리고 '가는 것 중의 가는 것'으로 나눌 수 있다. 첫째는 우둔한 자[가 떠나야 할] 경지이며, 둘째는 수행자[가 떠나야 할] 경지이며, 셋째는 깨달은 자[가 떠나야 할] 경지이다. '굵은 것'과 '가는 것'이라는 두 가지 양상은 '무명의 훈습'(無明熏習)으로 말미암아 나타난다. 여기에는 내적 원인(因)과 외적 계기(緣)가 있다. 내적 원인은 '깨닫지 못함'(不覺)이며 외적 계기는 '마음이 만들어낸 외부 대상'(境界)이다. 원인이 없어지면 계기 또한 없어진다. 원인이 없어지는 것은 '안에서 물든 마음'(不相應心)이 없어지는 것이며, 계기가 없어지는 것은 '밖에서 물든 마음'(相應心)이 없어지는 것이다.(33)

마음과 대상이 상응하는 경우와 상응하지 않는 경우, 그리고 '밖에서 물든 마음'과 '안에서 물든 마음'에 관해서는 앞 항목에서 이미 설명된 바와 같습니다. 이 구절에서 표면에 두드러지게 드러나는 것은, 현상계의 내적 원인은 '안에서 물든 마음' 또는 '가는 마음'과 관련되며 외적 계기는 '밖에서 물든 마음' 또는 '굵은 마음'과 관련된다는 것입니다. 여기서 '관련된다'는 것은 '밖에서 물든 마음' 또는 '굵은 마음'이 곧 외적 계기라는 뜻이 아니라, 그 마음이 외적 계기인 '굵은 것' 또는 대상과 정면으로 마주 대하고 있다는 뜻입니다. 그렇기는 해도, 이 '관련된다'는 용어는 그 관련을 표현하는 말로서는 막연하기 짝이 없으며, 여기에 비하여 '내적 원인이 없어지는 것은 "안에서 물든 마음"이 없어지는 것이며, 외적 계기가 없어지는 것은 "밖에서 물든 마음"이 없어지는 것이다'라는 본문의 문장은 그 관련을 훨씬 정확하게 표현하고 있습니다. 이제, 위의 설명을 종합적으로 재구성하여 상념이 생기는 과정을 말해보면, 어째서 이 본문의 문장이 한편으로 굵은 마음과 가는 마음, 그리고 또 한편으로 내적 원인과 외적 계기의 관련을 정확하게 표현하는지 알 수 있을 것입니다.

상념이 생기는 데는 먼저 그것이 생기는 '최초의 발단'이라는 것이 있습니다. 이 최초의 발단에서는 아직 마음과 대상, 또는 인식 주체(見相)와 인식 대상(現相)의 구분이 생기지 않았습니다. 이 구분이 생기지 않았다는 것은 이 단계에서 일어나는 마음의 작용은 오직 마음 안에서만 일어난다는 뜻입니다. 이 단계에서의 마음이 '가는 마음' 또는 '안에서 물든 마음' 또는 '의지'(意)입니다. 그리고 이것이 현상계— 마음이 그 대상을 대면하여 갖가지 기능을 발휘하는 세계—의 '내적 원인'입니다. (위의 구절에서 내적 원인으로 든 '깨닫지 못함'은 바로 '깨닫지 못함'의 처음 세 가지 양상을 가리킨다고 보아야 할 것입니다.) 그러므로 엄밀히 말하자면 '가는 마음'(細念)에는 그것이 대면하고 있는 대상으로서의 '가는 것'(細)이 있을 수 없습니다. 마음이 대면하고 있는 대상은 '굵은 마음'(麁念)에만 있을 수 있고 이때의 대상이

'굵은 것'(麁)입니다. 이것이 현상계의 '외적 계기'인 '마음이 만들어 낸 외부 대상'(妄作境界)입니다. 그리고 이 외적 계기는 내적 원인과 결합하여 현상계의 갖가지 조화를 만들어냅니다.

이런 식으로 생각해 보면, 내적 원인과 '가는 마음', 그리고 외적 계기와 '굵은 마음' 사이의 관련은 '관련된다'는 막연한 용어로 규정될 수밖에 없고, 여기에 비하여 '원인이 없어지는 것은 "안에서 물든 마음"이 없어지는 것이며, 계기가 없어지는 것은 "밖에서 물든 마음"이 없어지는 것이다'라는 문장은 그 관련을 정확하게 규정한다는 것을 알 수 있습니다. 다만, 그 바로 앞의 '원인이 없어지면 계기 또한 없어진다'(若因滅 則緣滅)라는 문장은 주의 깊게 해석해야 할 중요한 의미를 담고 있습니다. 이 문장은 원인과 계기의 의미에 따라 '가는 마음이 없어지면 외부 대상 또한 없어진다'라는 것으로 바꾸어 진술될 수 있습니다. 이 말 자체는 틀린 것이 아닙니다. 그러나 만약 그 말이 '없애는 순서'를 나타낸 것이라면 그것은 옳지 않습니다. 앞에서 말한 바와 같이, 없애기 쉬운 것, 따라서 먼저 없애야 할 것은 '굵은 마음' 그리고 그것이 대면하고 있는 '굵은 것'이며, '가는 마음'은, 만약 그것을 없애려고 한다면, 오직 '굵은 마음'을 없앰으로써만 없앨 수 있을 것입니다. 이 점에서 본다면, 기신론에서처럼 '가는 마음이 없어지면 굵은 마음 또한 없어진다'고 말하기보다는 오히려 그 반대로 '굵은 마음을 없애는 것이 곧 가는 마음을 없애는 것이다'라고 말하는 것이 더 정확할 것입니다. 여기서 우리는 다시 '없앤다'든가 '버린다'는 말이 나타내는 지극히 어려운 의미에 직면하게 됩니다. (이 경우의 없애거나 버리는 것은 한 마디로 '상념'이며, 나중에 밝혀질 바와 같이, 여기서 없애거나 버린다는 말은 결코 문자 그대로의 의미로 해석될 수 있는 것이 아닙니다.)

이 문제는 다시 뒤로 미루어 두고, 여기서는 우선 위와 같은 설명을, 순전히 설명으로나마, 받아들일 수 있는가를 생각해 봅시다. 얼른 듣기에, 위의 설명은 아무 문제가 없이 그럴 듯하게 들릴지 모르겠습니다마는, 거기에는 도저히 해결될 수 없는 까다로운 문제가 들어 있습니다. 그것은 이런 것입니다. 위의 설명에 의하면 현상계는 '가는 마음'을 내적 원인으로 하고 외부 대상을 외적 계기로 하여 생겨납니다. 그리고 현상계는 상념이 외부 대상을 대면하여 갖가지 기능을 발휘하는 세계입니다. 그렇다면 상념과의 관련에서 외부 대상은 어떤 위치를 차지하고 있다고 말해야 하겠습니까? 첫째로 상념은 외부 대상을 계기로 하여 생깁니다. 그러나 둘째로, 외부 대상은 상념이 생긴 이후에라야 존재할 수 있습니다. 이렇게 생각해 보면 상념은 그것이 생긴 이후에라야 존재하는 외부 대상을 계기로 하여 생긴다는, 정상적인 사고방식으로는 납득하기 어려운 말을 할 수밖에 없습니다. 만약 이 말이 자연 현상에서 이러이러한 원인과 이러이러한 계기가 결합하여 이러이러한 결과가 나온다는 것과 동일한 생각을 나타낸 것이라면 그것은 터무니없이 그릇된 것입니다. 그러나 말할 필요도 없이 그 말은 그런 자연 현상을 기술한 것이 아닙니다. 그것은 '시작이 없이' 우리에게 주어진 상념을 두고 그것이 생긴 과정을 머리 속으로 추론하여 얻은 결과입니다. 완전한 해명은 아닙니다마는, 아마 이 경우에는 그런 터무니없는 말이 나올 수밖에 없는 것이 아닌가 하는 생각을 해 볼 수 있습니다.

그러나 이 어려움도 다음의 어려움에 비하면 아무 것도 아닙니다. 가령 제가 '마음이 생기는 최초의 발단이라는, "무명이 발동하는" 자리는 어디인가'라는 질문을 하고 그것에 대한 기신론의 대답이 무엇인가를 알아낸다고 생각해 봅시다. 물론, '무명이 발동하는 자리'는 '자리'라는 말이 명백히 시사하는 공간적 지점을 가리키는 것이 아닙니다. 저는 이것을 알면서도 일부러 그런 질문을 해 본 것입니다. 왜냐하면 기신론에서는 그 질문에 대하여 꼭 공간적 지점은 아니더라도 공간적 지점과 비슷한 것으로 대답하고 있기 때문입니다.

'현상의 측면에서 파악되는 마음'(心生滅)이라는 것은 이른바 '如來藏'여래장을 근거로 하여 전개되는 일체의 정신작용(生滅心)을 일컫는다. 여래장은 실재(不生不滅)와 현상(生滅)이라는 마음의 두 측면이 동일하지도 상이하지도 않은 상태로 결합되어 있는 것을 가리킨다. 여래장은 〔특히 그 심리적인 측면에서 파악될 때〕 '阿黎耶識'아려야식이라고 불린다. 아려야식은 모든 사물과 현상을 포괄하며 모든 사물과 현상을 만들어낼 수 있다. 아려야식은 '깨달음'(覺)과 '깨닫지 못함'(不覺)이라는 두 가지 상호관련된 측면으로 이루어져 있다.(16)

이 구절에 의하면, 제가 찾는 '자리'—'무명이 발동하는 자리'—는 '여래장' 또는 (그것을 심리적 측면에서 규정하는) '아려야식'이라고 불리는 곳입니다. 이때까지의 설명에 나타나 있는 바와 같이, 이 자리는 상념—'굵은 마음'—이 생기는 과정을 그 반대 방향으로 추적해 들어가서 도달한 마지막 지점입니다. '아려야식'이라는 이름이 이미 그것을 시사하고 있습니다마는, 그 자리가 참으로 어느 곳인가에 있다면, 그 자리는 바로 마음 안의 어느 곳일 수밖에 없을 것입니다. 기신론의 설명과는 별도로, 만약 우리가 상념이 시작되는 최초의 지점을 우리 자신의 생각으로 규정한다면 누구나 그것을 '무명이 있는 자리' 또는, '무명이 있는 자리'는 바로 무명일 것이므로, '무명'이라고 부를 것입니다. 그런데 놀랍게도, 기신론은 그것을 '여래장'이라고 부릅니다. '如來藏'은 말뜻 그대로 '여래를 (씨앗의 형태로) 감추고 있는 곳'을 뜻합니다. '여래'에 관해서는 다시 말할 기회가 있을 것입니다마는 여기서는 일단 그것을 '진여에서 온 자'로 풀이하겠습니다. (如來에서의 如는 眞如를 뜻합니다.) '진여에서 왔다'는 것은 누구누구가 어느 지방 출신이라는 것과 동일한 뜻으로 해석될 것이 아니라, 그 몸이 바로 진여라는 뜻입니다. 그러므로 '여래를 감추고 있는 곳'은 '진여를 감추고 있는 곳'과 동일한 의미를 지니게 되고, 앞의 무명의 경우에서와 같이, 진여를 감추고 있는 곳은 바로 진여라고 보아도 무방할 것이므로, 결국 제가 찾는 '무명이 발동하는 자리'는 다름 아닌 '진여'라는 말이 됩니다. 이것은 분명히 놀라운 말입니다마는, 기신론의 설명 체계로 보면 이것 또한 당연합니다. 상념이 막 시작되는 자리는 다름 아니라 상념이 생기는 과정을 반대 방향으로 되밟음으로써 우리가 돌아가야 할 그 자리이며, 그것은 곧 진여일 수 밖에 없을 것이기 때문입니다.

분명히, 위의 구절은 이 두 가지 상반된 말을 동시에 하고 있습니다. '여래장은 실재(不生不滅)와 현상(生滅)이라는 마음의 두 측면이 동일하지도 상이하지도 않은 상태로 결합되어 있는 것을 가리킨다'라는 말은 그것이 진여의 자리이기도 하고 무명의 자리이기도 하다는 것을 보여 줍니다. 그러나, 설명의 논리상 아무리 불가피하다고 하더라도, 어떻게 하여 무명과 진여라는 두 가지 정면으로 상반된 것이 동일한 자리에 있을 수 있겠습니까? 어떻게 그것을 믿을 수 있겠습니까?

그것을 믿을 수 없는 것은 어쩔 수 없다고 하더라도, 그 말을 함으로써 기신론이 우리에게 알려 주고자 하는 것은 무엇이겠습니까? 그것을 (개념적으로) 이해하기 위해서는 그 말을 어떤 뜻으로 해석해야 하겠습니까?

제가 생각하기에 그것을 개념적으로 이해될 수 있도록 해석하는 방법은 한 가지밖에 없습니다. 즉, 상념은 어딘가에서 생긴 것이 아니라 처음부터 우리에게 주어져 있다는 것, 그리고 진여는 상념을 만들어낸 원인도, 상념이 생기기 이전도 아니요, 상념이 일치해야 할 표준이라는 것입니다. 이것은 곧 마음을 앞에서 말한 '중층구조'로 파악하는 것입니다. 상념이 무명에서 생긴다든지 진여에서 생긴다고 말하는 것은 오직 상념에는 그것이 일치해야 할 표준이 있다는 것, 그리고 상념은 그 표준에 일치할 때 비로소 '올바른' 것이 될 수 있다는 것, 그리고 무엇보다 중요한 것으로서 그 표준은 상념 속에서가 아니고는 달리 찾을 수 없다는 것을 알리기 위하여 필요했던 것입니다. 아려야식을 중심으로 생각하자면, 마음은 진여와 상념이라는 두 개의 상반된 방향으로 나아간다고 말할 수 있겠지만, 사실상 이 두 가지 상반된 방향은 마음이 그대로 상념에 머물러 있는가 아니면 진여에 일치하는가의 차이를 나타냅니다.

방금 제가 말한 것은 기신론의 설명을 개념상으로 이해될 수 있도록 '해석'한 것입니다. 그렇다면 이 해석은 기신론의 설명—복잡하기도 하고 허무맹랑하기도 한 설명—을 무효화하는 것입니까? 그렇지 않습니다. 우선, 그 허무맹랑한 설명이 없다면 제가 그것을 '해석'할 수도 없을 것입니다. 그뿐만이 아닙니다. 만약 기신론의 설명이 복잡하고 허황되다고 하여, 그것 대신에, '상념은 그 표준에 일치될 때 올바른 것이 될 수 있다'는 말만 한다면, 그것을 믿는 것은 고사하고 그 말이 무슨 뜻인지 알 수조차 없을 것입니다. 그렇습니다. 저의 해석은 결코 기신론의 그 아름답고 감동적인 설명을 대치하거나 무효화할 수 없습니다. 게다가 아직 우리는 그 설명을 절반도 채 따라가지 못했습니다. 무엇보다도 우리는 아려야식을 중심으로 하여 전개되는 마음의 두 가지 방향으로의 운동을 알아 보아야 합니다. 그러나 그에 앞서서 우리는 진여가 어떤 것인가에 관하여 좀더 알아 볼 필요가 있습니다.

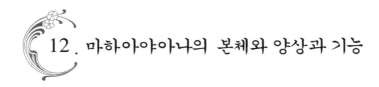

12. 마하야야아나의 본체와 양상과 기능

'**대**승기신론'이라는 제목에 나와 있는 '大乘'대승(마하야야아나)이 '중생의 마음'을 비유적으로 나타낸다는 것은 앞에서 말한 바와 같습니다. 이제 그 말이 나와 있는 문단 전체를 인용해 보겠습니다.

'마하야야아나'(大乘, 큰 수레)는 크게 두 가지로 설명할 수 있다. 하나는, '큰 수레'라는 것은 무엇을 가리키는가(法) 하는 것이요, 또 하나는 그것을 어째서 '큰 수레'라고 부르는가(義) 하는 것이다. 첫째로, '큰 수레'라는 것은 '중생의 마음'(衆生心)을 가리킨다. 이 '마음'은 일체의 경험적 사실과 초경험적 관념을 포괄한다. 마하야야아나에 관한 일체의 교설은 오로지 이 '마음'과 관련되어 있다. 보다 구체적으로 말하면, 마음은 '실재'(眞如)와 '현상'(生滅)이라는 두 측면에서 파악될 수 있으며, 이 중에서 실재의 측면은 마하아야아나의 본체(體)를, 그리고 현상의 측면은 마하아야아나의 본체의 외적 표현으로서의 양상(自體相)과 기능(用)을 나타낸다.(7)

둘째로, '큰 수레'라는 이름의 의미는 세 가지로 말할 수 있다. 첫째는, 마하아야아나의 본체가 '크다'는 뜻이다(體大). 마하아야아나의 본체는 모든 것을 포괄하는 오직 하나의 실재로서 거기에는 일체의 구분이나 증감이 없다. 둘째는 마하아야아나의 양상이 '크다'는 뜻이다(相大). 마하아야아나는 '여래장' 속에 모든 훌륭한 성질과 무한한 공덕을 갖추고 있다. 셋째는, 마하아야아나의 기능이 '크다'는 뜻이다(用大). 마하아야아나는 경험적, 초경험적 세계의 모든 좋은 인과응보를 만들어낼 수 있다. '큰 수레'라는 말에서 '수레'는 모든 부처가 본래 타고 있는 것이며, 모든 수행자가 그것을 타고 '여래의 땅'으로 간다는 뜻을 나타낸다.(8)

위에 인용된 두 문단은 기신론 본문의 첫머리, 논술의 핵심적인 주장 또는 개요를 제시하는 장(立義分)의 전부입니다. 기신론 본문의 나머지 부분은 이 개요가 불교 수행이나 삶에서 가지는 의의를 설명하기 위한 것입니다. 위의 구절에는 마하아야아나의 '본체'(體)와 '본체의 외적 표현으로서의 양상'(自體相)과 '기능'(用)이 개략적으로 설명되어 있습니다. (기능의 경우와는 달리 양상의 경우에는 그 앞에 自體—본체의 외적 표현으로서의, 또는 본체 그 자체의—라는 말이 붙어 있습니다. 그것은 여기서의 '양상'이 진여의 '표현'인 상념과 다르다는 것을 나타내기 위해서입니다. 이하의 '양상'은 이와 같이 '본체 그 자체의 양상'을 가리키는 것으로 이해해 주시기 바랍니다.) 마하아야아나는 '중생심'을 비유적으로 나타내고 있으므로 그것은 곧 마음의 본체와 양상과 기능을 가리킨다고 보아야 할 것입니다. 이 마하야야나 (즉, 마음)의 본체와 양상과 기능은, 기신론의 이후 부분에서는, 그것과 완전히 동일한 의미로 '진여의 본체와 양상과 기능'(眞如體, 眞如自體相, 眞如用)으로 바꾸어 불리고 있습니다. 이와 같이 마음의 본체와 양상과 기능이 그대로 진여의 본체와 양상과 기능으로 불릴 수 있다는 점에 관해서는 설명이 필요합니다.

먼저 본체에 관하여, 마음의 본체가 진여의 본체와 섞바뀌어 불릴 수 있다는 것은 앞의 진짜 궁녀 이야기에서 시작된 두 세 항목의 설명에 비추어 짐작하기 어렵지 않습니다. 본체는 현상계와 정확하게 맞붙어 있는 '아무 것도 없는 것', '말할 수 없는 것'이며, 여기에는 마음과 대상의 구분을 비롯하여 일체의 구분이 배제되어 있습니다. 본체는 현상계의 모든 것―현재 있는 것만 아니라 과거에 있었던 것과 미래에 있을 것을 모두 포함하는 경험적 사실과 초경험적 관념―을 하나도 빠트리지 않고 무형태로 한꺼번에 압축해 있습니다. '진여의 본체' ― 진여의 본체는 바로 진여이며, 이 경우의 '본체'는 '양상'이나 '기능'과 구분하기 위하여 덧붙여진 것입니다―가 이런 것이라면 그것을, 마음과 대상을 한꺼번에 구분 없이 담고 있다는 뜻에서, '마음의 본체'라고 부르는 것은 충분히 용납될 수 있을 것입니다.

그렇지만 양상과 기능의 경우는 사정이 좀 복잡합니다. 진여의 양상과 기능은 두 가지가 다같이 진여(본체)의 '외적 표현'입니다. 우선, 진여의 표현이 이와 같이 두 가지로 나누어진다는 점에 관하여 잠깐 생각해 보겠습니다. 중국의 유학 사상에서 '본체'(體)라는 용어는 '기능'(用)과 짝을 이루어 사용됩니다. 朱熹주희의 비유적 설명에서 예컨대 부채의 '體'체는 부채라는 물건 그 자체를 가리키며 '用'용은 그 물건이 '하는 일', 즉 바람을 일으키는 것을 가리킵니다. 그러나, 물론, 이 비유적 설명은 적절한 면보다는 그릇된 생각을 일으키는 면이 더 많습니다. 體用 관계에서 體는 결코 부채와 같은 물건을 가리키는 것이 아닙니다. (그렇기는 해도 누군가 말의 멋을 부리기 위하여 體를 그런 뜻으로 사용하더라도 말릴 수는 없습니다.) 體用 관계에서 體는 말하자면 周易주역과 性理學성리학에서 말하는 太極태극이나 理이와 같은 것입니다. 그리고 用 또한, 그 용어 자체가 '하는 일', '기능'의 뜻을 강하게 풍기고 있음에도 불구하고, 體의 표현 전체를 가리킵니다. 다만, 體의 표현으로서의 用은 제가 앞에서 말한 '본체와 그 표현'에서처럼 본체로 돌아가기 위하여 버리거나 떠나야 할 것을 가리키는 것이 아니라, 오히려 우리에게 이로운 것, 또는 우리가 이롭게 쓸 수 있는 것을 가리킵니다.

기신론에서 본체의 표현—더 정확하게는, 본체의 현상계적 대응물—을 양상과 기능의 두 가지로 구분한 데에는, 나중에 저절로 밝혀지겠지만, 특별한 이유가 있습니다. 그보다도 여기서 우선 문제가 되는 것은 진여의 양상과 기능도, 그것이 현상계에 속한다는 점에서 '진여의 본체'와 구분되기는 하지만, 여전히 '진여'와 다르지 않다는 것입니다. 그런데 앞에서 말한 '본체와 그 표현'에서 본체의 표현은 상념, 그리고 그것이 대면하는 대상이었습니다. 그렇다면 진여의 표현으로는 한편으로 진여(즉, 진여의 양상과 기능)와 또 한편으로 상념과 그 대상이라는 정면으로 반대되는 두 가지가 동시에 있게 됩니다. 어떻게 그럴 수 있겠습니까? 제가 앞에서 말한 바와 같이, 우리에게 주어진 것은 상념과 그 대상으로 된 현상계뿐입니다. 그리고 이것은 진여(본체)의 표현입니다. 이렇게 생각해 보면, 본체계에서와는 달리, 현상계에서는 한편으로 진여의 양상과 기능, 그리고 또 한편으로 상념과 그 대상이라는 두 가지 진여의 표현이 있게 됩니다. 그러나 오직 하나 뿐인 현상계에 또 하나의 진여의 표현이 동시에 있다고 할 때, 그것이 어떤 방식으로 있을 수 있는지, 그것과 상념은 어떤 방식으로 연결될 수 있는지 얼른 생각이 떠오르지 않습니다. 간단하게 생각하면, 그 두 쌍의 '진여의 표현'에서 진여의 양상은 상념과, 그리고 진여의 기능은 상념의 대상인 '경계'와 각각 상응한다고 생각할 수도 있을 것입니다. 이 생각은 완전히 그릇된 것은 아니지만 정확하지는 않습니다. 진여의 양상은 상념의 '원인'이지만 진여의 기능이 경계의 '원인'은 아닙니다. 이 점은 상념과의 관계에서 진여의 양상이 어떤 위치를 차지하는가 하는 어려운 문제를 일으킵니다. 이 문제는 다음 항목의 주제인 '훈습'과 관련하여 그 핵심적 문제로 다루어집니다. 거기서 말할 내용을 미리 앞당겨 말하자면, 진여의 양상은 상념의 '원인'이며, 진여의 기능과 경계는 다같이 상념의 '계기'입니다.

기신론에서는 훨씬 뒷 부분에 가서, 본체로서의 진여 이외에 표현으로서의 진여(양상과 기능)가 있다고 보는 이유를 다음과 같이 말하고 있습니다.

앞에서는 진여의 본체(體)가 구분도 변화도 없이 항구여일하며 아무런 양상도 나타내지 않는다고 말했는데, 어찌하여 이제는 그 것이 위와 같은 갖가지 훌륭한 공덕을 갖추고 있다고 말하는가?—진여에 위와 같은 공덕이 있는 것은 사실이지만, 진여에는 '구분의 양상'(差別之相)이 없다. 진여는 모든 것을 동일한 상태로 간직하고 있으며 그 모든 것은 우리에게 동일한 의미를 나타낸다. 진여는 오직 하나이다. 진여에는 일체의 구분(分別)이 없고 또 구분이 해당되지 않으므로 '또 하나의 진여'라는 것은 있을 수 없다. 그럼에도 불구하고 위와 같은 여러 가지 구분(差別)의 용어를 쓰는 것은 진여의 의미를 우리의 인식과 관련된 '변화의 양상'(生滅相)으로 나타내기 위해서이다. 이 관점에서는 다음과 같은 말을 할 수 있다. 즉, 모든 사물과 현상은 '오직 마음'(唯心)일 뿐이며 거기에는 상념(念)으로 파악될 아무 것도 없다. 다만 '헛된 마음'(妄心)이 있어서 그 '깨닫지 못함'(不覺)으로 말미암아 상념이 생기고 이 상념이 여러 대상을 지각한다. '無明'무명이라는 것은 이 상태를 가리키는 것이다.(44)

이 구절에 의하면 표현으로서의 진여가 있다고 보는 이유는 '진여의 의미를 우리의 인식과 관련된 "변화의 양상"으로 나타낸다'는 데에 있습니다. 여기서 '우리의 인식과 관련된 변화의 양상'(生滅相)이라는 용어는 복잡한 의미를 담고 있고 따라서 매우 주의깊게 해석되지 않으면 안됩니다. '굵은 마음'으로서의 상념은, 물론, 인식과 관련될 뿐만 아니라 인식에 파악되기도 합니다. 그렇다면 진여의 양상(眞如自體相)과 진여의 기능(眞如用)도 '굵은 마음'과 동일하게 인식에 파악되는가, 만약 인식에 파악되는 것이 아니라면 '인식과 관련된다'는 것은 무엇을 의미하는가─이것이 문제인 것입니다. 이 문제는 양상과 기능의 의미, 그리고 그것이 기신론의 설명 체계에서 차지하는 위치와 함께 당분간 뒤로 미루어 두겠습니다. 지금 이 단계에서 중요한 것은 위에서 말한 이유를 분명히 확인하는 데에 있습니다. 만약 진여의 본체만 말하고 그것의 현상계적 대응물인 양상과 기능을 말하지 않는다면, 진여는 '우리의 인식과 무관한' 것이 되고 따라서 그것은 우리의 생각이나 삶에 아무런 구실을 할 수 없을 것입니다.

앞의 제6항목에서 우리는 진여를 규정한 기신론의 아름답고 힘찬 문장을 접한 바 있습니다. 거기서 규정된 진여는 '진여의 본체'입니다. 거기에는 진여의 본체는 '구분도 변화도 없이 항구여일하며 아무런 양상도 나타내지 않는다'는 것이 의심의 여지없이 제시되어 있습니다. 말하자면 진여의 본체는 언설로 규정될 수 있는 것이 아니라는 것입니다. 그런데 기신론의 본문은 그 바로 다음에 '진여를 언설로 규정하는 두 가지 방식'을 말하고 있습니다.

> '진여'를 언어로 규정하는 방식에는 두 가지가 있다. 하나는 '빈 것 그대로'(如實空)라고 말하는 것이요, 또 하나는 '비지 않은 것 그대로'(如實不空)라고 말하는 것이다. '빈 것 그대로'라고 말할 때는 그것이 가장 궁극적인 의미에서의 '있는 그대로의 모습'을 나타낸다는 뜻이 강조되며, '비지 않은 것 그대로'라고 말할 때는 그 속에 모든 깨끗한 성질과 훌륭한 공덕이 빠짐없이 갖추어져 있다는 뜻이 강조된다.(13)

기신론 본문의 다음 두 문단에서는 '빈 것'과 '비지 않은 것'의 의미를 약간 자세하게 풀이하고 있습니다. 이 부분은 여기서 인용할 필요가 없이 본문에 미루어 두어도 좋을 것입니다. 여기서는 다만 두 가지 점을 지적하겠습니다. 하나는, 진여를 '언설로 규정할' 때에는 '빈 것'이면서 동시에 '비지 않은 것'으로 된다는 점입니다. (空공과 不空

불공 앞에 붙은 '如實'여실이라는 형용사는 제가 이 자리에서 충분히 드러낼 수 없는 심오한 의미를 내포하고 있습니다. 분명히 그것은 眞如진여와의 관련을 암시하고 있습니다.) 현상계의 사물을 두고 생각해 볼 때, 어떤 것을 가리켜 '빈 것이면서 동시에 비지 않았다'고 말한다면, 아마 우리는 그 말이 빈 부분과 비지 않은 부분을 각각 기술한다고 생각할 것입니다. 그렇지 않고 만약 그 말이 동일하게 빈 부분 (또는 비지 않은 부분)을 일컫는다면 그것은 분명히 '말이 안되는 말'(語不成說)입니다. 그러나 그 말이 규정하는 진여는 현상계의 사물이 아닙니다. 진여라는, 언어로 규정할 수 없는 것을 언어로 규정할 때, 빈 것이면서 비지 않았다고 말하는 것은, 언어로 규정할 수 없는 것을 언어로 규정하려고 하는 것 그 자체와 마찬가지로, '말이 안되는 말'이 아닐 뿐만 아니라 오히려 응당 기대해야 할 것이라고 말할 수 있습니다.

또 하나는, '비지 않은 것 그대로'로서의 진여를 특징짓는 '모든 깨끗한 성질과 훌륭한 공덕'(無漏性功德)은 진여 본체의 현상계적 대응물인 진여의 양상과 진여의 기능의 특징과 일치한다는 점입니다. 진여 본체는 아무 것도 아닌 것, 또는 아무 것도 없는 것이지만, 그것이 현상계에 그 모습을 드러낼 때에는 '모든 깨끗한 성질과 훌륭한 공덕', 또는 더 평이하게, 이 세상에 있는 모든 좋은 것으로 나타납니다. 아려야식에 '깨닫지 못함'(不覺)과 함께 그 한 측면으로 포함되어 있는 '깨달음'(覺)—즉, '깨달음의 본체'(本覺, 覺體)—또한 동일한 특징을 나타냅니다(20, 21). 아려야식은 현상계에 속하는 만큼, 그것의 한 측면인 '깨달음의 본체'가 진여의 현상계적 대응물과 동일한 특징을 나타낸다는 것은 당연한 것입니다. 이 점은 기신론의 설명체계에 있어서의 아려야식의 위치와 중요성을 부각시킵니다. 그와 마찬가지로, 이 점은 또한 진여의 양상과 진여의 기능을 특징짓는 '세상의 모든 좋은 것'은 무엇을 원천으로 하고 있으며, 그것과 상념의 관계는 무엇인가 하는 질문을 불가피한 것으로 만들고 있습니다. 이 질문 또한 이하의 적절한 맥락에서 다시 제기되고 대답될 것입니다.

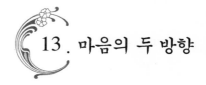

13. 마음의 두 방향

드디어 우리는 기신론 설명 체계의 핵심에 해당하는 것에 다다랐습니다. 그것은 熏習훈습의 개념입니다. 기신론에서 훈습은 마음의 두 방향으로의 운동을 설명하는 개념입니다. 여기서 '설명'이라는 것은 '처방'에 대비되는 용어입니다. 말하자면 훈습은 마음이 이러이렇게 움직인다는 것을 말하는 것이며, 마음이 진여로 돌아가기 위해서는 이러이렇게 해야 한다는 것을 말하는 것이 아닙니다. 앞에서 말한 바와 같이, 기신론의 사고방식에서 '상념을 버리는 것'은 상념이 생기는 과정을 반대 방향으로 되밟아 그것이 생기기 이전으로 돌아가는 것을 뜻합니다. 그렇기 때문에 훈습의 개념으로 설명되는 마음의 두 가지 운동은 방향만 반대가 될 뿐 그 경로는 완전히 동일한 것이 되지 않으면 안됩니다. 다시 말하여 훈습은 동일한 경로를 반대되는 방향으로 따르는 마음의 두 가지 운동을 설명하는 개념입니다.

'훈습'이라는 것은 비유컨대 사람의 옷이 그 자체로서는 냄새가 없지만 사람이 그 냄새를 오랫동안 배게 하면 냄새를 가지게 되는 것과 같다. 우리 마음에도 이와 유사한 현상이 일어난다. 진여, 그리고 그것이 나타내는 '깨끗한 마음'(眞如淨法)은 원래 물든 것이 아니지만, 무명이 오랫동안 지속적으로 영향을 주면(熏習) '물든 양상'(染相)을 띠게 되며, 무명, 그리고 그것이 나타내는 '물든 마음'(無明染法)은 원래 깨끗한 것이 아니지만, 진여가 오랫동안 지속적으로 영향을 주면 '깨끗한 기능'(淨用)을 나타내게 된다.(36)

우선, 이 구절은 그것이 다루는 현상 그 자체만큼이나 깎아지른 듯한 대칭을 보여 주고 있습니다. 기신론 연구가들 사이에서 이 두 가지 훈습은 '染法熏習'염법훈습(상념으로 흐르는 훈습)과 '淨法熏習'정법훈습(진여로 돌아가는 훈습), 또는 '生滅流轉門'생멸유전문과 '眞如還滅門'진여환멸문으로 불리고 있습니다. 기신론에서는 이 두 가지 훈습이 따르는 동일한 경로 또는 차라리 '궤도'를 다음과 같이 설명하고 있습니다.

'훈습'에는 그것이 일어나는 부소에 따라 네 가지가 있어서, 끊임없이 상념(染法)으로 흐르게 하기도 하고 진여(淨法)로 돌아가게 하기도 한다. 그 네 개의 부소라는 것은 1) 진여, 2) 무명, 3) 망심, 그리고 4) 망경계이다. 진여는 깨끗한 마음(淨法)이며, 무명은 상념의 원인(一切染因), 망심은 상념(業識), 그리고 망경계는 상념의 대상(六塵)이다.(35)

위의 구절은 얼른 보아서는 훈습의 '궤도'를 나타내는 것으로 보기 어렵습니다. 그 첫 문장의 원문은 有四種法 熏習義(훈습에는 네 가지 종류가 있다)로 되어 있어서 아래에 열거된 네 가지가 훈습의 '종류'로 생각될지도 모르고, 또 이 구절에 이은 설명에서는 그것들이 '진여훈습', '무명훈습' 등등의 이름으로 불리고 있습니다마는, 이것들은 훈습의 종류가 아닙니다. 훈습의 종류는 위에서 말한 '염법훈습'과 '정법훈습'의 두 가지입니다. '진여훈습', '무명훈습' 등등은 진여라는 '지점'(또는 部所부소), 무명이라는 '지점' 등등에서 일어나는 훈습을 가리킵니다. 그리하여 훈습이라고 불리는 마음의 운동은 이 네 개의 지점을 통과하는 운동으로 기술될 수 있으며 훈습의 궤도는 이 네 개의 지점을 연결하는 선으로 이루어진다고 말할 수 있습니다. 만약 훈습이라는 운동에 起點기점 또는 시발점이 있다면 그것은 어느 지점이겠습니까? '진여'입니까? '무명'입니까? 아니면 한쪽 훈습에는 '진여'요, 다른쪽 훈습에는 '무명'입니까? 그 어느 것도 될 수 없습니다. 왜냐하면 훈습이 설명하고자 하는 운동의 성격상, 그 시발점은 또한 종착점도 되어야 하기 때문입니다. 훈습에 관한 기신론의 설명에는 이 점에 관한 언급이 없습니다. 그러나 시발점이 곧 종착점도 되는 훈습의 기점—그것은 앞의 제11항목에서 설명한 '여래장' 또는 '아려야식'입니다. 아려야식은 '실재(不生不滅)와 현상(生滅)이라는 마음의 두 측면을 동일하지도 상이하지도 않은 상태로(非一非異) 결합하고 있고', '깨달음(覺)과 깨닫지 못함(不覺)의 두 가지 상호관련된 측면으로 이루어져 있으며', '모든 사물과 현상을 포괄하며 모든 사물과 현상을 만들어냅니다'(16). 이 아려야식의 '깨닫지 못함'은 '상념으로 흐르는 훈습'의 시발점이 되며 '깨달음'은 '진여로 돌아가는 훈습'의 시발점이

됩니다. 그러나, 물론, '진여로 돌아가는 훈습'의 시발점인 '깨달음'은 또한 '상념으로 흐르는 훈습'이 돌아가야 할 종착점이기도 합니다. 아려야식을 출발점으로 하여 다시 아려야식으로 돌아오는 운동은 혹시 직선 운동으로 생각될지 모르겠습니다마는 기신론은 그보다 훨씬 더 우아한 궤도를 설치하고 있습니다. 이후의 설명을 참고하여 우선 그 궤도를 그림으로 나타내면 다음과 같습니다.

그림 1 : 훈습의 궤도

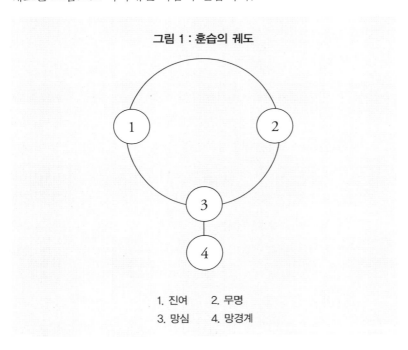

1. 진여　2. 무명
3. 망심　4. 망경계

　그림 1에서 '4)망경계'가 궤도 바깥으로 처져 있는 것은 다른 세 부소와는 달리 이 부소가 마음 밖에 있다는 것을 표시합니다. 염법훈습과 정법훈습이 대칭을 이루려면 두 훈습이 모두 그림 1과 동일한 궤도를 대칭으로 따르지 않으면 안됩니다. 첫째로, 염법훈습에 관한 기신론의 설명은 다음과 같습니다.

'훈습이 끊임없이 상념으로 흐르게 한다'는 말은 다음과 같이 설명된다. 먼저, '진여'와 '깨끗한 마음'으로 말미암아 그것에 대비되는 것으로 무명이 있다. 이 '무명'이 상념의 원인(因)으로서 진여에 훈습한다. 이 훈습으로 말미암아 '망심'이 생기고 망심이 다시 무명에 훈습한다. 이 상태는 마음이 유일 실재인 진여에 이르지 못한 상태로서, 여기서는 '깨닫지 못한 마음'(不覺念)이 일어나서 '망경계'가 나타나고 망경계가 상념의 계기(緣)가 되어 망심에 훈습한다. 이 과정을 통하여 마음에 집착이 생기고 온갖 의도와 행위를 일으켜 심신의 모든 괴로움(苦)을 당하게 된다. '망경계'를 거점으로 하여 일어나는 훈습(妄境界熏習)은 두 가지 작용을 한다. 하나는 상념을 조장하는 것(增長念熏習)이요, 또 하나는 집착을 조장하는 것(增長取熏習)이다. '망심'을 거점으로 하여 일어나는 훈습(妄心熏習)은 두 가지 작용을 한다. 하나는 '의지'를 조장하는 것(業識根本熏習)으로서, 이로 말미암아 二乘이승의 수행을 완수한 阿羅漢아라한과 辟支佛벽지불 그리고 모든 대승의 수행자들은 현상계의 괴로움을 당한다. 또 하나는 '사고'를 조장하는 것(增長分別事識熏習)으로서, 이로 말미암아 우둔한 자는 온갖 행위로 인한 괴로움을 당한다. '무명'을 거점으로 하여 일어나는 훈습(無明熏習)은 두 가지 작용을 한다. 하나는 훈습의 근본(根本熏習)으로서, '의지'를 일으키는 것이요, 또 하나는 '사고'를 일으킴으로써 편견과 애착을 가지도록 하는 것(所起見愛熏習)이다.(37)

얼른 보기와는 달리, 이 구절은 사실상 치밀한 계획에 따라 쓰인 것임을 알 수 있습니다. 이 구절은 먼저 궤도를 따르는 운동을 설명하고 난 뒤에 각각의 거점에서 일어나는 마음의 작용을 설명하고 있습니다. 먼저 이 뒷 부분을 보면, 거기에는 망경계와 망심과 무명을 거점으로 하여 일어나는 작용이 차례로 설명되어 있고 진여는 언급만 되어 있을 뿐 그 작용은 설명되어 있지 않습니다. 말하자면 염법훈습에서 진여는 궤도의 한 지점만을 나타낼 뿐, 아무런 작용을 하지 않는 것입니다. (그림 2에서는 진여가 점선으로 표시되어 있습니다.) 각각의 거점에서 일어나는 작용은 앞의 제10항목에서 말한 '굵은 마음'과 '가는 마음'의 구분에 따라 각각 상이하게 설명되어 있습니다. 그러나 현재의 맥락에서 중요한 것은 앞 부분에 나와 있는 훈습의 진행 방향입니다. 거기에 제시된 운동 방향을 그림 1의 궤도 위에 옮기면 그림 2와 같이 됩니다.

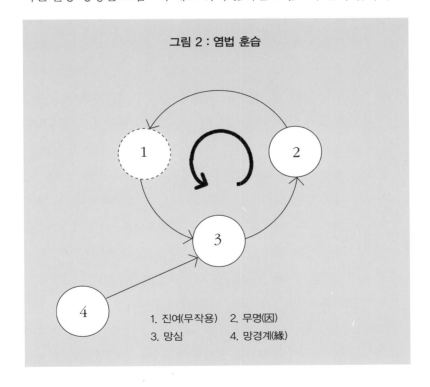

그림 2 : 염법 훈습

1. 진여(무작용)　2. 무명(因)
3. 망심　　　　4. 망경계(緣)

그림 2는 위의 구절에 설명된 내용을 끊임없이 반복되는 회전 운동으로 시각화한 것입니다. 이 그림의 의미는 정법훈습을 시각화하고 난 뒤에 생각해 보겠습니다. 정법훈습은 기신론에 다음과 같이 설명되어 있습니다.

'훈습이 끊임없이 진여로 돌아가게 한다'는 말은 다음과 같이 설명된다. 먼저, '진여'와 '깨끗한 마음'이 '무명'에 훈습한다. 이 훈습이 원인과 계기(因緣)로 작용하여 '망심'으로 하여금 생사의 괴로움을 멀리하고 열반을 희구하게 만든다. 망심의 이러한 성향이 다시 그것의 원인과 계기가 되는 진여에 훈습한다. 이런 과정을 통하여 마음은 그 자체의 본성에 믿음을 가지게 된다. 이제 마음은 눈앞의 사물과 현상(境界)이 마음의 헛된 움직임이라는 것을 알고 그것을 점점 초월하게 된다. 이제 마음은 '참으로 있는 것' 그대로의 진리, 다시 말하면 눈앞의 사물이나 현상은 존재하지 않는다는 것을 점점 알게 된다. 마음은 갖가지 방편을 동원하여 진여로 향한 길을 걸으면서 모든 집착과 상념을 끊어 버린다. 오랜 동안의 이 훈습의 결과로 무명이 사라지며 무명이 사라짐에 따라 상념이 일지 않으며 상념이 일지 않으므로 그 대상 또한 사라진다. 그 내적 원인(因)과 외적 계기(緣)가 모두 사라짐으로써 '마음의 양상'(心相)이 자취를 감추게 된다. 이것을 일컬어 '열반에 들어간다'(得涅槃)든가 '자연스러운 행위를 이룬다'(成自然業)고 한다. '망심'을 거점으로 하여 일어나는 훈습(妄心熏習)은 두 가지 작용을 한다. 하나는 '사고'를 이끄는 것(分別事識熏習)으로서, 이로 말미암아 우둔한 자와 2승의 수행자는 생사의 괴로움을 멀리하고 그 능력이 미치는 한도 내에서 최상의 깨달음을 향하여 점점 나아간다. 또 하나는 '의지'를 이끄는 것(意熏習)으로서, 이로 말미암아 대승의 수행자는 용맹하게 발심하여 열반의 길을 재빨리 달려간다. '진여'를 거점으로 하여 일어나는 훈습(眞如熏習)은 두 가지로 구분하여 말할 수 있다. 하나는 '진여 본체의 양상에 의한 훈습'(自體相熏習)이며, 또 하나는 '진여의 기능에 의한 훈습'(用熏習)이다. '진여 본체의 양상에 의한 훈습'(自體相熏習)은 진여가 시작을 알 수 없는 긴 시간을 통하여 언제나 모든 깨끗한 성질(無漏法)을 갖추고 있고 또한 훌륭하고 오묘한 행적(不思議業)으로 사물의 본성을 드러내는 특징을 가지고 있다는 사실에 기인한다. 이 두 가지 특징은 언제나 끊임없이 영향력을 발휘하여 중생으로 하여금 생사의 괴로움을 멀리하고 열반을 회구하도록 하며, 자신의 마음 속에 진여가 존재한다는 것을 믿고 발심하여 수행에 정진하도록 한다.(38)

'진여의 기능에 의한 훈습'(用熏習)은 위에서 말한 외적 계기(外緣)에 해당하는 것이다. 훈습의 외적 계기가 될 수 있는 것은 무수히 많지만 그것을 크게 '특수적 사태로 파악되는 계기'(差別緣)와 '일반적 의미로 파악되는 계기'(平等緣)의 두 가지로 구분할 수 있다. '특수적 사태로 파악되는 계기'라는 것은 사람이 처음 뜻을 세워 구도를 시작한 이후 깨달음을 얻을 때까지 '깨달은 자'와 수행자의 모습을 여러 가지 사태와 관계에서 만나게 된다는 것을 가리킨다. 그 모습은 때로는 가족이나 부모나 친척으로, 때로는 하인으로, 때로는 친구로, 때로는 원수로, 때로는 이른바 '네 가지 교육적 자세'(四攝)로 나타난다. 그들의 행위 하나하나가 훈습의 힘을 일으키는 정성어린 계기를 이루어 중생으로 하여금 훌륭한 자질을 신장시키도록 하며 보고 듣는 것에서 이익을 얻도록 한다. 이 '특수적 계기'는 깨달음을 얻도록 하기까지 걸리는 기간에 따라 '단기적인 것'(近緣)과 '장기적인 것'(遠緣)으로 구분될 수 있으며, 또한 '행동을 이끄는 것'(增長行緣)과 '지식을 일깨우는 것'(受道緣)으로 구분될 수 있다. '일반적 의미로 파악되는 계기'라는 것은 모든 '깨달은 자'와 수행자가 다같이 모든 중생을 괴로움에서 건지고자 하는 소망을 가지고 있다는 것을 가리킨다. 이 소망을 가지고 있기 때문에 그들은 자신의 존재 방식을 통하여(自然) 중생에게 끊임없는 훈습을 일으킨다. 그들은 중생과 다름없는 한 가지 지혜의 힘을 가지고 있으며, 중생은 그들에게서 그 지혜가 발휘되는 것을 보고 듣는다. 그리하여 이른바 '진여에의 몰입'(三昧)에 들어갔을 때 모든 중생이 다같이 보게 되는 것은 바로 그 한 가지 '깨달은 자'의 모습이다.(40)

정법훈습에서 무명이 부소로서 언급될 뿐, 아무런 작용을 하지 않는 것은 염법훈습에서 진여가 그러한 것과 동일한 이치입니다. 앞의 염법훈습과의 대조에서 한 가지 특별한 주목의 대상이 되는 것은 두 경우에 '망심'의 작용이 완전히 상반되게 기술되어 있다는 것입니다. 염법훈습에서 망심은 우둔한 자나 수행자에게 의지와 사고를 조장하여 '온갖 행위로 인한 괴로움을 당하게' 하는 데 비하여, 정법훈습에서 그것은 우둔한 자와 수행자로 하여금 '생사의 괴로움을 멀리하고 그 능력이 미치는 한도 내에서 최상의 깨달음을 향하여 점점 나아가게 하며', '용맹하게 발심하여 열반의 길을 재빨리 달려가도록' 합니다. 이 점은, 곧 말할 바와 같이, 기신론의 설명 체계에서의 '망심'(즉, 상념)의 위치와 관련하여 중요한 의미를 내포하고 있습니다.

정법훈습의 경우에 궤도를 따르는 운동에 관한 설명은 염법훈습의 경우에 비하여 훨씬 간단합니다. 생각해 보면 그럴 수밖에 없습니다. 염법훈습에서는 원인과 계기가 무명과 망경계로 구분되어 있는 데 비하여 정법훈습에서는 원인과 계기가 모두 '진여'로 되어 있습니다. 그러나 여기서도 원인과 계기가 구분되지 않는 것은 아닙니다. 뒷 부분의 설명에 의하면 정법훈습에서의 원인은 '진여자체상'이며 계기는 '진여용'입니다. 다시 말하여 염법훈습에서의 무명과 망경계의 자리는 정법훈습에서의 진여자체상과 진여용의 자리와 동일합니다. 이 점은 그림 2와 완전히 대칭되는 정법훈습의 그림을 그릴 수 있게 합니다.

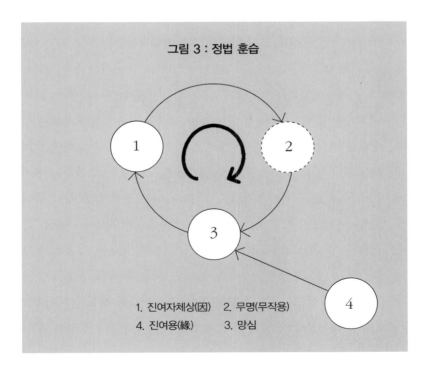

그림 3 : 정법 훈습

1. 진여자체상(因) 2. 무명(무작용)
4. 진여용(緣)   3. 망심

그림 2와 그림 3으로 시각화된 염법훈습과 정법훈습을 좀더 실감 있게 하려면 그것을 동영상으로 만들 수 있을 것입니다. 가령 그림 2와 그림 3의 화살표를 각각 붉은 색과 푸른 색으로 표시한다고 합시다. 화살표가 처음에는 느린 속도로 움직이다가 점점 빨라져서 아주 빠른 속도로 회전할 때에는 그림 전체가 붉거나 푸르게 물들 것입니다. 그것이 '상념으로 흐르는 훈습'과 '진여로 돌아가는 훈습'의 동영상적 표현입니다.

　그러나, 물론, 우리의 마음에는 부소도 없고 궤도를 설치할 공간도 없습니다. 위의 그림은, 기신론의 설명과 마찬가지로, 상념으로 흐르거나 진여로 돌아가는 마음의 운동을 비유적으로 나타낸 것입니다. 그뿐만 아니라, 비유로서조차도, 훈습의 내적 원인(因)인 무명과 진여자체상은 그림에서와 같이 두 개의 상이한 지점을 나타내는 것이 아니라 아려야식이라는 동일한 지점에 위치하고 있습니다. 이 점에서 아려야식은 우리의 마음이 상념으로 흐르는가 진여로 돌아가는가를 가르는 최초의 분기점이 된다고 말할 수 있습니다. 훈습의 외적 계기(緣)인 망경계와 진여용도 그와 마찬가지입니다. '때로는 가족이나 부모나 친척, 때로는 하인, 때로는 친구, 때로는 원수의' 모습으로 나타나는 여러 사람들이 우리의 마음이 진여로 향하도록 도와주는 그 사태는 우리의 마음이 상념으로 흐르도록 하는 사태와 다른 곳에 있을 수 없습니다. 앞에서 우리는 '망심'(상념)이 두 가지 훈습에서 완전히 상반된 작용을 한다는 것을 보았습니다. 그렇다면 두 가지 상반된 운동의 최초의 발단과 그 원동력인 아려야식도 결국은 상념 속에 있다고 보지 않으면 안됩니다. 상념을 중심으로 생각할 때, 두 가지 훈습의 원인(因)과 계기(緣)는 동일한 위치에 놓여 있습니다. 이렇게 생각해 보면

그림 2와 그림 3은 다음과 같은 하나의 그림으로 압축될 수 있습니다.

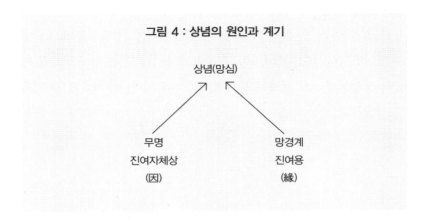

그림 4 : 상념의 원인과 계기

상념(망심)

무명   망경계
진여자체상   진여용
(因)   (緣)

그림 4는 무명과 진여자체상, 그리고 망경계와 진여용이 각각 상념의 원인과 계기로서 상념에 대하여 동일한 관계를 맺고 있음을 보여줌과 동시에 그 중의 어느 것을 원인과 계기로 하는가에 따라 상념의 성격 또는 '질'이 달라진다는 것을 보여주고 있습니다. 다시 말하여, 한 가지 동일한 것이 어떤 경우에는 무명이 되고 또 어떤 경우에는 진여자체상이 되며, 한 가지 동일한 것이 어떤 경우에는 망경계가 되고 또 어떤 경우에는 진여용이 되는 것입니다. 이 점은 우리에게 하나의 근본적인 질문을 제기합니다. 그 '어떤 경우'는 무엇에 의하여 결정되는 것입니까? 무명이 진여자체상이 되는 경우는 어떤 경우이며, 망경계가 진여용이 되는 경우는 어떤 경우입니까? 더 직접적으로, 무엇이 무명을 진여자체상으로 만들며 무엇이 망경계를 진여용으로 만드는 것입니까?

이 질문에 대한 단 하나의 대답은 '수행'일 것입니다. 그러나 이것은 대답이라기보다는 대답의 '이름'에 불과합니다. 그것이 진정한 대답이 되기 위해서는 '수행'이라는 것이 무엇이며 그것이 어떻게 위와 같은 일을 하는지를 밝혀야 할 것입니다. 쉽게 짐작할 수 있으리라고 생각합니다마는, 만약 우리가 이것을 밝힘으로써 위의 질문에 대답할 수 있다면, 우리는 '상념을 떠나서 진여로 돌아간다'는 말의 의미를 비교적 정확하게, 즉 '문법의 사기'를 최소한으로 하여, 이해할 수 있게 될 것입니다.

14. 우리가 사는 세상

우 리가 다다른 마지막 결론을 다시 한 번 생각해 봅시다. 그것은, 염법훈습과 정법훈습의 원인인 무명과 진여자체상은 상념과의 관계에서 동일한 위치에 있으며, 두 가지 훈습의 계기인 망경계와 진여용도 그와 마찬가지라는 것이었습니다. 그런데, 앞의 제9항목에서 시사된 바와 같이, 상념의 '원인'과 '계기'라는 것은 기신론의 '기본틀' ―상념을 버리기 위해서는 그것이 생겨난 과정을 반대 방향으로 되밟아서 그것이 생기기 이전으로 돌아가야 한다는 것―로 말미암아 취하게 된 개념적 방안입니다. 사실을 말하자면, 상념의 원인이 따로 있고 그 원인에서 생긴 상념이 따로 있는 것이 아니라 상념의 원인 그것이 바로 상념입니다. '내적 원인'이라는 용어 자체가 이미 그것을 시사하고 있습니다. 상념의 외적 계기에 대해서도 그와 마찬가지로, 우리 눈앞에 나타나 있는 모든 사물과 현상을 상념의 '계기'라고 말하는 것은 그 기본틀에 의거하기 때문이며, 만약 그 기본틀에 의거하지 않는다면 그 사물과 현상들은 그냥 마음이 대면하고 있는 대상일 뿐입니다.

　이렇게 생각해 보면, 우리의 마지막 결론에 언급되어 있는 상념, 상념의 원인, 상념의 계기는 결국 상념과 그 대상이라는 두 개의 항으로 다시 압축됩니다. 그리고 무명과 진여자체상, 망경계와 진여용이 상념에 대하여 동일한 위치에 있다는 것은 '무명으로서의 상념'이 '망경계'를 대면하고 있는 사태와 '진여자체상으로서의 상념'이 '진여용'을 대면하고 있는 사태는 다를 수 없다는 것을 뜻합니다. 이것을 더 간단하게 줄이면, 염법훈습이 설명하고자 하는 사태는 정법훈습이 설명하고자 하는 사태와 다를 수 없다는 말이 됩니다. 이것은 놀라운 결론처럼 들릴지 모르겠습니다마는, 사실상 그것은 하등 놀라울 것도 없고, 앞의 제5항목에서 인용한 기신론의 첫머리(10), 마하아야나의 가르침을 제시한 二門 不相離이문 불상리('실재의 측면에서 파악되는 마음과 현상의 측면에서 파악되는 마음은 오직 개념상으로만 구분될 뿐, 각각 별도로 존재하는 것은 아니다')를 그 이후의 기신론의 내용을 따라 풀이한 것에 지나지 않습니다. 앞의 마지막 결론을 이 二門 不相離의 용어로 고쳐 말하면, 무명으로서의 상념이 망경계를 대면하고 있는 사태와 진여자체상으로서의 상념이 진여용을 대면하고 있는 사태는 오직 개념상으로만 구분될 뿐, 각각 별도로 존재하는 것은 아니라는 것으로 됩니다. 다시 말하여, 우리에게는 현재 우리가 살고 있는 세상 이외에 그것과는 다른 세상이 있을 수 없습니다. 앞 항목의 마지막에 제가 제기한 질문은 결국, 어떻게 하여 그 하나의 세상이 이렇게도 되고 저렇게도 되는가 하는 것입니다. (혹시 독자는 이 질문에 대하여 '그것은 마음먹기에 달렸다'는 대답을 할지도 모르겠습니다. 물론, 이 대답은 아무도 부정할 수 없는 절대적인 대답입니다마는, 제가 생각하기에 그것은, 적어도 현단계에서는, 설익다 못해 무의미한 대답입니다. 문제는 그 '마음먹기'가 무엇인지, 마음은 그냥 먹기만 하면 저절로 먹어지는 것인지, 그렇지 않으면 그 '마음먹기'는 또 무엇에 달렸는지를 알 수 없다는 데에 있습니다.)

　위의 문제를 생각하는 데에 있어서 가장 우선적으로 고려해야 할 사항은 상념의 두 가지 상태와 대상의 두 가지 상태, 즉 무명(또는 무명으로서의 상념)과 망경계, 그리고 진여자체상(또는 진여자체상으로서의 상념)과 진여용은 그것들끼리 면밀히 상응한다는 것입니다. 상념과 대상 중에서 어느 것이 먼저 결정되는가 하는, 어려운 중에도 어려운 문제는 우선 젖혀두고 말하면, 무명으로서의 상념은 바로 망경계를 대면하는 (또는 대면할 때의) 상념이며, 진여자체상으로서의 상념은 바로 진여용을 대면하는 (또는 대면할 때의) 상념입니다. 이 점을 더 분명히 드러내려면 아마 반대 방향으로 말해야 할지 모르겠습니다. 즉, 망경계는 다른 것이 아니라 마음이 '무명으로서의 상념'이라는 상태에 있을 때 그것이 대면하는 대상이며, 진여용은 다른 것이 아니라 마음이 '진여자체상으로서의 상념'이라는 상태에 있을 때 그것이 대면하는 대상입니다.

　이제 이 점을 기초로 하여 二門 不相離가 무슨 뜻인지 생각해 봅시다. 진여자체상으로서의 상념—이것을 편의상 '상념1'이라고 부르겠습니다—이 진여용을 대면하는 사태와 무명으로서의 상념—이것을 편의상 '상념2'라고 부르겠습니다—이 망경계를 대면하는 사태가 '오직 개념상으로만 구분될 뿐, 각각 별도로 존재하는 것은 아니다'라는 것은 무슨 뜻이겠습니까? 우선, 대상 쪽부터 먼저 말해보면, 망경계와 진여용은 우리 눈앞에 나타나는 사물과 현상에서 각각 별도의 구역을 차지하고 있는 것이 아닙니다. 하나의 동일한 사물이나 현상이 우리에게 헤아림과 집착을 일으켜 온갖 괴로움을 당하게 하기도 하고 또 우리로 하여금 거기서 '깨달은 자'의 모습을 보고 훌륭한 자질을 신장시키며 보고 듣는 것에서 이익을 얻도록 하기도 합니다. 이러한 차이는 마음이 무명의 상태에 있는가 진여자체상의 상태에 있는가의 차이에서 빚어집니다. 그런데, 앞에서 '無始無明'과 관련하여 말한 바 있습니다마는, 우리의 마음은 처음부터 '굵은 것'을 대면하고 있는 '굵은 마음'입니다. 다시 말하여 우리의 마음은 처음부터 상념2입니다. 그렇다면 상념1이 상념2와 '각각 별도로 존재하지 않는다'는 것은 무슨 뜻이겠습니까? 상념1이 상념2와 그토록 명백히 구분되는데도 불구하고 그 두 가지가 각각 별도로 존재하는 것이 아니라고 말할 수 있는 방법은 무엇이겠습니까?

기신론은 이 문제에 대하여 두 가지 비유로 대답하고 있습니다. 그것은 '질그릇 비유'(瓦器譬喻)와 '파도 비유'(海波譬喻)입니다. 이 두 가지 비유는 '깨달음'과 '깨닫지 못함'의 관계를 서로 다른 관점에서 설명하고 있습니다.

'깨달음'(覺)과 '깨닫지 못함'(不覺)의 관계는 두 가지로 말할 수 있다. 하나는 양자가 동일하다는 것이요, 또 하나는 양자가 상이하다는 것이다. 첫째로, '깨달음'과 '깨닫지 못함'이 동일하다는 것은 비유컨대 여러 가지 종류의 질그릇이 원래는 하나같이 흙이었던 것과 같다. 이와 마찬가지로, 지혜와 무명에서 빚어지는 갖가지 환영(業幻)은 하나같이 진여의 양상이다. 그리하여, 경전에 '모든 중생은 원래 열반에 들어가 있다. 부처의 깨달음을 일컫는 "보리의 법"(菩提之法)은 우리가 제정하거나 개정할 수 있는 법전과 같은 것이 아니다. 그것은 도대체 밖으로부터 얻을 수 있는 그 무엇이 아니다'라고 한 것은 진여의 위와 같은 의미를 나타내고 있다. 물론, '깨달음의 지혜'(菩提)는 가시적인 형체를 가지고 있는 것도 아니다. 가시적인 형체는 오직 깨달음에 이르지 못한 마음이 만들어내는 환영에 불과하다. 지혜의 외적 표현은 '순수한 지혜'와는 구분되어야 한다. 올바른 깨달음의 지혜는 가시적인 작용이 아니기 때문이다. 둘째로 '깨달음'과 '깨닫지 못함'이 상이하다는 것은 비유컨대 여러 가지 종류의 질그릇이 각각 다른 질그릇인 것과 같다. 이와 마찬가지로 지혜와 무명에서 빚어지는 환영은 그 외적 표현에 있어서나 내적 상태에 있어서나 차이를 나타낸다.(25)

이제, '깨달음의 본체'(本覺)를 상념에 의하여 규정하자면, 그것은 두 가지 측면에서 기술될 수 있다. (물론, 이 두 가지 측면에서 기술되는 본각은 본각 그 자체와 별개의 것이 아니다.) 한 측면에서 보면 본각은 '순수한 지혜'(智淨)요, 또 한 측면에서 보면 그것은 '신비스러운 업적'(不思議業)이다. '깨달음'이 '순수한 지혜'를 나타낸다고 하는 것은 다음과 같은 뜻에서이다. 즉, 깨닫지 못한 사람이 오랫동안 진여의 훈습을 받아 열심히 수행하면서 자신에게 허용된 방편을 최대한으로 활용하면 아려야식(和合識)의 작용과 그 이후에 계속되는 모든 정신작용을 없애버리고 그 마음이 진여를 구현하게 된다. '순수한 지혜'라는 것은 이 상태를 가리킨다. 그러나 일체의 정신작용이 없어진 이 상태가 '순수한 지혜'를 나타낸다는 것을 어떻게 설명할 수 있는가?—현상계에서 일어나는 일체의 정신작용(心識之相)은 모두 무명에서 빚어진 것이다. 무명으로 말미암아 나타나는 그러한 정신현상(無明之相)은 '깨달음'(覺性)과 별개의 것으로 존재하는 것이 아니며, 그것은 깨뜨릴 수 있는 것도 아니요 깨뜨릴 수 없는 것도 아니다. 이것을 비유적으로 설명하면 다음과 같다. 즉, 바닷물은 바람이 원인이 되어 파도를 일으킨다. 파도를 두고 생각하면, 물과 바람은 서로 떨어져서 존재하지 않는다. 그러나 물 그 자체에 움직이는 성질이 있는 것은 아니다. 바람이 그치면 물의 움직임이 그치지만, 그렇다고 해서 이것이 물의 성질까지 없애버리는 것은 아니다. 이와 마찬가지로, 중생은 원래 '깨끗한 마음'(淸淨心)을 가지고 있지만, 무명이라는 바람이 거기에 파도를 일으키는 것이다. 마음과 무명은 모두 형상을 가지고 있는 것도 아니며, 각각 별개의 실체로 존재하는 것도 아니다. 그러나 마음에 원래 움직이는 성질이 있는 것도 아니어서 무명이 그치고 그에 따라 모든 정신작용이 사라지더라도 마음이 원래 가지고 있는 깨끗하고 순수한 지혜(智性)는 파괴되지 않는다. 다음으로, '깨달음'이 '신비스러운 업적'을 나타낸다고 하는 것은 그것이 '순수한 지혜'로 말미암아 온갖 훌륭하고 불가사의한 경지를 만들어낼 수 있다는 뜻에서이다. 이것이 앞에서 말한 '무한한 공덕'이라는 것이다. 즉, '깨달음'이 나타내는 '신비스러운 업적'은 언제나 끊임없이 나타나며, 중생은 각각의 능력과 상황에 따라 자신도 모르는 사이에(自然) 상이한 방식으로 그것에 접하여 이익을 얻는다.(20)

아직 상념1(진여자체상으로서의 상념)과 상념2(무명으로서의 상념)의 정체가 그다지 분명하게 드러나지 않은 상태에서 양자의 관계만을 문제 삼을 경우에 위의 두 구절에서 '깨달음'과 '깨닫지 못함'은 각각 상념1과 상념2에 해당한다고 보아도 무방할 것입니다. 위의 구절에 나타나 있는 두 가지 비유를 비교해 보면, 앞의 '질그릇 비유'에서는 상념1과 상념2가 모두 진여에서 나왔다는 점에서 동일하지만, 그럼에도 불구하고 양자는 그것이 드러내는 모습에 있어서는 상이하다는 점이 부각되어 있습니다. 말하자면 여기서는 상념1과 상념2가 평면적으로 병치되어 있고, 이렇게 옆으로 나란히 놓여 있는 한, 상념1과 상념2는 상이한 것입니다. 그러나 뒤의 '파도 비유'에서는 사정이 다릅니다. 여기서는 상념1과 상념2가 바닷물과 파도가 그렇듯이 아래위로 (또는 위아래로) 직접 관련되어 있습니다. 상념1은 바닷물이요, 상념2는 파도입니다. 여기서 '바닷물'이라는 것은 '파도가 일지 않는 잔잔한 바닷물'을 가리키는 것이 아닙니다. 이 비유를 정확하게 이해하자면 잔잔한 바닷물도 성난 파도와 조금도 다름없이 상념2입니다. 도대체 바닷물은 잔잔하거나 파도를 치지 않고는 바닷물로 존재할 수가 없습니다. 본문에 명백히 나와 있듯이, 여기서 '바닷물'은 잔잔하거나 파도로 나타나는 '물의 성질'을 가리킵니다. 이 비유에 의하면 바닷물로 비유되는 상념1은 상념2로 표현되는 '물의 성질'과 같은 것입니다. 본문의 비유에서는 그 '물의 성질'이 먼저 있고 무명이라는 바람이 거기에 파도를 일으키는 것처럼 되어 있지만, 분명히 그것은 비유의 한계입니다. 그 비유를 좀더 사실에 가깝게 풀이하자면, 물의 성질이 그 자체로 먼저 있고 그 다음에 바람이 파도를 일으키는 것이 아니라, 처음부터 잔잔한 바닷물이나 파도치는 바닷물이 있는 것으로 이해해야 할 것입니다. 다만 본문에는 언급되어 있지 않지만, 파도로 비유되는 상념2에도, 마치 잔잔한 바다와 거세게 파도치는 바다가 다르듯이, 상념1을 표현하는 정도 또는 방식에 따라 차이가 있다고 말해야 할 것입니다. 여러 모양의 질그릇이 동일한 흙에서 빚어졌으면서도 서로 다르다는 앞의 비유는 이 점을 말해 주고 있습니다.

파도 비유에서 상념1은 '순수한 지혜'와 '신비스러운 업적'—한 마디로, 이 세상의 모든 좋은 것—을 갖추고 있는 것으로 되어 있습니다. ('신비스러운 업적'은 이 맥락에서는 업적 그 자체가 아니라 업적을 이루려는 마음가짐을 가리키는 것으로 이해되어야 할 것입니다.) 그러나 만약 상념1이라는 것이 그 자체로 먼저 주어져 있는 것이 아니고 처음부터 상념2와 함께, 또는 차라리 상념2의 형태로, 주어질 수밖에 없는 것이라면, 상념1에 갖추어져 있다는 그 '순수한 지혜와 신비스러운 업적'—'세상의 모든 좋은 것'—은 상념2에서가 아니고는 달리 나올 수가 없을 것입니다. 다시 말하여 상념1은 상념2가 더러는 잘, 또 더러는 잘못 따르는 표준을 가리킵니다. (또는, 결국 마찬가지 말입니다마는, 상념2는 그 표준을 충실히 따를수록 상념1에 가까워집니다.) 이렇게 생각해 보면, 염법훈습과 정법훈습의 원인인 무명과 진여자체상, 그리고 그 두 훈습의 계기인 망경계와 진여용이 상념에 대하여 동일한 위치에 놓여 있다는 우리의 마지막 결론은 뜻밖의 새로운 의미를 띠게 됩니다. 그것은 다음과 같은 것입니다. 즉, 우리는 처음부터 상념2—사물과 현상을 대면하여 헤아리고 집착하는 마음—를 가지고 있고 그 속에서 살아가지만, 그 누구도 순전히 상념2만으로 살아가지는 않는다는 것입니다. 사람에 따라 또 경우에 따라 차이는 있지만, 우리는 누구나 다소간은 상념1에 영향을 받으면서 그것이 요구하는 바에 합치하려고 노력하고 있고 또 실지로 합치하면서 살고 있습니다. 이것이 우리가 사는 세상의 모습입니다. 여러 가지 모양의 질그릇이 동일한 흙에서 빚어졌다는 앞의 비유는 이와 같이, 우리는 누구나 상념1의 영향 하에 있으면서도 그 정도가 다르다는 것을 나타냅니다.

이야기를 더 진전시키기 전에, 여기서 상념2의 표준이 된다는 진여자체상, 그리고 그 진여자체상이 대면하는 진여용에 관한 기신론의 감동적인 구절을 인용하겠습니다. 아래 인용되는 구절에 대하여 따로 설명을 붙이는 것은 그 감동을 훼손하는 것 이외에 하등 의미가 없을 것입니다.

이제, 진여 본체의 양상(眞如自體相)〔이 크다는 점〕을 설명하겠다. 진여는 우둔한 자건 2승의 수행자건 대승의 수행자건 수행을 마친 '깨달은 자'건 가리지 않고 그 누구에게 있어서나 더하거나 덜함이 없다. 그것은 과거 언젠가 생긴 것이 아니요 미래 언젠가 없어질 것이 아니며 끝까지 항구여일하다. 진여는 처음부터 그 본성 속에 모든 훌륭한 공덕을 완전히 갖추고 있다. 그것은 큰 지혜의 빛을 가지고 있고 또 그것으로 모든 세상을 빠짐없이 두루 비추고 있다. 그것은 참되고 완전한 지식과 맑고 깨끗한 마음을 가지고 있다. 그것은 변하는 것, 괴로운 것, 참된 내가 아닌 것, 물든 것에서 벗어나 있으며, 맑고 산뜻한 것, 변하지 않는 것, 자유로운 것으로 되어 있다. 이와 같이 간지스하의 모래보다 더 많은 신비스러운 진리가 중단도 부정도 모순도 없이 모두 갖추어져 있고 언제나 충만하며 모자라거나 빠진 것이 없다. '여래를 감추고 있는 곳'(如來藏)이라든가 '진여 그 자체로서의 여래의 몸'(如來法身)이라는 표현은 이것을 나타낸다.(43)

그 다음, 진여의 기능(眞如用)〔이 크다는 점〕을 설명하겠다. '깨달은 자'나 '진여와 하나인 자'는 원래 수행자들과 똑같은 세상(因地)에 살면서 여러 波羅蜜바라밀을 행한다. 그들은 大慈悲心대자비심을 일으켜 중생을 어루만져 교화하며 大誓願대서원을 일으켜 모든 중생을 빠짐없이 건져내고자 한다. 그들의 노력은 과거와 현재, 그리고 미래에 이르기까지 영원토록 계속된다. 그들은 중생을 자신과 동일한 존재로 생각하면서도 그들 자신이 중생과 동일한 존재로 되지는 않는다. 한편으로, 그들은 중생과 그들 자신이 진여와 한 가지로 차이가 없다는 것을 분명히 알고 있다. 그러나 또 한편으로, 그들은 大方便智대방편지를 가지고 있어서 자신의 마음에서 무명을 없애며 진여와 한 몸(法身)이 된다. 그들은 특별한 의식적 노력을 하지 않고도(自然) 신비스러운 행위와 갖가지 훌륭한 기능을 나타낸다. 그들은 진여와 한 가지로 모든 곳에 두루 퍼져 있지만, 그 기능은 특정한 양상으로 파악되지 않는다. 왜냐하면 그들은 다름 아닌 '진여의 화신'(法身), '지혜의 화신'(智相之身)이며, 그들이 나타내는 진리는 절대적 진리(第一義諦)로서 세상 사람들이 가지고 있는 상대적 지식의 경지를 벗어나기 때문이다. 그들의 행위는 특별한 의도에 의하여 이루어지는 것이 아니지만, 중생은 각각 자신이 보고 듣는 바에 따라 거기서 이익을 얻는다. 이것이 '진여의 기능'이다.(45)

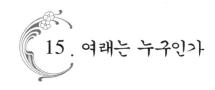

15. 여래는 누구인가

앞항목의 마지막에 인용된 기신론의 구절에 의하면 진여용―현상계에 나타나는 진여의 기능―은 한마디로 부처와 여래―'깨달은 자'와 '진여와 하나인 자'―의 행적을 가리킨다고 말할 수 있습니다. 앞의 훈습에 관한 설명에서 진여용은 또한 정법훈습의 외적계기(緣)였습니다. 앞의 그 구절은, 이 통석에 인용된 다른 구절이나심지어 인용되지 않은 구절들과 마찬가지로, 거의 경전(經)의 구절과동일한 취급을 받아야 마땅합니다. 말하자면 그것에 대해서는 경전의구절에 대해서 그렇게 하듯이 여러 번 반복해서 읽고 그 의미를 생각해 보아야 합니다. 그 정도로 그 구절은 우리가 사는 세상(因地)에서의 여래의 행적이 훈습의 계기로 작용한다는 점을 감동적으로 그려내고 있습니다. 우리가 사는 세상에서 여래는 우리를 그와 다른 존재로여기지 않으면서도 그 자신이 우리와 똑같은 존재로 되지는 않습니다.그는 진여와 한 가지로 모든 곳에 두루 퍼져 있습니다. 그는 특별한 의식적 노력을 하지 않고도 신비스러운 행위와 갖가지 훌륭한 기능을 나타내지만, 그 기능은 우리의 지력에 쉽사리 파악되지 않으면서 끝없이 다양한 양상으로 나타납니다. 그렇다면 이러한 기능을 발휘하는 '그'—'여래'로 불리는 '그'—는 어떤 존재입니까?

'如來'로 번역되는 산스크리트어 '타타아가타'는 '진여'를 뜻하는 '타타아타'와 '온다'(또는 '간다')는 뜻의 '가타'의 합성어로서, 글자 그대로는 '진여에서 온 자'를 뜻합니다. 그러나, 물론, 진여라는 것은 장소나 지역을 가리키는 것이 아닌 만큼 '진여에서 온 자'는 문자 그대로 '진여 출신'을 뜻하는 것이 아닙니다. 위의 번역문에서 여래를 '진여와 하나인 자'로 번역한 것은 이 점을 나타내고 있습니다. 말하자면 '진여에서 왔다'는 것은 곧 그 몸이 진여라는 뜻입니다. 그러나 또한, 진여가 장소나 지역이 아닌 것과 마찬가지로 진여는 몸이 될 수 없으며, 따라서 '그 몸이 진여'라는 말도 '진여에서 왔다'는 말에 못지 않게 비유입니다. 그러므로 우리가 생각해 보아야 할 문제는 진여에서 왔다든가 진여와 하나가 된다는 것이 무슨 뜻이며, 그런 비유를 통하여 드러내고자 하는 존재가 누구인가 하는 것입니다. 그러기 위해서는 이 통석의 앞부분으로 되돌아가서 여래가 거기서 왔고 한 몸이 되었다는 '진여'가 무엇인가를 다시 생각해 보지 않으면 안됩니다.

말할 필요조차 없이, 진여는 실재 또는 본체를 일컫는 불교의 용어입니다. 본체로서의 진여—진여 본체의 양상이나 진여용이 아닌, 진여 그 자체—는 앞의 진짜 궁녀 이야기에서 말한 '진짜 궁녀'와 같은 것입니다. 그것은 이때까지 있었거나 앞으로 있을 모든 형태의 궁녀뿐만 아니라 이때까지 있었거나 앞으로 있을 모든 사물과 현상을 남김없이, 그러나 어느 특정한 형태로서가 아닌 무형태로 압축해 있습니다.

이후에 사용된 용어로 말하자면, 본체로서의 진여에는 양상이 없습니다. 그것은 '아무 것도 아닌 것'이요 '아무 것도 없는 것'입니다. 우리가 그것을 '언어로 기술할 수도, 그것에 관하여 생각을 품을 수도 없는'(不可說 不可念) 것은 그것에 양상이 없기 때문입니다. (더 정확하게 말하자면, '양상이 없다'는 말이 바로 '언어로 기술할 수 없다'는 말과 같은 뜻입니다.) 진짜 궁녀 이야기에서 말한 바와 같이, 그러한 의미에서의 진여—언어로 기술할 수도, 그것에 관하여 생각을 품을 수도 없는 '아무 것도 아닌' 진여—가 있다는 것은 보통의 사고방식으로는 충분히 의심의 대상이 됩니다. 말하자면 낮 세 시의 궁녀, 새벽 세 시의 궁녀 등등, 형태를 띠고 나타나는 모든 궁녀는 각각이 '진짜'이며, 그 중의 어느 것도 아닌 '진짜 궁녀'가 있을 수 있다는 생각 그 자체가 잘못되었다는 것입니다. 그러나 기신론에서는 그러한 진짜 궁녀가 과연 있는가 하는 질문을 제기하지도 않고 그런 것이 있다는 것을 직접 논증하지도 않은 채, 처음부터 그것을 당연한 사실처럼 말하고 있습니다. 물론, 이것은 기신론의 설명 방식—상념을 없애기 위해서는 그것이 생기는 과정을 반대 방향으로 되밟아서 그것이 생기기 이전 상태로 돌아가야 한다—으로 말미암아 취해진 불가피한 조치입니다. 그러나 이제 우리는, 비록 그 의심을 완전히 없앨 수는 없다 하더라도, 우리의 지력이 허용하는 한도 내에서 그러한 의미에서의 진여가 있을 수 있다는 것, 그리고 더 나아가서, 그것이 있을 수 있다는 생각에 억만 중생의 제도가 달려 있다는 석가모니의 깨달음을 '개념적으로' 이해하려고 하고 있습니다.

　여래는 바로 위와 같은 의미에서의 진여를 그 몸으로 하는 존재입니다. 진여를 개념적으로 이해하는 일은 당분간 보류해 두고, 일단 진여라는 것이 있고 그것을 몸으로 하는 여래라는 존재가 있다고 생각해 봅시다. 그 몸이 진여인 존재는 어떤 존재이겠습니까? 우선, 어떤 것이 존재한다고 말하기 위해서는 그것이 일정한 시공간상의 위치를 차지해야 할 것입니다. 만약 여래가 있다면, 그는 언제 어느 곳에 있겠습니까? 진여가 모든 사물과 현상을 무형태로 압축해 있는, 그것과 정면으로 맞붙어 있는 그것의 '윗층'을 가리킨다면, 그것을 몸으로 하는 존재는─만약 그런 존재가 있을 수 있다면─언제든지 또 어느 곳이든지 없는 때도 없는 곳도 없이 온 세상에 두루 퍼져 있을 것입니다. 물론, 우리는 그런 존재를 상상할 수 없습니다. 보통의 의미에서의 존재, 시공간상의 위치를 차지하는 존재는 반드시 양상을 가지고 있고, 또 우리의 상상은 양상을 가지고 있는 것만을 포착할 수 있습니다. 여래는 그런 의미에서의 '존재'가 아닙니다. 여래라는 '존재'는 양상이 없는 진여 그 자체─본체로서의 진여─가 양상을 '억지로 부여 받아서' 나타난 존재입니다. 다시 말하여, 여래가 온 세상에 두루 퍼져 있을 수 있는 것은 바로 그가 '아무 것도 아닌' 존재이기 때문입니다. 아무 것도 아닌 존재만이─다시 만약 그런 존재가 있을 수 있다면─언제든지 또 어느 곳이든지 '自由自在'자유자재할 수 있습니다.

또한, 그와 마찬가지로, 여래는 이 세상의 모든 사물과 현상을 하나도 빠짐없이 두루 알고 있습니다. 기신론에서 말하는 '증득'(證)과 '총체적 지식'(一切智)은 이것을 가리킵니다. 증득과 총체적 지식에 관해서는 항목을 달리하여 다시 생각해 보겠습니다마는, 우선 여기서 분명히 해 둘 것은, '이 세상의 모든 것을 두루 안다'고 말할 때의 '안다'는 말도 위에서 말한 '두루 퍼져 있다'고 말할 때의 '있다'와 마찬가지로 보통의 의미를 나타내는 것이 아니라는 점입니다. 보통의 의미에서의 '안다'는 말은 '아는 사람'이 있고 또 그 사람이 '아는 대상'이 있을 경우에 적용됩니다. 말하자면 '안다'는 말은 '누구누구가 이런이런 것을 안다'고 말할 경우에 사용됩니다. 그러나 여래가 모든 것을 안다는 것은 여래가 인식의 주체로서 대상 하나하나를 빠짐없이 안다는 뜻이 아닙니다. 여래의 경우에 '안다'는 말은 이 세상의 모든 사물과 현상을 이런 것과 저런 것의 구분이 없이 '아무 것도 아닌 상태로' 한꺼번에 안다는 뜻입니다. 여래의 경우에 안다는 것은 주체와 대상의 구분을 전제로 한 '아는 것'이 아니라 주체가 곧 대상인 그런 뜻에서 '아는 것'을 뜻합니다. 다시, 여래가 이런 뜻에서 모든 것을 아는 것은 그가 '아무 것도 아닌' 존재이기 때문이며, 아무 것도 아닌 존재만이 이 세상의 모든 것을 빠짐없이 알 수 있습니다.

앞 항목에서 설명없이 인용한 '진여자체상'—진여 본체의 양상—은 말하자면 여래의 '마음' 또는 정신 상태를 나타냅니다. 그것은 위와 같은 의미에서 모든 것을 아는 존재, 진여를 그 몸으로 하는 존재, 인식의 주체가 곧 인식의 대상인 존재의 정신 상태를 나타냅니다. 그러나, 물론, 여래에는 보통의 의미에서의 '마음'이라든가 정신 상태라는 말이 적용될 수 없습니다. 여래의 '몸'이 그렇듯이, 여래의 정신 상태도 양상이 없는 진여가 양상을 '억지로 부여 받아서' 나타난 결과입니다. 기신론 본문에서는 진여자체상을 설명한 바로 다음 문단에서 진여를 '마음의 본성'(心性)으로 고쳐 부르면서 그것을 다음과 같이 규정하고 있습니다.

모든 사물과 현상은 '오직 마음'(唯心)일 뿐이며 거기에는 상념(念)으로 파악될 아무 것도 없다. 다만 '헛된 마음'(妄心)이 있어서 그 '깨닫지 못함'(不覺)으로 말미암아 상념이 생기고 이 상념이 여러 대상을 지각한다. '무명'이라는 것은 이 상태를 가리키는 것이다. 그러나 마음의 본성은 상념을 일으키지 않는다(心性不起). 앞에서 '[진여는] 큰 지혜의 빛을 가지고 있다'고 한 것은 이것을 나타낸다. 만약 마음이 상념을 일으켜 특정한 대상을 지각한다면, 그것은 곧 지각되지 않는 대상이 있다는 뜻이 된다. 그러나 마음의 본성은 특정 대상의 지각을 초월한다(心性離見). 앞에서 '[진여는] 모든 세상을 빠짐없이 두루 비춘다'고 한 것은 이것을 나타낸다. 만약 마음에 움직임이 있으면 그것은 참되고 완전한 앎(眞識知)을 가로막고 마음 그 자체의 고유한 본성에도 위배된다. 이 경우에는 변하는 것, 괴로운 것, 참된 내가 아닌 것, 물든 것 뿐이며 열화와 같은 번뇌와 심신의 쇠퇴가 자유를 빼앗아 가서 마침내 간지스하의 모래보다 더 많은 상념이 우리를 사로잡게 된다. 그러나 마음의 본성은 움직임이 없다(心性無動). 앞에서 '[진여는] 간지스하의 모래보다 더 많은 훌륭한 공덕을 갖추고 있다'고 한 것은 이것과의 대비를 나타낸다. 만약 마음이 상념을 일으키면 이전의 상념에 파악되던 사물은 상념에서 제외되며 그만큼 모자라거나 빠진 부분이 생긴다. 그러나 진여가 나타내는 깨끗한 마음과 훌륭한 공덕은 바로 '하나인 마음'(一心)이며 그것 이외에 따로 상념을 품을 것이 없다. 앞에서 '언제나 충만한 여래의 몸'(滿足法身) 또는 '여래를 품고 있는 곳'(如來之藏)이라고 한 것은 이것을 가리킨다.(44)

'여래의 마음'—양상이 없는 진여가 양상을 부여 받아서 나타난 마음—을 이처럼 정확하게, 이처럼 감동적으로 진술할 수 있는 사람이 또 어디에 있겠습니까? '마음의 본성'은 상념을 일으키지 않고(不起), 특정 대상의 지각을 초월하며(離見), 움직임이 없다(無動)는 말은 현재 우리의 '마음'—'나의 마음'이라고 할 때의 마음—과의 대조를 나타내면서 동시에 우리의 그 마음이 일치해야 할 이상적 상태를 나타냅니다. 그리고 '진여용'이 의미하는 '여래의 행적'은 '여래의 마음'에서 우러나는 행적입니다. 그러나 이 두 마음—여래의 마음과 우리의 마음—은 완전히 다른 것이며, 그 사이에는 하등의 관련도 없는 것이겠습니까? 또는, 여래의 행적과 우리의 행적은 완전히 다른 것이며 그 사이에는 하등의 관련도 없는 것이겠습니까? 만약 여래의 마음과 우리의 마음 사이에 하등의 관련이나 연결점이 없다면 우리의 마음이 여래의 마음에 일치하는 일은 애당초 생각조차 할 수 없을 것입니다.

기신론은 여래의 몸을, 그것을 보는 사람의 마음에 따라, '진여 그 자체로서의 여래의 몸'(法身), '이상적 상태로서의 여래의 몸'(報身), '사람의 형상을 한 여래의 몸'(應身)의 세 가지로 구분하고 있습니다. 여기서 '그것을 보는 사람의 마음에 따라'라고 말한 것은 수행의 결과로 현재 그 사람에게 갖추어진 마음이 어떠한가에 따라, 또는 그 사람의 마음이 진여자체상을 구현하는 정도에 따라 여래의 몸이 다르게 나타난다는 것을 뜻합니다.

이 진여의 기능(用)은 두 가지 방식으로 파악된다. 하나는 '사고와 지각' 또는 '밖에서 물든 마음'(分別事識)에 의하여 파악되는 것으로서, 이것은 우둔한 자와 2승의 수행자가 보는 진여의 기능이다. 이 단계에서 파악되는 진여를 '사람의 형상을 한 여래의 몸'(應身)이라고 부른다. 이 단계에서는 사물이나 현상의 본질—즉, 그것은 오로지 마음의 작용으로 말미암아 나타난다는 사실—에 대한 완전한 인식이 부족하며, 따라서 진여도 구체적인 형상을 갖춘 외적 사물로 나타난다고 생각한다. 또 하나는 '의지' 또는 '안에서 물든 마음'(業識)에 의하여 파악되는 것으로서, 이것은 수행에 첫발을 디딘 단계에서 완성된 단계에 이르기까지의 모든 수행자가 보는 진여의 기능이다. 이것을 '이상적 상태로서의 여래의 몸'(報身)이라고 부른다. 이 단계에서 파악되는 진여는 무한한 몸(身)으로 나타나며, 몸은 무한한 형체(色)로, 형체는 무한한 모습(相)으로, 또 모습은 무한한 징표(好)로 나타난다. 그 몸이 사는 '완성의 땅'(果地) 역시 갖가지 화려한 보물로 장식되어 있으며 그 조화는 보는 사람에 따라 무한하고 무궁하여 한계를 그을 수 없다. 여기서는 필요한 모든 것을 언제나 가질 수 있으며 닳아서 못쓰게 되거나 없어져 버리는 일이 없다. 이와 같이 무한한 공덕과 복락(樂相)은 모두 여러 바라밀을 통하여 선행을 쌓은 결과이며 그 선행이 신비스러운 훈습을 일으킨 결과이다. '이상적 상태로서의 여래의 몸'(報身)이라는 것은 이것을 가리킨다.(46)

또한, 우둔한 자들이 보는 진여는 '굵은 모양(麁色)'으로 나타나며, 그들이 '여섯 가지 윤회의 길'(六道) 중의 어디에 있는가에 따라 각각 다른 모습으로 나타난다. 그들이 보는 진여는 '사람의 형상을 한 여래의 몸'(應身)에 머물러 있으며, 따라서 그것은 '완성의 땅'에서 보는 것과 같은 무한한 복락의 경지가 아니다. 그 다음, 수행의 첫발을 디딘 수행자들은 진여의 실체에 관하여 깊은 믿음을 가지고 있기 때문에 부분적으로나마 진여를 볼 수 있다. 그들은 진여가 나타내는 구체적인 형체나 화려한 보물 등등이 바깥에서 오가는 일들이 아니요 오직 마음 속의 일이며 지각에 의하여 한계를 그을 수 있는 것이 아니라는 것, 그리고 그것은 진여 그 자체와 별개의 것이 아님을 안다. 그러나 그들은 아직 차별적 지각에서 완전히 벗어나지는 못하였고, 아직 '진여 그 자체로서의 여래의 몸'(法身)을 보는 경지에는 이르지 못하였다. 그러나 '淨心地'정심지에 이르면 그들은 진여의 오묘한 경지를 볼 수 있게 되고 한층 더 신비스러운 기능을 발휘할 수 있게 되며, '菩薩地'보살지의 마지막 단계에서는 진여의 완전한 형태를 보게 된다. 이 단계에서는 '의지의 발동'(業識)에서 완전히 자유로울 수 있기 때문에 일체의 心相심상(見相)에서 벗어난다. '진여 그 자체로서의 여래의 몸'(法身)에서는 사물의 형체가 이러이러하다든가 이러이러한 것으로 된다든가 하는 것이 더 이상 의미를 가지지 않는 것이다.(47)

위의 두 문단에는 '여래의 몸'이 우둔한 자의 경지에서 수행의 완성에 이르는 여러 단계 중의 어느 단계에서 보는가에 따라 세 가지 다른 모습(如來三身)으로 나타난다는 것을 분명히 보여 주고 있습니다. 여기서 '수행의 완성'이라는 것은, 물론, 그 몸이 본체로서의 진여가 되기 전에는 도달할 수 없는 경지이며, 따라서 '진여 그 자체로서의 여래의 몸'(如來法身)은 여래 자신이 보는 여래 자신의 몸 이외의 다른 것이 아닙니다. 저를 포함하여 대다수의 독자—즉, '우리'—가 보는 것은 '사람의 형상을 한 여래의 몸'(應身)이며, 그 중에서 몇몇 출중하게 수행을 한 사람들은 아마 '이상적 상태로서의 여래의 몸'(報身)까지 볼 수 있을지 모르겠습니다. 그러나 중요한 것은, 그와 같이 세 가지 모습으로 나타나는 여래는 모두 '진여에서 왔다'든가 '진여와 한 몸이 되었다'는 점에서 서로 다르지 않다는 것입니다. '사람의 형상을 한 여래의 몸'과 '이상적 상태로서의 여래의 몸'은 우리가 볼 수 있는 '여래의 몸'의 전부이며, 우리는 그 이외의 다른 모습으로는 여래를 볼 수가 없습니다. 그것은 진여자체상과 진여용이 진여의 현상계적 표현으로서 진여와 다르지 않은 것과 동일한 이치입니다. '깨달음의 과정'(始覺)은 '깨달음의 본체'(本覺)와 다르지 않다든가(17), '실재의 측면에서 파악되는 마음'과 '현상의 측면에서 파악되는 마음'이 각각 별도로 존재하는 것이 아니라는 뜻의 '二門 不相離'이문 불상리라는 말(10)도 이와 동일한 의미를 나타내고 있습니다.

그런데, 마지막 '진여 그 자체로서의 여래의 몸'을 젖혀 두고 말하면, '여래의 몸'의 두 가지 모습을 보는 두 가지 마음은 수행의 결과로 진여자체상을 구현한 정도에 따라 구분되며, 그것에 따라 다르게 나타나는 여래의 모습은 진여용의 상이한 모습입니다. 앞에서 저는 훈습과 관련하여 훈습의 내적 원인으로서의 진여자체상과 무명, 그리고 외적 계기로서의 진여용과 망경계는 별도로 떨어진 다른 것을 가리키는 것이 아니라고 말하였습니다. 거기서 진여자체상과 무명은 정법훈습과 염법훈습의 차이에 따라 서로 대조를 이루고 있었습니다. 그러나 이제 그 대조적인 관계는 상념이 진여자체상을 구현하는 정도의 차이를 나타내는 것으로 새롭게 규정됩니다. 무명은 상념의 원인을 설명하기 위하여 사용된 가설적 구성개념일 뿐입니다. 우리의 상념은 그 어느 것도 순수하게 무명의 상태를 나타내는 것이 아니며, 어느 것이든지 정도의 차이는 있지만 다소간은 진여자체상을 구현하고 있습니다. 두 가지 여래의 모습을 보는 두 가지 마음은 상념이 진여자체상을 구현하는 끝없이 다양한 정도를 두 가지로 단순화하여 예시하는 것에 지나지 않습니다.

그때 훈습과 관련하여 저는 또한, 어떻게 하여 동일한 것이 때로는 진여자체상이 되고 때로는 무명이 되며, 때로는 진여용이 되고 때로는 망경계가 될 수 있는가 하는 질문을 제기하였습니다. 이제 우리는 이 질문에 대하여 좀더 자세한 대답을 할 수 있게 되었습니다. 즉, 상념이 진여자체상을 구현하는 정도에 따라 그만큼 망경계는 진여용의 모습을 띤다는 것입니다. 여기서 우리는 특정 개인을 염두에 두고 생각해 볼 때 진여자체상과 진여용 사이의 두 가지 대응 관계가 성립한다는 것을 알 수 있습니다. 하나는, 진여용은 진여자체상을 구현하는 상념이 그 정도만큼 대면하는 대상이라는 것이요, 또 하나는, 진여용은 진여자체상을 구현하는 상념이 그 정도만큼 발휘하는 기능이라는 것입니다. 앞의 '대상으로서의 진여용'은 특정 개인이 그 진여자체상으로 만들어내기 이전에 존재하는 것임에 비하여, 뒤의 '기능으로서의 진여용'은 특정 개인이 그 진여자체상으로 만들어내는 것입니다. 말하자면 특정 개인은 자신의 진여자체상으로 진여용을 보기도 하고 진여용을 만들어내기도 하는 것입니다. 우리가 사는 이 세상은 진여자체상이 진여용을 대면하는 세상과 무명이 망경계를 대면하는 세상으로 반반씩 갈라져 있는 세상이 아니라, 모든 사람들이 정도의 차이를 두고 진여자체상을 구현하는 마음을 가지고 살아가면서 그것에 상응하는 기능을 발휘하고 또 그만큼 그 세상에서 여래의 모습을 발견하는 하나의 세상입니다.

여래는 누구인가—이 질문에 대한 대답은 명백히 '중생이 곧 여래'라는 것입니다. 물론, 중생은 완전한 의미에서의 여래—진여 그 자체와 한 몸이 된 존재로서의 여래―는 아니지만, 다소간은 그 여래를 마음 속에 구현하고 있으며, 이 점에서 그 여래와 다르지 않습니다. 그러나 이 대답을 하는 순간, 우리는 진여라는 것이 있다고 볼 한 가지 이유를 가지게 됩니다. 진여라는 것은, 현상 세계 전체를 무형태로 압축해 있는 '아무 것도 아닌 것'이라는 규정이 자아내는 연상과는 달리, 우리의 마음이나 삶과 무관한, 우리의 마음이나 삶과 동떨어진 그 무엇을 가리키는 것이 아니라, 바로 우리의 마음이나 삶 속에 구현되어 있는 이상적 형식이요 우리의 마음과 삶이 그것에 일치하려고 노력해야 할 기준입니다. 이 점은 앞에서 '깨달음의 본체'(本覺)가 '깨달음의 과정'(始覺)과 직각으로 교차하면서 그 과정을 이끄는 기준이 된다는 사실에서 이미 확인된 바 있습니다. 진여가 있다는 것을 부정하는 것은 곧 우리의 삶이 따라야 할 기준이 있다는 것을 부정하는 것입니다. 진여가 있다는 것을 부정할 때 우리는 올바른 삶을 살 수 없는 것은 고사하고 우리가 현재 어떤 삶을 살고 있는지도 알 수 없습니다.

그러나 이것이 진여의 존재에 대한 개념적 이해나 논증으로서 충분한 것은 아닙니다. 그 논증이 다소간이나마 만족스러운 것이 되기 위해서는 진여가 마음과 삶의 기준이 된다는 점, 기신론의 용어로 진여가 '모든 깨끗한 성질과 신비스러운 업적'을 갖추고 있다는 점을 설명하지 않으면 안됩니다. 상념과 그것이 대면하고 있는 대상이 진여를 구현하고 있다면, 바로 그 점 때문에 진여가 나타내는 그 '세상의 모든 좋은 것' 또한 결국에는 상념과 그 대상에서 나올 수밖에 없을 것입니다. 상념과 그 대상으로부터 '세상의 모든 좋은 것'을 끌어내는 행위는 기신론의 표현으로 '상념을 떠나서 진여로 돌아가는' 행위와 다른 것이 아닙니다. '수행'은 이 행위를 일반적으로 지칭하는 용어입니다.

16. 본성과 수행

기신론 본문 번역의 말미에 게재되어 있는 '하께다 해설'에서는 기신론을 크게 '이론부'와 '실제부'(또는 '실천부')의 두 부분으로 구분하고 있습니다. 이때까지 이 통석에서 다룬 내용은 대체로 그 구분에서의 '이론부'에 해당합니다. 아직까지 해결 또는 해명을 필요로 하는 문제가 많이 남아 있는 것이 사실입니다마는, 그런대로 이 통석은 앞 항목까지 하나의 단락이 지어졌다고 말할 수 있습니다. 그 단락에서 제가 말한 내용을 그 핵심만을 간추려서 말하면 다음과 같이 됩니다. 기신론의 논의는 진여가 있다는 전제에서부터 출발합니다. 진여는 그것과 무명이 '동일하지도 않고 상이하지도 않게'(非一非異) 결합되어 있는 여래장을 통하여 상념을 만들어내며, 또한 그것이 가지고 있는 훈습의 힘으로 상념을 진여로 향하게 합니다. 여기에 비하여 이 통석에서 진여는 처음부터 상념 속에 그것의 기준으로 붙박혀 있습니다. 진여는 상념이 일치해야 할 기준이지만, 어떤 상념도 진여를 전혀 구현하고 있지 않다고는 말할 수 없습니다. 그렇다면 이 통석에서 저는 기신론의 논지와는 다른 주장을 제시한 것입니까? 결코 그렇지 않습니다. 기신론 본문과 저의 이 통석 사이에는 주로 진여의 성격이나 지위에 관하여 표면상 차이가 있습니다마는, 그 차이는 결코 근본적인 생각의 차이가 아니라 그 생각을 서술하는 방식의 차이입니다. 저는 다만 기신론의 그 생각을 저에게 이해될 수 있도록 '해석'했을 뿐입니다.

그렇기는 해도, 이 통석의 관점을 따를 때에는 한 가지 중요한 의문에 직면하는 것이 불가피하게 됩니다. 그것은 다음과 같은 것입니다. 기신론의 관점에서 보면 상념이 진여(즉, 진여자체상)를 구현하는 것은 수행의 결과입니다. 그러나 통석에서처럼 진여가 처음부터 상념에 붙박혀 있다든지 상념은 어떤 것이든지 다소간은 반드시 진여를 구현하고 있다고 말한다면 여기에 대해서는 응분의 설명이 주어져야 할 것입니다. 기신론에서는 수행의 결과로 주어지는 것이 통석에서는 어떻게 처음부터 상념 속에 붙박혀 있는 것으로 되는가가 문제인 것입니다. (이 문제는 기신론이라고 하여, 피해 갈 수 있는 것이 아닙니다. 기신론에서는 '빈 것 그대로'인 진여가 그대로 깨끗한 성질과 훌륭한 공덕을 갖춘 '비지 않은 것 그대로'인 진여가 된다는 것을 별다른 설명없이 단순히 언명하고 있습니다. 사실상, 통석이 그러한 질문을 제기할 수밖에 없는 것은 기신론의 논술을 해석한 결과로 그 기신론 속에 배태되어 있는 질문을 물려받았기 때문입니다.)

'믿음의 단계'라는 제목으로 불릴 수 있는 기신론의 한 절 중간에 삽입된 다음과 같은 질문과 대답은 특히 이 통석의 입장과 관련하여 참으로 중대하고 심각한 의미를 내포하고 있습니다.

앞에서는 '일체의 사물은 오직 하나인 진여의 표현이며 부처의 본체는 둘이 아니다'라고 말하였다. 그렇다면 그 '하나인 진여'만을 집중적으로 생각하며 그리워하기만 하면 될 것인데, 어찌하여 또 다시 여러 선행을 배우고 실천해야 한다고 말하는가?—이것은 '마니'라는 큰 구슬에 비유하여 설명할 수 있다. 이 구슬은 원래 맑고 깨끗한 성질(體性)을 가지고 있지만 흙과 먼지로 때가 끼어 있다. 만약 사람이 그 구슬의 원래의 성질만을 생각하고 그리워하면서 여러 가지 방편으로 갈고 닦고 하지 않는다면 원래의 그 깨끗한 성질이 나타나지 않을 것이다. 중생의 마음도 이와 마찬가지이다. 진여는 원래 맑고 깨끗한 성질(體性)을 가지고 있지만 끝없는 번뇌로 물들고 때가 끼어서 여러 가지 방편으로 오랫동안 수행(熏修)하지 않으면 원래의 그 깨끗한 성질이 나타나지 않는다. 그 때가 온 누리에 구석구석 퍼져 있는 만큼, 선행도 온 누리에 걸쳐 이루어져야 그것을 벗길 수 있다. 그리하여 사람이 모든 착한 일을 열심히 행하면 자신도 모르는 사이에(自然) 진여로 돌아가게 된다.(62)

이 구절은 앞에서 살펴 본 '파도 비유'와 '질그릇 비유'에 이은 또 하나의 비유, '보배 구슬 비유'(摩尼譬喩)를 말하고 있습니다. 이 비유는 다름 아니라 본성과 수행의 관계를 나타냅니다. 우선, 앞부분의 질문에 나와 있는 '하나인 진여만을 집중적으로 생각하며 그리워한다'는 말은 진여 그 자체를 별도의 주제로 분리하여 직접적인 지적 탐구의 대상으로 삼는다는 뜻으로 해석될 수 있습니다. 이 구절에서 말하고자 하는 것은 '진여를 집중적으로 생각하며 그리워하는' 일을 하지 말아야 한다든지 그것이 수행에 도움이 되지 않는다는 것이 아닙니다. 나중에 말하게 되겠지만, 오히려 그것은 수행에 필수불가결합니다. 여기서 중요한 것은 '진여 그 자체를 별도의 주제로 분리하여 지적 탐구의 대상으로 삼는다'는 말에 있습니다. 말하자면 '진여는 이러이러한 것이다'라는 식으로 진여를 언설로 옮겨 놓고 그것으로 진여를 이해했다든지 심지어 진여를 자신의 마음에 받아들였다고 생각해서는 안된다는 것입니다. 진여는 반드시 그것의 '표현'―그 중에서도 특히 그것의 기능(用) 면에서의 표현―을 통하여 이해되어야 하며, 진여를 마음으로 받아들이는 것도 그 표현을 통하지 않으면 안됩니다. 진여의 표현을 통하여 진여를 마음으로 받아들이는 것, 이것이 '수행'의 가장 일반적인 정의입니다.

그 다음으로, '진여는, 마치 보배 구슬처럼, 원래는 깨끗한 성질을 가지고 있지만 오랫동안 끝없는 번뇌로 물들고 때가 묻어 있다'는 말을 생각해 봅시다. 원래는 깨끗한 보배 구슬에 오랫동안 때가 끼어 있다는 말로 비유되는 것은 현재 우리의 마음―즉, 상념―일 것입니다. 그렇다면 우리의 마음이 원래 깨끗한 성질을 가지고 있다는 것은 무슨 뜻이며, 오랫동안 때가 끼어 있다는 것은 무슨 뜻이겠습니까? 만약 '원래'라는 말이 우리가 태어날 때를 가리킨다면, 우리가 태어날 때 깨끗했던 그 마음에 끼는 때―'번뇌'―는 어디서 오는 것입니까? 어쩌면 기신론의 저자는 그것을 한 개인의 일생을 두고 말한 것이 아니라 전생에서 현세로 이어지는 긴 윤회의 과정을 두고 말했거나 아니면 종족 전체의 역사를 두고 말했을지도 모릅니다. 그러나 그렇다 하더라도 '원래 깨끗한 마음'이라는 말이 무슨 뜻이며 그것에 '끼는 때'가 어디서 오는가 하는 질문에 대한 대답 그 자체는 한 개체의 일생을 두고 생각할 때와 종족 전체를 두고 생각할 때가 다를 수 없습니다.

사람은 태어날 때 어떤 마음을 타고 나는가? 태어날 때 타고 나는 마음을 '본성'이라고 부른다면, 인간의 본성은 무엇인가? 또 만약 진여가 인간의 본성이라면, 인간은 기신론에서 말하는 것과 같이 태어날 때 그 마음 속에 모든 깨끗한 성질과 훌륭한 공덕을 빠짐없이 갖추고 태어나는가?—이 질문에 대한 대답은 그 어떤 것도 결정적인 것이 될 수 없습니다. 그러나 이 질문에 대하여 한 가지 분명히 말할 수 있는 것은, 설사 인간이 모든 깨끗한 성질과 훌륭한 공덕—이 세상의 모든 좋은 것—을 타고 난다고 하더라도, 그것은 출생 이후의 '표현'을 통하여 비로소 확인될 수 있다는 것입니다. 앞 항목에서 인용한 기신론의 구절에서 '마음의 본성'(心性)은, '상념을 일으키지 않는다'(不起), '특정 대상의 지각을 초월한다'(離見), '움직임이 없다'(無動)에서와 같이 모두 이러이러하다는 것이 아닌, 이러이러하지 않다든지, 이러이러한 것을 떠났다든지, 이러이러한 것이 없다는 '否定'부정의 형태로 규정되어 있는 것은 이 때문입니다. 말하자면 진여는 (원래는) 그런 것들이 '아니고 떠나있고 없을' 뿐이며, 진여에 갖추어져 있는 이러이러한 (깨끗하고 훌륭한) 특징들은 출생 이후에 (수행을 통하여) 비로소 나타난다는 것입니다. 물론, 기신론이 마음의 본성을 그와 같이 규정하는 데에는 현재의 마음이 그것과는 달리 '상념을 일으키고 특정한 견해에 얽매어 있고 움직임이 있다'는 뜻이 들어 있습니다. 그리고 그것은 '보배 구슬'의 비유에서처럼 '때가 끼어 있기' 때문입니다.

분명히 말하여, '인간의 본성'—또는 진여의 본성, 또는 마음의 본성—이라는 용어에는 우리의 지력으로 완전히 파헤칠 수 없는 신비스러운 의미가 깃들어 있습니다. 만약 우리가 그 용어를 둘러싸고 있는 신비스러운 의미를 최대한으로 배제하고 말한다면—그렇게 하는 것이 반드시 옳은 일인지는 알 수 없습니다마는—'인간의 본성'이라는 것은 다른 것이 아니라 인간이 출생 이후에 그 수행을 통하여 확립하게 될 '좋은 성질'을 가리킨다고 말할 수 있습니다. 말하자면 본성은 수행에 의하여 확립된다는 것입니다. 우리가 이따금 듣는 '본성은 선'(性善)이라는 말은 이런 뜻으로 이해되어야 할 것입니다. '본성은 악'(性惡)이라고 주장하는 사람들은 본성과 수행 사이의 그 개념적 관련을 도외시합니다. 그들은 예컨대 갓 태어난 아이의 우는 모습—그것은 젖을 달라고 기를 쓰는 것으로 비칩니다—을 보고 본성은 악하다고 주장합니다. (물론, 본성과 수행의 개념적 관련을 도외시한다는 점에 있어서는 어린 아이의 '천진 무구한' 모습을 보고 '본성은 선'이라고 주장하는 사람도 마찬가지입니다.) '본성은 선'이라는 말은 오직 본성은 악으로 물들지 않았다는 소극적인 의미만을 나타낼 뿐이며, 본성이 나타내는 적극적 선은 수행에 의하여 규정됩니다. 그럼에도 불구하고 본성을 '선'이라고 말하는 것은 다름이 아니라 본성이 출생 이후의 선악을 구분하는 기준이 되기 때문입니다.

그렇다면 본성에 달라붙은 때는 어디서 오는 것입니까? 그 대답은 한 마디로, 욕망 충족을 위한 활동, 또는 보다 중립적인 용어로, 삶에서 부딪치는 문제를 해결하는 활동에서 온다는 것입니다. 욕망 충족은 거의 삶 그 자체라고 말해도 좋을 정도로 삶의 필수적인 조건입니다. 살아 있는 한 그 누구도 이 필수적인 조건에서 벗어날 수가 없습니다. 욕망을 충족하기 위해서는 '상념을 일으키고 특정한 견해에 얽매이고 마음이 움직이는', '보배 구슬'의 비유에서 말하는 때를 묻힐 수밖에 없습니다. '상념과 견해와 움직임에서 벗어나 있는'(不起, 離見, 無

動) 마음의 본성, 또는 더 적극적으로, 모든 깨끗한 성질과 훌륭한 공덕을 갖추고 있는 마음의 본성이 표현된다면 그것은 이 '때를 묻히는 일'을 통하여, 그것과 함께 일어날 수밖에 없습니다. 진여에 들어 있는 모든 깨끗한 성질과 훌륭한 공덕이 드러나도록 하는 것은 때를 묻히는 것과 반대되는 '때를 벗기는 일'에 해당합니다. 이렇게 보면 우리의 삶은 때를 묻히는 일과 때를 벗기는 일을 동시에 해야 하는, 또는 더 실감있게, 때를 벗기는 일은 때를 묻히는 동안에 할 수밖에 없는 그러한 삶입니다. 이것은 기신론의 맨 앞부분에 나와 있는 '실재의 측면에서 파악되는 마음과 현상의 측면에서 파악되는 마음은 따로 떨어져 있지 않다'(二門 不相離)는 말을 우리의 삶의 현실로 바꾸어 말한 것에 지나지 않습니다. 수행은, 말하자면, 때를 묻히는 것보다 벗기는 것을 더 많이 하기 위한 노력을 가리킵니다. 이것은 앞에서 말한 수행의 일반적 정의를 약간 자세하게 되풀이한 것에 지나지 않습니다.

바로 위에서 저는 '욕망 충족은 거의 삶 그 자체라고 말해도 좋을 정도'라고 말하였습니다마는, 사실상 우리의 삶은 어느 것도 순전히 욕망 충족만으로 이루어져 있지는 않습니다. 우리의 삶은, 가장 멀리라도 '인간의 삶'과 닮아 있는 한, 심성의 표현을 그 한 측면으로 포함하고 있습니다. 이것은 곧 우리의 삶은 비록 낮은 수준에서나마 수행을 곁들이고 있다는 뜻이며, 삶을 사는 사람은 누구나 다소간은 수행을 한 상태에 있고 또 수행을 하는 도중에 있다는 뜻입니다. 기신론에서 수행의 결과로 간주되는 진여자체상을 이 통석에서는 상념에 붙박혀 있는 기준으로 해석한 것은 이런 이유에서입니다. (앞의 제12항목에서 저는, 진여자체상과 상념의 관계는 진여용과 대상의 관계와 동일하지 않다고 말하였습니다. 진여자체상은 상념의 원인이지만, 진여용이 대상의 원인은 아니라는 것입니다. 이제, 진여자체상이 상념의 원인이라는 말은 진여자체상이 상념에 붙박혀 있는 기준, 다시 말하여 수행을 통하여 확립될 삶의 기준이라는 뜻으로 다시 해석됩니다.)

앞에서 말한 '하께다 해설'에서는 이론부와 실제부를 구분하고 난 뒤에, 독자가 이해하기 어려운 것은 이론부이며, 실제부는 '이론이 아닌 실제를 다루는 만큼 거의 아무런 어려움이 없이 이해될 수 있다'고 말합니다. 그러나 저는 생각을 달리합니다. 그 필자가 그렇게 말한 것은 오로지 거기에 사용된 개념 또는 용어가 이론부의 경우에 비하여 '어려움이 없이' 이해될 수 있는 것이기 때문입니다. 만약 기신론의 이 부분―修行信心分수행신심분('수행의 방법과 거기서 얻어야 할 믿음'을 다루는 장)―이 순전히 이러이렇게 하라고 말하는 것 이외의 아무 것도 아니라면 그것은 그야말로 아무 어려움 없이 이해될 수 있고, 심지어 그런 말을 듣기 전에도 우리가 이미 알고 있는 내용이라고까지 말할 수 있습니다. 그러나 기신론의 이 부분은 단순히 그런 말을 하기 위한 것이 아닙니다. 그것은 그러한 수행이 어떻게 '상념을 떠나서 진여로 돌아가는 일'을 가능하게 하는가를 말하기 위한 것이며, 거기서 우리가 알아내어야 할 것도 바로 이것입니다. 제가 앞에서 한 말을 써서 고쳐 말하면, 거기서 우리가 알아내어야 할 것은 상념을 일으키는 일(起)이 어떻게 상념을 없애는 일(滅)로도 될 수 있는가, 또는 심지어, 욕망 충족을 위한 활동이 어떻게 욕망을 억제하는 일로 될 수 있는가, 그리고 그 과정에서 후자의 일―상념을 없애는 일과 욕망을 억제하는 일―을 극대화하기 위해서는 어떤 노력이 필요한가 하는 것입니다. 제 개인의 경우를 말하자면, 이것을 알아내는 일은 앞 항목에서 일단락 지어진 '이론부'를 이해하는 것보다 몇 배나 더 어렵습니다. 제가 생각하기에, 이 문제를 해명하지 않은 채 '수행의 방법'을 말하는 것은 삶의 지침을 제시하기에는 어이없이 부족합니다. 그런 방식으로 전달 되는 '수행의 방법'은 십중팔구 그냥 듣고 흘려 버리는 '좋은 이야기' 에 그칠 뿐입니다.

17. 믿음의 단계

앞항목의 '보배 구슬 비유'가 삽입되어 있는 절―'뜻을 세워 깨달음으로 나아가는 길을 단계별로 제시하는 절'(分別發趣道相)―은 기신론 '이론부'의 마지막 부분, 즉 '이론부'에서 '실제부'로 넘어가는 문턱을 이루고 있습니다. 여기에는 그 단계가 세 가지 發心―믿는 마음을 일으키는 것―으로 구분되어 있습니다. 그것은 '믿음을 이루는 발심'(信成就發心), '이해와 실천의 발심'(解行發心), 그리고 '증득의 발심'(證發心)입니다. 각각의 단계는, 그 단계에 속하는 수행자는 어떤 사람인가, 그 단계가 도달하고자 하는 상태는 어떤 것인가, 그리고 그 단계에서 다음 단계로 나아가는 데에 얼마나 긴 수행이 필요한가 등으로 규정됩니다. 단계 이론이라는 것은 어떤 것이든지 그럴 것입니다마는, 여기서도, 그 세 가지 발심이 단계를 나타내는 한, 아랫 단계에는 윗 단계에서 이행될 약속이 담겨 있으며, 그 약속이 어떤 것인가는 맨 윗 단계에서 이행되는 것이 무엇인가를 보아야 알 수 있습니다. 그 세 가지 발심의 이름에 나와 있는 '믿음을 이루는 것', '이해와 실천', 그리고 '증득'은 각각의 발심이 달성하려고 하는 목적을 나타냅니다. 그리하여 이들 단계와 관련하여 우리가 관심을 가져야 할 것은, 첫째로, 마지막 '증득의 발심'이 도달하려고 하는 '증득'이 어떤 상태인가 하는 것입니다.

둘째로, 기신론에서는 분명히 이 세 가지 발심이 하나씩 차례대로 거쳐 나가야 하는 '단계'인 것처럼 되어 있습니다마는, 과연 그것을 그대로 이런 의미에서의 단계와 동일한 것으로 보아야 하는가도 문제입니다. 기신론에서는 가령 '믿음을 이루는 발심' 단계에 있는 수행자가 '1만 겁'을 지나야 그 다음 '이해와 실천의 발심' 단계로 나아갈 수 있으며, 이 단계에서는 다시 그로부터 '세 번의 무수겁'을 지나야 '증득의 발심' 단계에 이르러 수행을 완수할 수 있다고 말합니다. '겁劫은 우리가 상상할 수 있는 가장 긴 시간을 나타내는 단위이며, '1만 겁'이나 '무수겁'은 그 단위가 1만 개 또는 '무수히' 있는 것을 가리킵니다. 그렇다면 그 세 가지 발심을, 한 단계를 지나서 다음 단계로 넘어가는 보통의 의미에서의 단계로 볼 수 있는가, 그리고 만약 그것이 이런 의미에서의 단계가 아니라면 또 어떤 의미에서의 단계인가가 문제인 것입니다. 그뿐만이 아닙니다. 맨 마지막 '증득의 발심'은 모든 단계가 나아가야 할 궁극적인 상태라고 생각하여 일단 젖혀 두고, '믿음을 이루는 발심'과 '이해와 실천의 발심' 두 단계만을 생각해 봅시다. 그 자세한 내용을 살펴 보기 전에 순전히 그 이름만 가지고 생각해 볼 때, '믿음을 이루는 것'과 '이해와 실천'의 선후관계가 과연 기신론에서 말하는 것처럼 되어야 하는지는 그다지 분명하지 않습니다. 상식적인 생각으로 말하면 오히려 믿음을 이루는 것이 이해와 실천 '다음에' 온다고 말하는 편이 더 옳을 것 같기도 합니다. 이런 점들을 생각해 보면, 그 세 가지 발심이 단계를 나타낸다고 말할 때의 단계는 특별한 의미를 지닌다고 보아야 합니다.

먼저, '증득의 발심'이 도달하려고 하는 '증득'(證)에 관하여, 기신론은 앞의 제15항목에서 '진여 그 자체로서의 여래의 몸'(如來法身)과 관련하여 말한 내용을 의심의 여지가 없이 확인해 주고 있습니다. 증득은, 만약 여래나 진여가 하는 일도 '인식 작용'이라고 부를 수 있다면, 여래 또는 진여의 인식 작용—즉, 진여가 그 자체를 인식하는 것—을 가리킨다고 말할 수 있습니다. 기신론에 의하면, '증득의 대상(境界)은 진여이다. 그러나 진여를 "증득의 대상"이라고 말하는 것은 상념을 기준으로 하여 그것에 인식되는 경우를 나타낼 뿐이며, 사실상 증득이라는 것은 대상을 가지지 않는다. 그것은 말하자면 "진여 그 자체의 지적 작용"(眞如智)이며, 이 상태를 일컬어 "법신", 즉 "진여 그 자체로서의 여래의 몸"이라고 부른다'(66). 또한, 증득을 이룬 사람이 가지고 있는 지식은—다시, 만약 그에게도 '지식을 가진다'는 말이 적용될 수 있다면—그 지식은 인식의 주체와 대상이 구분되는 상태에서의 지식이 아니라 인식의 주체가 곧 인식의 대상이 되는 경우의 지식, 이른바 '총체적 지식'(一切種智)입니다. 다시, 기신론에서 말하는 바와 같이, '깨달은 자와 진여와 하나인 자의 마음은 특정한 대상을 대면하여 그것을 인식하는 "인식의 주체로서의 마음"(見相)이 아니라 모든 곳에 두루 미치는 "참으로 있는 것"(眞實) 그대로의 마음이다. 이때 그들의 마음에 파악되는 것이 곧 "모든 사물과 현상의 본성"(諸法之性)이다. 그것은 상념에 파악되는 모든 대상을 드러내어 비추며, 그것이 가지고 있는 큰 지혜는 끝없이 다양한 방편으로 작용하여 중생 각자의 이해 능력에 따라 여러 가지 진리를 깨우치고 보여 줄 수 있다. 그것을 "총체적 지식"(一切種智)이라고 부르는 것은 이런 뜻에서이다'(70).

　이 증득의 의미와 관련하여 당장 한 가지 점을 확실히 할 필요가 있습니다. 즉, 증득이 마지막 단계의 완성을 나타낸다는 것은 곧 앞의 두 단계―'믿음을 이루는 발심'과 '이해와 실천의 발심'―가 그것을 '이행되지 않은 약속'으로 갖추고 있다는 뜻입니다. 앞의 두 단계는 그 것을 약속하고 있으면서도 그 약속이 어떤 약속인지는 알지 못합니다. 보다 평이한 용어로 말하자면, 앞의 두 단계는 마지막 단계에서 완성 될 것을 구현하고 있되, 다만 '불완전하게' 구현하고 있는 것입니다. 그러나 다시, 앞의 두 단계가 그것을 불완전하게 구현하고 있다고 하 여 그것이 아닌 다른 것을 구현하고 있는 것은 아닙니다. 물론, '증득' 이라는 것은 진여 그 자체와 마찬가지로 언설에 의하여 규정될 수 있 는 것이 아닙니다. '진여가 그 스스로를 안다'든가 '인식의 주체가 곧 인식의 대상이 되는 경우의 지식'이라는 말은 증득을 '상념을 기준으 로 하여' 상념에 파악될 수 있는 언설을 빌어 규정한 것에 불과합니다. 그러나 증득에 이르기 전의 단계가 그것을 불완전하게 구현한다고 말 할 수 있으려면 그 '증득'―'진여가 그 스스로를 아는 것'―이 어떤 방 식으로든지 그 이전 단계에서도 확인될 수 있어야 할 것입니다.

　'진여 그 자체로서의 여래의 몸'의 인식 작용으로서의 증득이 그 아래 두 단계에서 확인되어야 한다는 이 말도 놀라운 말로 들릴지 모 르겠습니다마는, 똑같은 말을 앞의 제15항목에서 말한 내용으로 고쳐 말해보면 그것은 놀랍다 못해 완전히 믿기 어려운 말로 들릴 것입니 다. 거기서는 '중생이 곧 여래'라고 말하였습니다. 만약 중생이 곧 여래라면, 여래의 인식 작용인 증득은 중생의 인식 작용으로도 되어야 하거나, 만약 그것이 불가능하다면, 적어도 중생의 인식 작용에서 확인될 수 있어야 할 것입니다. 여기서 '중생'은 저나 독자와 같은 '보통 사람들'을 가리킵니다. 증득이 중생의 인식 작용에서도 확인되어야 한다는 것은 다름 아니라 그것이 저나 독자의 인식 작용에서 확인되어야 한다는 뜻입니다. 저에게 '진여 그 자체로서의 여래의 몸'에서나 나타난다는 증득—'진여가 그 스스로를 아는 것'—의 능력이 있거나, 아니면 적어도 저의 인식 작용에서 그 능력이 확인될 수 있겠습니까? (때로 '증득'은 그것의 일상적인 의미에 따라 '증험한다'든가 '체험을 통해서 안다'는 뜻으로 풀이되기도 합니다마는, 이것은 옳지 않습니다. 여기서 '증득'은 '진여가 그 자체를 안다'는 원래의 의미가 조금도 희석됨이 없이, 원래의 의미 그대로 이해되어야 합니다.) 그러나 중생의 인식 작용 또는 더 일반적으로 '마음'에서 증득이 확인될 수 있다는 이 주장은 기신론의 주장과 다른 것이 아니라, 그것이 바로 기신론의 주장이요, 또 이 통석에서도 거의 처음부터 조금씩 조금씩 누적적으로 제시해 온 주장입니다. 그것이 믿을 수 없는 것으로 들리는 것은 오로지 그 조금씩 누적되어 온 것이 최종적인 형태로 한꺼번에 표출되었기 때문입니다. 만약 누군가가 기신론을 해석한다고 하면서 그 주장을 부정한다면 그 사람의 그 해석은 기신론 전체를 한꺼번에 붕괴시키는 결과가 될 것입니다.

그 주장이 어떻게 성립할 수 있는가에 관해서는 앞으로 더 설명을 해야 합니다마는, 여기서는 앞에서 말한 두 가지 문제 중의 나머지 한 가지—'믿음을 이루는 발심'과 '이해와 실천의 발심'이 '단계'로서 어떤 의미를 가지고 있는가—를 생각해 보겠습니다. 둘째 단계인 '이해와 실천의 발심'에 관하여 기신론은 다음과 같이 말하고 있습니다.

'이해와 실천의 발심'(解行發心)은 앞의 '믿음을 이루는 발심'
보다 훨씬 진보한 단계를 나타낸다. 수행자가 처음 올바른 믿음을
이룬 뒤 제 1무수겁(阿僧祇劫)을 채우려고 할 때, 그에게는 진여
에 관한 깊은 이해가 눈앞에 나타난다. 이제 그의 수행은 진여의
'떠나있는 양상'(離相)을 따라 이루어진다. 진여의 본성은 인색함
을 떠나있다는 것(無慳貪)을 알고 그것에 따라 그는 檀波羅蜜단바
라밀(布施)을 행한다. 진여의 본성은 물든 것이 없고 따라서 五欲
오욕의 허물을 떠나있다는 것(無染 離五欲過)을 알고 그것에 따라
그는 尸波羅蜜시바라밀(持戒)을 행한다. 진여의 본성은 괴로움이
없고 따라서 분노의 번뇌를 떠나있다는 것(無苦 離瞋惱)을 알고
그것에 따라 그는 屛提波羅蜜찬제바라밀(忍辱)을 행한다. 진여의
본성은 몸과 마음이 없고 따라서 게으름을 떠나있다는 것(無身心
相 離懈怠)을 알고 그것에 따라 그는 毗梨耶波羅蜜비리야바라밀
(精進)을 행한다. 진여의 본성은 늘 고요하며 그 본체가 어지러움
을 떠나있다는 것(常定 體無亂)을 알고 그것에 따라 그는 禪波羅
蜜선바라밀(禪定)을 행한다. 진여의 본성은 밝고 따라서 무명을
떠나있다는 것(體明 離無明)을 알고 그것에 따라 그는 般若波羅
蜜반야바라밀(智慧)을 행한다.(65)

'이해와 실천의 발심'에 관하여 기신론은 위의 구절 이상으로 다른
설명을 붙이지 않습니다. 이 구절에 의하면 '이해와 실천의 발심'이라
는 것은 이른바 '6바라밀'―布施보시, 持戒지계, 忍辱인욕, 精進정

진, 禪定선정, 智慧지혜의 여섯 가지 기본적 수행 ─을 위한 발심을 가리킵니다. 위의 구절에 명백히 나타나 있는 바와 같이, 기신론의 이 대목에서는 6바라밀을 '진여의 떠나있는 양상'(離相)과 관련짓고 있습니다. 말하자면 이 단계에서 수행자는 예컨대 '진여의 본성은 인색함을 떠나있다는 것을 알고 그것에 따라 보시바라밀을 행한다'는 것입니다. 여섯 가지 바라밀을 설명하는 데에 언급된 여섯 가지 '진여의 떠나있는 양상' ─진여의 본성은 인색함을 떠나있다는 것, 물든 것이 없고 5욕의 허물을 떠나있다는 것, 괴로움이 없고 분노의 번뇌를 떠나있다는 것, 몸과 마음이 없고 게으름을 떠나있다는 것, 늘 고요하며 어지러움을 떠나있다는 것, 밝고 무명을 떠나있다는 것─은 진여가 나타내는 '깨끗한 성질과 훌륭한 업적'을 소극적으로─즉, '이러이러한 성질과 행동을 떠나있다'─규정하고 있습니다.

그러나 진여가 그런 '좋지 못한 성질과 행동'을 떠나있다는 것은 무슨 뜻이겠습니까? 우리는 기신론의 그 말을 어떻게 이해해야 하겠습니까? 또는, 더 직접적으로, 진여가 그런 여섯 가지 '떠나있는 양상'을 나타낸다고 말할 수 있는 근거는 어디에 있겠습니까? 그 대답은 명약관화합니다. 진여가 그런 특징을 나타내는 것은 여섯 가지 수행이 그것을 '없애기' 위한 것이기 때문입니다. 이렇게 생각해 본다면, 진여의 '떠나있는 양상'과 6바라밀의 관계를 나타내는 위의 말은 거꾸로 읽어야 할 것입니다. 즉, '진여의 본성은 인색함을 떠나있다는 것을 알고 수행자는 보시 바라밀을 행하는' 것이 아니라, '수행자가 보시 바라밀을 행하는 것은 진여의 본성이 인색함을 떠나있다는 것을 드러내기─또는, 알기─위해서'라는 것입니다. 더 노골적으로 말하자면 수행자는 그의 보시 바라밀을 통하여 진여를 그런 것으로 만든다고 말할 수 있습니다. 물론, 나머지 다섯 가지 '떠나있는 양상'도 이와 마찬가지입니다. 독자의 경우는 어떤지 모르겠습니다마는, 이 말을 하는 순간 저는 기신론의 설명 전체가 앞뒤로 발칵 뒤집히는 것을 느낍니다. 이때까지 기신론은, 진여에는 이러이러한 '깨끗한 성질과 훌륭한 업적'―세상의 모든 좋은 것―이 빠짐없이 갖추어져 있고 중생은 그 성질과 업적을 본받아서 이러이러한 마음가짐으로 이러이러한 삶을 살아야 한다는 식으로 말하고 있습니다마는, 방금 제가 한 말에 의하면, 진여에 그런 것들이 갖추어져 있는 것은 진여가 '원래' 그런 것이기 때문이 아니라 '수행자'―즉, 중생―가 6바라밀로 대표되는 그의 '수행'을 통하여 진여를 그런 것으로 만들기 때문입니다. 백번을 고쳐 말하더라도 똑같은 말이 됩니다마는, 저는 기신론과 반대되는 말을 한 것이 아닙니다. 저의 그 말은 처음부터 기신론의 설명 속에―또는, 어쩌면 그 이면에―들어 있었고 저는 단지 그것을 드러내어 말한 것뿐입니다.

'육바라밀'은 불교의 수행 전체를 크게 여섯 가지로 구분한 것입니다. (이 6바라밀은 기신론의 바로 뒷 부분―'수행의 방법과 거기서 얻어야 할 믿음을 다루는 절'(修行信心分)―에서 '다섯 가지 수행'으로 다시 설명되어 있습니다.) 그것이 불교의 '수행'인 만큼, 각각의 수행에는 그것이 따라야 할 특별한 '방법'이나 '지침'같은 것이 있을 것입니다. 그러나 누구도 부정할 수 없으리라고 생각합니다마는, 그 여섯 가지 '수행'은 이 세상에 사는 사람―저나 독자와 같은 보통 사람―이라면 누구나 다소간은 실천하고 있는 것이라고 말해야 할 것입니다. 물론, 대부분의 경우에 그들은 불교의 수행이 요구하는 것과 같은 엄밀한 방법이나 지침을 그대로 따르지는 않을 것입니다. 그러나 만약 우리들 중의 누군가가 자신은 전연 그런 삶을 살지 않는다고 말한다면, 그 사람은 분명히 우리와는 다른 세상에 살고 있다고 말할 수 있습니다. 육바라밀은 다른 것이 아니라 우리가, 대체로는 우리 자신도 모르게, 삶에서 따르고 있는 행동 중에서 '좋은 것들'만을 따로 뽑아내어 여섯 가지로 간추린 것이라고 보아야 할 것입니다.

'이해와 실천의 발심'을 이루는 6바라밀이 이런 것이라고 할 때, 그것과 그 아랫 단계인 '믿음을 이루는 발심'은 어떤 것이겠습니까? 도대체, 우리가 살아가는 동안에 누구나 다소간, 또 대체로는 우리 자신도 모르는 사이에 하고 있는 그 '수행'보다 더 낮은 단계의 수행이나 발심이 어떻게 있을 수 있겠습니까? 기신론에서는 '믿음을 이루는 발심'의 단계에서 일으켜야 할 '마음'을 크게 세 가지로 말하고 있습니다. 즉, '첫째는 "곧은 마음"(直心)으로서, 이것은 오직 진여만을 생각하며 그리워한다는(正念) 뜻이며, 둘째는 "깊은 마음"(深心)으로서, 이것은 일체의 선행을 쌓는다는 뜻이며, 셋째는 "大悲대비의 마음"(大悲心)으로서, 이것은 중생의 모든 괴로움을 없애려는 큰 소원을 가지고 있다는 뜻이다'(61). 이 세 가지 마음은 비단 수행의 첫 단계가 아니라 그 완성 단계에 이르기까지 언제나 가지려고 노력해야 할 마음이라고 보아도 무방합니다. 그뿐만 아니라, 앞에서 말한 바와 같이, 이 단계에서 그 다음 '이해와 실천의 발심'으로 나아가는 데에는 1만겁이 걸리는 것으로 되어 있습니다. 이런 점들로 미루어 보면 '믿음을 이루는 발심'은 '이해와 실천의 발심'에 들어가기에 앞서서 먼저 끝내야 하는, 보통의 의미에서의 '앞 단계'라고 보기는 어렵습니다. 전자가 후자의 '앞 단계'가 아니면서도 그보다 '낮은 단계'라고 말할 수 있는 방법은 무엇이겠습니까?

이 문제에 답하기 위해서는 '제도로서의 종교'와 '사고방식 또는 이념으로서의 종교'를 구분할 필요가 있습니다. 불교를 '제도로서의 종교'로 믿는 것은 스스로 '불교 신자'라고 일컫는 대다수의 사람들이 따르는 방식입니다. 그들은 이따금씩 또는 정기적으로 법회에 참석하여 예불을 하고 설법을 들으며, 또 때로는 집단적으로 또는 혼자서 參禪참선을 행합니다. 또한, 그들은 경전을 독송하거나 염불을 합니다. 그들에게 있어서 불교는 이런 종류의 儀式의식에 참여하는 것을 뜻합니다. 다만, 그들에게는 불교의 가르침에 관한 이론적 관심과 이해가 결여되어 있습니다. 물론, 그들도 설법을 통하여 진여, 무명, 여래 등, 기신론에 설명되어 있는 용어에 접하게 되지만, 그들에게 이런 용어는 그들이 독송하는 경전과 마찬가지로, 이론적 이해의 대상이 아니라 儀式의식의 한 부분으로서 의미를 가질 뿐입니다. 이런 종류의 제도적 의식에 참여하는 것이 불교의 '믿음'과 관련하여 아무 의미도 없는 것이겠습니까? 제가 아는 한, '제도로서의 종교'를 보여주는 가장 명백한, 또 그만큼 가장 극단적인 보기는 '轉經전경에서 찾아볼 수 있습니다. 제가 듣기로 티베트의 사원에는 그 입구의 큰 기둥에 경전을 새긴 큰 금속 반지가 둘러져 있고, 신자들은 사원에 들어 갈 때 그 경전 반지를 손으로 돌린다고 합니다. 이 '전경'이라는 의식이 그것을 행하는 사람에게 아무런 믿음도 일으킬 수 없겠습니까? 저만 아니라 어떤 독자도 그렇게 생각하지 않을 것입니다.

기신론 본문에 거의 명백히 암시되어 있는 바와 같이 '믿음을 이루는 발심'이라는 '단계'는 위에서 말한 것과 같은 '제도적 의식'에 참여함으로써 불교의 믿음을 이루려는 사람들에서 나타납니다. 그들이 이루려고 하는 믿음은 '오직 진여만을 생각하며 그리워한다'든지 '중생의 모든 괴로움을 없애려는 큰 소원을 가지고 있다'는 발심의 내용에 나타나 있는 바와 같이 불교의 믿음 그 자체와 다르지 않습니다. 다만, 그들의 그 믿음은 불교의 가르침에 관한 이론적 이해―즉, 사고방식 또는 이념―와는 다른 방식으로 얻어지는 것입니다. '내적 원인'과 '외적 계기'의 구분을 써서 말하자면, 그들의 믿음은 내적 원인이 아닌 외적 계기로 말미암은 것입니다(60). 그들의 믿음이 '이해와 실천의 발심'이라는 단계에 비하여 '낮은 단계'에 머물러 있다고 말할 수 있는 것은, 그와 같이 외적 계기로 말미암은 믿음은 그다지 확고한 것이 못 되고 상황에 따라 '退轉퇴전―원래의 상태로 미끌어져 떨어지는 것―의 가능성이 언제나 있기 때문입니다. 그러나 또한, 단계 이론에서 낮은 단계가 높은 단계에서 자취를 감출 수 없는 것과 마찬가지로, 제도로서의 종교 또한 이념으로서의 종교와 양립불가능한 것이 아닙니다. 다만, 낮은 단계가 그 윗 단계에서 한층 더 높은 경지로 되살아 나듯이, 제도로서의 종교는 이념으로서의 종교에서 더 높은 빛을 발할 것입니다.

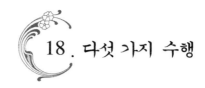

18. 다섯 가지 수행

기신론의 '수행의 방법과 거기서 얻어야 할 믿음'을 설명하는 장
—修行信心分수행심신분—에서는 앞에서 말한 6바라밀이
'다섯 가지 수행'(修行五門)으로 고쳐 설명되고 있습니다. 그 다섯 가
지 수행은, 첫째, 자선과 시여(施門), 둘째, 계율의 준수(戒門), 셋째,
受辱수욕의 인내(忍門), 넷째, 결단과 분발(進門), 그리고 다섯째, 상
념의 정지와 본질의 통찰(止觀門)입니다. 기신론은 이들 수행을 통하
여 이루어야 할 믿음으로 네 가지를 들고 있지만(74), 이 네 가지 믿음
은 비단 수행의 목적일 뿐만 아니라 수행의 바탕을 이루는 마음 가짐
을 나타내기도 할 것입니다. 그 네 가지 믿음은 간단하게 '진여가 세
상의 근본이라는 믿음'과 '佛法僧'불법승 三寶삼보에 관한 세 가지 믿
음입니다(73). 육바라밀과 비교해 볼 때 위의 다섯 가지 수행은, 마지
막의 禪定선정과 智慧지혜 바라밀이 '상념의 정지와 본질의 통찰'(止
觀門)이라는 하나의 수행으로 합쳐진 것을 제외하면, 완전히 동일합

니다. 앞의 네 가지 수행의 경우에 그것이 각각 무엇을 뜻하며 어떤 '방법'으로 이루어지는가는, '하께다 해설'에서와 같이, '아무런 어려움이 없이 이해될' 수 있으며, 따라서 그것에 관해서는 따로 해석할 필요가 없이 본문으로 미루어 놓아도 좋을 것입니다. 여기서는 그 네 가지 수행이 '마음을 진여로 되돌리는' 데에 어떤 위치를 차지할 수 있는가, 그리고 6바라밀의 마지막 두 항목이 어떻게 기신론에서는 止觀門지관문으로 합쳐지게 되는가에 관하여 우선 필요한 만큼의 설명을 붙여 보겠습니다.

첫째로, 앞의 네 가지 수행과 진여의 관련을 생각해 보겠습니다. 우선, 그 네 가지 수행을 '수행'이라고 부르는 것에 대하여 대다수의 독자는 의아심을 가지게 될 것입니다. 예컨대, 자신이 가지고 있는 물질적 정신적 자산을, 그것을 필요로 하는 사람들에게 널리 베푼다든지 (施門), 생명을 함부로 해치지 않고 도둑질을 하지 않으며 음란한 행위를 하지 않는다든지(戒門), 억울한 일을 당하더라도 당장 보복할 마음을 품지 않는다든지(忍門), 게으름을 피우지 않고 옳은 일을 위하여 결단과 용기를 발휘한다든지(進門) 하는 것은 '수행'이라기 보다는 차라리 수행을 통하여 달성해야 할 목적이거나 수행에서 나타날 결과로 보는 것이 더 옳을 것처럼 생각되는 것입니다. 수행이라는 것은 바로 그런 방식으로 살도록 하기 위한 것이며, 그것 이외에 그것을 통하여 달성해야 할 목적이라는 것이 따로 있을 것 같지 않습니다. 그런데도 기신론은 그것들이 앞에서 말한 네 가지 믿음—'진여가 세상의 근본이라는 믿음'과 佛法僧불법승 삼보에 관한 세 가지 믿음—을 일으키는 방법이 된다고 말합니다. 앞 항목에서 고찰한 '이해와 실천의 발심'에서 6바라밀을 모두 '진여의 떠나있는 양상'과 관련하여 규정한 것도 이 점에 관한 다소간의 해명이 될 수 있을지 모르지만, 그 네 가지가 수행의 방법이면서 동시에 수행의 목적이 된다는 점에 관해서는 그보다 더 자세한 설명이 필요할 것입니다.

이 점을 설명하려고 하면 우리는 앞에서 살펴 본 '진여로 돌아가는 훈습'(淨法熏習)으로 되돌아가서, 그것의 원인과 계기로 되어 있었던 진여자체상('진여 본체의 양상')과 진여용('진여의 기능')을 다시 생각해 보지 않으면 안됩니다. 진여자체상과 진여용은 진여 그 자체('진여의 본체')가 현상계에 그 모습을 드러낸 것, 또는 다른 말로, 진여 그 자체의 현상계적 대응물로서, 그것은 진여 그 자체와 다르지 않습니다. 현상계에서 진여는 진여자체상이라는 형태로, 아려야식 속에 무명과 '동일하지도 않고 상이하지도 않게' 결합되어 있으며, 그것은 진여용이라는 형태로, 진여가 갖추고 있는 모든 깨끗한 성질과 훌륭한 공덕을 발휘합니다. '진여에서 온 자'를 뜻하는 '여래'는 진여의 擬人化 의인화, 즉 진여를 사람의 모습으로 바꾸어 부르는 용어입니다. 진여 자체상과 진여용이 진여 그 자체와 다르지 않은 것과 마찬가지로, '사람의 형상을 한 여래의 몸'(應身) 또한 '진여 그 자체로서의 여래의 몸'(法身)과 다르지 않습니다. 진여를 그것의 화신인 여래와 관계되는 용어로 바꾸어서 말하면, 진여자체상은 여래의 마음이요 진여용은 여래의 행적이라고 말할 수 있을 것입니다. 그리하여 '진여로 돌아가는 훈습'이라는 것은 다름 아니라, 현상계에 나타나는 여래의 행적(즉, 진여용)을 외적 계기로, 그리고 여래의 마음(즉, 진여자체상)을 내적 원인으로 하여 중생의 마음이 '진여로 돌아가게' 된다는 것을 설명하는 개념입니다.

방금 말씀드린 이것은 훈습—염법훈습과 정법훈습—에 관하여 기신론이 하는 말을 그대로 되풀이한 것에 지나지 않습니다. 훈습을 염법훈습과 정법훈습으로 구분하여, 마음이 상념으로 흐르는 과정과 진여로 돌아가는 과정을 따로 따로 설명할 경우에는 훈습의 내적 원인으로서의 진여자체상과 무명, 그리고 훈습의 외적 계기로서의 진여용과 망경계가 서로 구분되지 않으면 안됩니다. 말하자면 훈습에 관한 설명에서 진여자체상과 무명(또는 망심)은 각각 여래의 마음과 중생의 마음을 나타내며, 진여용과 망경계는 각각 여래와 중생이 그 마음으로 대면하는 대상이면서 동시에 그 마음으로 자아내는 행적을 나타내는 것으로 됩니다. 그러나 그 이후 그 두 가지 훈습을 우리의 삶의 현실로 해석하는 과정에서 우리는 여래와 중생이 다르지 않다는 것을 보았습니다. 더 정확하게 말하자면, 여래가 대면하고 자아내는 진여용은 중생이 대면하고 자아내는 망경계와 따로 떨어진 별개의 사태를 가리킬 수 없으며, 하나의 동일한 사태가 진여용으로도 되고 망경계로도 되는 것입니다. 진여용은 중생의 마음(즉, 상념)이 진여자체상에 가까운 상태에 있을 때 그 마음이 대면하고 자아내는 대상을 특징짓는 용어이며, 망경계는 중생의 마음이 진여자체상에서 먼 상태에 있을 때 그 마음이 대면하고 자아내는 대상을 특징짓는 용어입니다. 또는 그 반대로, 중생의 마음이 진여용을 대면하고 만들어낼 때 그 마음은 진여자체상에 가까운 상태로 되며, 중생의 마음이 망경계를 대면하고 만들어낼 때 그 마음은 진여자체상에서 먼 상태로 된다고 말할 수도 있을 것입니다. 게다가 진여자체상은 상념과 떨어진 또 하나의 마음이 아니라 바로 상념에 붙박혀 있는, 상념이 따르는 기준입니다. 그리하여 중생의 마음이 진여자체상에 가깝다든가 거기서 멀리 떨어져 있다는 것은 곧 그 마음이 진여라는 기준을 구현하는 정도가 크다든가 작다는 것을 나타냅니다. 이 세상에 살고 있는 사람(즉, '중생')은 그 누구도 진여 그 자체인 마음(法身)을 가질 수 없지만, 그와 마찬가지로 그 누구도 진여와 완전히 동떨어진 마음을 가지고 있지는 않습니다. 이 세상에 살고 있는 사람은 정도의 차이는 있지만 누구든지 다소간 진여자체상을 구현하는 상념을 가지고 있고 또 그 상념으로 진여용으로서의 대상을 대면하고 연출해나갑니다. 이것이 우리가 살고 있는 이 세상이며, 이것이 이 세상에서 우리가 삶을 사는 모습입니다.

'다섯 가지 수행'이라는 주제를 다루기 전까지 이 통석에서 제가 말한 것을 요약하자면 이상과 같습니다. 지금 이 주제와 관련하여 우리가 생각해야 할 문제는, 마지막의 '상념의 정지와 본질의 통찰'(止觀門)을 제외한 앞의 네 가지 수행이 어떻게 마음을 진여로 향하게 하는 방법이 될 수 있는가, 또는 더 구체적으로, 그 네 가지 수행이 어떻게 하여 수행의 결과이면서 동시에 수행의 방법이 될 수 있는가 하는 것입니다. 위의 요약에 충분히 드러나 있다고 생각합니다마는, 진여자체상과 진여용은 훈습의 설명에서 우리가 느끼는 것보다는 훨씬, 거의 구분되지 않을 정도로, 밀접하게 관련되어 있습니다. 물론, 훈습에서 그 두 가지는 내적 원인과 외적 계기로 구분되어 있습니다. 하나는 내적 원인이요 다른 하나는 외적 계기라고 말할 때에는 그 두 가지가 마치 안과 밖처럼 모종의 경계선을 사이에 두고 서로 떨어져 있다는 느낌을 주지만, 안이라든가 밖이라고 하는 것은 어느 편인가 하면 훈습을 설명하는 과정에서 불가피하게 사용된 비유입니다. 사실상, '마음과 그 대상'이라는 표현도 마찬가지입니다. 생각해 보십시오. 마음이 대상을 대면한다든가 마음이 대상을 만들어낸다는 말은 마음과 대상 사이에 보이지 않는 경계선 같은 것이 있다는 연상을 불러 일으킵니다마는, 과연 어디까지가 마음이며 어디서부터 대상이 시작되는 것입니까? 우리가 마음과 그 대상이 구분된다고 생각하는 것은 오로지 '마음과 그 대상'이라는 말 때문이라고 말하는 편이 더 옳을 것입니다. 말하자면 '마음과 그 대상'이라는 말은 우리가 세상을 파악하기 위하여 불가피하게 사용하는 비유입니다. 우리는 오랫동안 그 말을 사용해 왔고 그것에 익숙한 나머지 세상을 그와 같이 '마음과 그 대상'으로 파악하고 있습니다. 이렇게 말하는 것은 '마음과 그 대상'이라는 말이 불필요하다든가 그릇되다는 뜻이 아닙니다. 다만, 세상이, '마음과 그 대상'이라는 말이 나타내는 것 그대로, '마음'과 '그 대상'으로 명확히 갈라질 수 있는 것은 아니라는 뜻입니다.

　'다섯 가지 수행' 중의 처음 네 가지―자선과 시여, 계율의 준수, 수욕의 인내, 결단과 분발―는, 훈습의 용어로 말하자면 진여용에 해당합니다. 말하자면, 이 네 가지는 이 세상에서 여래가 '자신도 모르는 사이에'(自然) 그 마음을 드러내는 방식을 대표합니다. 여래의 행적을 그와 같이 네 가지로 분류할 수 있는가 하는 것은 여기서 하등 중요한 문제가 아닙니다. 중요한 것은 꼭 그 네 가지가 아니더라도 그와 비슷하게 이 세상에서 '훌륭한 행적'으로 생각되는 것은 모두 여래가 나타낼 만한 행적이라는 것입니다. 중생의 입장에서 볼 때 여래의 행적은 수행의 목적 또는 수행 이후에 나타날 결과입니다. 그러나 또한, 그 네 가지 수행을 할 때 중생은 그 여래의 행적을 '모방'하는 것입니다. 그리고 그 행적을 모방함으로써 중생은 그것을 만들어낸 여래의 마음―진여자체상―에 감염되고 또 그것을 물려받게 됩니다. 이것이 그 네 가지 수행이 마음을 진여로 향하도록 하는 방법이 될 수 있다고 말할 수 있는 이유입니다. 그러나 또한, 오로지 여래의 행적을 모방하기만 하면 바로 그것 때문에 중생의 마음이 진여로 될 수 있겠는가 하는 의문이 있을 수 있고, 또 이 의문은 상당한 무게를 가진다고 볼 수도 있습니다. 다시, 훈습의 용어로 말하자면, 그것은 마음이 진여로 향하도록 하는 '외적 계기'에 지나지 않는 것입니다. 여기에서 마지막 수행 방법인 '상념의 정지와 본질의 통찰'이라는 방법이 중요성을 띠게 됩니다. 이 마지막 수행은 앞의 네 가지 수행보다는 훨씬 진여자체상—훈습의 '내적 원인'—을 직접 겨냥합니다. 기신론에 의하면, 진여자체상을 겨냥하는 수행과 진여용을 겨냥하는 수행은 각각 '분별이 사라진 마음'(無分別心)을 위한 수행과 '자유로운 행위에 의한 자연적 수행'(自在業修行)으로 구분될 수 있습니다(41). 그러나 또한, 진여용을 겨냥하는 처음 네 가지 수행은 진여자체상을 겨냥하는 이 마지막 수행과 떨어져서 별도로 일어나는 것이 아니라, 거의 언제나 그것과 함께 일어납니다.

앞에서 말한 바와 같이, 마지막 '상념의 정지와 본질의 통찰'(止觀)이라는 수행은 6바라밀에서의 '禪定' 선정과 '智慧' 지혜라는 두 가지 바라밀(修行수행)이 하나로 결합된 것입니다. 이 마지막 수행에 관해서는 항목을 달리하여 별도로 고찰하겠습니다마는, 여기서는 6바라밀의 마지막 두 가지 수행이 어째서 하나로 결합되어야 하는가 하는 문제만을 생각해 보겠습니다. 기신론은 '상념의 정지와 본질의 통찰'을 따로 따로 설명하면서도 그 두 가지 수행을 동시에 해야 한다는 것을 다음과 같이 말하고 있습니다.

'상념의 정지와 본질의 통찰'(止觀門)의 방법은 무엇인가? '상념의 정지'(止)라는 것은 상념에 지각되는 일체의 특징(境界相)을 정지시키는 것으로서, 이것은 '그침'(奢摩他)의 방법을 따르는 것이며, '본질의 통찰'(觀)이라는 것은 원인과 계기에 의하여 일어나는 현상계의 변화(因緣生滅相)를 정확하게 파악하는 것으로서, 이것은 '살핌'(毗鉢舍那)의 방법을 따르는 것이다. 이 두 가지 수행은 점진적으로 동시에 실천하여, 마치 문을 받치고 있는 두 개의 기둥처럼, 한꺼번에 일어나도록 해야 한다.(79)

　　걸어갈 때나 서 있을 때나, 누워 있을 때나 일어나 있을 때나, 수행자는 늘 '그침'(止)과 '살핌'(觀)을 동시에 수행해야 한다. 즉, 그는 한편으로는, 모든 현상은 그 본성에 있어서 변화하지 않는다는 것을 명심해야 하지만, 또 한편으로는, 선악의 행위(業)는 원인과 계기에 의하여 만들어지며 거기서 생기는 苦樂고락의 결과(報)는 결코 지워지지도 없어지지도 않는다는 것을 명심해야 한다. 그는, 한편으로는, 선악의 업보는 원인과 계기에 의하여 만들어진다는 것을 명심해야 하지만, 또 한편으로는, 사물의 본성은 상념에 의하여 파악될 수 없다는 것을 명심해야 한다. '그침'의 수행이 우둔한 자로 하여금 세상 일에 대한 집착을 그만두게 하고 二乘이승의 수행자로 하여금 비겁하고 나약한 생각을 버리게 할 수 있다면, '살핌'의 수행은 2승의 수행자로 하여금 다른 사람을 구제하는 일에 무관심한 좁고 용렬한 마음을 그만두게 하고 우둔한 자로 하여금 선한 자질을 닦지 않는 게으른 마음을 버리게 할 수 있다. 이런 이유에서 '그침'과 '살핌'이라는 두 가지 수행은 동일한 목적을 위하여 서로 협응해야 하며, 서로 떨어져서 각각 따로 이루어질 것이 아니다. '그침'과 '살핌'이 동시에 갖추어지지 않으면 결코 올바른 깨달음의 지혜(菩提之道)에 도달할 수 없다.(89)

다섯 가지 수행이나 6바라밀의 처음 네 가지―보시(施), 지계(戒), 인욕(忍), 정진(進)―경우는 혹시 어떨지 모르겠습니다마는, 육바라밀의 마지막 두 가지―禪定선정과 智慧지혜―는, 비록 그와 같이 다섯째와 여섯째 수행으로 따로 열거되어 있다 하더라도, 반드시 따로 이루어져야 하는 것은 아니며, 오히려 성격상 거의 언제나 동시에 이루어진다고 보아도 좋을 것입니다. 그런데도 기신론은 그 두 가지를 止觀門지관문이라는 하나의 수행으로 결합하고, 또 위의 문단에서와 같이, 그 두 가지가 동시에 이루어져야 한다는 것을 명시적으로 강조하고 있습니다. 그 이유는 어디에 있겠습니까? 위의 둘째 문단(89)의 뒷 부분에서는 그 두 가지 수행을 따로 따로 했을 때 우둔한 자와 2승의 수행자에게 나타날 좋지 않은 결과를 들고 있습니다. 예컨대, 세상 일에 대한 집착, 비겁하고 나약한 생각, 다른 사람을 구제하는 일에 무관심한 좁고 용렬한 마음, 선한 자질을 닦지 않는 게으른 마음 등이 그것입니다. 그러나 '그침'과 '살핌'을 동시에 수행해야 하는데에는 이보다 더 근본적인 이유가 있습니다. 그런 좋지 않은 결과는 말하자면 그 근본적인 이유에서 필연적으로 따라오는 결과입니다. 그 근본적인 이유라는 것은 기신론이 그 첫머리에서부터 일관성있게 따라 온 사고의 기본틀―'二門 不相離'이문 불상리라는 용어로 표현되는 重層構造중층구조의 모형―과 관련됩니다.

위의 첫째 문단(79)에서 '그침'과 동의어로 사용된 '奢摩他'사마타는 흔히 '三昧'삼매라는 한자어로 표기되는 산스크리트어 사마타의 音寫음사입니다. 그리하여 '그침의 수행'은 '삼매의 수행'이라고 불러도 무방합니다. 기신론은 그침과 삼매에 관하여 여러 문단에 걸쳐 길게 설명하고 있습니다마는, 그것은 결국 '상념을 그친다'는 것이 어떤 것이며, 그 올바른 방법은 어떤 것인가를 보이기 위한 것입니다. '상념을 그친다'는 것은 '상념에서 일어나는 일체의 생각을 지우는 것이며, 생각을 지운다는 생각조차 지우는' 것입니다(80). '그침' 또는 '삼매'와 진여의 관련은 의심의 여지가 없이 명백합니다. '"삼매"라는 것은 온 세상이 하나임(法界一相)을 아는 것, 다시 말하여, 모든 부처의 몸(法身)과 중생의 몸(衆生身)이 하나요 둘이 아닌 상태(平等無二)를 나타낸다. 이런 뜻에서 그것을 "한 길을 가는 삼매"(一行三昧)라고 부르기도 한다. 중요한 사실은, 진여는 삼매의 근본이라는 것, 그리고 진여 삼매를 열심히 행하면 그것은 수많은 종류의 삼매(無量三昧)로 확산될 수 있다는 것이다'(82). 기신론의 이 구절에 나와 있는 一行三昧 일행삼매나 無量三昧무량삼매는 眞如三昧진여삼매와 마찬가지로 삼매의 여러 가지 종류를 가리키는 용어가 아니라 단순히 삼매를 상이한 측면에서 특징짓는 용어라고 보아야 할 것입니다. '진여는 삼매의 근본'입니다. '그침' 또는 '삼매'라는 수행 방법이 달성하려고 하는 목적은 진여에 대한 직관 이외의 다른 것이 될 수 없으며, 이 점에서 '상념의 정지'(止)는 '진여에의 직관' 또는 '진여에의 몰입'과 동일한 의미를 나타낸다고 말할 수 있습니다.

'그침'이라는 용어도 다소간 그렇습니다마는 특히 '삼매'라는 용어는 수행의 방법을 가리키면서 동시에 그것을 통하여 도달하고자 하는 경지를 가리키기도 합니다. 기신론의 '진여 삼매에 들어간다'(得入 眞如三昧, 81)는 표현은 이 점을 보여 주고 있습니다. 이 기신론의 표현은, '삼매에 든다'는 일상적 표현과 마찬가지로, 삼매라는 것이 우리가 경험하는 일종의 심리상태라는 생각을 불러일으킵니다마는, 사실상 이 표현은 삼매의 의미를 전달하기 위하여 불가피하게 사용되는 비유입니다. '삼매'의 수행이 도달하고자 하는 '삼매'의 경지는 우리가 '들어가고 나오는' 심리 상태가 아니라, '진여' 또는 '진여 그 자체로서의 여래의 몸'(如來法身)을 수행자의 '마음'으로 바꾸어 표현한 것입니다. 기신론에서는 삼매를 '들어가고 나오는 심리 상태'로 이해하는 것은 삼매를 그릇되게 이해하는 것이며, 그렇게 이해되는 삼매는 진정한 삼매가 아닌 '異端이단의 삼매'(外道三昧)임을 분명히 경고하고 있습니다(83, 84).

그런데, 이제 어떤 사람이 '그침'의 나머지 짝인 '살핌'과는 무관하게, '그침'의 수행만을 따로 떼내어 한다고 생각해 봅시다. 그는 기신론에서 말하는 대로 고요한 곳을 정하고 단정히 앉아서 마음을 가다듬으면서 '상념에서 일어나는 일체의 생각을 지워 버리려고, 또 생각을 지운다는 생각조차 지워 버리려고' 열심히 수행합니다. 그렇게 열심히 노력한 결과로 그는 스스로 '삼매'라는 말이 의미하는 듯한 오묘하고 신비스러운 '심리 상태'를 경험합니다. 혹시 그는 평소에 자신이 가지고 있지 않던 초인적인 능력을 발휘하게 될지도 모릅니다. 그는, 기신론의 말대로, '자신이 숙명으로 행한 지난 날의 일과 장차 닥칠 일을 알고, 다른 사람의 마음을 들여다 보고 읽을 수 있게' 될지도 모르며 '천하에 막힘이 없는 능변으로' 사람들의 마음을 사로잡을 수 있을지 모릅니다(83). 그러나 그의 이른바 '삼매'는 진정한 삼매를 규정하는 진여 또는 '진여 그 자체로서의 여래의 몸'과 아무런 관련이 없으며, 따라서 불교의 수행이 달성하고자 하는 목적과 아무런 관련이 없습니다. 그의 삼매가 불교 수행의 진정한 목적에서 벗어난 것은, 역설적으로, '진여에의 직관'을 위한 그의 노력이 '생멸에의 통찰' 또는 '현상에의 통찰'을 위한 노력에서 유리되었기 때문에 빚어진 결과입니다.

'그침'의 수행이 현상의 이면으로서의 진여에 대한 동경을 목적으로 하는 것이라면, '살핌'의 수행은 진여의 표면으로서의 현상에 대한 이해를 목적으로 하는 것입니다. 이 두 가지는 표면과 이면처럼 서로 떨어질 수 없습니다. 진여에 대한 동경은 현상에 대한 이해를 하는 데에 도움이 되는 한에서, 그리고 현상에 대한 이해는 진여에 대한 동경을 품는 데 도움이 되는 한에서 진정한 가치를 가집니다. 이것이 '실재의 측면에서 파악되는 마음(心眞如門)과 현상의 측면에서 파악되는 마음(心生滅門)은 개념상으로 구분될 뿐 각각 별도로 존재하는 것이 아니다'라는 기신론의 명제가 수행에 주는 시사입니다.

그러나 그침과 살핌을 동시에 수행한다고 하는 말에서 '동시에'라는 말은 정확하게 무슨 뜻인가, 그리고 진여에 대한 동경과 현상에 대한 이해가 서로를 요청하고 북돋아 준다는 것은 수행과 관련하여 정확하게 어떤 의미를 가지고 있는가 하는 문제는 아직 충분히 규명되지 않았습니다. 그 문제로 넘어 가기 전에 여기서는 마지막으로 '올바른 삼매에서 얻을 수 있는 열 가지 이익'에 관한 기신론의 말을 인용해 보겠습니다.

이 삼매를 전심전력으로 열심히 닦고 배우는 사람은 반드시 현세에서 다음과 같은 열 가지 이익을 얻을 수 있다. 첫째로, 그는 온 세상의 모든 부처와 수행자의 보호를 받는다. 둘째로, 그는 모든 악마와 악귀의 침해를 두려워할 필요가 없다. 셋째로, 그는 아흔다섯 이단 귀신의 방해를 받지 않는다. 넷째로, 그는 부처의 심오한 가르침에 대한 비방을 멀리하며, 重罪중죄와 惡業악업의 장애가 그의 마음에서 점점 사라진다. 다섯째로, 그는 일체의 의심과 나쁜 마음을 없앤다. 여섯째로, 그는 여래와 그 경지에 관한 믿음을 점점 자라게 한다. 일곱째로, 그는 근심과 후회를 멀리하며 삶에 있어서나 죽음에 있어서나 용감하여 두려움이 없다. 여덟째로, 그는 마음이 부드럽고 온화하여 교만하지 않으며, 다른 사람으로 말미암아 괴로움을 당하는 일이 없다. 아홉째로, 아직 삼매(定)에 이르지 않은 경우에도, 그는 언제 어떤 상황에서든지 번뇌를 줄일 수 있으며, 세상살이의 즐거움을 추구하지 않는다. 열째로, 삼매에 이르렀을 때, 그는 바깥에서 들리는 일체의 말이나 소리에 놀라거나 마음이 흔들리지 않는다.(85)

이 열 가지 이익은 결국 '마음이 진여를 향하는 일'을 상당한 정도로 이룩한 사람이 현세에서 얻을 수 있는 이익입니다. 처음 다섯 가지가 과연 어떤 이익인지는 불교 신자가 아닌 사람으로서는 알기 어려울지 모릅니다. 그러나 마지막 다섯 가지가 불교 수행이 가져다 줄 이익으로서 너무 사소하다고 생각하는 독자가 있다면, 그는 아직 세상을 좀더 살아 보아야 할 것입니다.

19. 止觀雙修

앞에서 저는, 기신론의 止觀門지관문에서의 止를 우리말로 옮긴 '상념의 정지'는 '진여에의 직관'과 동일한 의미를 가진다고 말하였습니다. 그러나 이 두 용어를 '상념을 정지시킨다', '진여를 직관한다'와 같이 수행의 행위를 표현하는 말로 바꾸어 보면, 양자 사이에는 미묘하면서도 중요한 의미상의 차이가 있음을 알 수 있습니다. '상념을 정지시키는' 행위는 '상념'을 대상 또는 목적으로 하는 데 비하여 '진여를 직관하는' 행위는 '진여'를 대상 또는 목적으로 하고 있습니다. 물론, 진여와 상념은 반대편에 있으면서 서로 연결되어 있습니다. 그러나 만약 수행이라는 것이 무엇인가를 대상으로 하여 그것에 대하여 이러이러한 행위를 하는 것을 가리킨다면, 다시 말하여 수행자가 수행을 할 때 무엇인가를 대상으로 삼아야 한다면, 그것은 진여가 아니라 상념입니다. 진여는 수행의 행위가 '대상'으로 삼을 수 있는 것이 아닙니다. '상념의 정지'와 '진여에의 직관'은 여전히 동일한 의미를 가질 수 있습니다마는, 그것은 오직 '진여에의 직관'이 '상념의 정지'라는 행위의 결과를 가리킨다고 보는 점에 있어서만 그러합니다. 다시 말하여, '진여에의 직관'이라는 결과에는 '상념의 정지'라는 행위가 들어 있으며, 마찬가지로 말하여, '상념의 정지'라는 행위에는 '진여에의 직관'이라는 결과가 예고되어 있습니다.

'진여에의 직관'과 '상념의 정지' 사이에 성립하는 위와 같은 관계는 止(그침)와 觀(살핌) 사이에도 그대로 성립합니다. 앞에서 저는, '그침'의 수행은 현상의 이면으로서의 진여에 대한 동경을 목적으로 하며, '살핌'의 수행은 진여의 표면으로서의 현상에 대한 이해를 목적으로 한다고 말하였습니다. 표면과 이면은 서로 떨어질 수 없으며, 더 나아가서 각각은 그 반대쪽과의 관련에서만 온전하게 파악될 수 있습니다. 앞에서 말한 바와 같이, 기신론은 6바라밀의 禪定선정과 智慧지혜를 '止觀門'으로 결합하면서도 그것을 설명할 때에는 止와 觀을 따로 설명하고 있습니다. 만약 止와 觀이 명실공히 하나의 수행 방법으로서 동시에 이루어져야 한다면, 그 두 가지는 현재의 기신론에서처럼 따로 설명될 것이 아니라 완전히 하나로 설명될 수도 있었을 것입니다. 기신론이 현재와 같이 그 두 가지를 각각 따로 설명한 것은 분명히 6바라밀의 영향을 완전히 떨쳐 버리지 못했기 때문일 것입니다. 그렇기는 하지만, 만약 기신론이 止와 觀은 동시에 이루어져야 한다는 그 주장을 충실히 따랐다고 말할 수 있으려면, 비록 止와 觀을 그와 같이 따로 설명하더라도, 각각의 설명 속에 그 반대쪽 수행도 포함시켰다고 보지 않으면 안됩니다. 즉, 止에 관한 설명에는 觀의 수행이 반영되어 있으며, 觀에 관한 설명에는 止의 수행이 반영되어 있다는 것입니다. 만약 그렇지 않으면, 止와 觀을 동시에 수행해야 한다든지 그 두 가지는 하나의 수행이라는 말이 의미를 가질 수 없을 것입니다.

'지관문'에 관한 기신론의 상당히 긴 설명 중에서 止와 觀을 비교적 직접 규정한 두 개의 문단을 인용하면 다음과 같습니다.

'상념의 정지'(止)를 하려고 하면 수행자는 고요한 곳을 정하여 단정히 앉아서 마음을 가다듬어야 한다. 수행자는 생각의 초점을 호흡에 두어서도 안되고 눈에 보이는 물체에 두어서도 안된다. 수행자는 '빈 것'(空)을 생각해서도 안되며, 땅과 물과 불과 바람, 또는 보고 들은 것, 깨닫고 안 것 중의 어느 것을 생각해서도 안된다. 수행자는 상념에서 일어나는 일체의 생각을 지워버려야 하며, 생각을 지운다는 생각조차 지워야 한다. 일체의 사물이 나타내는 양상은 그 본래의 모습이 아니며, 그 본래의 모습은 상념에 의하여 생기기도 하고 없어지기도 하는 그런 것이 아니다. 또한, 상념을 정지시킨다는 것은 먼저 마음으로 바깥의 대상을 생각하고 그 다음에 그 마음을 또 하나의 마음으로 지우는 식이 되어서는 안된다. 만약 수행자의 마음이 뿔뿔이 흩어지면, 수행자는 다시 마음을 가다듬어 '올바른 생각'(正念)에 머무르도록 해야 한다. 이 '올바른 생각'이라는 것은 외부 대상에 대한 생각이 있어서 그것이 올바르다는 뜻이 아니라, '오직 마음'(唯心)일 뿐이다. 이 마음은 양상을 가지고 있지 않으며, 따라서 상념을 아무리 거듭거듭 되풀이하더라도 파악되는 것이 아니다.(80)

'본질의 통찰'(觀)을 닦고 익히는 사람은 마땅히, 세상 사람들의 삶과 관련된 일체의 현상은 항구적인 것이 아니라 순간순간 변하고 사라진다는 것, 그리고 사람들의 마음 속에서 일어나는 일체의 움직임은 순간순간 일어나고 사라지며 그것이 곧 '괴로움'(苦)이라는 것을 통찰해야 한다. 그는 지난 날 마음 속에 비쳤던 모든 현상은 희미한 꿈이요, 현재 마음에 비치는 모든 현상은 스치고 지나가는 번갯불과 같으며, 장차 마음 속에 비칠 모든 현상은 홀연히 일어나는 구름과 같다는 것을 통찰해야 한다. 그는 이 세상에 살고 있는 모든 육신은 깨끗한 것이 아니요 온갖 더러운 찌꺼기로 가득 차 있어서, 즐거움의 원천이 될 만한 것은 하나도 없다는 것을 통찰해야 한다. 그는 다음과 같은 것을 명심해야 한다. 즉, 모든 중생은 시작을 알 수 없는 오랜 세월을 두고 무명의 훈습을 받아왔으며 그 결과로 마음이 진여를 떠나 이미 한없는 심신의 괴로움을 받아 왔다는 것, 현재 그들은 무한한 핍박을 받고 있으며 장차 그들이 당할 괴로움 또한 헤아릴 수 없다는 것, 이 괴로움은 버릴 수도 없앨 수도 없는 것이지만 그들은 이 사실을 깨닫지 못한다는 것, 이와 같이 중생은 참으로 가련한 처지에 있다는 것이다.(87)

위의 두 문단을 읽어 본 독자는, 저와 마찬가지로, 止觀門지관문에 결합되어 있는 止(상념의 정지)와 觀(본질의 통찰)의 수행이 참으로 그 두 문단에 규정된 것과 같다면, 그것은 '동시에'가 아닌 다른 방식으로는 이루어질 수 없다는 느낌을 받게 될 것입니다. 도대체 위의 두 문단은 그 어느 것도 수행의 '방법'을 규정한다기 보다는 수행이 거의 완성 단계에 이르렀을 때 나타날 결과를 규정하는 것에 더 가깝습니다. 어째서 그렇습니까? 어느 쪽부터 먼저 생각해도 마찬가지일 것입니다마는, 우선 뒤의 '본질의 통찰'에 관하여 생각해 보면, 위의 규정은 모두 '이러이러하다는 것을 통찰해야 한다'(應觀)는 말로 일관되어 있습니다. 가장 쉬운 예로, '이 세상에 살고 있는 모든 육신은 깨끗한 것이 아니요 온갖 더러운 찌꺼기로 가득 차 있어서, 즐거움의 원천이 될만한 것은 하나도 없다'는 것을 '통찰'하는 경우를 생각해 봅시다. 수행이 거의 완성 단계에 이른 사람이 아닌 '우둔한 자'의 경우에, 이것을 수행의 '방법'으로 삼는다는 것은 우리 자신을 포함하여 우리 주위에 있는 사람들—'사랑하는 사람들'—의 몸을 그야말로 '피와 고름 주머니'로 보아야 한다는 뜻입니다. 그러나 어떻게 그렇게 할 수 있단 말입니까? 그것이 불교의 수행 방법—'본질의 통찰'—이요 또 기신론에서 그렇다고 말하기 때문에, 말로는 그것을 되받아할 수 있을지도 모르고 또 잠깐은 그 몸을 그런 눈으로 볼 수—'통찰할' 수—있을지도 모르겠습니다. 그러나 그것을 진심으로 믿을 수는 없습니다. 거의 언제나 그 몸은 우리가 만지고 싶고 껴안고 싶은 '아름다운 몸'입니다. 그것을 진심으로 믿게 되는 것은—도대체 그런 경지가 있을 수 있다면—매 순간 '피와 고름 주머니'를 마음 속으로 되풀이함으로써가 아니라, 그것과는 다른 방법의 수행을 오랫동안 쌓음으로써 비로소 가능하게 될 것입니다.

그렇다면 그 '다른 방법의 수행'은 '상념의 정지'이겠습니까? 그럴 수 없습니다. 이제 다시, '우둔한 자'가 '상념의 정지'를 직접 수행의 방법으로 삼아서, '상념에서 일어나는 생각을 지우려고' 한다고 생각해 봅시다. 우리에게 일어나는 생각은 어떤 것이든지 그 당시 우리의 마음을 사로잡고 있는 것이며 그만큼 우리에게 중요한 의미를 가지고 있을 것임에 틀림없습니다. 그 생각을 어떻게 '지울' 수 있겠습니까? 오히려 그 생각은 그것을 지우려고 하면 할수록 점점 더 강하게 우리의 마음을 사로잡게 될 것입니다. 그뿐만이 아닙니다. 만약 '상념의 정지'와 '본질의 통찰'이 동시에 일어나야 한다면, '생각을 지우는 것'은 앞에서 말한 '피와 고름 주머니'를 위시하여 그 문단에 열거된 모든 '통찰'과 동시에 일어나야 할 것입니다. 그러나 예컨대 모든 육신은 피와 고름 주머니라는 그 '통찰'은 '지워버려야 할 생각'이 아니고 또 무엇이겠습니까? 어떻게 생각을 지워버리면서 또 그런 통찰을 할 수 있겠습니까?

저는 지금 기신론의 그 규정이 그릇되다는 말을 하고 있는 것이 아닙니다. 기신론의 그 규정이 그릇된 것이 아니라 제가 그 규정을 그릇되게 해석한 것입니다. '본질의 통찰'에서 열거된 여러 가지 생각은 '상념의 정지'가 일어났을 때의 마음가짐을 언설로 규정한 것으로서 전혀 그릇됨이 없습니다. 그와 마찬가지로, '상념의 정지'는 그러한 통찰이 일어났을 때의 마음가짐을 언설로 규정한 것으로서 전혀 그릇됨이 없습니다. 아닌게 아니라, '생각을 지운다는 생각조차 지워야 한다'는 기신론의 말은 그러한 마음가짐이 이러이러한 생각을 지운다든지 이러이러한 것을 통찰한다는 '생각'이 없이 '자연적으로' 일어나야 한다는 뜻을 나타내고 있습니다. 다시 말하여 止觀門에 관한 기신론의 규정은 거기에 규정된 것을 '직접' 수행의 방법으로 삼으라는 뜻이 아니라 오랜 동안의 수행을 통하여 '간접적으로' 그러한 결과가 따라 나오도록 해야 한다는 뜻입니다. 그 오랜 동안의 수행은 결국 마음을 진여로 향하도록 하기 위한 것이며, 따라서 기신론의 그 규정은 '마음이 진여를 향하는 것'에서 따라나올 결과를 언설로 표현한 것에 지나지 않습니다. 그러므로 기신론의 그 규정을 올바르게 해석하기 위해서는 止觀門으로 불리는 그 오랜 동안의 수행이 우리의 삶과 관련하여 어떤 의미를 가지며, 그 수행이 어떻게 기신론에 규정된 것과 같은 결과를 가져 올 수 있는지를 생각해 보지 않으면 안됩니다. (앞에서 말한 바와 같이, 다섯 가지 수행 중의 처음 네 가지가 '진여용'을 겨냥하는 것과는 달리, 止觀門은 '진여자체상'을 겨냥하는 것입니다.)

짐작컨대, 출가 신도를 포함하여 불교계에 종사하는 사람들은 대체로, 그 '오랜 동안의 수행'은 결국 참선과 경전 공부의 두 가지로 귀착되며, 그 이외의 다른 수행은 있을 수 없다고 생각할 것입니다. 말하자면, 그들은 기신론에 적혀 있는 그대로, '고요한 곳을 정하고 단정히 앉아서 마음을 가다듬으면서, 상념에서 일어나는 일체의 생각을 지워버리는' 수행을 하고 또 그와 동시에 경전을 읽으면서 거기에 적힌 대로, 예컨대 '지난 날 마음에 비쳤던 모든 현상은 희미한 꿈이요, 현재 마음에 비치는 모든 현상은 스치고 지나가는 번갯불과 같으며, 장차 마음 속에 비칠 모든 현상은 홀연히 일어나는 구름과 같다는 것을 통찰하는' 수행을 해야 한다고 생각하는 것입니다. 물론, 그들도, 저의 '그릇된 해석'에 나와 있는 것처럼, 상념이라는 것이 앉아서 마음을 가다듬는다고 쉽게 지워지는 것이 아니요 그러한 통찰이 경전을 몇 번 읽는다고 생기는 것이 아니라는 것을 잘 압니다. 그러나 그들은 그러한 수행을 '오랜 동안' 하면 상념이 정지되고 본질에 관한 통찰이 일어나게 된다고 생각합니다. 그들은 그것이 바로 '불교식 수행'이며 그밖의 다른 '수행'은 불교와는 아무 관련이 없다고 생각합니다.

저는 그들의 이러한 생각을 전적으로 부정할 자신이 없습니다. 그러나 만약 그들의 생각이 참으로 그런 것이라면, 여기서부터 저는 그들과 의견이 갈라집니다. (이 면에서의 의견이 일치하지 않을 때, 그밖의 다른 면에서의 의견 일치는 거의 아무런 의미가 없습니다.) 제가 생각하기에, 그 이른바 '불교식 수행'은 止觀門 수행의 '전형적' 형태라고 말할 수는 있을지언정, '유일한' 형태라고 말할 수는 없습니다. 止觀門 수행을 그와 같은 '불교식 수행'으로 국한하여 해석하는 것은, 제가 생각하기에는, 그 수행을 우리의 삶의 보편적 현실과 무관한 것으로 파악함으로써, 불교의 가르침이 우리 삶에 대하여 가질 수 있는 의의를 부당하게 폄하하는 것입니다. 뿐만 아니라, 저의 의견은 제가 임의로 가지게 된 것이 아닙니다. 저의 의견은 오직 止觀門의 수행이 마음을 진여로 향하도록―더 정확하게는, 상념이 진여자체상을 더 충실히 구현하도록―하는 데에 목적이 있다는 기신론의 취지를 이해하는 과정에서 빚어진 것이며, 그 점에서 그것은 기신론의 가르침에서 한치도 어긋남이 없다고 말할 수 있습니다. 아닌게 아니라, 수행의 주제 이전의 '이론적 논의'는 결국 수행의 주제 속에 집결되며 그 주제 하에서 정확하게 그대로 되풀이된다고 보지 않으면 안됩니다.

저의 의견은, 한 마디로 말하여, 止觀門 수행은 흔히 眞善美聖진선미성으로 대표되는 학문과 도덕, 예술과 종교에 될 수 있는 한 깊이 입문하는 것을 뜻한다는 것입니다. 眞善美聖은 '여래의 깨끗한 성질과 훌륭한 공덕'―이 세상의 모든 좋은 것―을 총칭하는 이름이며, 학문과 도덕, 예술과 종교는 그 여래의 성질과 공덕을 추구하는 인간의 노력입니다. 더 직접적으로 말하자면, 학문과 도덕, 예술과 종교는 진여―즉, 진여자체상―를 가장 극명하게, 또는 가장 순수한 형태로 표현하고 있으며, 그런 활동에 종사함으로써 우리는 그것에 깃들어 있는 진여를 마음 속에 구현하게 됩니다. 기신론에 등장하는 것만큼 강력하지는 못하지만 그것과 비슷한 비유를 써서 말하자면, 학문과 도덕, 예술과 종교에는 여래의 입김이 들어 있으며, 그런 활동에 종사할 때 우리는 그 여래의 입김을 숨쉬게 된다고 말할 수 있을 것입니다. 제가 생각하기에는 이것이 止觀雙修지관쌍수—止와 觀의 동시적 수행—를 해석하는, 아마도 유일 타당한 방법일 것입니다. 학문과 도덕, 예술과 종교에 입문하는 것은 바로 '본질의 통찰'을 수행하는 것입니다. 그러한 활동을 그 원래의 의미대로 '오랜 동안' 하다가 보면 그만큼 마음은 진여자체상을 구현하게 됩니다. 진여자체상은 진여 그 자체와 마찬가지로 특정한 형태를 띠지 않는 '아무 것도 아닌 것'이며, 따라서 우리는 마음 속에 진여자체상이 갖추어져 있다는 것을 의식할 수 없습니다. '상념의 정지'라는 것은 다른 것이 아니라 마음이 그와 같이 '아무 것도 아닌 것'으로 된 상태를 나타내는 것입니다. 그러나 그 '아무 것도 아닌 것'은 또한 세상의 모든 좋은 것을 그 속에 갖추고 있기 때문에 그것은 '상념을 지운다는 생각조차 없이' 우리의 생각과 말과 행동으로 드러납니다. 만약 우리의 마음이 참으로 그 '아무 것도 아닌 것'이 된다면, 어찌 알겠습니까, 사랑하는 사람들의 몸이 '피와 고름 주머니'로 보일지도 모르는 것입니다. 그러므로 止와 觀에 관한 기신론의 규정은 그 한 가지 상태를 '진여'와 '생멸' 또는 '본체'와 '현상'으로 나누어 기술한 것에 지나지 않습니다. 止와 觀이 하나의 수행으로 묶이는 것은 이 점에서 당연한 것입니다. 앞에서 저는 止와 觀의 '불교식 수행'이 수행의 '전형적' 형태라고 말하였습니다마는, 만약 그 전형적 형태의 수행이 효력을 발휘한다면, 그것은 아마 학문과 도덕, 예술과 종교에 입문하는 '비전형적' 수행이 그 기초 또는 원천으로 작용했기 때문일 것입니다.

그러나 이 면에 있어서의 저의 의견은 다음 항목에서 좀더 자세하게 설명될 필요가 있습니다. 여기서는 불교의 수행과 관련하여 얼마

전에 한국 불교계에서 일어났고 현재에도 완전히 가라앉았다고 볼 수 없는 일대 논쟁에 관한 저의 의견을 말해 보겠습니다. 이 논쟁은 그 당시 한국 불교의 최고 지도자의 자리에 있던 性徹성철 스님이 종래 불교 수행의 원리로 생각되던 頓悟漸修돈오점수(단박 깨침과 차차 닦음)에 대하여 그것의 대안으로 頓悟頓修돈오돈수(단박 깨침과 단박 닦음)를 주창함으로써 제기된 것입니다. 흔히 '돈점논쟁'으로 불리는 이 논쟁은 결코 사소한 논쟁이 아니라, 고려의 普照國師보조국사 知訥지눌로 이어지는 불교의 한 종파의 정통성 또는 法統법통이 문제가 될 정도로 심각한 논쟁입니다. 지눌은 불교 수행의 원리로서 定慧雙修정혜쌍수―禪定과 智慧(또는 止와 觀)의 동시적 수행―를 내세웠습니다. 이 중에서 定(또는 止)은 禪宗선종에서 중시하는 수행 방법을 나타내며 慧(또는 觀)는 敎宗교종에서 중시하는 수행 방법을 나타냅니다. 지눌은 정혜쌍수를 내세움으로써 선종에서 중시하는 수행인 참선과 교종에서 중시하는 수행인 경전 공부를 다같이 중시해야 한다고 말한 것입니다. 지눌은, 그 두 가지 수행 중의 어느 한쪽만 취하는 것은 다같이 '오로지 문자만 찾는 미친 慧'(但尋文之狂慧)와 '헛되이 침묵만 지키는 어리석은 禪'(空守默之癡禪)에 떨어진다고 말하였습니다. '돈오점수'와 '정혜쌍수' 사이에는, '점수'(차차 닦음)가 '혜'(경전 공부)를 간접적으로 시사한다는 것 이외에는, 그다지 면밀한 개념상의 관련이 없습니다. 그럼에도 성철 스님은, 돈오점수―단박 깨치고 난 뒤에 차차 닦는다―는 '점수'라는 교종의 원리를 끌어들임으로써 순수한 선종의 정통성을 흐리게 한다는 이유에서 그것을 배척하고 '돈오돈수'―단박 깨치고 단박 닦는다―로 그것을 대치하려고 한 것입니다. 그 당시 성철 스님은 설법을 통하여, 또 문헌을 통하여 열렬하게 이 점을 주장하였고, 또 불교계에서는 이 문제를 중심으로 몇 차례 국제 학술 대회를 개최하였기 때문에, 이 논쟁의 세부 사항에 관심이 있는 독자는 관련 문헌을 참고할 수 있을 것입니다. 여기서 제가 할 수 있는 것은 그 논쟁과 관련된 기본적인 생각을 드러내는 것뿐입니다.

한 가지 분명한 사실은, '닦음'(修)이라는 것은 성격상 일정한 시간 또는 기간에 걸쳐 '차차' 이루어질 수밖에 없다는 것입니다. 이 점은 누구도 부정할 수 없을 것입니다. 그와 마찬가지로, '깨침'(悟) 또한 '단박에' 일어난다고 말할 수 있을 것입니다. 논쟁의 발단은 단박 깨치고 '난 뒤에' 차차 닦는 것이 왜 필요한가에 있습니다. 성철 스님의 관점에 의하면, 단박 깨침이 진정한 깨침이라면 그 뒤에 차차 닦는 일은 불필요하며, 만약 그 뒤에 차차 닦는 일을 해야 한다면 그 단박 깨침은 진정한 '頓悟'돈오가 아닌 '解悟'해오(알음알이에 의한 깨침)입니다. 그리고 이 '해오'는 경전 공부를 중시하는 교종의 '깨침'이요, 그만큼 그것은 선종의 깨침에는 못미치는 불완전한 깨침입니다. 성철 스님의 돈오돈수에서 '돈수'—단박 닦음—는 문자 그대로 수행을 단박에 끝낸다는 뜻이 아니라, 단박 깨치고 난 뒤에는 따로 닦는 일이 불필요하다는 뜻을 나타낸다고 보아야 할 것입니다. 그리하여 논쟁의 핵심은 차차 닦는 과정에서 단박 깨침이 어떤 위치를 차지하고 있는가 하는 것으로 규정됩니다.

제가 생각하기에 성철 스님이 주장한 '돈오돈수'는 돈오의 '悟'를 어떻게 해석하는가에 따라 서기도 하고 무너지기도 합니다. 독자는 앞의 '깨달음: 기준과 과정'이라는 항목(제9항목)에서 살펴 본 本覺본각과 始覺시각, 그리고 '믿음의 단계'라는 항목(제17항목)에서 살펴 본 證發心증발심과 解行發心해행발심을 기억할 것입니다. 거기서 제가 말한 바와 같이, 本覺(깨달음의 본체)과 證(증득)은 '진여 그 자체로 서의 여래의 몸'(如來法身)의 경지를 가리키는 용어입니다. 그것은 중생의 수행이 지향해야 할 방향 또는 이상을 나타낼 뿐이며, 중생이 수행을 통하여 도달할 수 있는 경지가 아닙니다. 만약 돈오에서의 悟가 本覺이나 證과 동일한 것이라면 '단박 깨친 뒤에 차차 닦는 일은 불필요하다'는 성철 스님의 주장은 참으로 지당합니다. 그러나 만약 돈오에서의 悟가 覺이나 證과 같은 것이 아니라 중생이 하는 수행의 과정 속에서, 그 수행의 과정과 관련을 맺고 있는 '깨침'이라면, '단박 깨친 뒤에 차차 닦는 것'은 충분히 의미 있게 해석될 수 있습니다. 말하자면 悟는 覺과 證을 수행의 맥락으로 번역한 용어입니다. 돈오는 수행의 과정이 '완성된' 뒤에 도달하는 궁극적 경지가 아니라, 수행의 순간순간 그 과정을 이끄는 기준으로 작용하는 것입니다. (동일하게 '깨달음'을 뜻하는 글자로 覺과 悟를 구분해서 사용한 데에는 특별한 이유가 있었을 것입니다. 그러나, 물론, 수행의 맥락으로 번역된 覺은 悟와 다른 것이 아닙니다.) 이렇게 생각해 보면 돈오가 점수에서 차지하는 위치는 앞에서 제가 말한 대로 觀에서의 止의 위치와 동일한 것으로 됩니다. 물론, 이 경우에도 '돈오돈수'라는 말에 나타나 있는 성철 스님의 주장은, 진정한 깨달음은 중생이 얻을 수 있는 것이 아니라는 소극적인 의미를 가질 수는 있고, 또 그 의미는 마땅히 중요시되어야 할 것입니다.

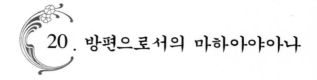

20. 방편으로서의 마하아야아나

육바라밀

님에게 아까운 것 없어
무엇이나 바치고 싶은 이 마음
거기서 나는 布施보시를 배웠노라

님께 보이고자 애써
때를 벗기고 깨끗이 단장한 이 마음
거기서 나는 持戒지계를 배웠노라

님이 주시는 것이면
때림이나 꾸지람이나 기쁘게 받는 이 마음
거기서 나는 忍辱인욕을 배웠노라

자나깨나 쉴 사이 없이
님을 그리며 님 곁으로 도는 이 마음
거기서 나는 精進정진을 배웠노라

님의 품에 안겨
기쁨도 슬픔도 님과 나의 존재도 모두 잊어버리는 이 마음
거기서 나는 禪定선정을 배웠노라

님을 떠나서는
천하 만물이 생길 수도 없어질 수도 없다는 것을 아는 이 마음
거기서 나는 智慧지혜를 배웠노라

아 이제 알았노라
님께서 바라밀을 가르치려고
짐짓 애인의 몸을 나툰 부처이심을

이 시는 불교 관련 책자 여기저기에 대체로는 작자를 명기하지 않은 채 실려 있는 것을 옮겨 적은 것입니다. 그 중에는 春園춘원 李光洙이광수로 작자가 명기된 곳도 있어서 저는 그런 줄로 알고 있습니다. 저는 원래의 시에 몇 군데 단어를 바꾸고, 특히 禪定선정과 智慧지혜 연은 내용을 거의 완전히 바꾸어 놓았습니다. 그러면서도 저는 마지막 연의 '애인의 몸을 나툰 부처'에서의 '나투다'라는 단어는 바꾸지 않았을 뿐만 아니라 결코 바꿀 수 없었습니다. 왜냐하면 이 시의 핵심은 '나투다'라는 이 단어에 있기 때문입니다.

'나투다'는 '나타나다'도 아니요 '나타내다'도 아닙니다. 시인은 부처와 애인의 몸의 관계를 표현하는 단어로서, '나타나다'도 아니요 '나타내다'도 아니면서 양자의 의미를 하나로 결합하는 단어가 필요하다고 생각하고 사전에도 나오지 않는 '나투다'라는 단어를 만들어낸 것이 아닐까 짐작해 봅니다. '부처가 애인의 몸을 나툰다'는 말은 '부처가 애인의 몸으로 나타난다'는 것도 아니요 '부처가 애인의 몸을 나타낸다'는 것도 아닙니다. 앞의 말에서는 부처 자신의 '의도' 또는 고의성이 충분히 드러나 있지 않고 뒤의 말에서는 부처와 애인의 동일성이 충분히 드러나 있지 않습니다. 구태여 말하자면 '부처가 애인의 몸을 나툰다'는 말은 '부처가 애인의 몸을 빌어 자신을 나타낸다'는 말로 풀이될 수 있을 것입니다. 위의 싯줄에 이 풀이된 말을 적어 넣는 것은 시인으로서는 용납될 수 없었을 것입니다.

'나툰다'는 말을 이와 같이 해석하면, 위의 시가 무엇을 나타내고 있는가는 단도직입적으로 명백합니다. 부처는 시인에게 6바라밀을 가르치려고, 또는 6바라밀을 실천하도록 하려고, '짐짓 애인의 몸을 나투었다'는 것입니다. 자기가 가지고 있는 것은 무엇이든지 아낌없이 바치는 것을 위시하여 그밖의 바라밀은 애인에 대해서는 특별히 애써서 실천하려고 할 필요가 없이 저절로 실천될 수 있습니다. 만약 부처의 그 '가르침'이 성공한다면, 시인은 애인의 몸을 통하여 배운 6바라밀을 그밖의 다른 대상에 대해서도 실천할 수 있을 것입니다. 이 경우에 '애인의 몸'은 부처가 6바라밀을 가르치기 위한 '방편'입니다. 그리하여 이 시는 '방편'이라는 불교의 개념을 시만이 자아낼 수 있는 특이한 감수성과 상상력에 호소하여 전달하려고 하고 있습니다. 다만, 부처가 애인의 몸을 '방편'으로 하여 가르치려고 하는 것이 '6바라밀'이라는 형태로 명확히 한정될 수 있는가, 또는 심지어 '6바라밀'이라는 것도 위의 시에 나타나 있는 것처럼 명확히 규정될 수 있는가 하는 문제에 관해서는 좀더 생각해 볼 여지가 있습니다.

기신론에는 方便방편이라는 용어가 처음부터 끝까지 전편에 걸쳐서 일관되게 지속적으로 사용되어 있습니다. 어느 정도인가 하면, 기신론에 등장하는 단 하나의 핵심적 개념을 들자면 그것은 진여나 여래보다도 오히려 방편이라고 말해야 할 정도입니다. (관심 있는 독자는 기신론 본문 번역 뒤에 붙어 있는 색인에서 방편 항목을 찾아보시기 바랍니다.) 곧 다시 말하게 될 바와 같이, 이것은 '대승기신론'이라는 제목에 암시되어 있고 그 첫 문장에 명시적으로 제시되어 있는, 그 논술의 성격이나 목적에 비추어 너무나 당연한 것입니다. '대승기신론'에서 '起信'기신은 '믿음을 일으키는 것'을 뜻하며, 그 첫 문장에는 '이 논술에서 설명하고자 하는 것은 마하아야아나(大乘)의 근본이 되는 믿음과 그것을 일으키는 방법상의 원리이다'(2)라고 되어 있습니다. 저는 앞에서, 기신론에서 수행이라는 주제가 등장하기 이전에 취급된 이런저런 이론적 설명은 그 주제 안에서 그대로 되풀이된다고 보지 않으면 안된다고 말하였습니다마는, 수행이라는 주제에서 되풀이되는 이론적 설명은 또 한번 방편이라는 주제 안에서 그대로 되풀이된다고 보지 않으면 안됩니다. 그 정도로 방편은 기신론의 내용을 전체적으로 싸잡는 포괄적인 개념입니다. 사실상, 이 말은 기신론에 국한되는 것이 아니라 (기신론에 해당된다는 바로 그 점에서) 불교의 가르침 전체에 해당됩니다. 근래에 와서 서양의 몇몇 학자들은 방편의 개념에 주목하면서, 그 개념이 불교의 개념 그 자체와 거의 동일한 지위를 가지고 있는데도 불구하고 이때까지 그것이 응분의 이론적 관심을 불러일으키지 않았다는 점에 대하여 놀라움을 나타내고 있습니다. 그러나 이 개념에 대한 서양 학자들의 '이론적 관심'은, 곧 다시 말할 바와 같이, 그 성과에 한계가 있습니다.

여기서 저는 이 통석의 앞 부분(제6항목)에서 한 차례 부분적으로 인용한 바 있는 기신론의 첫부분—논술의 핵심적인 주장을 제시하는 장(立義分)—을 본문 그대로 다시 인용해 보겠습니다.

'마하아야아나'(大乘, 큰 수레)는 크게 두 가지로 설명할 수 있다. 하나는, '큰 수레'라는 것은 무엇을 가리키는가 하는 것(法)이요, 또 하나는, 그것을 어째서 큰 수레라고 부르는가 하는 것(義)이다. 첫째로, '큰 수레'라는 것은 '중생의 마음'(衆生心)을 가리킨다. 이 마음은 일체의 경험적 사실과 초경험적 관념을 포괄한다. 마하아야아나에 관한 일체의 교설은 오로지 이 '마음'과 관련되어 있다. 보다 구체적으로 말하면, 마음은 '실재'(眞如)와 '현상'(生滅)이라는 두 측면에서 파악될 수 있으며, 이 중에서 실재의 측면은 마하아야아나의 본체(體)를, 그리고 현상의 측면은 마하아야아나의 본체의 외적 표현으로서의 양상(自體相)과 기능(用)을 나타낸다.(7)

둘째로, '큰 수레'라는 이름의 의미는 세 가지로 말할 수 있다. 첫째는 마하아야아나의 본체가 '크다'는 뜻이다(體大). 마하아야아나의 본체는 모든 것을 포괄하는 오직 하나의 실재로서 거기에는 일체의 구분이나 증감이 없다. 둘째는 마하아야아나의 양상이 '크다'는 뜻이다(相大). 마하아야아나는 '如來藏'여래장 속에 모든 훌륭한 성질과 무한한 공덕을 갖추고 있다. 셋째는 마하아야아나의 기능이 '크다'는 뜻이다(用大). 마하야야아나는 경험적, 초경험적 세계의 모든 좋은 因果應報인과응보를 만들어낼 수 있다. '큰 수레'라는 말에서 '수레'는 모든 부처가 본래 타고 있는 것이며, 모든 수행자가 그것을 타고 '여래의 땅'으로 간다는 뜻을 나타낸다.(8)

모든 부처는 이미 '여래의 땅'에 도달해 있기 때문에 그들은 '중생의 마음'에 비유되는 '큰 수레'를 '본래 타고' 있습니다. 여기에 비하여 중생은 그 수레를 타고 '여래의 땅'으로 가야 하는 존재입니다. 그러나, 이 비유를 그대로 써서 말하자면, 수행자가 타고 있는 수레는 누군가가 또는 무엇인가가 그것을 움직이기 전에는 그 자리에 정지해 있습니다. 수행자가 그것을 타고 '여래의 땅'에 도달하기 위해서는 누군가가 또는 무엇인가가 그것을 끌거나 밀어 주지 않으면 안됩니다. '방편'은 그 수레를 가동시키는 힘에 비유될 수 있습니다. 그리고 그 힘은, 설사 바깥에서 가해진다 하더라도, 반드시 수레를 통하여 발휘될 것이기 때문에 '방편'은 수레 그 자체라고 보아도 무방할 것입니다. 그리하여 중생은 수레를 타고 여래의 땅으로 간다는 비유를 좀더 사실적으로 풀이하자면, 중생의 마음은 방편의 힘에 의지하여 깨달음에 도달할 수 있다는 뜻이 됩니다.

기신론 본문은 마하야야아나의 뜻을 설명하기 위하여 두 가지 질문을 하고 있습니다. 하나는 무엇을 큰 수레라고 부르는가, '큰 수레'라고 불리는 그 '물건'(法)이 무엇인가 하는 것이요, 또 하나는 그것을 어째서 '큰 수레'라고 부르는가, 또는 그것을 큰 수레라고 부르는 '이유'(義)가 무엇인가 하는 것입니다. 방편의 뜻을 설명하고자 하는 사람은 응당 방편에 관해서도 이 두 가지 질문을 제기할 법합니다. 만약 이때까지 방편을 이론적으로 해석한 사람들이 이 두 가지 질문을 명시적으로 제기했더라면 그들은 방편의 의미에 관한 좀더 확실하고 타당한 견해를 가지게 되었을지도 모릅니다. 그러나 제가 보기에 그들은, 양의 동서를 막론하고, 그 질문을 제기하지 않은 채, 다음에 말할 阿含經아함경의 한 구절에 거의 전적으로 의존하여 자신의 임의적 견해를 제시하거나 그렇지 않으면 '방편은 불교의 가르침 그 자체'라는 식으로, 방편이 나타내고 있는 특이한 의미와 문제의식을 뭉개어 버립니다. 방편의 경우에 위의 두 가지 질문은, 첫째로, 무엇이 방편이 될 수 있는가, 방편으로서의 기능을 발휘할 수 있는 것은 어떤 것들인가(法) 하는 것과, 둘째로, 어째서 그것이 방편이 되는가, 그것이 방편으로서의 기능을 발휘하는 데는 어떤 조건이 필요한가(義) 하는 것으로 바꾸어 진술될 수 있을 것입니다. 지금부터 저는 이 두 가지 질문을 차례대로 생각해 보겠습니다. (이 두 질문에 대한 대답은, 法법과 義의의 관계가 그렇듯이, 서로 모순된다고 볼 이유가 없습니다.)

첫째로, 무엇이 방편이 될 수 있는가 하는 질문을 답하려고 할 때 가장 우선적으로 고려해야 할 사항은, 방편은 독자적으로 성립하는 개념이 아니라 반드시 그것이 방편이 되는 그 무엇―우선 아쉬운 대로 이 용어를 쓰자면, 방편의 '목적'―에 의존하는 개념이라는 점입니다. 방편은 반드시 무엇인가를 위한, 또는 무엇인가의 방편입니다. '방편'으로 번역되는 산스크리트어의 '우파야'는 우리말의 방편과 마찬가지로 흔히 수단과 동의어로 쓰이는 일상용어입니다. 특히 그 산스크리트어는 보통의 의미에서의 수단뿐만 아니라 전쟁에서 적을 이기는 데에 필요한 전술이나 전략, 심지어 속임수를 뜻하기도 합니다. 이와 같이 일상용어로서의 방편은 모든 다양한 목적과 관련하여 사용될 수 있습니다. 말하자면, 달성하려고 하는 목적이 어떤 것인가에 관계없이, 그 목적을 달성하는 데에 유용하게 쓰일 수 있는 것은 그것의 방편이 되는 것입니다. 일상 용어로서의 방편은 수단과 완전히 동일한 의미를 나타내고 있고, 또 이 경우에는 방편보다는 수단이 훨씬 더 정확한 용어입니다. 왜냐하면 수단은 그것이 유용하게 쓰일 목적이 결정되기 전에는 수단으로서의 지위를 가질 수 없으며, 어떤 것이 수단이 되는가 아닌가는 전적으로 그것이 수단이 되는 목적이 무엇인가에 달려 있기 때문입니다. 그 어떤 것은 목적 여하에 따라 아무 것에나 수단이 될 수 있고, 또 동일한 목적을 위해서는 그것 이외의 아무 것이나 수단이 될 수 있습니다. 수단은 그 지위가 사전에 명확히 규정될 수 있는 개념이 아니며, 이 점에서 그것은 '목적에 대하여 열려 있는 개념' 또는 '불확정적' 개념이라고 부를 수 있습니다. '꿩 잡는 것이 매'라든가 '모로 가도 서울만 가면 된다'는 속담은 목적과 수단 사이의 위와 같은 관련을 나타내고 있습니다.

불교에서 쓰이는 용어로서의 방편은, 물론, 일상 용어에서 빌어온 것이기는 하지만, 그 의미는 천양지차라고 말해도 좋을 정도로 다릅니다. 그렇기 때문에 불교 용어로서의 방편을 이해하기 위해서는 그것과 일상 용어—수단의 동의어로서의 방편—사이의 의미상의 차이를 정확하게 파악하는 것이 절대적으로 중요합니다. 서양의 학자들이 방편에 관하여 정확한 개념을 가지기 어려운 것은 우선 그들에게 수단을 뜻하는 영어 단어 means 이외에 방편에 해당하는 단어가 따로 없기 때문입니다. 그들은 불교의 방편(우파야)이 영어의 means로 정확하게 번역될 수 없다는 것을 알면서도 부득이 이 단어를 쓸 수밖에 없습니다. 그러나 설사 그들에게 방편에 해당하는 단어가 따로 없다 하더라도, 만약 그들이 한편으로 수단과 목적의 관계와 또 한편으로 방편과 그것이 방편이 되는 것(방편의 '목적') 사이의 관계가 천양지차로 다르다는 점에 생각이 미쳤다면 그들은 우파야를 means라는 부정확한 단어로 번역하는 대신에 그 산스크리트어 단어를 그대로 쓰거나 아니면 새로운 단어를 만들 수도 있었을 것입니다. 그들이 거기에 생각이 미치지 않은 것은 거의 전적으로, '무엇이 방편이 될 수 있는가'라는 기본적인 질문을 제기하지 않았기 때문이며, 그에 따라 방편과 그 '목적' 사이의 관계를 세밀히 검토할 필요를 느끼지 않았기 때문입니다.

방편은 목적 여하에 따라 지위가 다르게 결정되는 '불확정적' 개념이 아니라 그 개념적 지위가 사전에 명백히 규정될 수 있는 '확정적' 개념입니다. 방편은 아무 목적에나 유용하게 쓰일 수 있는 수단과 같은 것이 아니라, 오직 한 가지 '목적', 즉 깨달음을 얻는 데에 도움이 되는 것입니다. 그리고 깨달음이라는 것은 다른 것이 아니라 '마음이 진여로 되는 것'을 뜻합니다. 마음이 지향해야 할 이상으로서의 진여는, 기신론에 사용된 용어로, '心性'심성—마음의 본성—으로 바꾸어 부를 수 있습니다. 그리하여 수단과 목적의 관계를 '수단-목적 관계'라고 부른다면 그와 마찬가지로 방편과 그 '목적'의 관계는 '심성-방편 관계'라고 부를 수 있을 것입니다. (수단-목적 관계에서 우선 순위는 '수단과 목적'—수단을 써서 목적을 달성한다—으로 되는 반면에, 심성-방편 관계에서 그것은 '심성과 방편'—심성이 방편으로 표현된다—으로 됩니다.) 앞의 시에 나오는 '나투다'라는 동사는 심성-방편의 관계를 정확하게 나타내고 있습니다. 그 단어가 의미하는 바 그대로, 방편은 심성 또는 진여의 '표현'입니다. 이 표현이라는 용어는 수단-목적 관계에는 결코 사용될 수 없습니다. 수단이 목적의 표현은 아닌 것입니다. 방편이 심성 또는 진여의 '표현'인 한, 거기에는 진여가 그대로 들어 있지만, 수단에 목적이 그대로 들어 있다는 것은 도무지 말이 되지 않습니다.

이와 같은 심성-방편 관계에 비추어 볼 때, 방편은 진여의 '표현'이며, 진여를 표현하는 것은 무엇이든지 방편이 될 수 있습니다. 그러나 '진여를 표현하는 것'은 어떤 것들입니까? 그것은 일단 진여 본체의 현상계적 표현인 진여자체상과 진여용이라고 말해야 할 것입니다. 그러나 앞의 제14항목에서 살펴본 바와 같이, 한편으로 진여자체상과 진여용, 그리고 또 한편으로 망심(무명)과 망경계는 각각 별도의 공간을 차지하는 별개의 사물이나 현상을 가리키는 것이 아닙니다. 그것들은 우리가 살고 있는 오직 하나의 세상 그 속에 들어 있습니다. 이렇게 생각해 보면 그야말로 천하 만물이 '진여의 표현'입니다. 만물 중에 진여를 표현하지 않는 것, 여래가 '나툰 것'이 아닌 것은 하나도 없습니다. 이것은 진여와 생멸이 오직 개념상으로만 구분될 뿐 각각 별도로 존재하지 않는다는 말(二門 不相離), 또는 더 간단하게, 현상은 본체의 표현이라는 말을 바꾸어 말한 것에 지나지 않습니다. 결국, '무엇이 방편이 될 수 있는가'라는 질문에 대한 가장 직접적인 대답은 이 세상 속에 들어 있는 모든 것, 곧 이 세상 바로 그것이 방편이 될 수 있다는 것으로 됩니다.

우리가 사는 이 세상이 깨달음의 방편이 될 수 있다는 이 대답은 기신론의 대답과 다른 것이 아닙니다. 아니, 기신론은 그것과는 다른 대답을 할 수가 없습니다. 기신론에서 방편을 언급할 때는 때로 '수많은 방편'(無數方便, 67), '한없는 방편'(無量方便, 88) 등의 용어가 사용되고 있습니다. 또한, 부처와 여래는 '大方便智'대방편지를 가지고 있으며(45), 그들이 가지고 있는 큰 지혜는 '끝없이 다양한 방편(無量 方便)'으로 작용하여 중생 각자의 이해 능력에 따라 여러 가지 진리를 깨우치고 보여 줄 수 있습니다(70). '믿음의 단계'를 설명하는 대목 (分別發趣道相)에서 기신론은 방편의 종류를 '근본을 실천하는 방 편'(行根本方便), '죄과를 그치는 방편'(能止方便), '선한 바탕을 일 으키고 북돋우는 방편'(發起善根增長方便), 그리고 '온누리가 하나로 되기를 바라는 방편'(大願平等方便)의 네 가지로 구분하고 있습니다 (63). 이것은 방편을 그것이 발휘하는 기능에 따라 분류한 것으로서, 그 이면에 방편의 의미를 깔고 있습니다. 왜냐하면 기신론은 그 각각 의 방편을 진여의 네 가지 '성질'―진여의 '머무르지 않는 성질'(無 住), '죄과없는 성질'(離罪過), '어리석음의 장애없는 성질'(無癡障), 그리고 '단절없는 성질'(無斷絶)―과 관련하여 규정하고 있기 때문입 니다. 이것은 앞의 제15항목에서 살펴 본 心性심성(마음의 본성)의 특 징―상념을 일으키지 않는 것(心性不起), 특정 대상의 지각을 초월하 는 것(心性離見), 움직임이 없는 것(心性無動)―과 그 용어에 있어서 는 차이가 있다 하더라도 완전히 동일한 의미를 나타내고 있습니다.

방편이 훈습의 개념, 그 중에서도 '정법 훈습'(진여로 돌아가는 훈 습)의 개념과 관련된다는 것은 짐작하기 어렵지 않습니다. 앞에서 저 는, 훈습은 우리의 마음이 어떻게 진여로부터 멀어지게 되었으며 또 어떻게 진여로 돌아가게 될 수 있는가를 '설명'하는 개념이라고 말하 였습니다마는, 방편은 이 설명을 '처방'의 맥락에서 표현하는 개념입 니다. 정법 훈습은 진여자체상을 내적 원인(因)으로, 그리고 진여용을 외적 계기(緣)로 하여 일어납니다. 진여용은 망경계와 다른 것이 아니라, 진여자체상이 대면하는 (또는, 대면할 때의) 망경계 바로 그것입니다. 또한, 진여자체상은 상념과 다른 것이 아니라, 상념에 붙박혀 있는, 상념이 따라야 하는―그리고 정도의 차이는 있지만, 모든 상념이 다소간은 따르고 있는―기준입니다. 그러므로 훈습과의 관련에서 보면, 방편은 다름 아닌 망경계이며, 방편이 하는 일―즉, 방편이 방편이 되는 이유―은 그 망경계가 진여용이 되도록 함으로써 마음이 진여자체상을 따르도록 하는 데에 있다고 말할 수 있습니다. 앞의 제13항목에서 인용한 '진여용'에 관한 설명(40)을 보면, 거기에는 여래의 모습이 '때로는 가족이나 부모나 친척으로, 때로는 하인으로, 때로는 친구로, 때로는 원수로, 때로는 이른바 "네 가지 교육적 자세"(四攝)로 나타난다'는 말이 적혀 있습니다. 이런 여러 가지 '여래의 모습'은, 정법 훈습의 외적 계기가 되기 전에는, 단순히 망경계에 지나지 않습니다. 그러나 그것이 '여래의 모습'―즉, 여래의 '나툰' 모습―인 한, 그것은 중생이 '각자의 능력에 따라, 자신도 모르는 사이에' 자신의 마음을 진여로 향하도록 하는 '방편'이 될 수 있습니다. 사실상, 여래의 '나툰' 모습이라는 점에서 보면, 가슴을 저미듯이 아름다운 저녁 노을이나 길가에 핀 한 송이 꽃도 그런 여러 가지 '여래의 모습'과 다를 바 없습니다.

경전에 적혀 있는 여래의 언설은 방편이 될 수 있겠습니까? 물론입니다. 방편이 될 수 있는 정도가 아니라, 여래의 언설은 방편으로서 출중한 지위를 가지고 있는, 방편의 '전형적' 형태입니다. 앞에서 저는 '다섯 가지 수행'과 관련하여, 처음 네 가지 수행이 진여용을 겨냥하는 것과는 달리, 마지막의 '그침과 살핌'(止觀)은 진여자체상을 직접 겨냥한다고 말하였습니다마는, 여래의 언설은 진여자체상을 직접 겨냥하는 방편입니다. 그러나 진여자체상을 직접 겨냥한다는 점에서 보면, 여래의 언설만이 아니라, 진선미성의 가치를 표현하는 일체의 언설—학문과 도덕, 예술과 종교의 여러 개념을 표현하는 언설—도 그와 마찬가지로 진여자체상을 직접 겨냥하는 방편이 됩니다. 이런 언설이 진선미성의 가치를 표현한다는 것은 다름이 아니라 그 속에 '진여 그 자체로서의 여래의 몸'(如來法身)을 포함하고 있다는 뜻이며, 우리가 그것을 통하여 진여를 볼 수 있다는 뜻입니다. 그리고 '진여를 본다'는 것은 다름이 아니라 우리의 마음이 이 세상의 모든 것을 그 중의 어느 것도 아닌 상태로 압축해 있는 '표현 이전의 표준'을 갖추게 된다는 뜻입니다.

여기서 저는 앞에서 말한 아함경의 한 구절을 인용해 보겠습니다.

수행승들이여, 나는 그대들을 해탈하게 하고 집착에서 벗어나게 하기 위하여 뗏목의 비유를 설할 것이다. 그대들은 듣고 잘 새겨야 한다—세존이시여, 그렇게 하겠습니다—예를 들어, 수행승들이여, 어떤 사람이 여행을 가는데 큰 물이 넘치는 강을 만났다. 이 언덕은 위험하고 두렵고 저 언덕은 안온하고 두려움이 없는데 이 언덕으로부터 저 언덕으로 가는 나룻배도 없고 다리도 없었다. 그래서 그는 생각했다. '내가 풀과 나무와 가지와 잎사귀를 모아서 뗏목을 엮어서 그 뗏목에 의지하여 두 손과 두 발로 노력해서 안전하게 저 언덕으로 건너가면 어떨까?' 수행승들이여, 그래서 그 사람은 풀과 나무와 가지와 잎사귀를 모아서 뗏목을 엮어서 그 뗏목에 의지하여 저 언덕으로 건너갔다. 저 언덕에 도달하자 그는 이와 같이 생각했다. '이 뗏목을 머리에 이거나 어깨에 메고 갈 곳으로 가면 어떨까?' 수행승들이여, 어떻게 생각하는가? 그렇게 하는 것은 그 사람이 그 뗏목을 제대로 처리하는 것인가?—세존이시여, 그렇지 않습니다.(맛지마니까야, 제1권, 전재성 역주, pp. 447~8)

방편을 염두에 두고 이 구절을 읽는 사람은 누구든지 방편은 이 비유에서 뗏목과 같은 것이라고 생각할 가능성이 있습니다. 또한, 세존이 이 비유를 통하여 전달하려고 하는 바와 같이, 이 비유를 포함한 불교 가르침 전체가 뗏목과 같은 것이라고 생각할 수도 있을 것입니다. 그러나 이 비유에서 방편의 의미를 뽑아내기 위해서는 뗏목으로 비유되는 것은 정확하게 어떤 것이며, 여행자의 경우에 그것을 '머리에 이거나 어깨에 짊어지고' 간다든가 '육지로 예인해 놓거나 물 속에 침수시키고' 간다는 것은 각각 무엇을 뜻하는가를 생각해 보지 않으면 안됩니다. 그렇지 않고 이 비유를 그대로 받아들여, 방편이라는 것은 깨달음을 얻는 데에 필요하며, 일단 깨달음을 얻고 난 뒤에는, '저 언덕으로 건너가고 난 뒤의 뗏목처럼', 버려야 하는 것으로밖에 생각하지 않는다면 그것은 심성-방편의 관계와 수단-목적의 관계 사이에 있는 그 엄청난 차이를 올바르게 존중하지 않는 결과가 될 것입니다. 왜냐하면 뗏목은 저 언덕으로 가는 '수단'이며, 그 목적을 달성하고 난 뒤에는 아무 쓸모가 없는 것이기 때문입니다. 그러나 방편은 수단이 아닙니다. 방편은 심성 또는 진여의 표현이며, 따라서 그것은 심성이나 진여를 포기하지 않는 한, '버릴 수 있는 것'이 아닙니다. 그렇기 때문에, 설사 방편이 뗏목으로 비유될 수 있다 하더라도, '뗏목을 버리는 것'은 보통의 의미에서의 '버리는 것'이 아닌, 특별한 의미로 해석되지 않으면 안됩니다. 그뿐만 아니라, 중생으로서 '저 언덕에 다다르는 것'

은 결코 완전히는 실현될 수 없는, 현재의 수행이 지향해야 할 이상일 뿐이기 때문에, 뗏목에 비유될 수 있는 그것을 완전히 버리는 것 또한 있을 수 없는 일입니다.

사실상, 아함경에서 이 비유가 사용되는 맥락을 살펴보면, 그 '특별한 의미'를 알아내려고 하지 않는 것은 그것을 통하여 전달하려고 하는 세존의 가르침 그 자체를 어기는 것입니다. 어째서 그렇습니까? 거기서 그 비유는 세존의 언설을 자기 마음대로 해석하여, '세존께서 장애라고 설한 것들도 그것들을 수용하는 자에게는 장애가 되지 않는다'는 그릇된 견해를 가지게 된 한 수행승을 경계하면서, 그 언설의 '의미'를 이해하려고 하지 않고 오로지 '남을 비난하거나 논쟁에서 이기기 위하여' 그것을 사용해서는 안된다는 것을 말하기 위하여 사용되고 있습니다. 언설은 의미를 담고 있지만 언설 그 자체가 의미는 아닙니다. 의미는 언설 속으로 파고 들어가서 들추어 내어야 하는 것일 뿐, 언설의 표면에 드러나 있는 것이 아닙니다. 한 마디로, 언설은 의미의 '방편'입니다. 이것을 이해하지 못하고 언설 그 자체에 매달려서 그것을 '남을 비난하거나 논쟁에서 이기기 위하여' 사용하는 것은 비유컨대 강을 건너고 난 뒤에도 뗏목을 머리에 이고 가는 사람과 같습니다. 그리고 그와 마찬가지로 뗏목을 버리는 것은 언설을 그 자체로서 중요시하는 것이 아니라 그것이 손가락질하는 의미를 중요시하는 것을 뜻합니다. 만약 누군가가 뗏목 비유를 듣고 난 뒤에 '방편은, 강을 건너고 난 뒤의 뗏목처럼, 깨달음을 얻고 난 뒤에는 버려야 하는 것이다'라는 것 이상으로 다른 생각을 하지 않는다면, 그 사람은 사실상 뗏목을 머리 위에 이고 가는 사람과 별로 다를 바가 없을 것입니다.

이렇게 생각해 보면, 위의 뗏목 비유는 방편에 관한 첫째 질문—무엇이 방편이 될 수 있는가—에 대답하는 단서라기보다는 차라리 둘째 질문—어째서 그것이 방편이 되는가, 방편이 방편으로서의 기능을 발휘하는 데는 어떤 조건이 필요한가—에 대한 대답을 시사하는 것으로 보는 편이 더 옳을 것입니다. 이 둘째 질문에 답하기 위해서라도 방편으로서의 언설이 가지고 있는 특이한 지위가 인정되어야 할 듯합니다. 언설이 아닌 사물이나 현상의 경우에 그것이 어떤 상황에서 어떤 사람에게 방편으로서의 기능을 발휘할 수 있는가에 관해서는 '마음에 진여자체상이 갖추어져 있어야 한다'는 일반적인 조건을 말하는 것밖에 다른 대답을 할 수가 없을 것입니다. 사람은 누구나 뜻밖의 사물이나 현상에서 '기습적으로' 깨달음을 얻을 수 있으며, 게다가 그 깨달음은 우리가 깨달음을 얻었다는 것을 의식하지도 못하는 상태에서 옵니다. 사물이나 현상이 우리에게 진여를 일깨우는 경우는 걷잡을 수 없이 다양하여 그것을 몇 가지 간단한 규칙으로 요약하기는 전혀 불가능합니다.

그러나 언설의 경우에는 사정이 다릅니다. 여기서 언설이라고 말하는 것은 경전에 적혀 있는 석가모니의 언설뿐만 아니라, 진선미성의 가치를 표현하는, 학교의 교육과정에 전형적으로 나타나 있는 '교육적' 언설도 포함합니다. 교과로 제시되는 언설은 석가모니의 언설과 마찬가지로 처음부터 '표현 이전의 표준'으로서의 진여 또는 심성을 마음속에 심어 주려는 명시적인 의도를 나타내고 있습니다. 그러나 기신론은 물론이요 이 통석에서 시종 강조된 바와 같이, 그러한 언설이 심어 주려고 하는 진여나 심성은 언설로 표현될 수 있는 것이 아닙니다. 진여와 깨달음에 관하여 말할 때, 석가모니는 언설로 표현될 수 없는 것을 표현하는 데에 언설을 차용합니다. 다시 말하여, 석가모니는 언설을 '방편'으로 사용하는 것입니다. 여기서 우리는 이 통석의 첫 부분(제7항목)에서 다룬 '언어의 한계와 가능성' 문제와 또 한번 정면으로 마주 대하게 됩니다. 언설은 성격상 표현 이후의 것을, 또 그것만을 표현하기에 적합하도록 고안되어 있습니다. 이것이 '언어의 한계'입니다. 석가모니든 누구든 간에 진여와 깨달음에 관하여 말하려고 하면, 그 사람은 표현 이후의 것을 표현하는 데에 적합한 바로 그 언설을 사용할 수밖에 없습니다. 그것과는 다른, '표현 이전의 것'을 표현하는 데에 적합한 언설이라는 것이 따로 있을 수 없기 때문입니다. '상념을 버린다'든가 '상념을 떠나서 진여로 돌아간다'는 말은 그 문법 형태로 보면 호주머니에 들어 있는 지갑을 버린다든가 서울을 떠나서 고향으로 돌아간다는 말과 전혀 다르지 않습니다. 그러나 만약 말의 '의미'를 이 후자의 것에 국한한다면, 전자는 '의미 없는 말' 또는 '말이 안되는 말'입니다. 물론, '말이 안되는 말'의 대표적인 예는 '말할 수 없는 것을 말한다'는 말 그 자체에서 찾아 볼 수 있습니다. 만약 이 점을 중요시한다면, 전자의 말에 대해서는, 그것을 말하는 사람이나 듣는 사람 편에 다같이 특별한 태도가 필요할 것입니다. 생각해 보십시오. 석가모니 이후 오늘에 이르기까지 얼마나 많은 사람들이 그런 말을 아무렇지도 않게, 마치 버린다든가 돌아간다는 말의 일상적 의미를 전달하듯이 태연자약하게, 주고 받으면서 그대로 이해된다고 생각해 왔는지 우리는 알지 못합니다.

아함경에서 석가모니가 '가르침의 의미를 추구하지 않는다'는 말로 수행승들을 질책했을 때의 그 '의미'는 언어의 한계 안에 머물러 있는 일상적인 의미가 아니라, 그 일상적 의미가 손가락질하는, 언어의 한계 바깥에 있는 '비일상적인' 의미입니다. 석가모니는 그 일상적 의미를 방편으로 하여, 그것이 닿지 않는 그 너머의 비일상적 의미를 전달하려고 한 것입니다. 그리고 석가모니가 머리에 이거나 어깨에 짊어지고 가지 말고 버리고 가라고 말한 뗏목은 바로 그 일상적인 의미를 가리킵니다. 이와 같이 언어가 표면의 일상적 의미와 이면의 비일상적 의미라는 2중의 의미 구조를 나타내고 있다는 사실은 방편으로서의 언설이 가지고 있는 가능성과 함께 참으로 극복하기 어려운 난점 또는 위험을 보여 주고 있습니다. 사람들은 일상적 의미와 비일상적 의미가 동일한 문법 형태를 취하고 있다고 해서, 후자를 전자로 바꿔치기 하면서 그것으로 비일상적 의미가 이해된 듯한 착각에 빠집니다. 언설이 가지고 있는 원래의 의도가 도외시될 때, 그 언설은 깨달음과는 아무 관련이 없는 다른 목적—'남을 비난하거나 논쟁에서 이기는 것'—에 사용될 수밖에 없을 것입니다. (이 '의미의 2중 구조'는 앞에서 말한 '마음의 중층구조'와 면밀한 대응을 이루고 있습니다. 그리하여 방편으로서의 언설이 가지고 있는 위험을 극복하기 어려운 것은 '상념을 떠나서 진여로 돌아가는' 일이 어려운 것과 완전히 동일하다고 말할 수 있습니다.)

앞에서 저는, 언설 이외의 방편의 경우에, 그것이 방편으로서의 기능을 발휘하는 데에 필요한 조건에 관해서는 '마음에 진여자체상이 갖추어져 있어야 한다'는 일반적인 대답밖에 할 수 없는 것에 비하여, 언설의 경우에는 사정이 다르다고 말하였습니다. 그렇습니다. 아닌게 아니라, 오래 전부터 불교계에서는 방편으로서의 언설에 수반되는 위험을 인식하였고 그것을 극복하기 위한 방안을 여러 방면으로 모색해 왔습니다. 그 가장 명백한 예는 당연히 언설이 사용될 법한 경우에 언설 이외의 다른 표현 방법—예컨대, 고함을 지르거나 따귀를 갈기는 것 등의 '비언어적' 전달 방법—을 사용하거나, 그렇지 않으면 언어를 비일상적인 어법으로 사용함으로써, 그것이 전달해야 하는 비일상적 의미를 극대화하는 것에서 찾아볼 수 있습니다. '부처가 무엇인가'라는 수행자의 질문에 대하여 '부처는 마른 똥 막대기'라는 어느 祖師조사의 대답은 가장 잘 알려져 있는 보기입니다. 사실상, 教外別傳교외별전, 不立文字불립문자, 直指人心직지인심, 見性成佛견성성불(경전에 적혀있는 언설 이외에, 그보다 더 효과적인 가르침의 방법이 있다. 그것은 사람의 마음을 직접 겨냥하여 깨달음을 얻게 하는 방법이다) 이라는 禪宗선종의 四句偈사구게는 언설의 위험을 경계하면서 그것을 극복하는 것이 불교의 으뜸가는 과제임을 나타내고 있습니다.

제가 생각하기에, 선종에서 중요시하는 비언어적 전달과 비일상적 언어 사용은 다같이 언설의 일상적인 의미에 얽매이지 않도록 하는 '소극적인' 방안에 지나지 않습니다. 만약 그러한 방법이 실지로 수행자를 깨달음으로 이끌었다면 그것은 고함이나 '부처는 마른 똥 막대기'라는 말 그 자체 때문이라기보다는 그 이전에 일일이 열거할 수 없는 수많은 다른 경로를 통하여 수행자에게 깨달음을 얻을 수 있는 조건이 갖추어져 있었기 때문일 것입니다. 그 '다른 경로'에는 앞에서 말한 '언설 이외의 방편'과 함께 경전에 적힌 언설—'경전 공부'—도 당연히 포함됩니다. 아니, 그 정도가 아니라, 경전 공부는, 그 방법 여하에 따라서는, 앞의 소극적 방안이 효력을 발휘하는 데에 반드시 필요한 조건을 제공한다는 점에서 '적극적인 방안'이 된다고 말할 수 있습니다. 진여와 깨달음을 직접 표현하는 언설이 일상적 의미로 해석될 위험이 있는 것은 사실이지만, 경전을 읽는 수행자라고 하여 누구나 또 언제나 그 위험에 빠지는 것은 아닐 것입니다. 그렇지 않다면 이때까지 경전을 백 번 천 번 되풀이 읽은 수많은 수행자의 노력은 한꺼번에 헛수고가 되었을 것입니다. 뿐만 아니라, 수행자에게 경전의 언설은 처음부터 '종교의 威光위광—'세존의 말씀'—을 두른 상태에서 제시됩니다. 그렇기 때문에 그 언설은, 바로 옆에 있는 사람이 똑같은 말을 하는 경우와는 달리, 비록 완전히 믿을 수는 없다 하더라도 완전한 부정으로는 치달을 수 없는, '의심섞인 믿음'을 자아낼 수 있을 것입니다.

그 '다른 경로'에 진선미성의 가치를 표현하는 교과의 언설도 포함되겠습니까? 당연히 그렇다고 말해야 할 것입니다. 물론, 학문과 도덕, 예술과 종교에 사용되는 언설은—마지막 종교의 경우를 예외로 치면—'세속적인' 언설이며, 그 점에서 경전에 적혀 있는 '종교적인' 언설과 어떤 점에서는 구분된다고 말해야 할지 모르겠습니다. 그러나 양자 사이의 차이가 과연 기신론에서 말하는 깨달음으로 이끌 수 있는가의 여부에 영향을 미칠 정도로 근본적인 것인가는 별도로 자세하게 따져 보아야 할 문제입니다. 止觀雙修지관쌍수를 다룬 바로 앞 항목에서 저는, 학문과 도덕, 예술과 종교에는 여래의 입김이 들어 있으며, 그런 활동에 종사할 때 우리는 그 여래의 입김을 숨쉬게 된다고 말하였습니다. 예컨대 칸트 철학에 분명히 나타나 있는 바와 같이, 교과의 언설이 표현하는 '세속적' 지식은 여래의 '종교적' 언설이 직접 드러내고자 하는 '표현 이전의 표준'을 전제로 하여 성립하며, 그 지식을 배움으로써 우리는 마음속에 '표현 이전의 표준'을 갖추게 됩니다(통석 말미의 '추기'를 참조하시기 바랍니다). 우선 이 단계에서 분명히 말할 수 있는 것은, 교과의 언설은 그 이면에 '표현 이전의 표준'을 깔고 있다는 점에서, 그리고 언어의 한계 안에 속하는 일상적 의미를 통하여 그 너머에 있는 비일상적 의미를 전달하려고 한다는 점에서 경전의 언설과 차이가 없다는 것입니다. 교과의 언설은 깨달음의 방편으로서의 경전의 언설이 가지고 있는 가능성과 위험을 그대로 간직하고 있습니다. 그리하여 언설의 위험과 그것의 극복은 불교와 교육에 다같이 중요한 과제를 안겨 주고 있습니다. 이것은 다음 항목의 주제입니다.

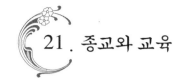

21. 종교와 교육

순전히 관념상으로만 생각하면, 종교와 교육의 관계는 두 가지로 구분해 볼 수 있습니다. 하나는, '종교 교육'이라는 용어가 시사하는 바와 같이, 종교가 교육의 '내용'이 되는 경우의 양자의 관계입니다. 종교와 교육 사이에 이런 관계가 성립한다는 것은 너무나 분명하여 거기에는 특별히 의심할 여지가 없는 듯합니다. 사실상, 교육학에서는 '종교 교육'이 하나의 논의 영역으로 인정되어 왔고, 이 주제와 관련하여 예컨대 종교를 교육내용으로 삼는 것이 과연 타당한가, 만약 그렇다면 그것은 지식이나 예술이나 도덕을 교육내용으로 삼는 경우에 비하여 어떤 특이한 성격을 지니는가 하는 것들이 이론적 논의의 쟁점을 이루어 왔습니다. 그러나 종교와 교육 사이에는 이와는 다른 또 하나의 관계를 생각해 볼 수 있습니다. 그것은 종교와 교육이라는 두 가지 활동의 성격 그 자체에 모종의 동일성이나 유사성이 있는가를 문제삼는 경우의 양자의 관계입니다. 앞의 관계를 '교육 안의 종교'라는 용어로 표현한다면, 이 뒤의 관계는 '종교로서의 교육' (또는, '교육으로서의 종교')이라는 용어로 표현할 수 있을 것입니다. 이 두 가지 관계가 이들 용어의 차이처럼 명확하게 구분되는지는 의문입니다마는, 만약 이 구분을 일단 의미 있는 것으로 받아들인다면, 이 항목에서 관심을 가지는 것은 '교육 안의 종교'가 아닌, '종교로서의 교육'이라고 말할 수 있습니다.

앞의 '교육 안의 종교'라는 관계가 특별히 의심의 대상이 되지 않는 것과는 달리, 이 '종교로서의 교육'은 일단 의심의 대상이 된다고 말할 수 있습니다. 오늘날 우리는 종교와 교육이 기능상으로 구분되는 사회에서 살고 있습니다. 각각은 사찰이나 교회와 학교라는 별도의 기관 또는 제도를 통하여 시행되고 있는 별도의 활동이며, 양자 사이에는 그 두 가지가 모두 인간이 하는 활동이라는 것 이상의 동일성이나 유사성이 있을 것 같지 않은 것입니다. 저는 앞(제17항목)에서 '제도로서의 종교'와 '이념으로서의 종교'를 구분했습니다마는, 종교를 제도로 이해하는 한, 그것은 교육과 구분된다고 볼 수 있을 것입니다. 그러나 우리가 간과하지 말아야 할 중요한 사실은, 인류 역사상 한때는 종교를 떠난 교육은 상상하기 어려울 정도로 양자가 혼연일체로 결합되어 있었다는 것, 그리고 양자가 거의 완전하게 분화되어 있는 오늘날에도 그 흔적이 남아있다는 것입니다. 오늘날에는 점점 그 의미와 중요성이 사라져 가고 있습니다마는, 학교에서 시행되는 여러 가지 儀式의식은 옛날 종교와 교육이 분리되기 이전의 종교적 의식이 세속화된 형태로 바뀐 것이며, 거기에는 여전히 擬似宗敎的의사종교적 의미가 들어 있다고 볼 수 있습니다. 조선 시대만 하더라도 당시의 교육기관인 성균관에서는 명백히 종교적 의식의 성격을 띤 祭禮제례가 정기적으로 시행되고 있었습니다. 또한, 그 반대 편에서 생각하여, 예컨대 불교의 경우에 설법의 한 부분으로, 또는 그것과 별도로 이루어지는 경전의 해설은 그 형태로 보면 학교에서 교과를 가르치는 것과 전혀 다르지 않습니다. 통념상으로 말하면, 경전의 구절이나 교과서에 나와 있는 지식을 해설하는 것은 '가르치는 것'의 거의 유일한 형태입니다. 그리고 이 점에 있어서는 불교뿐만 아니라 다른 종교도 마찬가지일 것입니다.

그러나 문제는 이러한 표면적인 유사성에 있는 것이 아닙니다. 불교와 교육 사이에 그런 표면적인 유사성이 있다는 것을 받아들인다 하더라도, 그것이 곧 '종교로서의 교육' 또는 '교육으로서의 종교'라는 양자의 관계를 확립할 수는 없을 것입니다. 이 관계를 의심하는 사람들은 두 경우에 가르치는 행위를 통하여 전달되는 내용, 그리고 그것이 달성하려고 하는 목적은 완전히 다르다고 생각할 것입니다. 말하자면 그들은 종교는 '제도' 이상으로 그 '이념'에 있어서 교육과 다르다고 생각하는 것입니다. 그리고 그들의 이러한 생각은 바로 교과가 방편으로서의 지위를 가질 수 있다는 것을 의심하고 부정하는 것입니다. 그러므로 '종교로서의 교육' 또는 '교육으로서의 종교'라는 용어로 표현되는 양자의 관계를 확립하기 위해서는 우선 그 의심과 부정의 근거가 얼마나 타당한가를 검토해 보아야 할 것입니다. 나중에 말해야 할 것을 미리 앞당겨 말하자면, 종교와 교육이 그 이념에 있어서 차이가 있다는 식의 사고방식은 종교와 교육을 다같이 그릇되게 이해하는 데서 빚어지며, 나아가서는 양자에 관한 올바른 이해를 가로막는 장애가 되는 것입니다.

종교에서 가르치는 내용과 교육에서 가르치는 내용이 완전히 다른 것으로 생각된다면 그 이유는 어디에 있겠습니까? 짐작컨대 그것은 일차적으로, 학교에서 가르치는 과학과 수학, 문학과 역사에는 기신론에서 말하는 여래와 깨달음, 또는 기독교의 神신이나 구원의 개념이 등장하지 않는다는 사실 때문일 것입니다. 그러나 이것은 종교와 교육이 내용 면에서 구분된다고 말할 근거가 된다기보다는, 오히려 그 두 가지가 동일하다고 볼 근거가 됩니다. 어째서 그렇습니까? 학교에서 가르치는 교과에 그런 '종교적 개념'이 등장하지 않는 것은 사실이지만, 그와 마찬가지로 과학에 등장하는 열, 에너지 등의 개념은 그밖의 다른 교과에는 등장하지 않습니다. 사실상, 예술과 도덕을 포함하여, 학교의 교과에 들어 있는 여러 분야의 '지식'은 각각 그것을 구성하는 핵심 개념과 탐구 방법에 의하여 서로 구분됩니다. 교과로서의 예술과 도덕이 과학과 구분되는 것은 거기에 열이나 에너지 대신에 美미와 예술 감상, 도덕적 선과 의무 등의 개념이 사용되기 때문입니다. 이러한 핵심 개념과 그것에 관한 탐구 방법이 바로 그 교과의 '내용'입니다. 이렇게 생각해 보면, 여래와 깨달음을 핵심 개념으로 하는 '종교적 지식'이 교과의 지식과 다르다고 말하는 것은 예컨대 과학적 지식이 도덕적 지식과 다르다는 것 이상의 의미를 지닐 수 없습니다. 그것은 종교적 지식을 포함한 교과 지식들이 서로서로 다르다는 것을 보여줄 뿐이며, 종교적 지식이 그밖의 교과 지식들을 합친 것과 '범주적으로' 구분된다는 것을 보여주는 것은 아닙니다.

물론, 이 점을 인정하더라도 여전히 의심의 여지는 남아 있습니다. 즉, 종교적 지식은 그밖의 다른 지식이 '세속적 목적'을 추구하는 것과는 달리 '종교적 목적'을 추구한다는 것입니다. 아마 이것이 교과에 방편으로서의 지위를 거부할 결정적인 근거가 된다고 볼 수 있을 것입니다. 그러나 생각해 보십시오. 종교적 지식을 제외한 다른 교과 지식들이 추구한다는 '세속적 목적'이라는 것은 과연 어떤 것이며, 그 교과들이 그러한 '세속적 목적'을 추구한다는 것은 과연 얼마나 확실한 근거를 가지고 있습니까? 한때 종교와 교육이 불가분의 관계로 결합되어 있었다는 역사적 사실은 교육의 의미에 하등의 영향을 미칠 수 없는 것이겠습니까? 아닌게 아니라, 서양의 중세 이후에 점점 두드러지게 나타난 바와 같이, 교육과 종교가 분화하는 과정에서 교과는 점점 더 '실용적'―또는 '세속적'―목적을 추구하는 것으로 이해되어 왔습니다. 그러나 심지어 오늘날에도, 만약 우리가 교육은 세속적 목적을 추구하며 그 점에서 종교와는 구분된다고 막연하게 생각하는 대신에, 학교에서 가르치는 교과를 세밀히 조사하면서 그 중에서 과연 어떤 내용이 어느 정도로, 또 어떤 점에서 '세속적' 목적을 추구하는가를 따져 본다면, 이 문제에 대한 판단은 반대로 내려질 것이 분명합니다. 학교의 교과 중에 명백히 실용적 목적을 위한 내용이 포함되어 있는 것은 사실이지만, 그것은 극히 사소한 예외일 뿐이며, 대부분의 교과는 무엇이 옳으며 착하며 아름다운가―그리고 때로는 거룩한가―를 탐구하는 내용으로 되어 있습니다. 그리고 교육의 내용이 진선미성의 가치를 추구하는 한, 그것은 종교가 추구하는 '종교적 목적'과 다른 것을 추구한다고 말할 수는 없을 것입니다.

그와 반대로, 만약 종교와 교육이 '종교적 목적'과 '세속적 목적'이라는 용어가 시사하는 만큼이나 상이한 목적을 추구한다면, 우리는 참으로 기이한 삶을 살고 있다고 말할 수밖에 없습니다. '세속적 목적'을 어떤 뜻으로 이해하든지 간에, 기신론의 용어로 말하자면, 그것은 '진여로 돌아가는 것'과는 반대 방향으로 상념에 머물러 있거나 아니면 더욱 맹렬하게 상념으로 치닫는 것을 의미한다고 말할 수 있습니다. 종교도 교육도 모두 하나 뿐인 우리의 삶 속에서 일어나는 활동인 만큼, 그 두 가지가 그와 같이 상이한—또는 '상반된'—목적을 추구한다는 것은 곧 우리의 삶이 두 쪽으로 갈라져서 한 쪽이 하는 일을 다른 쪽이 무효화한다는 것을 인정하는 셈이 됩니다. 그렇게 되면, 종교는 우리의 삶에 아무런 실질적인 영향력을 발휘하지 못하고, 기껏해야 그 위에서 겉도는 장식물에 지나지 않는 것으로 되고 말 것입니다. 우리의 삶이 반 동강이 아닌 온전한 것이 되려면, 종교도 교육도, 심지어 명백히 실용적인 성격을 띤 활동까지도 한 가지 동일한 목적을 추구해야 합니다. 기신론의 '진여용'은 바로 삶의 이러한 모습을 나타내는 개념입니다.

모르기는 해도, 종교와 교육이 동일한 목적을 추구한다는 것을 믿지 못하는 사람들은 교과의 의미, 그리고 교과를 배우는 것의 의미를 자신이 배운 수준에서, 자신이 배운 방법을 따라 이해하면서, 그것을 자신이 어쩌다가 알게 된 종교의 의미와 비교한다고 말할 수 있을 것입니다. 그러나 그것이 교과와 교과를 배우는 것의 '의미'—또는 '의미'의 전부—가 될 수는 없습니다. 그들은 자신이 배운 그것이 원래 어떤 것이며, 그것을 배우는 동안 그들의 마음에 무슨 일이 일어났는지 알지 못합니다. 만약 그들이 자신의 한정된 경험에 얽매이지 않고 교과의 '개념'과 교과를 배우는 일의 '개념'을 파악할 수 있다면, 그들은 기신론에서 방편의 개념을 뒷받침하고 있는 여러 가지 설명들—굵은 마음과 가는 마음, 그것을 중심으로 한 정법 훈습과 염법 훈습에 관한 설명, 그리고 이 설명을 처방의 맥락에서 되풀이 한 다섯 가지 수행에 관한 설명—이 교과의 의미와 교과를 배우는 것의 의미를 이해하는 데에 그대로 적용된다는 것을 알게 될 것입니다. (교과에 관한 그들의 경험은 교과의 '개념'이 각자의 특이한 상황에서 표현된 '사례'에 지나지 않습니다. 그 사례로부터 개념을 이끌어 내는 데는 불교의 깨달음에 필적하는 길고 험난한 노력이 필요합니다.) 교과의 지식은, 기신론에서 말하는 '상념'과 마찬가지로, 진여의 표현이며, 마음이 진여로 향하게 되는 데에 의지할 수 있는 가장 중요한, 또는 심지어 유일한 발판입니다. 이 발판에 의지하지 않고 깨달음을 얻을 수 있다고 생각하는 것은, 知訥지눌의 말대로, '땅을 떠나서 일어서려고 하는 것'처럼 원칙상 불가능합니다.

그러나 그것은 어디까지나 발판이며, 그것에 의지하여 마음을 진여로 향하도록 하는 데에는 특별한 주의와 노력이 필요합니다. 사실상, 언설에 얽매이는 데에 따르는 위험은 불교에 못지않게 교육에도 심각한 문제로 대두되며, 동서양을 막론하고 교육에서는 역사적으로 오랜 기간 동안 이 문제를 인식하고 그 해결 방안을 모색해 왔습니다. '교육의 방법'이라는 것은 근본적으로 이 문제를 해결하는 데에 초점이 맞추어져 있었다고 말해도 과언이 아닙니다. 서양의 용어로 '言語主義'언어주의와 '맹목적 암기', 그리고 중국의 유학 또는 性理學성리학에서 말하는 '佔畢'점필은 다같이 교과의 지식을 그 '의미'와는 무관하게 오로지 그것을 표현하고 있는 언설로만 배우는 행위와 그 결과를 가리키는 용어입니다. 언어주의와 점필에서 벗어난 상태를 가리키는 용어는 각각 '內面化'내면화와 '自得'자득입니다. '내면화'는 교과의 지식이 학생의 바깥에 언설로 남아 있는 것이 아니라 학생의 '몸 안'에 들어 간다는 것을 뜻하며, '자득'은 언설이 언설로서의 형태를 잃어버리고 학생 자신의 '마음'으로 되는 것을 뜻합니다. 물론, 학생의

'몸 안에 들어간다든가 학생 자신의 '마음'으로 된다는 것은 비유적인 표현입니다. 이 비유적인 표현을 보다 덜 비유적인 설명으로 바꾸는 것은 교육학의 이론적 과제입니다. 그리고, 제가 보기에, 기신론의 이론적 설명은 그 과제를 해결하는 데에 가장 직접적이고도 중요한 단서를 제공해 줄 수 있습니다.

얼른 생각하면, 불교에서의 언설의 위험과 교육에서의 언설의 위험은 그 성격이나 종류가 다른 것처럼 생각될지 모르겠습니다. 앞에서 말한 바와 같이, 불교에서의 언설의 위험은 언어의 일상적인 어법을 그것이 적용될 수 없는 곳에 '차용'하는 데서 빚어지는 것입니다. 이 경우에 사람들은 그 일상적인 어법의 이면에 들어 있는 비일상적인 의미를 보지 못하고 그것을 일상적인 의미로 바꾸어 버릴 위험이 있습니다. 여기에 비하면, 교과의 언어는 훨씬 직접적으로 일상적 의미를 표현한다는 느낌이 들 수 있는 것입니다. 그러나, 첫째로, 교과의 언어는 일상적 의미를 직접 표현한다는 이 생각이 얼마나 타당한지는 의문입니다. 제가 보기에, 우리가 이런 생각을 하게 되는 것은 아주 어렸을 때부터 교과의 언어에 접하면서 그것에 익숙해진 나머지, 그것이 그야말로 '일상적 의미'를 전달하는 것처럼 되어 버렸기 때문입니다. 가장 알기 쉬운 예로 '빛은 직진한다'는 과학적 지식을 두고 생각해 봅시다. '빛은 직진한다'는 이 말은 겉으로 보아서는 자동차가 직진한다는 것과 하등 다를 바 없지만, 그 '의미'는 완전히 다른 것입니다. 곧게건 굽게건 빛이 어떻게 '나갈' 수 있겠습니까? 기신론의 문장 하나하나를 읽을 때마다 '응, 그렇지, 그렇지' 하고 읽어서는 아무 것도 이해하는 것이 없는 것과 마찬가지로, '빛은 곧게 나간다'는 말이나 '물은 수소와 산소로 되어 있다'는 말을 '응, 그렇지, 그렇지' 하고 받아들여서는 아무 것도 이해하는 것이 없습니다. 빛은 그냥 환한 빛일 뿐, 어떻게 '곧게 나가며', 물은 몸을 씻고 꽃밭에 뿌리는 그냥 물일 뿐, 수소건 산소건 아니면 그밖의 어떤 것이든지 간에 도대체 어떻게 '무엇인가로 되어 있을' 수 있겠습니까?

믿기 어려울지 모르지만, 학교에서 교과로 가르치는 지식은 거의 전부가 이와 같이 '비일상적 의미'를 전달하는 언어로 되어 있습니다. 아니, 사정은 오히려 그 반대로, 학교에서 그것을 교과로 삼는 이유가 바로 그것이 '비일상적 의미'를 전달한다는 데에 있다고 말해야 합니다. 생각해 보십시오. 우리가 초등학교에서 교과 지식을 처음 접하였을 때, 학교에서 선생님이 가르쳐 주시는 지식을 배웠을 때, 그리고 집에 와서 숙제를 하려고 책을 펼쳤을 때, 그때 우리 눈앞에 전개되던 것이 과연 '일상적 의미'의 세계였겠습니까? 물론, 그때는 일상적 의미, 비일상적 의미가 무엇인지도 몰랐고, 또 그때의 경험이 오랜 망각 속에 묻혀 버렸겠지만, 만약 우리가 지금 이 시점에서 그때의 기억을 되살려낼 수 있다면, 그 세계는 길거리나 놀이터에서는 상상조차 할 수 없는, 완전히 다른 세계였다는 것을 알게 될 것입니다. 학교가 길거리나 놀이터와 다른 이유는 학교에서는 교사와 학생 사이에 그들만이 알아듣는 '비밀 이야기'가 오간다는 데에 있습니다. 그와 마찬가지로, 그러한 '비밀 이야기'가 오가는 곳이라면 시장 한복판도 학교가 될 수 있습니다. 초등학교 교실에서 교사의 입을 통하여 전달되는 언어는, 그것이 교사의 입을 통하여 전달된다는 사실 그 자체로 말미암아, 중생을 향한 여래의 말과 마찬가지로, 특별한 무게와 의미를 가진 것으로 비쳤을 것임에 틀림없습니다. 그리고 만약 그 이후의 교과 공부가 웬만큼 소기의 성과를 거두었다면, 그것은 오직 그 언어가 보여 주려고 했던 '비일상적 의미'가 점점 더 뚜렷하게 우리 마음속에 자리잡게 되었을 때일 것입니다.

그뿐만이 아니라, 둘째로, 설사 불교와 교육에 있어서 언설의 위험이 성격상 약간의 차이를 나타낸다고 하더라도, 그 위험이 극복된 상태, 다시 말하여 언설이 그 원래의 목적을 달성한 상태—내면화와 자득의 상태—에 있어서는 두 경우에 전연 차이가 없습니다. (물론, 그 위험이 '완전히' 극복된 상태는 현실적으로 도달할 수 있는 상태가 아닌, 지향해야 할 이상입니다.) 불교에서 언설로서의 방편이 실현하고자 하는 심성은, 진여와 마찬가지로, 이 세상의 모든 좋은 것을 그 중의 어느 것도 아닌 '무형태로' 압축해 있으면서 모든 좋은 것으로 표현되는 '표현 이전의 표준'을 가리킵니다. 교과의 언설이 언설로서의 형태를 잃어버리고 학생의 '마음'이 된다고 할 때의 이 '마음'은 필경 그와 같은 '표현 이전의 표준'으로서의 심성과 다른 것이 될 수 없습니다. 일단 그 표준이 마음 속에 갖추어지면— 또는 보다 정확하게 말하여, 마음이 그 표준으로 되고 나면—거기서 우러나오는 생각과 말과 행동은, 70세의 孔子공자처럼, '법도에 맞지 않는 것이 없게' 될 것입니다. 물론, 우리는 누구도 공자처럼 되어 있지는 않습니다. 그러나 또한, 우리는 누구도 공자와 완전히 다르다고 말할 수는 없습니다. 우리는 때로 그 표준에 어긋나는 행동을 하고 또 그 때문에 반성과 후회를 하면서 살아가고 있지만, 우리 마음 속에 그러한 표준이 있다는 것은 부정할 수 없습니다. 교과의 의미와 교과를 배우는 것의 의미를 생각해 본다면, 그 표준은 일차적으로 교과 공부를 통하여 심어진 것이라고 말해야 할 것입니다.

다음 항목에서는 불교 수행과 교과 공부를 삶의 자세와 관련지어 생각해 보겠습니다. 그러나 그에 앞서, 불교 수행과 교과 공부가 동일한 목적을 추구한다는 위의 말에 뒤이어 제기될 수 있는 한 가지 의문에 대하여 저의 의견을 말해 보겠습니다. 그 두 가지가 동일한 목적을 추구한다는 말을 들을 때, 어떤 사람은 그것을 종교와 교육이 불필요한 중복을 나타낸다는 뜻으로 해석하면서, 그 중의 어느 한 가지는 없어도 좋은 것이 아닌가 하는 의문을 제기할지 모릅니다. 한 마디로 말하여, 저는 이런 종류의 의문에는 관심이 없습니다. 저는 종교와 교육이 '불필요한 중복'을 나타낸다고 생각하지도 않을 뿐더러, 그 중의 어느 한 가지는 없어도 좋다는 생각은 꿈에도 하지 않습니다. 도대체 종교와 교육은 누군가가 없애고 싶다고 해서 없앨 수 있는 그런 것이 아닙니다. 비록 두 가지가 '심성 함양'이라는 동일한 목적을 추구한다고 하더라도, 각각은 그 목적을 추구하는 고유의 방식을 가지고 있는 것입니다. 종교적 신앙을 가지고 싶지 않은 사람은 가지지 않으면 그만이며, 다른 사람에게까지 그것을 가지지 말라고 할 이유는 없는 것입니다. 물론, 그 반대로, 종교적 신앙을 가지고 있지 않은 사람이 단순히 종교적 신앙을 가지고 있지 않다는 점 때문에 편견을 받는 일은 없어야 할 것입니다.

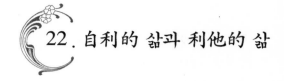

22. 自利的 삶과 利他的 삶

이 통석의 맨 처음 서론 부분에서 저는 기신론을 왜 읽어야 하며 무엇을 읽어야 하며 어떻게 읽어야 하는가를 말하였습니다. 거기서 저는, 기신론에 적혀 있는 말들은 결국 우리가 사는 삶은 어떤 것이며 그런 삶을 사는 우리 자신은 어떤 존재인가를 보여 주기 위한 것이라고 말하였습니다. '삶'과 '사람'은 서로 다른 것이 아닙니다. 서양 철학자들의 용어를 써서 말하자면, 自我자아와 世界세계는 별개의 것이 아니라, 세계를 채우고 있는 내용 그것이 곧 자아의 내용입니다. 이때까지 저는 저의 능력이 미치는 한도 내에서 기신론이 보여 주려고 하는 삶과 사람이 어떤 것인가를 설명하였습니다. 제가 이 일에 조금이라도 성공을 거두었다면, 이 통석을 읽은 독자는 기신론이 그냥 '불교 문헌'이 아니라 우리의 삶과 사람을 기술한 '삶의 논술'임을 느낄 수 있었을 것입니다. 기신론의 사상적 특이성과 위대성은 바로 그것을 기술하는 관점이 특이하고 위대하다는 데에 있습니다. 그리고 그 관점은 말할 필요도 없이 '불교적 관점'입니다.

위의 느낌을 받은 독자라면 누구든지 기신론은 삶을 가장 '근본적인' 수준에서 기술한다는 것을 느낄 수 있었을 것입니다. 가령 삶을 하나의 공과 같은 것으로 생각해 볼 때, 기신론이 기술하는 것은 그 공의 핵심에 해당합니다. (결코 간과되어서는 안될 중요한 사실은, 여기서 '삶'이라는 것은 우리 각자의 삶을 가리킨다는 것입니다. 우리 각자의 삶 이외에 그것들을 모두 합친 '큰 삶'이 따로 있다고 생각하는 것은, 자아와 세계의 관계를 그릇에 가득 담긴 좁쌀과 같은 것으로 생각하는 것과 마찬가지로, 불합리합니다.) 우리가 '삶'이라고 부르는 것, 즉 우리의 삶 속에서 일어나는 모든 사건과 현상은 그 공의 핵심이 바깥으로 표출된 것이며, 그 점에서 그 핵심 속에 그대로 들어 있다고 말할 수 있습니다. 그렇기 때문에 기신론의 기술에서 우리의 삶을 읽어내기 위해서는 그것을 우리가 나날이 당면하고 있는 여러 사건과 현상으로 바꾸어 이해하지 않으면 안됩니다. 그러나 기신론의 근본적인 기술과 그것의 최말단적인 표현 사이에는 상당한 거리가 있어서 그것을 좁히거나 메우는 일은 말처럼 쉬운 것이 아닙니다. 그리고 그것을 좁히거나 메울 수 없을 때, 기신론은 단순히 우리가 이해할 수 없는 심오한 秘義비의를 적어 놓은 책으로 여겨질 수밖에 없습니다. 기신론이 바로 우리 눈 앞에서 벌어지고 있는, 또는 바로 우리 마음 속에서 일어나는 일을 기술하고 있다는 사실이 대부분의 독자에게 얼른 받아들여지지 않는 것은 오히려 당연한 것입니다.

기신론의 기술을 삶의 세부적인 사건이나 현상으로 바꾸어 이해하는 그 일은 궁극적으로 독자 개개인에게 맡겨질 수밖에 없습니다. 삶 속에서 일어나는 사건과 현상은 끝없이 다양하고 복잡하여, 그 모든 것을 가장 세부적인 수준에 이르기까지 자세히 기술하는 것은 그야말로 여래나 신과 같이 초인적인 능력을 가진 사람이 아니고는 그 누구도 할 수 없습니다. 우리가 삶에서 겪는 일은 개인에 따라 천차만별일 것이기 때문에, 그 누구도 삶을 사는 당사자를 대신하여 기신론의 기술을 삶의 구체적 현실과 관련지어 이해하는 그 일을 해 줄 수는 없을 것입니다. 만약 저에게 그런 능력이 있다면, 저는 기신론의 기술이 우리의 삶이나 우리 자신과 동떨어진 것이 아니라 바로 그것을 보여 준다는 것을 모든 독자에게 충분히 납득시킬 수 있을 것입니다. 그러나, 물론, 이것은 저의 悲願비원에 불과합니다. 그렇기는 해도, 저는 통석의 이 마지막 결론 부분에서 기신론의 내용을 '自利的자리적 삶'과 '利他的이타적 삶'이라는 두 가지 삶의 자세와 관련지어 해석해 보고자 합니다.

널리 알려져 있는 바와 같이, 여기에 사용된 '자리'와 '이타'라는 용어는 불교 수행의 두 가지 방향을 나타내는 自利行자리행과 利他行이타행에서 빌어온 것입니다. '다섯 가지 수행 방법'과 관련지어 말하자면, 施門시문은 이타행의 전형적인 형태이며 止觀門지관문은 자리행의 전형적인 형태입니다. (그밖의 戒門계문, 忍門인문, 進門진문의 경우는 어느 한쪽으로 정확하게 구분되기 어렵습니다. 그러나 그렇다고 하더라도 자리행과 이타행의 구분 자체가 무디어지는 것은 아닙니다.) 보통의 경우에 '이타'에 대비되는 것은 '利己'이기일 것입니다마는 불교 수행의 방향을 나타내는 말로 '이기행' 대신에 '자리행'이라는 용어를 쓰는 데는 특별한 이유가 있을 것입니다. '이기'와 '자리'는 그 造語形式조어형식에 있어서 명백한 차이를 나타내고 있습니다. 利己에서 己는 利(이롭게 하다)라는 동사의 목적어인 반면에 自利에서 自

는 그 동사의 주어로 되어 있습니다. 이 차이를 고려한다면 '이기'는 다른 사람과의 관계를 개입시키는 경우의 '자신을 이롭게 하는 것', 좀 더 노골적으로 말하여, 다른 사람에게 해를 끼치면서 자신을 이롭게 하는 것을 뜻하는 반면에, '자리'는 다른 사람과의 관계를 개입시키지 않는 경우의 '자신을 이롭게 하는 것'을 뜻합니다. 다시 말하여 '이기'는 '이타'와 개념상 모순되는 데에 비하여 '자리'는 그렇지 않습니다. (여기서 '개념상' 모순된다는 말은, '사실상'으로는, 이기적인 행동이 다른 사람에게도 이로움을 주는 경우—'너 좋고 나 좋은' 경우—가 있을 수 있다는 것을 나타냅니다. 그러나 이것은 원래 이기적인 동기에서 빚어진 행동이 그 부산물로 이타적인 결과를 가져오게 되는 경우에 해당합니다.)

자리행을 위와 같이 '다른 사람과의 관계를 개입시키지 않는 경우의 자신을 이롭게 하는 수행'으로 규정하는 것에 관해서는 좀더 생각해 볼 점이 있습니다. 우리가 사는 이 세상을 염두에 두고 생각해 볼 때, '다른 사람과의 관계를 개입시키지 않는 삶'이라는 것은 있을 수 없습니다. 아무리 외딴 섬이나 깊은 산 속에서 '혼자' 사는 사람이라 하더라도 살아가는 한, 어떤 방식으로든지 다른 사람과 관계를 맺을 수밖에 없습니다. 그렇기 때문에 만약 '다른 사람과의 관계를 개입시키지 않는 경우의 자신을 이롭게 하는 수행'이라는 것이 있을 수 있다면, 그 수행의 결과는 반드시 다른 사람과의 관계에서 나타나야 할 것입니다. 이 점은 필연적으로 자리행과 이타행의 관련 문제를 제기합니다. 앞에서 저는 자리행과 이타행이 각각 止觀門지관문 수행과 施門시문 수행으로 대표된다고 말하였습니다. 그러나 이하의 설명에서 알 수 있는 바와 같이, 자리행과 이타행의 관련 문제는 단순히 지관문 수행이 결국 시문 수행으로 나타나야 한다는 당위를 내세우는 것으로 간단하게 해결될 수 있는 것이 아닙니다. 그 문제는 우리에게 자리행과 이타행이라는 용어가 시사하는 두 가지 상반된 방향의 삶의 자세—자리적 삶과 이타적 삶—가 각각 우리의 삶에서 어떤 의미를 지니며 또한 그 사이에는 어떤 관련이 있을 수 있는가 하는 근본적으로 중요한 문제를 제기합니다.

우선, 자리적 삶과 이타적 삶이 각각 어떤 것인지 생각해 보겠습니다. 삶을 산다는 것이 어떤 것인가 하는 질문을 염두에 두고 우리 자신이나 주위의 사람들이 살아가는 모습을 살펴볼 때 가장 표면에 두드러지는 사실은, 사람은 대체로 가정을 꾸려 나가면서 직업을 가지고 살아간다는 것입니다. 이것은 너무나 명백하여, 이것 이외에 따로 삶이라는 것이 있을 수 있는가가 의심스러울 정도입니다. 물론, 종교적인 이유나 그밖의 이유에서 독신으로 살아가는 사람 또는 직업을 가지지 않고 살아가는 사람도 있지만, 이것은 어디까지나 특별한 이유에서 또는 일시적으로 발생하는 예외적인 경우에 속합니다. 적어도 가정생활과 직업생활이 삶의 전형적인 형태인 것은 분명합니다. 그런데 자리적 삶과 이타적 삶의 구분에 비추어 보면 가정생활과 직업생활은 거의 전부가 '남을 이롭게 하는' 삶, 즉 이타적 삶입니다. 다시 말하여, 우리가 매일매일 살아가고 있는 삶은 그 전형적인 형태에 있어서는 이타적 삶입니다.

사람은 누구나 이타심보다는 이기심을 더 많이 가지고 있다든지 이타적인 행위보다는 이기적인 행위를 더 많이 한다는 것이 우리의 일상적 관찰이고 보면, 위의 말은 터무니없는 거짓말로 들릴지 모르겠습니다마는, 조금만 생각해 보면 전혀 그렇지 않다는 것을 알게 됩니다.

가령 직업생활을 두고 생각해 봅시다. 예컨대 농사짓는 사람이 질좋은 쌀이나 채소를 생산하는 것은 오로지 자신이 먹기 위함이 아니요, 전자 제품 생산 공장에서 일하는 사람은 오로지 자신이 쓰기 위하여 우수 제품을 생산하지 않습니다. 운수업에 종사하거나 헬쓰 클럽을 경영하는 사람 또한 자신의 짐을 실어나르기 위하여, 자신의 건강을 증진시키기 위하여 직업생활을 하지 않습니다. 물론, 사람들은 이런 일을 한 대가로 봉급을 받거나 이윤을 남겨 그것으로 자신의 생계를 유지하고 때로는 여가를 즐기지만, 이것은 그들의 직업생활과 동떨어진 또 하나의 삶이 아니라 직업생활과 연속선을 이루는, 보다 나은 직업생활을 위한 준비에 지나지 않습니다. 또한, 직업생활을 하는 동안에 사람들은 이따금 뉴스에 보도되듯이, 예컨대 과일에 색소를 주사한다든지 질 나쁜 제품으로 과대 광고를 하여 폭리를 남기는 등, 거의 범죄 행위에 해당하는 비도덕적인 행위를 하기도 하지만, 이것은 그들이 원래 살아야 할 이타적 삶을 잘못 사는 경우일 뿐이며, 그들의 그러한 행위가 직업생활의 이타적 성격을 바꾸어 놓는 것은 아닙니다. 가정생활 또한 이것과 다르지 않습니다. 가정생활이라는 것은 그 핵심에 있어서는 자녀를 양육하여 독립적인 생활을 할 수 있도록 보살피는 것과 노인들을 부양하는 것을 뜻합니다. 가정생활에서도 때로 사소한 이해관계나 감정문제로 불화와 반목이 생기는 경우가 전연 없는 것은 아니지만, 이것이 가정에서의 삶이 본질상 이타적 삶이라는 점에 영향을 미치지는 않습니다.

이타적 삶이 어떤 것인가 하는 것은 그 삶에 성공한 경우에 더욱 명백히 드러납니다. 가정생활이나 직업생활에서 가족 구성원이나 국민 전체의 삶을 위하여 위대한 '이타적' 업적을 이룬 사람은 스스로도 자신의 삶에 만족과 긍지를 느끼고 다른 사람들로부터도 존경을 받습니다. 그 중에서 출중한 사람은 역사에 이름을 남기기도 합니다. 이 정도의 삶을 살았다면 그 사람은 그야말로 '모범적인' 삶을 산 사람입니다. 그러나 그 정도는 아니더라도, 도덕적인 면에서 남의 지탄을 받지 않고 가정생활과 직업생활을 원만하게 영위한 사람이라면 그는 잘 산 것이며 좋은 삶을 산 것이라고 말할 수 있습니다. 다시 한번 강조합니다마는, 이것이 삶의 전형적인 모습입니다. 앞에서 말한 일부 예외적인 경우까지 포함하여, 우리들 중에 그런 이타적 삶을 떠나서 그것과는 다른 삶을 살 수 있는 사람은 아무도 없습니다. 산다는 것은 바로 그런 것이며, 우리가 우리의 자녀나 다른 사람들이 '잘 살아' 주기를 바랄 때 우리가 염두에 두고 있는 것 또한 바로 그러한 삶입니다. 그렇기 때문에 삶의 의미를 이것과는 다른 방식으로 파악할 가능성은 전연 없는 것처럼 생각되는 것도 무리가 아닙니다.

그러나 이타적 삶이 삶의 의미를 파악하는 유일한 관점이겠습니까? 그것과는 다른 방식으로 삶의 의미를 규정할 수는 없겠습니까? 이 질문에 대답하는 손쉬운 방법이 한 가지 있습니다. 그것은 이타적 삶을 살 능력도 필요도 없게 된 노인, 또는 흔히 말하듯이, '세상에는 쓸모없게 된' 노인의 경우를 생각해 보는 것입니다. 가령 평생토록 이타적 삶을 살아왔고 또 삶의 의미를 순전히 이타적 삶으로만 생각해 온 노인이 있다고 합시다. 이제 그 노인은 가정에서 자녀를 양육하는 일도 모두 성공적으로 마쳤고 직업생활에서도 은퇴를 했습니다. 그 노인은 무엇을 하면서 살아야 합니까? 또는, 흔히 말하듯이, 무엇으로 '소일'해야 합니까? 이따금 우리 주위에서 목격되는 바와 같이, 실지로 그와 비슷한 처지에 놓여 있는 노인들 중에는 스스로 '세상에는 쓸모없게 되었다'는 느낌을 지워버리기라도 하듯이 이때까지 살아온 이 타적 삶을 계속하려고 이런저런 일을 하는 사람이 있지만, 그의 '이타 행'은 오히려 젊은 사람들의 일에 방해가 될 뿐입니다. 그는 '혼자서 는'―즉, 다른 사람과의 관계를 개입시키지 않고서는―아무 것도 할 수 없습니다. 그가 혼자서 할 수 있는 일은 그 범위나 의의가 극히 제 한된 '여가 활동'뿐입니다. 이것이 그 노인의 삶, 그가 원해서가 아니 라 그에게 강제로 떠맡겨진 삶입니다. 오로지 제한된 여가 활동으로 시간을 보내야 하는 삶―실지로 그런 삶을 살아 본 일이 없는 사람에 게는 다르게 생각될지 모르지만, 과연 그것도 삶이라고 부를 수 있을 지는 의문입니다.

그러나 만약 예의 그 노인이 그 동안 이타적 삶을 사는 한편, 그것 과는 다른 자리적 삶―다른 사람과의 관계를 개입시키지 않는 경우의 '자신을 이롭게 하는 삶'―을 살아왔고 그 결과로 자리적 삶이 어떤 것이며 그러한 삶을 살기 위해서는 어떻게 해야 하는지를 안다고 생각 해 보면 사정은 달라집니다. (이타적 삶은 누구나 살아야 하는 삶인 만 큼, 이타적 삶을 살지 않고 자리적 삶만 산다는 것은 원칙상 있을 수 없습니다.) 이제 그 노인이 살 수 있고 또 살아야 하는 삶은 다른 사람 의 삶에 방해가 되거나 불필요한 간섭을 하지 않고 혼자서도 살 수 있 는 삶, 그리고 그 결과가 자신에게 '이익'이 되는 삶입니다. 이 자리적 삶은, 불교에서 말하는 자리행과 마찬가지로, 止觀門지관문 수행이 실현하고자 하는 삶이며, 차라리 지관문 수행 그 자체입니다. 앞에서 저는, 지관문 수행은, 종교와 교육의 차이를 감안한다면, 그 내용에 있 어서 학교의 교과 공부와 다름이 없다고 말하였습니다. 말하자면 불교 의 지관문 수행은 교과 공부를 종교적 수행의 형태로 정련한 것에 해당합니다. 지관문 수행과 교과 공부는 다같이 '心性涵養'심성함양—
즉, 학문과 도덕, 예술과 종교에 가능한 한 깊이 입문함으로써 그 이면
에 들어 있는 심성을 우리 자신의 것으로 만드는 데에 목적을 두고 있
습니다. 그렇기 때문에 자리적 삶은, 간단하게 말하여, '교과를 공부하
면서 사는 삶'—즉, 교과를 공부하는 것—을 가리킨다고 말할 수 있습
니다.

　　심성함양은 우리 자신의 마음을 아름답게 가꾸는 일인 만큼 어느
누구도 아닌 우리 자신에게 '이익'이 되며, 그 일은 다른 사람이 나를
대신해 줄 수 없을 뿐만 아니라 다른 사람에게 해를 끼치거나 다른 사
람의 삶에 방해가 되지도 않습니다. 그것은 그야말로 '다른 사람과의
관계를 개입시키지 않고 자신을 이롭게 하는' 것입니다. 물론, 여기서
이롭게 한다든가 이익이 된다고 말할 때의 '이익'은 '남을 이롭게 한
다'(利他)는 말에서의 '이익'과는 다른 특별한 의미를 지니고 있습니
다. 구태여 말하자면, 자리적 삶에서의 '이익'은 자리적 삶이 그 삶을
사는 사람에게 이익이 된다고 생각할 때에만 이익이 되는 그런 성격의
것입니다. 그러므로 이 '이익'은 이타적 삶에서의 이익과 비교될 수 있
는 것이 아닙니다. 독자는 제가 이 통석의 맨 첫 항목에서 기신론을 읽
어야 하는 이유를 말할 때, 두 가지 공덕을 비교한 기신론의 마지막 구
절을 인용한 것을 기억할 것입니다. 거기서 제가 '마음 안의 공덕'이라
고 이름붙인 '한끼 밥먹을 동안 기신론의 가르침에 관하여 올바른 사
색을 하고' '기신론의 의미를 세밀히 살피고 그에 따라 수행하기를 하
루 낮 하루 밤을 하는' 동안에 쌓는 공덕은 자리적 삶의 이익입니다.
이것은 '삼천대천 세계에 가득 찬 중생을 교화하여 10善선을 행하도
록 하는 것'을 위시하여 배고픈 중생에게 밥을 먹여 주거나 중생이 불

법을 배울 수 있도록 절을 짓는 것과 같은 '바깥의 공덕'에 비하여 '한도 끝도 없이 이루 말로 다할 수 없으며, 설사 시방 세계의 모든 부처가 각각 무수겁의 세월을 두고 그 공덕을 찬양한다 하더라도 오히려 부족합니다.'

다시, 앞의 가상적 노인의 경우로 되돌아가서, 만약 그 노인이 그 동안의 생애를 통하여 자리적 삶을 사는 방법을 연마해 왔다면, 세상에는 쓸모없게 된 지금 그는 학교의 교과를 통하여 배운 것과 동일한 종류의 지식을, 이타적 삶을 살 필요 때문에 방해를 받음이 없이, 보다 깊이 있게 추구할 수 있을 것입니다. 만약 그에게 자리적 삶을 살 능력이 있다면 '세상에서 쓸모없게 된' 현재 그의 처지는 결코 한탄할 것이 아니요 오히려 더없는 축복이라고 보아야 할 것입니다. 이 맥락에서 보면 교과 공부는, 종교적 수행과 마찬가지로, 자리적 삶을 사는 능력을 기르는 일이요 종국에 가서는 이타적 삶의 질곡에서 벗어나 자리적 삶을 누리는 것을 至福지복으로 생각하게 되도록 하는 준비과정이라고 말할 수 있습니다.

그러나 자리적 삶의 '이익'과 이타적 삶의 '이익'(정확하게 말하자면, 이타적 삶이 다른 사람들에게 베푸는 이익)이 비교될 수 있는 것이 아니라고 말하는 것과 전자가 후자에 비하여 한도 끝도 없이 크다고 말하는 것은 별개이며, 이 뒤의 말에 관해서는 별도의 설명이 필요합니다. 이 통석의 첫부분에서 제가 이미 시사한 바와 같이, 그 점을 만족스럽게 설명하는 것은 저의 능력을 벗어납니다. 그렇기는 해도, 지금부터 저는 저의 능력이 자라는 한도 내에서 이 점을 설명해 보겠습니다. 그것을 설명하기 위해서는 먼저, 앞에서 잠깐 언급한 바와 같이, 우리가 사는 삶은 대부분이 이타적 삶이며, 이타적 삶을 살지 않고 자리적 삶만 산다는 것은 원칙상 있을 수 없다는 점을 다시 한번 분명히 할 필요가 있습니다. 사실상, 이 점은 '다른 사람과의 관계를 개입시키지 않는 경우의 자신을 이롭게 하는 삶'이라는 자리적 삶의 정의 그 자체에 이미 암시되어 있습니다. 이 세상에 사는 사람치고 '다른 사람과의 관계를 개입시키지 않고' 살 수 있는 사람은 아무도 없습니다. 그렇기 때문에 이타적 삶에 대하여 상반된 방향을 따르는 자리적 삶이라는 것이 있다면, 그것은 이타적 삶과 함께, 이타적 삶을 사는 동안에 살 수밖에 없습니다. 결국, 자리적 삶과 이타적 삶은 서로 동떨어진 두 개의 삶을 가리키는 것이 아니라, 하나의 동일한 삶이 따르는 두 개의 상반된 방향을 가리키는 것으로 됩니다. 그러나 '동일한 삶이 따르는 두 개의 상반된 방향'이라는 표현은 그다지 적절한 비유가 아닙니다. 이 비유는 마치 하나의 삶을 상반되는 방향으로 끌고 가면서 두 쪽으로 갈라놓는 듯한 연상을 불러일으키는 것입니다. 자리적 삶이 추구하는 심성은 이타적 삶이 의미하는 '바깥의 공덕'으로 표현되기 이전을 나타낸다는 점을 생각한다면 이 두 가지 삶의 자세를 표현하는 보다 적절한 비유를 생각해 낼 수 있습니다. 그것은 바로 二門 不相離이문 불상리에서 시사되는 '중층구조의 비유', '직교의 비유'입니다. 말하자면 자리적 삶은 이타적 삶에 대하여 중층구조의 위층에 해당하며 이타적 삶과 직각으로 교차하면서 그것이 따르는 기준을 나타내는 것입니다.

이와 같이, 자리적 삶과 이타적 삶이 사실상 분리되지 않는데도, 인류 역사상 상당히 오랜 기간 동안 양의 동서를 막론하고 자리적 삶은 사회 내의 특정 계층의 특이한 생활 방식으로 되어 있었습니다. 예컨대 고대 희랍에서 일상생활에 필요한 물자를 생산하는 일과 같은

'유용한' 일은 인구의 대다수를 차지하는 노예들이 담당하였고, 이들과 신분상으로 구분되는 자유민들은 '스콜레'를 업으로 삼았습니다. 자유민의 일을 가리키는 '스콜레'는, 그것의 라틴어 표기인 '스콜라'와 마찬가지로, 여가와 학교공부의 의미를 동시에 나타냅니다. ('학교'를 뜻하는 영어 단어 스쿨은 스콜레와 스콜라의 영어식 표기입니다.) 희랍 사람들은 노예가 하는 유용한 일을 '비천한' 일이라고 불렀습니다. 여기서 '비천한'이라는 단어는 오늘날 '봉사'를 뜻하는 '서비스'와 어원상으로 관련되어 있습니다. 이것은 곧 희랍 사회가 자리적 삶을 자유민이라는 특정 계층에 전담시켰다는 것을 보여줍니다. 정치철학적, 또는 사회철학적 맥락을 떠나서, 오로지 지금 이 맥락에서 말하자면, 전근대적 사회의 특징적인 신분제도에서 꼭대기를 차지하던 계층은 모두가 자리적 삶을 특이한 생활 방식으로 삼고 있었다고 말할 수 있습니다. 인도의 카스트(四姓制度사성제도)에서 브라만 계급이 그러하였고, 조선시대 士農工商사농공상의 위계에서 士가 그러하였습니다.

우리와 가까운 사농공상의 신분제도를 보기로 하여 자리적 삶과 이타적 삶의 관계를 좀더 자세히 설명해 보겠습니다. 저는 이 신분제도를 '그 자체로서' 이해해 보고자 합니다. 여기서 '그 자체로서' 이해한다는 것은 그 제도가 철폐된 오늘날의 관점에서가 아닌, 그 제도가 시행되던 당시의 관점에서 이해한다는 뜻입니다. 오늘날의 관점에서 보면, 농공상은 1차 산업, 2차 산업 등등에서 보는 바와 같이, 단순히 직업을 횡적으로 분류하는 것에 지나지 않지만, 그 당시에 그것은 상당히 엄밀한 종적 위계를 나타내었습니다. 그리하여 농공상은 반드시 그 순서대로 되어 있어야 하며 예컨대 상공농이나 공농상으로 될 수는 없었습니다. 농공상이 따르는 순서를 그 당시 사람들의 사고방식으로 표현하자면, 그것은 '하늘에 의존하는 정도가 큰 순서' 또는 더 노골적으로 '하늘을 따르는 정도가 큰 순서'를 나타낸다고 말할 수 있을 것입니다. (그와 마찬가지로 생각하여, 만약 오늘날 4차 산업으로 분류되는 서비스업이 그 당시 하나의 부류로 인정되었다면 그것은 틀림없이 종적 위계의 맨 아래 자리에 놓여 있었을 것입니다.)

만약 농공상이 하늘을 따르는 순서에 따라 배열되어 있다면 그 순서에서 士의 위치는 무엇이겠습니까? 가령 농공상을 하늘과 가까운 순서대로 일렬로 세워 놓는다고 할 때 士는 어디에 또 어떻게 서 있겠습니까? 士는 물론 하늘과 가장 가까운 자리에 서 있습니다. 그러나 士는 농공상을 등지고 하늘을 향하여 서 있는 것이 아니라 하늘을 등지고 농공상을 향하여 서 있습니다. 농공상에 대하여 士는 하늘의 명령을 전달하며, 이 점에서 士는 하늘의 명령을 받드는 농공상 편이라기보다는 그 명령을 내리는 하늘 편에 더 가깝습니다. 士의 이러한 위치와 자세는 하늘을 부처로 바꾸어 놓더라도 크게 달라지지 않습니다. 말하자면 士는 부처 편에 서서 부처의 가르침을 농공상에게 전달하는 임무를 띠고 있습니다. 士의 이 임무는 개인의 선택에 의하여 맡게 된 것이 아니라, 제도—즉, 신분제도—에 의하여 부과된 것입니다. 그렇기 때문에 士는 그의 신분으로 말미암아 그 신분에 부합하는 것 이외의 다른 임무—가령 농공상의 임무—를 수행할 수가 없습니다. 그것은 제도상으로 금지되어 있는 것입니다. 士의 임무는 오로지 하늘의 명령이나 부처의 가르침을 농공상에 충실히 전달하여 그들이 하는 '비천한' 일이 그 가르침에 어긋남이 없도록 하는 데에 있습니다. 오늘날 우리에게 명백히 부당한 것으로 생각되는 士의 '특권'은 당시의 사고방식으로 보면 士가 그 임무를 충실히 이행하도록 보장하는 제도적 뒷받침으로 이해됩니다.

士는 우리말에서는 '선비'나 '양반'으로 일컬어지고 있습니다. 이 중에서 '선비'는 士의 하는 일─글 공부─을 강조해서 드러내며, '양반'은 그 사회적 지위를 강조해서 드러냅니다. 오늘날 선비와 양반은 그들이 대표한 노동 천시의 전근대적 가치관으로 말미암아, 또는 극도로 타락한 양반을 소설이나 사극의 등장인물로 내세우는 작가의 꼬드김 때문에 비판의 표적이 되고 있습니다마는, 당시의 제도로 보면 선비와 양반은 자리적 삶을 살면서 그것의 의의와 가치가 사회 전체에 전파되고 다음 세대로 전수되도록 하는 집단적 보루였습니다. 우리가 시시각각으로 경험하는 바와 같이, 이타적 삶의 '이익'은 언제나 긴박한 현실로 우리의 마음을 강하게 사로잡기 때문에, 만약 士가 나타내는 그 집단적 보루가 없다면 우리는 완전히 이타적 삶에 매몰되어 자리적 삶의 의의와 가치를 외면할 수밖에 없을 것입니다.

그렇다면 저는 옛날의 신분제도로 되돌아가야 한다고 주장하는 것입니까? 결코 그렇지 않습니다. 신분제도의 철폐가 사회철학적인 면에서 인류가 이룩한 최대의 역사적 발전으로 생각되는 오늘날, 정상적인 정신 상태를 가지고 있는 사람이라면 아무도 그런 주장을 할 수 없습니다. 저는 다만 신분 제도가 철폐된 오늘날에도 옛날의 선비나 양반이 하던 그 일을 하는 집단이 있어야 하고, 또 사실상 그런 집단이 있다는 것을 말하고자 하는 것입니다. 그것은 스님을 위시한 성직자와 교사 집단입니다. (물론, 여기서 '교사'는 유치원에서 시작하여 대학 교수에 이르기까지 모든 단계의 교사를 총칭합니다.) 인구 비례에 있어서나 하는 일의 성격에 있어서나 이 집단은 그 옛날 희랍의 자유민이나 우리의 士와 완전히 동일합니다. 현대 사회에서 이 집단의 구성원은 사회의 다른 구성원이 사는 것과 동일한 이타적 삶을 살 수밖에 없습니다. 그러나 이 집단의 구성원은 자신의 삶을 자리적 삶으로 명백히 규정하고 다른 사람에게 그 모범을 보이는 것을 자신의 사회적 임무로 받아들이지 않으면 안됩니다. 사회의 다른 구성원이 오로지 이타적 삶에 얽매어 자리적 삶의 의의와 가치를 외면한다면 그것은 그 집단의 구성원이 자신의 임무를 제대로 이행하지 못했기 때문이며, 이 점에서 그는 그 사태를 자신의 책임으로 받아들여야 합니다. 또한, 그가 자리적 삶—자신을 이롭게 하는 삶—을 삶의 주축으로 삼는 이상, 그는 이타적 삶을 성공적으로 사는 데에 따라오는 영광이나 세상 사람들의 존경도 기대하지 말아야 합니다. 성직자와 교사 집단이 스스로 인정하건 않건 간에 오늘날 그 집단은 대체로 이런 삶을 살고 있습니다.

그러나 자리적 삶에는 '남을 이롭게 하는' 측면, 즉 이타적 측면이 없는 것입니까? 그렇지 않습니다. 다만, 이 경우의 '이타'의 의미는 이타적 삶에서의 '이타'와 그 의미가 동일하지 않습니다. 성직자와 교사가 자리적 삶을 사는 것은 그러한 삶이 추구하는 심성함양이 자신에게 '이익'이 된다고 생각하기 때문입니다. 마찬가지로 생각하여, 성직자와 교사가 다른 사람에게 자리적 삶의 가치를 전수하는 것도 바로 그것이 자신에게 이익이 되는 것과 마찬가지로 다른 사람에게 '이익'이 된다고 생각하기 때문입니다. 결국 성직자와 교사가 하는 일은 자리적 삶을 사는 것이 그 삶을 사는 당사자에게, 이타적 삶이 베푸는 이익과는 다른 의미에서, 그리고 그 이상으로, 그것에 비길 수 없는 '이익'이 된다는 것, 그리고 이타적 삶은 이 '이익'에 비추어서만 올바른 가치를 가지게 된다는 것을 다른 사람에게 전수하는 것입니다. 자리적 삶에 들어 있는 이 이타적 측면은 성직자와 교사가 가능한 한 충실하게 자리적 삶을 사는 것 이외의 다른 방식으로는 실현될 수 없습니다. 그들이 자리적 삶을 충실히 살 때 비로소, 그리고 그 정도만큼, 다른 사람들도 자리적 삶을 살게 될 것입니다. 결국, 성직자와 교사에서 전형적으로 나타나는 자리적 삶은 다른 사람들의 삶에도 마찬가지로 나타나야 하며 또 다소간은 반드시 나타난다고 말할 수 있습니다. 기신론의 용어로 말하자면, 우리의 삶은 여래와 중생이 함께 타고 있는 '큰 수레'입니다. 노인이 손자에게 들려주는 옛날 이야기(문학의 초보적 형태)는 '손 씻어라, 밥 먹어라'는 잔소리가 손자에게 이익이 되는 것과는 다른 방식으로 손자에게 이익이 됩니다. 그리고 전자의 이익은 후자의 이익에 비하여 '한도 끝도 없이' 큰 것입니다.

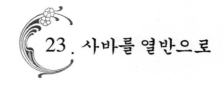

23. 사바를 열반으로

앞 항목으로 저는 이 통석에서 제가 할 말을 다하였습니다. 이제, 이때까지 이 통석을 읽은 독자가 그 내용을 자신의 삶의 문제로 되돌린다고 생각해 봅시다. 그때 독자의 마음 속에는 아마 '그렇다면 결국 나는 어떻게 살아야 하는가'라는 질문이 떠오를 것입니다. 독자 자신의 삶의 문제인 만큼, 이것은 독자에게는 무엇보다도 시급하고 중요한 문제입니다. 기신론이나 통석에서 아무리 좋은 말을 많이 한다 하더라도, '나는 어떻게 살아야 하는가'라는 이 질문을 대답하는 데에 도움이 되지 않는다면, 그것은 '그냥 좋은 말'에 지나지 않을 것입니다. 기신론의 경우에 '그냥 좋은 말'은 무의미한 말이나 마찬가지입니다. 왜냐하면 기신론이 대답하고자 하는 질문은 예컨대 '물은 무엇으로 되어 있는가'라는 질문과 동일한 것이 아니기 때문입니다. '물은 무엇으로 되어 있는가'라는 질문에 대한 대답은, 그 자체로서는, '어떻게 살아야 하는가'에 대한 대답을 직접 시사하지 않습니다. 그러나 기신론에 적힌 여러 '좋은 말'은 처음부터, 또 궁극적으로 이 질문에 대한 대답을 제시하는 데에 목적이 있다고 말할 수 있을 것입니다.

물론, '나는 어떻게 살아야 하는가'라는 이 질문은, 그것이 요구하는 대답이 당장 눈앞의 세부적인 행동 지침—저 사람이 나에게 돈을 빌려달라고 하는데 어떻게 할까—에서 시작하여 흔히 '인생관' 또는 '인생철학'이라고 부르는 가장 포괄적인 원리에 이르기까지 다양한 수준에 걸쳐 있는 만큼, 막연하기 짝이 없는 질문입니다. 그러나, 그렇다 하더라도, 기신론이나 통석의 내용이 이 질문을 대답하는 데에 어떤 방식으로든지 도움이 되어야 한다는 독자의 요구는 타당하고도 적절한 것이라고 말할 수 있습니다. 이 통석에서 제가 할 말을 다 하고 난 지금, 이 마지막 항목에서 저는 앞의 그 독자가 하는 '나는 어떻게 살아야 하는가'라는 질문에 대하여 기신론의 저자가 어떤 대답을 할 것인가를 생각해 보고자 합니다. 독자의 그 질문에는, 독자 자신이 어떻게 살아야 하는가 하는 것과 독자가 다른 사람에 대하여 어떤 태도를 취해야 하는가 하는 두 가지 질문이 포함되어 있습니다.

먼저, 독자 자신이 어떻게 살아야 하는가 하는 질문에 대하여 저자는 어떤 대답을 하겠습니까? 물론, 이 질문은 일반적으로 어떻게 살아야 하는가를 묻는 것이 아니라, 기신론의 내용과 관련하여, 기신론에서 말하는 대로라면 어떻게 살아야 하는가를 묻는 것입니다. 여기에 대하여 기신론의 저자는 아마 다음과 같이 대답할 것입니다—'만약 독자의 그 질문이, 기신론은 독자에게 특별한 방식으로 살라고 가르치는가, 또는 더 직접적으로 말하여, 기신론을 읽고 그 내용을 이해한 사람은 그것을 읽기 전과는 다른 방식으로 살아야 하는가를 묻는 것이라면, 그것에 대한 나의 대답은 간단하다. 기신론은 특별한 방식으로 살라고 가르치는 것이 아니며, 기신론을 읽고 그 내용을 이해한 뒤라고 하여 그 전과는 다르게 살려고 할 필요가 없다. 다시 말하여, 이때까지 살아온 그대로 살면 된다는 것이다. 오히려 독자가 물어야 할 것은 "나는 어떻게 살아야 하는가"가 아니라 "나는 어떻게 살고 있는가" 하는 것이다. 독자는 이 질문에 대하여 확실한 대답을 할 수 있는가? 만약 그렇다면 독자는 자신이 기신론에 기술된 그대로 살고 있다는 것을 알게 될 것이다.'

이 대답에 대하여 독자가 납득할 수 없다는 표정을 지으면 저자는 또 말할 것입니다— '기신론에는 "모든 중생은 원래 열반에 들어가 있다"라는 경전의 말이 인용되어 있고(25), 또 "모든 사물과 현상은 원래 그 자체로서 열반"(64)이라는 말이 적혀 있다. 이것은 "娑婆사바가 涅槃열반"이라는, 보다 널리 알려진 말로 바꿀 수 있다. "사바"는 열반에 들어가기 전에 중생이 참고 견뎌야 하는 이 세상(忍土)을 가리키는 용어이다. 그런데도 어째서 불교에서는 사바가 열반이라고 말하는가? 독자는 그 말이 참으로 무슨 뜻인지 아는가? 그 말이 무슨 뜻인지 안다고 말할 수 있으려면 그것이 어째서 옳은 말인지를 이론적으로 설명할 수 있어야 한다. 기신론은 바로 이것을 설명해 놓은 책이다. 기신론에서 그 말은 사바와 열반은 다르지 않다는 뜻이 아니라, 사바를 떠난 다른 곳에서 열반을 찾으려고 해서는 안된다는 뜻이다. 중생이 곧 여래라는 말 또한, 그와 마찬가지로, 중생과 여래가 다르지 않다는 뜻이 아니라 중생의 마음 안에서가 아니고는 달리 여래의 마음을 찾을 곳이 없다는 뜻이다. 그러므로 독자가 기신론을 통하여 알아내어야 할 것은 중생이 살아가는 사바가 어떤 세상인가, 그 속에서 살아가는 동안에 중생은 무슨 일을 하며 그 일을 할 때 중생이 어떤 마음을 가지고 있는가 하는 것이다. 이것을 알아낸다면 독자는 사바가 어째서 열반인지, 또는 차라리, 어째서 열반일 수밖에 없는지를 이론적으로 설명할 수 있게 될 것이다. 그리고 그렇게 되면, 독자는 자신의 질문에 대한 나의 그 대답을 이해할 수 있을 것이다.'

　그러나 방금 저자가 한 말은 '사바가 열반'이라는 것을 말한 것이 아니라 '사바는 사바요 열반은 열반'이라는 것을 말한 것처럼 들립니다. 아니면 적어도 저자는 '사바가 열반'이라는 말이 옳은 것에 못지않게 '사바는 사바요 열반은 열반'이라는 말도 옳다고 말한 것입니다. 그리하여 저자의 말을 올바르게 이해하자면, 그 말은 '사바는 중생이 그것을 열반으로 만들지 않는 한 결코 열반이 될 수 없으며, 사바가 열반이 되는 것은 오직 중생의 노력에 의하여, 또 그 노력의 정도만큼 가능하다'는 뜻으로 받아들여야 할 것입니다. '나는 어떻게 살아야 하는가'라는 독자의 질문에 대하여 '이때까지 살아 온대로 살아가면 된다'는 대답을 한 다음에 저자가 '사바가 열반'이라는 말의 의미를 생각해 보라고 말한 것은, 이때까지 독자는, 십중팔구 자신이 그렇게 하는 줄 모르는 상태에서, 사바를 열반으로 만드는 바로 그 삶을 살아왔다는 것을 일깨워주기 위해서였을 것입니다. 아마 그랬을 것입니다. 독자는 이때까지 살아오는 동안에 기신론에서 말하는 처음 네 가지 수행—자선과 시여(施門), 계율의 준수(戒門), 수욕의 인내(忍門), 결단과 분발(進門)—에 해당하는 행동을, 수행을 한다는 의식이 없이, 다소간 실천해 왔을 것입니다. 또한, 독자는 학교의 교과를 배우고 그 교과의 이면에 들어 있는 심성을 체득하면서, 다섯째의 '상념의 정지와 본질의 통찰'(止觀門)에 관한 경험도 어느 정도로는 가졌을 것입니다. 결국, 그는 정도의 차이는 있지만, 기신론이 말하는 '마음을 진여로 돌리는' 그 일을 해 왔으며, 그 나름으로 '사바를 열반으로 만드는' 중생의 노력에 동참한 셈입니다. 결국, 중생은 스스로 그런 줄 모르면서도 꿈고 속에 있듯이, 그리고 그와 똑같은 이유에서, 스스로 그런 줄 모르면서도 열반에 들어와 있는 것입니다.

아마 독자는 이 말을 알아들을 수 있을 것입니다. 아니, 그 이상으로, 저자의 그 말은 독자에게 통념상 일반 대중에 대한 종교계 인사들의 발언에서 기대되는 것과는 다른 신선하고 유쾌한 충격을 안겨줄 것입니다. 종교계 인사들이 일반 대중을 향하여 말할 때, 말하는 사람과 듣는 사람은 다같이 그 말은 '이러이렇게 살라'는 형태를 띠어야 한다는 일반적인 기대를 가지고 있는 것이 사실입니다. 가령 한 종교계 인사가 그런 말을 할 때 그가, 자기 자신을 포함하여 그의 말을 듣고 있는 사람들이 현재 어떻게 살고 있는가 하는 문제를 조금이라도 허심탄회하게 생각해 보겠습니까? 더 나아가서, 그 말을 듣는 사람 중에서 '저 말은 나에게 해당하는 말이 아니라 다른 사람에게 해당한다'는 식으로, 자신을 그 당위로부터 예외적인 위치에 세우지 않고, 그 말을 바로 자신에게 해당하는 말로 받아들일 사람이 과연 몇이나 되겠습니까? 또한, 그 말이 자신에게 해당한다고 생각하는 사람에 있어서도, 그 말이 그 사람의 삶의 방식을 바꾸는 데에 과연 얼마나 효력을 발휘하겠습니까? '이때까지 살아 온대로 살아가라'는 저자의 대답은 이것과는 완전히 다른 것입니다. 사바에 사는 중생이 누구나 다소간은 하고 있다는 '마음을 진여로 돌리는 일'에는 끝이라는 것이 있을 수 없고, 또 그뿐만 아니라 '이만하면 충분하다'는 판단을 할 수 있는 기준도 없습니다. 자신이 현재 어떻게 살고 있는가를 아는 사람은 누구든지 그 일에 비추어 스스로 부족한 존재임을 느낄 수밖에 없을 것입니다.

독자는 아마 이 모든 것을 생각할 수 있을 것입니다. 그러나 '나는 어떻게 살아야 하는가'라는 질문을 할 때 독자가 듣기를 바랐던 대답은 단순히 이런 대답이 아니었을지도 모릅니다. 그가 참으로 묻고 싶었던 것은 오히려 '수행의 결과로 마음이 진여를 향하게 된 사람은 보통의 의미에서의 도덕적 善선을 행하게 되는가'라는 것이었다고 말할 수도 있을 것입니다. 그의 질문을 좀더 구체적으로 진술하자면 다음과 같습니다 '대다수의 사람들에게 "마음이 진여로 향한다"는 말은 수행의 목적을 나타내는 것으로는 그다지 설득력이 없다. 수행의 목적이 훌륭한 사람을 만드는 데에 있고, 또 훌륭한 사람은 무엇보다도 도덕적으로 선한 사람을 뜻한다면, 마음이 진여로 향하게 된 사람은 도덕적으로 선한 행동을 하는 사람이어야 한다. 이 점을 어떻게 설명할 수 있겠는가? 이 점을 설명하는 데는 예컨대 다섯 가지 수행 중에 "자선과 시여"라든가 "수욕의 인내"와 같이 도덕적 의미를 나타내는 것이 포함되어 있다든지 진선미성의 가치 중에 도덕적 선이 포함되어 있다고 말하는 것으로는 충분하지 않다. 기신론에서는 그런 수행이 도덕적 선을 행하도록 하는 데에 필요하다고 말하는 것이 아니라 마음이 진여로 향하도록 하는 데에 필요하다고 말한다, 등등.' 결국, 독자가 알고 싶은 것은, '기신론을 구하여 그 의미를 세밀히 살피고 그에 따라 수행하기를 하루 낮 하루 밤이 아니라 몇 년, 몇 십년 동안 하면' 보통 사람들이 생각하는 그런 의미에서의 도덕적 선을 행하게 되는가 하는 것입니다.

독자의 이 질문은 저자의 열정을 부채질하고도 남음이 있을 것입니다. 왜냐하면 독자가 알고 싶어하는 그것이 바로 저자가 말하고 싶어했던 것이기 때문입니다. 그 질문에 대한 저자의 대답은 아마 다음과 같을 것입니다— '독자는 지금 마음이 진여로 향한 사람이 도덕적 선을 행하는가를 묻고 있다. 내가 보기에, 이 질문은 앞의 "나는 어떻게 살아야 하는가"라는 질문이 잘못 제기된 만큼이나 잘못 제기되었다. 앞에서 나는 "나는 어떻게 살아야 하는가"를 물을 것이 아니라 "나는 어떻게 살고 있는가"를 물었어야 한다고 말한 바 있다. 지금 이 둘째 질문을 할 때, 독자는 분명히 "도덕적 선을 행하는 것"이 모종의 확실한 의미를 가지고 있다고 생각하고, 마음이 진여로 향한 사람이 그런 도덕적 선을 행하겠는가를 묻고 있다. 그러나 도덕적 선이 그와 같이 확실한 의미를 가지고 있는가? 내가 보기에는 그렇지 않다. 그러므로 독자는 그렇게 물을 것이 아니라 오히려 거꾸로, 사람들이 도덕적으로 선한 행동이라고 생각하는 그것이 마음이 진여로 향한 사람이 할 만한 행동인가를 물었어야 한다. 그리하여 문제는 마음이 진여로 향한 사람이 어떤 행동을 하는가에 있다기보다는 사람들은 대체로 어떤 행동을 도덕적으로 선한 행동이라고 생각하는가에 있다.'

　'이 문제에 대한 나의 의견은, 한 마디로, 도덕적 선에 관한 사람들의 생각은 불교에서 가르치는 것과 정면으로 배치된다고 말할 정도로, 비열한 이기심과 집착을 표현하며, 이 점에서 가장 근본적인 의미에서의 비도덕성을 반영한다는 것이다. 물론, 나는 거의 모든 사람들이 도덕적으로 선한 행동이라고 생각하는 그런 행동이 있다는 것을 부정하지는 않는다. 그러나, 첫째로, 도덕적 선의 문제가 언제나, 또는 대부분의 경우에, 그와 같이 간단하고 명확한 형태로 대두된다고 생각한다면 그것은 착각이다. 인간의 삶에서 도덕적 선의 문제는 거의 언제나 그보다는 훨씬 복잡하고 미묘한 방식으로, 또 때로는 심지어 도덕적 선의 문제로 의식되지도 않는 상태에서 대두된다. 도덕적 선의 문제에 관한 의견의 불일치는 예외라기보다는 상례이며, 그런 의견의 불일치가 발생할 때, 사람들은 그 중의 어느 쪽이 진정한 도덕적 선인가를 생각하기보다는 어느 쪽이 자신에게 이익이 되는가를 먼저 생각한다. 그뿐만 아니라, 둘째로, 도덕적 관점에서 다른 사람의 행동을 평가할 때, 사람들은 그 행동이 어떤 생각에서 나온 것인가를 문제삼는 것이 아니라 겉으로 나타나는 행동 그 자체, 다시 말하면 그 행동이 가져올 결과, 특히 그 중에서도 자기 자신에게 미칠 영향을 문제삼는다. 적어도 도덕적 선을 내세워 다른 사람들을 비난하고 사회의 현실을 개탄하는 것을 능사로 삼는 사람들은 대다수가 이런 부류에 속한다고 말할 수 있다.'

'한 가지 가상적인 실험을 예로 들어서 이 점을 설명해 보겠다. 가령 여러 사람에게 다음과 같은 질문을 한다고 생각해 보자. 즉, 여기에 갑과 을이라는 두 사람이 있다. 갑은 무엇이 도덕적으로 선한 행동인지 모르면서 선한 행동을 하고, 을은 무엇이 도덕적으로 선한 행동인지 알면서 악한 행동을 한다고 할 때, 이 두 사람 중에서 누가 도덕적으로 선한 사람인가? 물론, 이 둘 중의 어느 쪽도 완전히 선한 사람은 아니다. 그러나 그 중의 어느 한 쪽을 꼭 지목해야 한다면, 어느 쪽을 도덕적으로 선한 사람으로 지목하겠는가? 이 실험의 결과는 아마 틀림없이, 대다수의 사람들은 "둘 다 문제가 있지만, 그래도 을보다는 갑이 더 낫다"고 생각한다는 것을 보여줄 것이다. 그렇게 생각하는 사람에게 다시, "그러면 당신은 갑과 같은 사람이 되고 싶은가"를 물으면 무엇이라고 대답하겠는가? 아마 열이면 열 모두 즉각적으로 완강히 부인할 것이다. 말하자면, 그들은 자신이 갑과 같은 사람이 되고 싶은 것이 아니라 주위에 그런 사람들이 많으면 좋겠다고 생각하는 것이다. 이 실험의 결과는 도덕적 선에 관한 사람들의 생각이 가장 근본적인 의미에서의 비도덕성을 반영한다는 것을 보여주는 어김없는 증거이다.'

'이런 사람들이 다른 사람의 "도덕적 非行"비행에 대하여 어떤 태도를 취할 것인가는 불문가지이다. 그들은 도덕적 선에 관한 자신의 생각을 절대적인 기준으로 내세우면서 그것에 어긋나는 행동을 용납할 수 없는 "도덕적 비행"으로 간주한다. 특히 도덕적 선에 관한 그들의 생각이 자신의 이해 관계에 기초를 두고 있는 경우에 그 이른바 "도덕적 비행"에 대한 그들의 비난은 그 열도가 극에 다다른다. 그들은 자신의 생각과 다른 사람의 생각을 평면적으로 대비시킬 뿐, 그 두 가지 생각이 공동으로 따르는 보다 상위의 기준이 있다는 데에는 생각이 미치지 않는다. 만약 여기에 생각이 미친다면, 그들은 다른 사람의 생각도 그 자신의 생각과 마찬가지로 그 상위의 기준에서 표출된, 그것의 표현이라는 것을 인정할 수밖에 없을 것이다. 이때 그들은 자신의 생각에 명백히 "도덕적 비행"으로 보이는 그것이 사실은 그 상위의 기준을 상이한 방식으로 표현한 것에 지나지 않는다는 것을 알게 되고, 다른 사람의 "비행"을 비난하는 데에보다는 자신의 생각이 과연 그 상위의 기준을 보다 적합하게 표현하는가를 점검하는 데에 더 노력을 기울이게 될 것이다. 사실상, 도덕적 현실과 관련하여, 기신론에서 말하는 진여—언설로 규정될 수 없는 "아무 것도 아닌 것"—가 있다고 보아야 할 가장 중요한 이유는 여기에 있다. 불교에서 말하는 "無明"무명—밝지 않음—은, 현상적으로는, 진여가 있다는 것을 믿지 않는 상태를 가리킨다. 다른 사람을 도덕적으로 비난하는 것이 바로 자신을 도덕적으로 드높이는 것이라고 생각하는 도덕적 俗物속물은 무명의 전형적인 표현 형태이다. 진여라는 것이 있다고 믿는 사람은 이것과는 거리가 멀다. 그는 자신이 진여를 향하여 노력하는 만큼 다른 사람도 그러하다는 것, 그리고 다른 사람이 그 면에서 부족한 만큼 자신도 그러하다는 것을 안다. 그리고 이것은 자신이 진여를 향하여 노력할 때, 그 노력으로 말미암아 비로소 가능하게 된다.'

그리하여 이 둘째 질문에 대한 저자의 대답은 첫째 질문에 대한 그의 대답으로 되돌아갑니다. 이 세상에서 우리가 할 일은 각자 수행을 통하여 마음을 진여로 향하도록 하는 일, 또는 일반적으로 심성함양이며, 그 결과로 다른 사람들이 우리를 본받아 각각 자신의 심성을 함양하게 된다면 그것은 금상첨화입니다. 다시 말하여 利他行이타행은 自利行자리행의 부수 효과로 주어질 때 그 진정한 빛을 발하게 되는 것입니다. 위와 같이 말하고 난 뒤에 만약 저자에게 여력이 있다면 그는 孟子맹자에 나와 있는 楊子양자의 생각을 보충 설명으로 제시할지 모릅니다. 불교적 배경을 가진 저자로서 道家的도가적 배경을 가진 사상가의 생각을 보충 설명으로 삼는 것이 어색한 것 같기도 하지만, 저자는 오히려 자신의 그러한 생각이 유독 불교에만 국한된 것이 아니라 높은 수준의 사상에서는 어디서나 찾아 볼 수 있다는 것을 말하고 싶었을 것입니다.

그 보충 설명은 이런 것입니다 — '맹자는 그 이름과 동일한 제목으로 전해지는 책에서, "楊朱양주와 墨翟묵적의 말이 천하를 가득 채우고 있다. 천하의 공론은 양묵 둘 중의 어느 하나로 갈라져 있다"(滕文公 下)고 말하고 있다. 맹자의 입장에서 보면 양자와 묵자는 맹자 자신이 속하고 있는 儒家유가의 가르침에 대한 두 개의 큰 도전이었던 만큼, 천하의 공론이 양자와 묵자의 양대진영으로 갈라져 있다는 그의 말은 다소간 과장되어 있다고 보지 않으면 안된다. 그러나 이 점을 고려한다 하더라도, 맹자의 그 말은 양자가 묵자와 함께 춘추전국시대의 사상계에 얼마나 큰 영향력을 가지고 있었던가를 짐작하게 해준다.'

'묵자의 경우에는 그의 이름으로 된 책이 전해지는 데에 비하여, 양자의 경우에는, 僞作위작의 의문이 강하게 일고 있는 列子열자에 기록된 것과, 淮南子회남자와 呂氏春秋여씨춘추에 간략하게 그의 입장이 요약되어 있는 것을 제외하면, 천하의 반쪽을 가득 채웠던 그의 말이 어떤 것이었던가를 짐작할 수 있게 하는 유일한 단서는 맹자에 적혀 있는 것뿐이다. 이 책에는 맹자 자신의 말로 다음과 같이 기록되어 있다. "양자는 누구나 각자 자기 자신을 위하여 살라고 가르친다. 그는 터럭 하나를 뽑아서 천하를 이롭게 할 수 있다 하더라도 그것을 하지 않겠다고 말한다. 묵자의 주장은 兼愛겸애이다. 그는 이마를 갈고 발꿈치를 도려내는 한이 있더라도 천하를 이롭게 할 수 있다면 그것을 하겠다고 말한다"(盡心 上). 맹자의 견해에 의하면, 양자가 가르치는 "자기 자신을 위하여 사는 것"(爲我)은 국가를 인정하지 않는 것(無君)이며, 묵자의 주장인 겸애는 혈육을 인정하지 않는 것(無父)이다. 그리고 국가와 혈육을 인정하지 않는 인간은 금수와 다를 바 없다(滕文公 下).'

'물론, "터럭 하나를 뽑아서 천하를 이롭게 할 수 있다 하더라도 그것을 하지 않겠다"는 말은, "이마를 갈고 발꿈치를 도려내는 일조차 마다하지 않겠다"는 묵자의 입장과의 대비를 고려하여, 또 다소간은 두 입장의 핵심을 가능한 한 戱畵的희화적으로 드러내려는 맹자 자신의 의도에 적합하게, 창안된 것이라고 볼 수 있을 것이다. 그러나 사실 여부는 차치하고, 논의의 편의상 우리는 그 말이 양자 사상의 최말단의 함의를 가장 정확하게 표현한, 양자 자신이 능히 했을 법한 말이요,

나아가서는 그것이 바로 양자 자신의 말이라고 보아도 무방할 것이다. 이때 우리는 그 말을 낳게 한 양자 자신의 생각이라는 것이 과연 어떤 것인가가 당연히 궁금해진다. 오늘날 우리의 관념으로 볼 때 삼척동자라도 능히 코웃음칠 수 있는 그 말을 양자는 어떻게 하나의 사상으로 표방할 수가 있었으며, 그보다도 더욱 그 사상이 어떻게 천하의 반쪽을 가득 채울 정도로 세상 사람들의 주목을 끌 수 있었는가? 여기에는 분명히, 그 당시 천하의 절반에 해당하는 그 수많은 사람들이 오늘날의 삼척동자보다 더 유치하게 이기심에 사로잡혀 있었다는 것 이상의 설명이 있어야 한다.'

'맹자는 양자와 묵자의 입장을 모두 "하나를 드높이고 백을 돌보지 않는 것"(擧一而廢百)(盡心 上)이라고 비판하였다. 현대의 용어로 표현하자면, 이 비판은 복잡하고 다면적인 현실에서 추상해 낸 한 가지 이념만을 고집하면서 그 현실을 구성하고 있는 다양한 조건들을 도외시한다는 식으로 풀이될 수 있을 것이다. 만약 맹자가 현대적 용어와 개념을 사용할 수 있었더라면, 아마 그는 더 나아가서, 한 가지 추상적 이념을 실천하려고 하다가 보면 그것은 필경 현실의 여러 요인들과 마찰을 일으키게 되며, 따라서 그 이념은 현실적으로 실현될 가능성이 없다고 말했을지 모른다. 그러나 만약 맹자의 입을 통하여 표현된 양자의 그 말이 참으로 양자의 사상을 정확하게 표현한 것이라면, 그것이 실천될 수 없는 데는 보다 근본적인 이유가 있다. 하나의 생활방식이나 행동 지침이 실천가능한 것이 되기 위해서는 반드시 "이러이렇게 살라"든가 "이러이렇게 행동하라"는 식의 적극적인 형태로 제시되어야 한다. 그러나 "터럭 하나라도 뽑지 않겠다"는 말은 그런 형태로 제시되어 있지 않다. "터럭 하나라도 뽑지 않고" 어떻게 하란 말인가? 어떻게 하라는 것이 없는 말은 원칙상 실천불가능하다. 양자는 결코 "남의 터럭을 뽑아서 나에게 이익이 되도록 하라"고는 말하지 않는다. 비유적으로 말하자면, 양자의 그 말은 기신론의 진여와 마찬가지로, 삶에 뚫린 커다란 진공 구멍과 같다. 그 구멍은 삶의 모든 것을 빨아들여서 진공으로 만든 뒤에 그것을 끊임없이 도로 뱉아낸다. 양자가 그 사상적 젖줄을 대고 있는 老子노자 道德經도덕경의 "풀무"는 그 "삶의 진공 구멍"을 노자다운 비유로 나타내고 있다.'

'양자여, 아아 그대는 참으로 뛰어난 혜안을 지녔도다. 어떤 의도에서였든 간에, 맹자가 옮긴 그 말 때문에 철모르는 아이에게조차 천추에 코웃음을 당하면서 한 마디 항변도 하지 못하는 양자여, 유가에서 亞聖아성으로 떠받드는 맹자인들 그대의 높은 경지를 어떻게 알았으랴. 그대는 알 것이다. 그대를 향한 세상 사람들의 코웃음은 세상 사람들을 향한 그대의 코웃음이 메아리쳐 되돌아오는 것이요, 그대의 침묵은 단순히 말할 입이 없어서가 아니라 백 가지 천 가지 세상의 현실에 몸을 굽히고 끼어들기를 거부하는 그대의 신념을 표현한다는 것을. 그러나 이제 그대에게 입을 주노니, 부디 그 내키지 않는 입을 열어 말해 주기 바란다. 그대의 그 말이 틀림없이 겨냥하였을 세상의 어리석음은 과연 어떤 것이며, 그 말을 함으로써 그대는 세상이 어떻게 달라지기를 바라는가?'

'혹시, 천하를 이롭게 하겠다고 팔을 걷어붙이고 기운을 뽐내는 동안, 사람들은 내심 은근히 남모르는 이익을 도모하면서, 저절로 잘 돌아가는 세상을 공연히 어지럽히고 있던가? 실지로 남의 도움을 받는 사람들 또한, 그 도움을 받기 전부터 이미 추구하고 있던 자신의 사욕을 더욱 악착같이 추구하는 것 이외에는 다른 관심이 없이, 결국 사람은 "남을 위해서" 살아야 한다는, 아무도 진심으로는 믿지 않는 헛소리를 늘어놓으면서, 오로지 자신의 사욕을 추구하는 일에만 전념하고 있던가? 자신의 몸과 마음을 기르고 가꾸는 것이 삶의 으뜸가는 목적임을 망각하고 사람들은 그 일과는 하등 관계없는 남의 일에 쓸데없이 간섭하면서, 마치 그것이 자신의 삶인 양 착각하고 있던가? 올바른 지혜만 있다면 언제 어떤 상황에서든지 건강과 행복을 누릴 수 있는데도, 사람들은 좀더 나은 세상을 만들려고 애를 태우면서 헛되이 심신의 기력을 소모하고 있던가? 현재 자신이 가지고 있는 것이 몸과 마음을 기르고 가꾸는 그 일을 하는 데에 하등 부족할 것이 없는데도, 사람들은 한 평생 자신이 가지지 않은 것만 가지려고 허우적거리면서 스스로를 불행의 구렁텅이에 몰아넣고 있던가?'

'양자여, 그러나 어찌하랴. 예나 이제나 이것이 인간의 삶인 것을. 그대가 취할 수 있는 오직 한 가지 방도는 입을 열지 않은 채, 백 가지 천 가지 인간의 현실과 타협하기를 거부하는 것뿐이다. 양자여, 그대만이라도 편안히 계시라. 양자여, 아아 인간이면서 인간이기를 거부하는 비극적 영웅 양자여.'

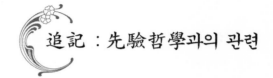

追記 : 先驗哲學과의 관련

❶ '先驗哲學' 선험철학은 통상 서양에서 칸트의 철학을 일컫는 용어로 사용되고 있습니다마는, 그것은 비단 칸트의 철학만 아니라 그것과 유사한 주장을 나타내는 다른 사상가의 사상에도 일반적으로 적용될 수 있습니다. '선험철학'의 영어 단어 Transcendental Philosophy 에서의 transcend는 '초월한다'는 뜻을 가지고 있고, 여기서 '초월한다'라는 동사의 목적어는 '개인의 경험'입니다. 그리하여, 선험철학이라는 용어 그 자체는 개인의 경험을 초월하는 무엇인가가 있다고 믿고 그것이 어떤 것이며 우리의 경험에 대하여 어떤 관련을 맺고 있는가를 탐구하는 철학을 가리킨다고 말할 수 있습니다. 선험철학을 이렇게 규정해 놓고 보면, 기신론의 사상 또는 보다 일반적으로 불교 사상이 선험철학의 한 가지 보기가 된다는 것은 쉽게 짐작할 수 있습니다. 이 자리에서 저는 추기의 형식을 빌어 기신론의 사고방식을 서양의 선험철학, 보다 구체적으로는 칸트의 철학과 관련지어 보고자 합니다.

분명히 말씀드립니다마는 저의 이 작업은 단순한 학문적 호기심에서 빚어진 것이 아닙니다. 이 방면에 관하여 조금이라도 지식을 가지고 있는 독자라면 누구나 느낄 수 있는 바와 같이, 이 통석을 쓰는 동안에 저는 처음부터 끝까지 기신론과 칸트 철학 사이를 끊임없이 오가면서 한 쪽을 다른 한 쪽과 관련지어 이해하려고 하였습니다. 그렇기 때문에 기신론을 선험철학과 관련짓는 저의 작업은 이 통석이 따르고 있는 관점을 이해하고 그 타당성을 평가하는 기초로서 필수불가결합니다. 제가 생각하기에, 하나의 사상을 다른 사상과 관련지으려는 시도는 어느 한 쪽을 다른 한 쪽에 비추어 이해하려는 일방적 의존관계가 아니라 그 작업의 결과가 양쪽을 다같이 더 잘 이해하는 데에 도움이 된다는 양방적 호혜관계 하에서 정당한 의의를 가지게 됩니다. 사실상, 불교를 칸트철학과 관련지으려는 시도는 칸트의 가장 충실한 해설자로 자처한 쇼펜하우어로 거슬러 올라갑니다. 그 이후 불교를 칸트철학과 관련지으려는 많은 시도들이 과연 단순한 학문적 호기심 이상으로, 양자의 관련에 의하여 불교와 칸트 철학 모두를 더 잘 이해할 수 있으리라는 기대 하에서 이루어진 것인지는 저로서는 판단하기 어렵습니다.

혹시 독자는, 불교와 칸트의 '비교연구'에 대하여 부정적인 시각을 가진 몇몇 비판자가 그러했듯이, 기신론과 칸트를 관련지으려는 시도 자체에 대하여 의문을 품고 있을지 모릅니다. 문화적, 사상적 배경을 완전히 달리하는 두 사상을 어떤 방식으로든지 관련지으려고 하는 것은, 그 성과 여하에 관계없이, 처음부터 무모하고 무의미하다는 것입니다. 이 의문에 대하여 저는 야스퍼스의 '樞極時代'추극시대(Axial Age)라는 엄청난 아이디어를 빌어 답할 수 있습니다. 그가 말한 추극시대는 대략 기원전 8세기에서 3세기에 이르는 시대를 가리킵니다. '추극시대'로 번역된 Axial Age에서 axial의 명사형인 axis는 바퀴의 축이나 문의 돌쩌귀와 같이 무엇인가를 돌리는 중심점을 뜻합니다. 그리하여 '추극시대'라는 용어는 인류 사상사에 있어서 그 이후의 모든 사상이 그것을 중심으로 하여 돌아가는 그런 중심점—'추극'—에 해당하는 시대가 있었다는 아이디어를 나타냅니다. 분명히 인류 역사의 신비에 속한다고밖에 말할 수 없겠습니다마는, 추극시대에 세계의 상이한 지역에서 일어난 사상은 놀라운 동질성을 나타내고 있습니다. 대표적인 예로 고대 희랍과 인도와 중국의 경우가 그러합니다. 모르기는해도, 에스키모나 잉카 제국의 경우에, 만약 추극시대 사람들이 가지고 있었던 생각을 위의 세 경우처럼 보존하고 정련시켰더라면 그 경우도 마찬가지였을 것입니다.

그 아이디어의 장본인인 야스퍼스가 저의 의견에 찬성할지 어떨지는 알 수 없습니다마는, 제가 생각하기에 추극시대의 사상적 동질성은 인간 정신에 관한 단순한 불가사의가 아니라 우리의 상상력에 받아들여질 수 있는 형태로 설명될 수 있습니다. 그 시대의 사람들은 자신이 사는 곳을 어느 종교사학자가 '우주의 배꼽'이라고 부른, 우주의 한복판이라고 생각하였습니다. 그들은 우주의 한복판에서 하늘과 가까이, 하늘을 정면으로 마주 대하고 살았습니다. 물론, 이것은 상징적인 표현입니다마는, 그들의 삶을 둘러싸고 있는 물리적 환경도 그것과 완전히 무관하지 않았을 것입니다. 한 가지 극단적인 예로, 오늘날 우리도 가령 끝없는 사막 한복판에서 단 몇 시간이나 며칠이 아니라 몇 십년을 산다고 생각해 봅시다. 아마 우리는 추극시대 사람들과 마찬가지로, 우리가 우주의 '배꼽'에서 하늘을 마주 대하면서 살고 있다고 생각하게 될 것입니다. 물론, 추극시대 이전의 사람들도 이와 동일한 환경에서 살았습니다마는, 일상생활에서의 느낌이 하나의 사상으로 배태되는 데에는 상당한 정도의 지적 성숙이 필요했을 것입니다.

결국, 추극시대의 사상적 동질성은 여러 지역의 사상들이 공통적으로 종교적 색채를 띤다는 데서 찾아볼 수 있을 것입니다. 그 이후 그 지역의 사람들은 각각 특이한 방식으로, 또 상이한 정도로 그들의 사상을 이성적으로 해석하려고 했고, 그 결과로 원래의 종교적 색채가 상당한 정도로 퇴색할 수밖에 없었을 것입니다. 그러나 그 종교적 색채는 결코 완전히 사라진 것이 아니라, 몇몇 사상가들에 의하여 변형된 형태로나마 면면히 이어져 왔습니다. 제가 보기에 칸트는 추극시대의 사상이 나타낸 종교적 특징을 이성에 의하여 납득될 수 있는 형태로 바꾸어 표현한 사상가입니다. 그렇기 때문에, 칸트 철학은 18세기 유럽에서 생겨났고 기신론은 기원전 5~6세기 인도에서 나타난 불교사상을 기원 5~6세기에 해설한 책이라고 하여 양자 사이에 애당초 아무런 관련이 있을 수 없다고 생각하면서 아예 그 관련을 드러낼 시도조차 하지 않는 것은 현명한 처사가 아닙니다. 칸트철학과 기신론의 사고방식이 다같이 '선험철학'의 특징을 나타낸다는 것은 결코 우연한 일이 아닌 것입니다.

❷ 칸트가 철학에서 어떤 일을 하였는가는 그의 세 비판서 중에서 가장 먼저 쓰인 것이면서 동시에 가장 기본적인 생각을 담고 있는 제1 비판서에 붙여진 '순수이성비판'이라는 제목에 잘 나타나 있습니다. 여러 가지 정황으로 미루어 그의 세 비판서는 처음부터 '3부작'으로 계획되어 있었던 것이 아니라, 어떤 이유에서든지 제1 비판서에

미진한 부분이 있다는 생각에서 그 이후에 하나씩 추가된 것이라고 볼 수 있습니다. 제1 비판서에서 칸트는 자신의 '방법'을 '건축술' architectonic—집을 지을 때 벽돌을 쌓아 올리는 것—에 비유하고 있습니다마는, 똑같은 비유를 써서 말하자면 그의 세 비판서는 먼저 집을 한 채 완성해 놓고 난 뒤에 다시 두 개의 옥탑을 하나씩 덧붙여 지은 것에 비유될 수 있습니다. 그런데 이 옥탑은 원래의 집 위에 똑바로 올려 세운 것이 아니라 약간 옆으로 비스듬하게 덧붙여 지었기 때문에 원래 지은 집의 경관을 여지없이 망가뜨린 결과가 되었습니다. 말하자면 제2, 제3 비판서의 기본적인 아이디어는 제1 비판서에 그대로 들어 있지만, 거기에는 또한 제1 비판서와 정확하게 들어맞지 않는 부분도 있는 것입니다. 만약 칸트가 두 개의 옥탑을 나중에 덧붙여 짓지 않고 원래의 설계에 포함시켰더라면, 그 건물은 훨씬 튼튼하고 아름다운 것이 되었을 것입니다. 그러나 또한, 만약 우리가 '기본적인 것'과 '중요한 것'을 구분한다면, 세 비판서 중에서 가장 기본적인 것은 제1 비판서이지만, 가장 중요한 것은 맨 마지막의 '판단력 비판'이라고 말할 수 있습니다.

다시 '순수이성 비판'이라는 제목으로 돌아가서, 여기에 쓰인 '이성비판'은 이성의 한계—이성의 능력이 정당하게 발휘될 수 있는 것은 어디까지이며 그 범위를 넘어서는 것은 무엇인가—를 분명히 하는 것을 뜻합니다. 그리고 '순수이성'에서의 '순수'는 '경험 내용에 물들지 않은 것' 또는 '경험 내용이 포함되지 않은 것'을 뜻합니다. (여기서 독자는 당연히 기신론에 나오는 染心염심—물든 마음—을 떠올릴 것입니다.) 그리하여 칸트가 하려고 했던, '순수이성의 한계를 분명히 하는 일'은 곧 경험 내용이 배제된 이성은 무슨 일을 할 수 있는가를 밝히는 일, 또는 더 직접적으로는, 경험 내용이 배제된 이성이라는 것이 도대체 있을 수 있는가를 밝히는 일로 됩니다. 한 사상가가 무엇인가를 생각할 때에는 반드시 그 생각이 부정하고자 하는 생각—그 생각이 겨냥하는 비판의 표적—이 있습니다. 칸트의 경우에 그 표적은 그 당시 독일 철학계를 풍미한, 데카르트, 라이프니츠로 대표되는 합리론적 철학이었습니다. (칸트가 직접 겨냥한 표적은 데카르트와 라이프니츠의 사상 그 자체라기보다는 그 사상을 해설한 독일 철학자들의 사상이었습니다.) 칸트가 그것을 비판의 표적으로 삼았다는 것은, 물론, 칸트 자신도 그 사상을 배웠고, 한때 심취했다고까지 말할 수 있을 정도로 그 영향을 받았을 뿐만 아니라, 끝내 거기서 완전히 벗어날 수는 없었다는 것을 뜻합니다. 사상적 거리를 두고 말하면, 칸트는 영국 경험론보다는 대륙 합리론과 더 가까운 위치에 있었습니다. 아닌게 아니라, 그 당시 독일 철학자 중에는 칸트의 철학이 합리론과 다를 바 없다는 것을 지적한 사람이 있었습니다. 자신이 합리론자로 '오인'될 소지가 있기 때문에 칸트는 합리론에 대하여 더욱 열렬한 공격을 가하면서 자신을 거기서 멀리 떼놓으려고 했습니다. '遠交近攻'원교근공—먼나라와 친교를 유지하고 가까운 나라를 공격하는 것—은 국제외교의 역학관계에만 아니라 학문적 이론정립에도 유효한 전략이 된다고 말할 수 있습니다.

합리론—그 중에서도 특히 그 당시 독일에서 영향력을 떨쳤던 합리론—에 의하면, 이성은 경험 내용이 배제된 상태(즉, '순수이성')에서도 대상을 인식하는 능력을 가지고 있고 또 그러한 능력에 의하여 인식되는 대상이 경험 내용과 떨어져서 별도로 존재하는 것으로 되어 있었습니다. 神신, 자유, 영혼과 같은 '이념'(Idea, Idee)이 그러한 의미에서의 '순수이성'의 대상이며, 종래 형이상학은 그러한 이념들을 다루는 학문으로 간주되어 왔습니다. 합리론자들은, 인간에게는 그러한 이념을 인식하는 특별한 능력, 다시 말하여 보통의 사물과 현상—칸트의 용어로 '현상'phenomenon—을 인식하는 것과는 다른 특별한 '눈'이 있다고 생각하였습니다. 이것이 종래의 '전통적 형이상학'의 생각입니다. 칸트는 이 생각을 '귀신을 보는 몽상가의 꿈'이라고 야유하였습니다. 그러므로 칸트가 한 '순수이성 비판' 또는 '순수이성의 한계를 분명히 하는 일'은 결국 전통적 형이상학의 한계를 밝히는 일에 해당합니다. 칸트 당시의 형편으로 보면 '전통적 형이상학' 이외에 따로 형이상학이 있었던 것은 아니며, 따라서 칸트의 그 일은 형이상학의 성립 가능성 그 자체를 부정하는 것으로 보일 수도 있을 것입니다. 그러나 이것은 칸트의 의도도 아니었고 결과도 아니었습니다. 칸트는 형이상학에 그 당시 과학이 누리던 것과 똑같은 확고한 지위를 부여하는 것을 철학에서의 자신의 과업으로 삼았습니다. 그리고 그는 이 과업에서, 비록 부분적인 미비점을 남겨 두기는 했지만, 그 누구도 혼자서는 이룩할 수 없을 정도의 기념비적 업적을 이룩하였습니다.

칸트가 합리론적 형이상학을 부정하면서도 형이상학을 반석 위에 올려 놓았다는 점을 이해하기 위해서는 '선험철학'(Transcendental Philosophy)이나 '선험적 이념'(Transcendental Ideas)에 쓰인 '선험적'이라는 단어를 칸트의 의미대로 정확하게 이해하는 것이 무엇보다도 중요합니다. 앞에서 말한 바와 같이, transcendental은 '넘어간다'든가 '초월한다'는 뜻을 나타내고 있고, 그와 유사한 또 하나의 단어인 transcendent도 이 점에서는 마찬가지입니다. 그러나 칸트는 이 두 단어를 엄격하게 구분하고 있습니다. (우리말에서 transcendental을 '선험적'이라고 번역한다면 transcendent는 '초월적'이라고 번역할 수 있을 것입니다. 물론, 그 두 단어의 의미상의 차이를 준수하는 한, 앞의 단어를 '초월적'으로 번역해서 안될 이유는 없습니다.) 칸트의 용어로 transcendent(초월적)는 합리론자들이 생각하는 '이념'과 같이, 문자 그대로 이성의 범위를 넘어서는 것, 또는 이성의 한계 바깥의 것을 가리킵니다. 칸트에 의하면 그것은 착각에서 빚어진 허구입니다. 칸트는 이것과는 다른 의미에서 '초월적인' 것이 있다고 생각하고 그것을 transcendental(선험적)이라고 불렀습니다.

이 transcendent(초월적)와 transcendental(선험적)의 구분에 관한 칸트의 생각을 이해하기 위해서는 '초월적인 것'(transcendental)과 '내재적인 것'(immanent)의 의미, 그리고 양자의 관계를 분명히할 필요가 있습니다. 일반적으로, 초월적인 것과 내재적인 것은 상반되는 것으로 이해되고 있습니다. 말하자면 초월적인 것은 내재적인 것이 아니요, 내재적인 것은 초월적인 것이 아닌 것으로 생각되는 것입니다. 짐작컨대 초월과 내재 사이의 이러한 대립, 또는 양립불가능성은 분명히 서양 중세에 학자들이 아리스토텔레스의 철학을 연구하는 과정에서 '이데아'에 관한 플라톤과 아리스토텔레스의 견해 차이를 규정하는 용어로 등장하였을 것입니다. 플라톤의 대화편에 적혀 있는 바와 같이, 플라톤은 이데아가 가시적인 '외양 —즉, '현상' —의 '저편에', 그것을 '넘어서' 존재한다고 말하였습니다. 제가 보기에, 플라톤의 이 표현은 언어의 한계로 말미암아 불가피하게 사용된 비유이며, 아리스토텔레스도, 만약 그럴 마음이 있었더라면, 그렇게 해석할 수 있었을 것입니다. 그러나 아리스토텔레스는 그렇게 하지 않았습니다. 그는 그의 스승인 플라톤과의 견해 차이를 부각시키기 위하여 플라톤의 그 표현을 그야말로 '문자 그대로' 해석하였습니다. 아리스토텔레스의 해석에서 플라톤의 그 표현은 마치 이데아가 현상 세계와 동떨어진 별개의 세계를 이룬다고 말한 셈이 됩니다. 플라톤의 견해를 이런 의미로 해석한다면 그 견해는 누가 보더라도 옳지 않습니다. '이데아'라는 것이 있다면 그것은 현상 세계와 동떨어진 별개의 세계로 있는 것이 아니라 현상 세계 '안에' 있어야 하는 것입니다. 초월과 내재는 원래 이 차이를 말하기 위하여 사용된 용어입니다. (아리스토텔레스도 인정할 수밖에 없을 것입니다마는, '현상 세계 안에' 있다는 말도 '현상 세계의 저 편에' 있다는 말에 못지않게 비유적인 표현입니다. 일부러 트집잡듯이 말하자면, '현상 세계 안에 있다니, 있기는 무엇이 있단 말인가'라고 말할 수도 있을 것입니다.)

제가 생각하기에, 아리스토텔레스는 이데아에 관한 자신의 견해가 옳다는 것을 내세우기 위하여 스승의 견해를 고의적으로, 또 편파적으로 왜곡하였습니다. 아닌게 아니라, 오늘날 아리스토텔레스의 말로 전해 내려오고 있는 '나는 플라톤을 사랑하지만 진리를 더 사랑한다' (Amicus Plato, sed magis amica veritas.)라는 말은, 그 표면적인 언사에도 불구하고 (아니면, 바로 그 표면적인 언사 때문에) 플라톤에 대한 아리스토텔레스의 참람한 배반을 여실히 보여주고 있습니다. 물론, 이 배반은 두 사람 사이의 관계에서 그친 것이 아니라 현대에 이르기까지 철학의 근본을 뒤흔들 정도의 악영향을 끼쳐 왔습니다. 왜냐하면 아리스토텔레스의 그 배반은 단순히 스승을 깔아뭉개려는 '나쁜 마음'에서 우러난 것이 아니라, 철학적 (또는 형이상학적) 사고의 근본이라고 할 수 있는 '重層構造' 중층구조를 명백히 의식하지 못한 데서 빚어진 것이기 때문입니다(제6항목 참조). (이 말은 아리스토텔레스가 중층구조적 사고를 하지 않았다는 뜻이라기보다는 자신의 사고를 명백히 '중층구조'라는 형태로 규정하지 않았다는 뜻이며, 나아가서는 플라톤의 철학에 명백히 나타나 있는 중층구조를 상당한 정도로 훼손하였다는 뜻입니다.)

초월과 내재가 서로 대립된다고 볼 경우에, 아리스토텔레스처럼 이데아가 현상 '안에' 들어 있다고 말하는 것(내재성)은 이데아가 현상에 대하여 그것과 구분되는 독자적 지위를 가진다는 점(초월성)을 훼손할 가능성이 있습니다. 그와 마찬가지로, 중층구조의 사고방식에서는 초월과 내재의 관계가 플라톤과 아리스토텔레스의 차이에서 규정되는 것과는 다르게 규정됩니다. 중층구조의 관점에서 보면 초월적인 것과 내재적인 것의 관계는 두 개의 상호관련된 명제로 정리될 수 있습니다. 즉, 1) '내재적인 것이 아닌 것은 초월적인 것이 될 수 없다', 그리고 2) '초월적인 것을 인정하지 않는다면 내재적인 것은 말할 필요가 없다'는 것입니다. 다시 말하여, 초월과 내재는 서로 대립되는 것이 아니라 서로 관련되어 있으며 서로를 요청하는 것입니다. 초월적인 것을 인정하지 않는 경우의 '내재적인 것'은 내재적인 것도 아니며, 무엇인가가 '초월한다'는 말을 한다면 그것은 그 '내재적인 것'이 초월한다는 것을 말하기 위해서입니다. 칸트의 용어로 transcendent(초월성)가 아닌 transcendental(선험성)은 이와 같이 중층구조의 사고방식에 일관된 '초월적인 것'을 뜻합니다. 칸트가 '전통적 형이상학'을 부정하면서 동시에 형이상학을 정당한 학문으로 성립시킨 것은 '초월적인 것'을 '선험적인 것'으로 바꿈으로써 가능하였습니다.

❸ 칸트의 철학은 그 연원을 따라 거슬러 올라가면 당연히 플라톤

에 다다릅니다. 플라톤의 대화편 '메논'에는 소크라테스의 대화 상대자인 메논의 입을 빌어 그 당시 궤변론자 사이에 떠돌던 궤변 한 가지가 취급되어 있습니다. 즉, 학습은 불필요하거나 불가능하다는 것입니다. 그 논지는 이렇습니다— '1) 우리는 알든가 모르든가 둘 중의 하나이다. 2) 알면, 학습할 필요가 없다. 3) 모르면, 어쩌다가 자신이 학습하고자 하는 것에 부딪치더라도 그것이 그 학습해야 할 내용인지 모르기 때문에 학습할 수가 없다. 4) 그러므로 학습은 불필요하거나 불가능하다.' 소크라테스는 이것을 '궤변'이라고 일축하지 않고 그것을 매우 정중하게 취급하여 그것을 해명하려고 합니다. 그 해명은 다음과 같은 형태로 이루어집니다— '학습이 일어난다는 것은 엄연한 사실이다. 앞의 궤변에 나타난 바와 같이, 안다고 하거나 알지 못한다고 하거나 학습은 일어나지 않는다. 그러므로 학습이 일어난다는 사실을 설명하기 위해서는 "알면서도 알지 못하는" 상태가 있다고 말해야 한다.'

이 '알면서도 알지 못하는 상태'라는 표현은, 기신론에서 진여를 규정하는 데에 사용되는 '모든 것을 아무 것도 아닌 상태로 압축해 있다'든가 '모든 것이면서 아무 것도 아니다'라는 말, 또는 더 나아가서 '모든 것을 아무 것도 아닌 상태로 안다'는 말과 마찬가지로, 보통의 논리로서는 '말이 안되는 말'입니다. 그러나 소크라테스-플라톤에서 그 어불성설은 영혼의 윤회에 의하여 설명됩니다. 플라톤에 의하면, 영혼은 불멸이며, 언제나 새로운 몸을 빌어 다시 태어납니다. 새로 태어나는 영혼은 전생에서 학습한 내용을 그대로 간직하고 있지만, 태어나는 순간 그것을 모두 잊어버립니다. 이 상태는 전생의 학습을 간직하고 있다는 점에서는 '아는 상태'이지만, 모두 잊어버렸다는 점에서는 '알지 못하는 상태'입니다. 결국, 현세에서의 학습을 하기 이전의 영혼은 '알면서도 알지 못하는 상태'에 있습니다. 그리하여 플라톤에 의하면 '학습'은 망각된 전생의 학습 내용을 '회상'해 내는 과정을 뜻합니다. 그리고 이 '회상'으로서의 학습은 '알면서도 알지 못하는 상태'로 말미암아 가능하게 됩니다. (소크라테스의 '산파술'은 바로 이 '회상'을 유도하는 교육방법입니다.)

칸트의 철학은, 그 최종적 결과를 두고 말하면, 학습에 관한 플라톤의 설명을, 영혼의 윤회라는 신화적 용어를 논리적 용어로 바꾸어, 그대로 인식을 설명하는 데에 적용한 것이라고 말할 수 있습니다. 철학에서의 칸트의 공헌을 집약적으로 표현하는 개념인 '아프리오리' (a priori)는 플라톤의 '알면서도 알지 못하는 상태'와 정확하게 일치합니다. 아프리오리는, 字義上자의상으로는, '무엇무엇에 앞서는 것' 또는 '이전'을 뜻하며, 여기서 무엇무엇에 해당하는 것은, '이후'를 뜻하는 '아포스테리오리'(a posteriori)에서와 마찬가지로, 경험입니다. 그리하여 아프리오리는, 아포스테리오리가 '경험 이후'를 뜻하는 것과 마찬가지로, '경험 이전'을 뜻합니다. (그러므로 아프리오리는, 만약 transcendental과 혼동될 우려가 있다는 점만 제외하면, 우리말의 '경험 이전'을 뜻하는 '선험적'으로 번역될 수도 있을 것입니다. 사실상, 이 두 단어는 각각 다른 맥락에서 사용되기는 하지만, 그것이 지시하는 대상에 있어서는 동일합니다.) '지식은 경험으로 말미암아 생기는 것은 아니지만 반드시 경험과 더불어 생긴다'라는 칸트의 유명한 명제에 비추어, '경험 이전'을 뜻하는 아프리오리는 '지식'이 될 수 없습니다. (칸트 자신은 a priori knowledge '아프리오리적 지식', 또는 a priori concept '아프리오리적 개념'과 같은 용어를 씁니다마는, 이 용어는 경험 이전에 지식이나 개념이 있을 수 있다는 뜻을 나타내는 것이 아니라, 오직 '지식'—이미 '경험과 더불어' 생긴 지식—에서 경험 내용을 관념상으로 배제했을 때에 남게 되는 '순수한' 지식을 가리킵니다. 이 경우의 아프리오리는 '순수이성'에서의 '순수'와 동일한 의미를 나타냅니다.) 아프리오리는 지식은 아니지만, 그렇다고 해서 지식과 아무런 관련이 없는 것은 아닙니다. 아프리오리는 지식을 획득하는 사태—즉, 인식의 사태—에서 인식을 하는 당사자의 마음의 한 부분으로 작용하고 있습니다. '지식은 아니지만 인식의 주관적 요소로 작용한다'는 이 표현은 플라톤의 '메논'에서 이끌어낸 '알면서 알지 못한다'는 표현과 완전히 동일한 의미를 나타냅니다.

인식에서 아프리오리가 어떤 역할을 하는가는 앞의 명제에 잘 나타나 있습니다. 그 명제의 앞부분, '지식은 경험으로 말미암아 생기는 것은 아니다'라는 말은 지식에 대한 경험론의 견해를 겨냥하고 있습니다. 경험론은, 적어도 그 소박한 형태에 있어서는, 지식은 감각 경험이 '백지'와도 같은 마음에 마치 밀납판에 도장을 찍듯이 '인상'을 남겨서 생긴다고 설명합니다. 그러나 이 설명은 옳지 않습니다. 그리고 우리는 칸트의 덕택으로 그것이 어째서 옳지 않은지 알 수 있습니다. 가령 우리 앞에 꽃병이 놓여 있다고 생각해 봅시다. 우리는 그것을 '꽃병'이라고 부르고 '꽃병'으로 인식합니다마는, 그 인식은 감각 인상으로 '말미암아' 생긴 것이 아닙니다. 우리의 마음에 찍히는 인상은 '꽃병'이 아니라 꽃병을 이루고 있는 낱낱의 개별적 인상—색깔, 모양, 꽃병을 장식하고 있는 무늬, 꽃병이 놓여 있는 장소, 꽃병을 비추는 빛의 방향과 밝기, 등등—입니다. 이 개별적인 감각 인상의 어디에도 '꽃병'에 관한 인식이 들어설 자리는 없습니다. 그것은 그냥 그런 색깔, 그런 모양, 그런 무늬일 뿐이며, '꽃병'이 아닙니다. 뿐만 아니라,

우리는 그 특정한 꽃병과는 완전히 다른 색깔, 모양, 등등을 하고 있는 꽃병도 '꽃병'이라고 부릅니다. 우리가 그것을 꽃병으로 인식하는 것은 그 개별적 감각 인상 때문이 아니라 그 모든 감각 인상을 꽃병이라는 하나의 물체로 '통합'하는 힘이 우리 마음 속에서 작용하기 때문입니다. 이 힘은 꽃병을 경험하기 '이전에' 우리 마음 속에 있다고 보아야 하며, 또한 경험을 통한 인식은 그 힘으로 말미암아 가능하다고 보아야 합니다. 이 힘이 아프리오리입니다. 다시 말하여 아프리오리는 지식이 아니라 인식의 주관적 조건입니다. 꽃병의 '인식'은 인식이라기보다는 '지각'에 해당하는 것으로 생각될지 모르겠습니다마는, 지각과 인식의 경계는 결코 분명한 것이 아니며, 꽃병을 보기로 한 위의 설명은, 적절한 변경을 가하면, 모든 복잡한 인식에 다같이 적용됩니다.

앞의 명제의 뒷부분, '지식은 반드시 경험과 더불어 생긴다'라는 말은 지식에 대한 합리론의 견해를 겨냥하고 있습니다. 합리론은 경험이 없이도, 또는 경험 이전에도, 지식이 있을 수 있다고 설명합니다마는, 이 설명은 인식의 주관적 조건을 지식으로 혼동한다는 점에서 마찬가지로 그릇된 것입니다. (제가 생각하기에, 합리론에서 말하는 '本有觀念'본유관념이 '지식'과 '아프리오리' 중의 어느 쪽을 가리키는가 하는 것은 칸트가 생각하는 것만큼 명백한 것이 아닙니다. 앞에서 말한, 학문의 '원교근공책'을 상기하시기 바랍니다.) 흔히 철학에서의 칸트의 업적은 합리론과 경험론의 종합으로 평가되고 있고, 또 이 평가는 그릇된 것이라고 말할 수는 없습니다. 그러나 칸트가 이 평가를 망설임 없이 받아들였을지는 의문입니다. 오히려 칸트는 자신의 업적을 천문학의 '코페르니쿠스적 전환'에 비유될 수 있다고 말하였습니다. 천문학에서 코페르니쿠스는 '지구 중심설'을 '태양 중심설'로 바꾸었습니다. 칸트의 설명에서와 같이, 인식에는 객관적 대상(감각 인상)과 주관적 조건(아프리오리)이 모두 필요하다고 할 때, '말미암아 생긴다'는 표현을 따라, '지식은 무엇으로 말미암아 생기는가'라는 질문에 답하자면 그 두 가지 요소 중의 어느 쪽이라고 말해야 하겠습니까? 종래의 (경험론적) 설명에서 그것은 인식의 객관적 대상이었던 반면에, 칸트에서 그것은 인식의 주관적 조건입니다. 칸트의 코페르니쿠스적 전환은 인식의 '중심'을 대상에서 주체로 옮겨 놓은 것을 가리킵니다. 물론, 이 전환의 근본에는 아프리오리라는 개념이 있습니다. (그러나 이하의 설명에서 알 수 있는 바와 같이, 아프리오리를 순전히 주체에 속하는 것으로 보는 것은 그다지 정확하지 않습니다.)

칸트는 인식을 '감각', '이해', '판단'이라고 부를 수 있는 세 개의 수준으로 구분하였습니다. (여기서 '판단'은 '판단력 비판'에서 다루고 있는 이른바 '반성적 판단'을 가리키는 것으로서, 보통의 '규정적 판단'과 구분되는 것입니다.) 이 세 개의 수준에는 각각 그 나름의 아프리오리가 있습니다. 감각의 아프리오리는 시간과 공간이며, 이해의 아프리오리는 열 두 개의 범주이며, 판단의 아프리오리는 이념입니다. 이 세 가지 '능력'이 수준을 나타낸다고 말하는 것은 위 수준의 능력이 아래 수준의 능력에서 생긴 결과를 자료 또는 '내용'으로 삼는다는 뜻입니다. 예컨대 감각의 결과는 '직관'이며, 이해는 이 직관에 '범주'라는 '형식'(아프리오리)을 적용하여 '개념'을 만들어냅니다. 칸트가 '지식'이라고 부르는 것은 이 이해의 결과로서의 '개념'을 가리킵니다. (칸트가 때로 사용하는 '아프리오리적 개념' 또는 '순수 개념'이라는 용어는, 앞에서 말한 바와 같이, 개념에서 경험 내용을 배제하고 남는 것을 가리킨다고 보아야 하며, 또 그렇게 볼 때 그 용어는 이해 수준에서의 아프리오리인 범주와 동의어로 사용될 수 있습니다.) 널리 알려져 있는, '내용없는 사고는 공허하며, 개념없는 직관은 맹목이다'라는 칸트의 명구는 범주와 직관의 위와 같은 관련을 표현하고 있습니다. (이 명구에서 '사고'와 '개념'은 범주를 가리킵니다. 그리하여 칸트의 그 명구를 수사학적인 고려없이 고쳐 진술하자면, '직관없는 범주는 공허하며, 범주없는 직관은 맹목이다'로 됩니다.) 이와 마찬가지로 생각하여, 맨 위 수준의 판단은 한편으로 이해의 결과로서의 개념 또는 지식과 또 한편으로 그 수준에서의 아프리오리인 이념을 결합하는 능력으로 규정될 수 있습니다.

칸트 자신도 인정할 수밖에 없으리라고 생각합니다마는, 인식의 세 수준 사이의 구분은 분석의 편의상 불가피하게 취해진 조치입니다. 인식의 수준을 그와 같이 구분한다고 하여 감각과 이해와 판단이 그 순서대로 따로따로 일어난다고 생각한다면 그것은 옳지 않습니다. 이해가 일어나는 곳에는 이미 감각도 일어나고 판단도 일어납니다. 그렇다면 그와 마찬가지로, 세 수준에서의 아프리오리 또한 서로 구분될 수 있는 것이 아닙니다. 이해 수준의 아프리오리인 '범주'의 경우를 생각해 봅시다. 칸트는 범주를 열두 개로 제시하였습니다. 말할 필요도 없이 이 '열두 개의 범주'는 인간이 가지고 있는 모든 지식 (즉, '개념')을 그 '형식'에 따라 분류한 것입니다. 그러나 아프리오리가 그와 같이 열두 개로 명확히 규정된다는 것은 '경험 이전'으로서의 아프리오리의 성격상 용납될 수 없습니다. 무엇인가를 명확한 용어로 규정하거나 체계화하는 것은 '경험 이후'의 것에 대해서나 할 수 있는 일입니다. 칸트가 열두 개의 범주를 제시한 것은 그것이 그 자체로서 이해 수준의 아프리오리이기 때문이 아니라, 아프리오리라는 것이 도대체 어떤 것이며 어떤 일을 하는가를 예시적으로 보여주기 위해서였습니다. 이렇게 생각해 보면, 시간과 공간, 범주, 이념이라는 세 가지 아프리오리는 결국 '이념'이라는 한 가지 용어로 통칭될 수 있을 것입니다. 이 이념은 '선험적인' 것입니다. 그리고 이 이념은, 플라톤의 '메논'에서 도출된 '알면서 알지 못하는 상태'가 그렇듯이, 인식을 가능하게 하는, 인식의 '주관적 조건'입니다.

　제가 보기에, 칸트가 인식의 수준에 따라 구분한 세 가지 아프리오리가 서로 구분될 수 없다는 점에 대해서는 의심의 여지가 없습니다. 다만, 정확성을 기하려고 하면, 이념이 개념과의 관련에서 수행하는 역할은 두 가지 상이한 관점에서 규정될 수 있다고 말해야 합니다. 하나는 인식의 주체가 이념을 써서 개념을 만들어낸다고 보는 관점이며, 다른 하나는 인식의 주체가 개념을 통하여 이념을 지향하게 된다고 보는 관점입니다. 이념이 '인식의 주관적 조건'이 된다는 것은 전자를 가리킵니다. 이 두 가지 관점은 이해에서의 '범주'와 반성적 판단에서의 '이념'에 각각 상응한다고 볼 수도 있지만, 그렇다 하더라도 그것은 칸트가 말한 것과 같은 인식 수준의 차이에 의하여 구분되는 것은 아닙니다. (이하 칸트 철학의 '설계 변경'을 참조하시기 바랍니다.) 또한, 참고삼아 말씀드립니다마는, 이런 의미에서의 '이념'은 性理學성리학에서 말하는 '鬼神'귀신의 개념과 다르지 않습니다. 결국 칸트가 전통적 형이상학자들을 일컬어 '귀신을 보는 몽상가'라고 야유한 것은 정곡을 그다지 멀리 벗어난 것이 아니었습니다. 다만, 성리학에서 말하는 귀신은, 칸트가 전통적 형이상학자들을 야유하는 데에 사용한 '귀신'과는 달리, 이념을 動的동적 측면에서 규정하는, 성리학의 핵심 개념입니다.

우리는 기신론의 '진여'에 대하여, '진여라는 것이 참으로 있는가', 또는 '진여라는 것이 있다는 것을 어떻게 알 수 있는가'라는 질문이 제기되리라는 것을 충분히 예상할 수 있습니다. 이제 이 똑같은 질문을 칸트의 '선험적 이념'에 대하여 제기한다고 생각해 봅시다. 진여와 선험적 이념의 의미에 비추어 볼 때, 기신론과 칸트의 경우에 위의 질문에 대한 대답은 동일한 방식으로 주어질 수밖에 없을 것입니다. 다만 칸트에서 그 대답은 훨씬 용이합니다. 칸트 자신이 그 대답을 내어놓고 있는 것입니다. 칸트에서 이념은 개념 (또는 지식)의 '논리적 가정'입니다. 이 점을 앞의 질문에 대한 대답으로 풀이하자면, 이념이 있는지 없는지는 알 수 없지만, 우리가 지식을 가지고 있다든가 인식을 한다는 말이 의미를 가지기 위해서는 이념이 있다고 보지 않으면 안된다는 것으로 됩니다. 다시 말하여, 이념은 사물이나 현상이 있다고 말할 때와는 다른 의미로 있으며, 만약 '있다'는 말의 의미를 사물이나 현상에 국한해서 사용한다면 이념은 있는 것이 아닙니다. 그러나 또한 이념은 없는 것도 아닙니다. 만약 이념이 없다면 우리의 인식 행위가 설명불가능한 것으로 됩니다. 이념(즉, 아프리오리)은 형이상학을 과학의 그것과 같은 확고한 기반 위에 올려 놓으려고 한 칸트의 노력이 이룩한 최종적 결실입니다. 전통적 형이상학자들처럼 이념을 아무런 근거 없이 독단적으로 제시하는 한, 형이상학은 학문이 아니라 몽상가의 환상에 지나지 않습니다. 형이상학이 학문으로서 확고한 기반을 가지려고 하면, 이념은 개념과 동떨어져서 그 이전에 존재하는 것이 아니라, 개념이 있다는 사실—더 정확하게 말하여, 개념을 획득하는 행위로서의 인식이 일어난다는 사실—로부터 논리적으로 추론해 낸 것이어야 합니다. 사실상, 이데아는 현상 (또는 '외양')의 '저편에' 있는 것이 아니라 현상 '안에' 있다는 아리스토텔레스의 주장은 칸트의 이 생각을 비유적인 언어로 표현한 것이라고 말할 수 있습니다.

널리 알려져 있는 바와 같이, 칸트는 '현상'(phenomenon)과는 구분되는 '본체'(noumenon)로서의 '物自體'물자체(thing-in-itself, Ding-an-Sich)라는 것이 있다고 보고 '물자체'는 있기는 있지만 우리가 알 수 있는 그 무엇은 아니라고 말하였습니다. 여기서 '안다'는 것은, 물론, 개념 수준의 인식 행위, 즉 '이해'를 가리키며, 따라서 칸트의 그 말은 물자체는 '이해'의 대상이 아니라는 뜻을 나타낸다고 보아야 합니다. 그런데 물자체에 관한 이 규정과 이념에 관한 앞의 규정 사이에는 명백한 유사성이 존재합니다. 이념 또한 인식의 주관적 형식으로서 이해의 결과도 아니요 대상도 아닙니다. 그렇다면 물자체는 이념과 동일한 것을 가리킨다고 말할 수 있겠습니까? 제가 생각하기에, 대다수의 칸트 연구가들이 이 말을 하기를 주저하는 것은, 이념이 주관적 형식을 가리키는 것에 비하여 물자체는 객관적 대상을 가리키는 것으로 생각되기 때문일 것입니다. 그러나 이념과 물자체를 주체와 대상으로 구분하는 것은 그 구분이 적용될 수 없는 곳에 그것을 적용하는 데에서 빚어지는 그릇된 생각입니다. 비록 그 용어가 주체와 대상의 구분을 암시하기는 하지만, 이념은 물자체요 물자체는 이념입니다. 이 것은 양자가 '중층구조'의 윗층에 속한다는 사실로부터 따라나오는 불가피한 결론입니다. 이 점에서도 칸트의 선험적 이념은 기신론의 진여와 동일합니다.

그러나 개념의 논리적 가정으로서의 이념이 기신론의 진여나 본체와 마찬가지로 만물을 만들어낸다고 말할 수 있겠습니까? 있는지 없는지는 알 수 없지만 있다고 보지 않으면 안된다는 그것이 만물을 만

들어낸다고 말할 수 있겠습니까? 무엇인가가 만물을 만들어낸다면 그
것은 만물의 '원인'이라고 부를 수 있을 것입니다. 그런데, '원인'이라
는 용어는 원래 현상계 안에서의 사실적 인과관계―원인과 결과의 관
계―에 의미 있게 적용되는 용어입니다. 여기에 비하여 이념이 만물
의 원인이라고 할 때의 '원인'은 현상들 사이의 관계가 아니라 본체와
현상 사이의 관계를 가리키는 용어로 사용되고 있습니다. 그렇기 때문
에 만약 이념이 만물의 원인이라고 말한다면 이때의 원인은 현상계 안
에서의 사실적 인과관계를 나타낼 때와는 다른 특별한 의미로 사용된
다고 보지 않으면 안됩니다. 여기서 우리는, 칸트 자신의 구분을 따라,
'원인'의 의미를 두 가지로 구분할 수 있습니다. 하나는 존재의 수준에
서의 '원인'이며, 또 하나는 존재의 형식의 수준에서의 원인입니다. 전
자가 '사실적 또는 인과적 원인'이라면 후자는 '논리적 원인'입니다.
그리하여 이념이 만물의 원인이 된다는 말은 이념이 만물의 존재를 만
들어낸다는 뜻이 아니라 이념이 만물의 존재를 인식할 수 있는 형식을
만들어낸다는 뜻으로 이해되어야 하며, 적어도 만물의 '존재'를 만들
어내는 조물주가 아닌, 만물을 인식하는 주체로서의 인간의 입장에서
보면 후자는 전자와 다르지 않다고 말해야 할 것입니다. 진여나 본체
가 만물을 만들어낸다는 말도 바로 이런 뜻으로 이해될 수 있습니다.

❹ 이상 칸트 철학에 관한 저의 설명은 세부적인 수준에 미치지 못
하고 극히 소략한 피상적 수준에 머물러 있습니다. 제가 전문적인 칸
트 연구가가 아니라는 점 이외에도, 이것은 이 추기에서의 저의 관심
이 제한되어 있다는 점 때문에 다소간은 불가피하였습니다. 추기의 첫
부분에 시사되어 있는 바와 같이, 여기서의 저의 관심은 기신론과 칸

트를 관련지음으로써 양자를 더 잘 이해하고자 하는 데에 있습니다. 양자의 동일성이 대체로 확인된 지금, 저는 더 직접적으로 양자가 어떤 점에서 상호보완할 수 있는가를 생각해 보고자 합니다. (그러나 또한, 만약 누군가가 저의 설명이 소략하다고 하여 그것이 칸트 철학의 핵심을 그르쳤다고 말한다면, 저는 그 말을 믿을 수 없습니다.)

기신론과 칸트 철학의 상호보완가능성은 양자의 관심의 차이에 암시되어 있습니다. 약간 단순화하여 양자를 대비시키자면, 기신론에서 진여는 수행을 통하여 도달해야 할 '목적'인 반면에, 칸트 철학에서 이념은 인식을 설명하기 위하여 고안된 이론적 개념으로 제시되어 있습니다. 진여가 수행의 '목적'을 나타낸다는 것은 기신론의 관심이 궁극적으로 '어떻게 해야 하는가'에 있다는 뜻입니다. 기신론이 우리로 하여금 현재 우리가 어떻게 살고 있는가를 생각해 보도록 하는 것의 이면에는 우리가 어떻게 살아야 하는가에 대한 관심이 깔려 있습니다. 여기에 비하여 칸트 철학은 우리가 인식을 할 때 어떤 일이 일어나는가를 설명하는 데에 관심이 있습니다. 기신론의 '어떻게 해야 하는가'와 대비시키자면 그 관심은 '어떻게 되어 있는가'라는 말로 나타낼 수 있습니다. 이것을 각각 '실제적 관심'과 '이론적 관심'이라고 부를 수 있을 것입니다. 그러나 이것은 어디까지나 양자의 차이를 단순화하여 드러낸 것에 지나지 않습니다. 기신론이 '어떻게 해야 하는가'에 관심이 있다고 하여 거기에 수행의 과정에 관한 이론적 설명이 전연 포함되어 있지 않은 것은 아니며, 그와 마찬가지로, 칸트 철학에도 특히 제3 비판서인 '판단력 비판'에 교육에 관한 몇 가지 명시적 언명과 암시가 들어 있는 것이 사실입니다. 물론, 이러한 관심의 차이만으로 상호보완이 가능한 것은 아닙니다. 기신론과 칸트 철학이 상호보완하기 위해서는 양자가 동일한 설명체계를 갖추고 있어야 합니다. 기신론과 칸트 철학의 경우에 그 동일한 설명체계는 '선험철학'이요 '중층구조'입니다. 비유적으로 말하자면, 기신론과 칸트 철학은 동일한 물건— '세상'이라는 물건—을 상이한 視角시각에서 바라본다고 말할 수 있습니다.

이 시각의 차이가 표현 방식의 차이로 나타나리라는 것은 충분히 예상될 수 있을 것입니다. 같은 물건이라도 어느 각도에서 보는가에 따라 잘 보이는 부분과 잘 안보이는 부분이 있을 수 있고, 또 같은 부분도 약간 다르게 보일 수 있는 것입니다. 기신론과 칸트 철학의 경우에 그 표현 방식의 차이는 그 시각 또는 관심의 차이 이외에, 기원 5~6세기 인도의 종교인과 18세기 독일의 철학자의 습관적 표현 방식의 차이로 말미암아 분명히 확대되었을 것입니다. 양자가 따르고 있는 동일한 설명체계인 '중층구조'에 비추어 이 점을 설명해 보겠습니다.

기신론에서 중층구조는 진여와 상념의 관계로 이루어져 있으며, 칸트 철학에서 그것은 이념과 개념의 관계로 이루어져 있습니다. 양자의 관심을 중층구조의 두 요소 사이의 운동 방향으로 표시하자면, 기신론의 관심은 '상념에서 진여로'(또는, 개념에서 이념으로)의 방향을 따르는 반면에 칸트 철학의 관심은 '이념에서 개념으로'(또는, 진여에서 상념으로)의 방향을 따른다고 말할 수 있습니다. 기신론의 경우에 '상념에서 진여로'의 방향은 '상념을 떠나서 진여로 나아간다'는 말로 표현되며, 칸트 철학의 경우에 '이념에서 개념으로'의 방향은 이념이 개념을 이론적으로 설명하는 데에 사용된다는 것을 뜻합니다. 통석 본문에서 살펴 본 바와 같이, 기신론에서 그 운동은 '훈습'의 개념으로 설명되고 있습니다. 기신론에서 훈습을 '정법훈습'과 '염법훈습'의 두 종류로 구분하여 설명하는 것은 정법훈습이 염법훈습과 동일한 궤도를 반대방향으로 따른다는 것을 말하기 위한 것이며, 염법훈습 그 자체를 자세하게 설명하기 위한 것이 아닙니다. 그렇기 때문에 그 설명은 예컨대 '무명이 진여에 훈습한다, 진여가 망심에 훈습한다', 등등과 같이 상징적이고도 막연한 표현으로 일관되어 있습니다. 또한, 이러한 설명만으로는 '다섯 가지 수행'이 어떻게 마음을 진여로 향하게 할 수 있는지가 밝혀질 수 없으며, 나아가서는 그 수행을 하려면 정확하게 '무슨 일을 어떻게' 해야 하는지도 밝혀지지 않습니다. 이 문제는 마지막 止觀門지관문 수행에서 가장 심각하게 드러납니다. 칸트 철학에서는 사정이 이것과 다릅니다. 그 관심이 개념—즉, 의식적 인식 행위—을 이념으로 설명하는 데에 있는 만큼, 여기서는 개념에 이념이 '논리적으로 가정되어' 있다는 것을, 상징적인 의미가 최대한으로 배제된 정교한 철학적 용어로, 설명하고 있습니다. 그 설명에 의하면, 이념은 개념에 붙박혀 있으며, 개념을 획득하지 않고 이념에 도달한다는 것은 논리적으로 불가능합니다. 지눌의 말대로, '땅에 의지하지 않고 일어선다는 것은 있을 수 없습니다.'

위의 고찰을 기초로 하여 '상념을 떠나서 진여로 돌아간다'는 기신론의 말을 칸트 철학의 용어로 해석하자면 어떻게 되겠습니까? (앞의 통석 본문에서 말한 바와 같이, 상념을 떠나는 것과 진여로 돌아가는 것은 두 가지 다른 일이 아니라 상념을 떠나는 것이 곧 진여로 돌아가는 것입니다.) 칸트 철학의 용어로 해석할 때, 상념을 떠나는 것은 상념을 가지는 것과 다른 것이 아니며, 상념을 가지는 매 순간 우리의 마음은 그만큼 진여에 접근해간다는 뜻으로 풀이됩니다. 왜냐하면 칸트 철학에서 이념(진여)은 개념(상념)의 논리적 가정으로서 개념에 붙박혀 있기 때문입니다. 그렇다면 상념을 떠난다는 말은 칸트 철학에서는 하등의 특별한 의미를 가질 수 없는 것입니까? 그렇지 않습니다. 물론, 칸트 철학에서 개념을 획득하는 것은 곧 이념을 지향하는 것이며, 개념을 획득하는 매 순간 우리의 마음은 그만큼 이념에 접근해 가지만, 그렇게 되는 데는 한 가지 대단히 중요한 조건이 필요합니다. 다만 이 조건이 칸트 철학의 관심사에서는 도외시되었을 뿐입니다. 그 조건이라는 것은 곧 개념의 획득과 이념의 실현 사이에 그 이행을 가로막는 욕망이나 집착이 개입하지 말아야 한다는 것입니다. 불교의 수행과 학교의 교과교육은 다같이 개념의 획득이 '사욕'의 방해에서 벗어나도록, 다시 말하여 각 개인이 바라는 실제적 목적을 달성하는 일로부터 방해를 받음이 없이 그것과는 무관하게 개념을 획득하도록 하기 위한 조치입니다.

이와 같이, 칸트 철학을 현재 그것이 따르고 있는 '이념에서 개념으로'의 방향과는 반대로 '개념에서 이념으로'의 방향을 따르도록 고쳐 쓰는 데는 기신론이 중요한 역할을 할 수 있을 것입니다. 그와 마찬가지로, 만약 우리가 칸트 철학을 '이념에서 개념으로'의 방향과 함께 '개념에서 이념으로'의 방향을 따르도록 고쳐 쓸 수 있다면 그때 우리는 현재의 기신론보다 훨씬 완전한 형태의 불교 수행론을 가지게 될 것입니다. 이제 이 점을 염두에 두고 현재 칸트 철학이 나타내고 있는 '건물'에 설계를 변경하는 방안을 생각해 보겠습니다. (이 변경된 설계도로 아름답고 웅장한 새 건물을 짓는 일을 제 자신이 할 수 있으리라는 것은 꿈조차 꿀 수 없습니다.)

앞에서 말한 바와 같이, 칸트가 지은 현재의 건물은 원래 그 나름으로는 잘 지은 집 위에 옥탑을 두 개나 비스듬히 붙여지어서, 경관이 형편없이 망가져 있는 꼴로 되어 있습니다. 이 두 개의 옥탑은 도덕 문제를 다루는 '실천이성 비판'과 예술과 종교를 다루는 것으로 알려져 있는 '판단력 비판'입니다. 이 중에서 경관을 더 어지럽히는 것은 제2 비판서인 '실천이성 비판'입니다. 우선, '실천이성'이라는 용어 자체가 문제입니다. 이 용어는 그것과 대비되는 '이론이성'이라는 것이 있다는 생각을 낳고, 그것이 많은 칸트 연구가들의 생각을 그릇된 방향으로 이끌었습니다. 물론, 이론과 실천은 구분됩니다마는, '이론이성'과 '실천이성'의 구분은 받아들이기 어렵습니다. (하물며 제1 비판서의 '순수이성'을 '이론이성'으로 해석하는 것은 터무니없이 그릇됩니다.) '실천이성'이라는 용어가 정당하게 가질 수 있는 의미는 '이성의 실천적 사용'입니다. 만약 그 용어를 이런 의미로 해석한다면, '이성의 실천적 사용'은 하필 도덕에 국한되는 것이겠습니까? 예술과 종교뿐만 아니라 학문 또한 '이성의 실천적 사용'이 아니고 무엇이겠습니까?

여기에 설계 변경의 가능성이 엿보입니다. 변경된 설계도는 명백히 중층구조라는 기본틀을 바탕으로 하여 세 개(또는 두 개)의 부분으로 이루어집니다. 첫째 부분에서는 이념과 개념의 관계—정확하게 말하여, 개념에서 이념이 도출된다는 점 또는 이념은 개념의 논리적 가정이라는 점—가 설명됩니다. 둘째 부분에서는 이념과 개념의 관계가 학문과 예술, 종교와 도덕의 활동 영역에서 어떻게 표현되는가가 다루어집니다. 이것이 '이념에서 개념으로'의 방향입니다. 현재의 제2 비판서와 제3 비판서의 내용이 대체로 여기에 해당합니다. 칸트는 '실천이성'에서의 '이념'은 '순수이성 비판'에서 그가 말한 것과는 상이한 역할을 한다고 말하고 있습니다마는 그것이, 예컨대 학문과 도덕이라는 활동영역의 차이 이상으로, 근본적으로 다른 역할을 수행하는지는,

칸트 자신의 말에서도, 의심스럽습니다. 또한, 도덕에서의 이념이 그런 역할을 수행한다면 학문과 예술과 종교에서도 사정은 다르지 않다고 말해야 할 것입니다. 그리고 마지막으로 셋째 부분에서는 '개념에서 이념으로'의 방향을 따라서, 학문과 예술, 종교와 도덕이 어떻게 사람들의 마음에 '이념'—즉, 진여 또는 심성—을 심어주는가를 설명합니다. (이 셋째 부분의 설명은 둘째 부분의 설명과 따로 떼내어서 하기는 어려울지도 모르겠습니다. 그럴 경우에는 두 개를 합쳐서 하나의 부분으로 만들 수도 있을 것입니다.) 제가 생각하기에, 이 변경된 설계도는 현재의 건물에 비하여, 보다 정합된 체계를 나타내고 있을 뿐만 아니라, 무엇보다도 학문과 예술, 종교와 도덕—眞善美聖진선미성—이 하나의 동일한 가치를 추구한다는 것을 보여줌으로써 우리의 삶을 보다 온전하게 드러낼 수 있을 것입니다.

　기신론과 칸트 철학의 상호보완은 그 전체적인 구성에 있어서만 아니라 세부적인 문제에서도 이루어질 수 있습니다. (물론, 세부적인 문제는 전체 구성과 떨어질 수 없습니다.) 여기서는 그 한 예로 '自我'자아의 문제를 생각해 보겠습니다. 불교에서 자아 문제는 이른바 '無我說' 무아설이라는 형태로 취급되고 있습니다. 기신론에서는 '마하야아나의 가르침에 관한 일반적 오해를 바로잡는 절'(對治邪執대치사집)의 한 대목에서 '여래가 "무아"를 말한 것은 〔중생의〕 이해력이 충분하지 못하다는 것을 감안했기 때문이며 그것이 전부이기 때문은 아니다. 그들은 "나"라는 존재가 "五陰오음의 假和合가화합"이라는 말을 듣고 생사의 변화를 두려워하며 오로지 열반에 집착한다'(56)라고 말하는 것에 그칠 정도로 무아가 간략하게 취급되어 있습니다. 이 말에 이어지는 '바로잡는 말'은, 예컨대 '중층구조'나 칸트의 자아

관에 비추어 보지 않고는 결코 그 의미가 분명하지 않습니다.

'무아'라는 말은 글자 그대로는 '내가 없는 것'을 뜻합니다. 무아설을 글자 그대로 해석하여, '불교에서는 내가 없다고 가르친다'고 말한다면 이것은 무아설을 전혀 그릇되게 이해하는 것입니다. '無我'의 산스크리트어인 '아나트만'(anatman)은 我를 뜻하는 '아트만'(atman)의 否定부정이며, 그렇기 때문에 한자어로는 그것이 '無我'로 표기될 수 있을 것입니다. 석가모니의 '아나트만'은 그 당시 널리 유행하던 우파니샤드의 '아트만'에 대한 그의 반응을 나타내고 있습니다. 제가 읽은 한 인도철학사 책에는 우파니샤드에서 말하는 아트만이 다음과 같이 기술되어 있습니다—'아트만, 그는 모든 보는 행위를 보며, 모든 듣는 행위를 들으며, 모든 아는 행위를 아는 자이다. 그는 보지만 보이지 않으며, 듣지만 들리지 않으며, 알지만 알려지지 않는다. 그는 모든 빛의 빛이다. 그에게는 안과 밖이 없으며, 있는 것은 온통 앎과 지혜뿐이다. 축복은 그에게서 흘러나오는 그 무엇이 아니라 그가 바로 축복 그 자체이다.' '無我'에서의 '無'가 부정을 나타낸다면, 이 '아트만'(我)을 '부정'한다는 것은 무엇을 의미하는 것이겠습니까? '無'는 그런 아트만이 있다는 것 또는 아트만 그 자체를 부정하는 것이겠습니까? 결코 그럴 수 없습니다. 그렇게 생각하는 것은 석가모니의 가르침 그 자체를 부정하는 것입니다. '무아'는 我의 부정(無＋我)이 아니라 그 자체로서 하나의 완결된 단어(無我)입니다. '무아설'을 통하여 석가모니가 말하고자 한 것은 내가 '나'라고 생각하는 '5음의 가화합'—형체, 감각, 표상, 의지, 인식이 엉성하게 엮인 것—이 我가 아니라 우파니샤드에서 말하는 아트만이 진정한 '我'—'자아'—라는 것입니다. 즉, 無我가 我입니다. 그러나, 물론, 無我로서의 我는 '5음의 가화합'과 따로 떨어져서 별도로 존재하는 것이 아닙니다.

　앞에서 칸트 철학을 설명할 때 저는, 감각 인상만으로는 꽃병을 '인식'할 수 없으며 그 감각 인상을 '꽃병'이라는 독립된 물체로 통합하는 능력이 우리 마음 속에 있어야 한다고 말하였습니다. 칸트의 용어로 그 능력을 가리키는 용어는 '先驗的 統覺'선험적 통각입니다. 칸트에서 '자아'는 '선험적 통각'으로 규정됩니다. ('통각'이라는 단어는, 지각이나 지식이라는 단어가 그렇듯이, 지적 작용과 그 결과를 동시에 지칭합니다.) 앞의 설명에 시사되어 있는 바와 같이, 선험적 통각은 인식의 주관적 형식을 가리키는 아프리오리나 이념과 다르지 않습니다. 또한, 칸트는 '순수이성 비판'에서 데카르트가 말한 '나는 생각한다, 그러므로 나는 존재한다'(Cogito ergo sum.)라는 말에서의 '나는 생각한다'(Cogito)가 자아의 의미를 규정한다고 말합니다. 생각해 보면 그럴 수밖에 없습니다. '나는 생각한다'는 말이 적용되는 사태를 상상해 봅시다. 누군가 '나는 생각한다'는 말을 할 때, 그 사람은 '나는 생각한다'는 말이 기술하는 나―현재 생각을 하고 있는 나―뿐만 아니라 그 말을 하는 나에 대해서도 생각을 가지고 있다고 말하지 않으면 안됩니다. 그리고 그 말을 하는 나와 그 말이 기술하는 나는 동일한 차원에 속한다고 말할 수 없습니다. 후자의 나에 비하여 전자의 나는 칸트가 '있기는 있지만 알 수 있는 그 무엇이 아니다'라고 말한 물자체, 이념, 또는 본체계에 속해 있습니다. '無我'를 보기로 하여 설명한 위의 내용은 '無記'무기, '自性'자성, '空'공과 같은 불교의 개념에도 그대로 적용될 수 있을 것입니다. 이 점은 이때까지 불교와 칸트 철학을 '비교'한 연구들에서 대체로 확인된 바 있습니다.

❺ 분명히 말하여, 기신론과 칸트 철학의 상호보완 가능성은 기신론이 선험철학의 한 예를 보여준다는 점에 의하여 보장됩니다. 이 추기의 첫 부분에서 말한 바와 같이 '선험철학'은 개인의 경험을 초월하는 그 무엇인가가 있다고 믿고 그것이 어떤 것이며 우리의 경험에 대하여 어떤 관련을 맺고 있는가를 탐구하는 철학을 가리킵니다. 이것은 매우 일반적인 잠정적 규정입니다. 그러나 이 잠정적 규정은, 그것에 일관되는 사상은 어떤 것이든지 기신론이나 칸트 철학과 '상호보완'할 수 있다는 것을 시사한다는 점에서 그런대로 쓸모가 있다고 말할 수 있을 것입니다. 이 추기의 목적과 직접 관련되는 것은 아닙니다마는, 마지막으로 저는 性理學성리학도 기신론과 마찬가지로 선험철학의 한 예가 된다는 것, 그리고 따라서 기신론이나 칸트 철학과 상호보완할 수 있다는 것을 말해 보겠습니다. 다만, 성리학에 관해서는 자세한 말을 하는 대신에 그 상호보완 가능성을 시사하는 것으로 그칠 수밖에 없습니다.

중국 宋代송대에 정립된 사상체계로서의 성리학은 周易주역과 불교의 근본 사상을 근간으로 하여 양자를 교묘하게 결합한 결과입니다. 朱熹주희를 위시하여 그의 직계 선구자들이 예외없이 주역을 천착하였고 적어도 일정 기간 불교에 심취하였다는 것은 널리 알려진 사실입니다. 성리학이 주역과 불교를 결합할 수 있었던 것은 양자의 사고체계 사이에 근본적인 유사성이 있었기 때문입니다. 사실상, 불교가 중국에 그토록 쉽게 받아들여져서 그 본 고장인 인도도 미칠 수 없을 정도의 발전을 이룩할 수 있었던 것도 주역에서 비롯된 중국의 사상적 전통 속에 불교 사상의 근본에 해당하는 요소가 들어 있었기 때문이라고 말할 수 있습니다. 양자 사이의 유사성은 한 마디로 말하여 중층구조의 발상에서 찾아볼 수 있습니다. 주역에서 말하는 太極태극과 만물의 관계는 기신론의 진여와 상념의 관계에 상응합니다. 간단하게 말하여, 성리학은 주역의 태극을 理이로 바꾸면서 그것을 바깥의 사물이 아닌 마음의 문제와 결부시켰습니다. 여기에 불교가 중요한 공헌을 하였습니다. 성리학이 불교를 배척한 것은 사실이지만, 그것은 근본적인 사고체계 때문이 아니라 불교의 사회적 효능 때문이었습니다. 말하자면 성리학은 불교에서 큰 것으로 빚을 지고 있으면서 작은 것으로 그것을 배척한 셈입니다.

기신론 (또는 불교 일반)과 칸트 철학의 호혜적 결합에 성리학을 추가하는 데에서 어떤 의의가 추가적으로 따를 것인가는 짐작하기 어렵지 않습니다. 기신론이 다루는 내용은 표면상으로는 명백히 종교이론 또는 종교수행이론입니다. 기신론을 교육이론으로 해석하는 것이 불가능한 것은 아닙니다마는, 그것을 교육이론으로 해석하자면 상당히 '긴' 해석이 필요합니다. 그러나 이 자리에서 자세히 설명할 수는 없습니다마는, 성리학은 그 자체가 교육이론입니다. 기신론과 성리학—그리고 칸트 철학—의 상호보완은 기신론을 어김없는 교육이론으로 만들어줄 뿐만 아니라 성리학이 목적으로 삼는 심성함양을 종교적 경지로 끌어올리며 또 그렇게 함으로써 성리학의 교육이론으로서의 성격을 한층 더 명료하게 해 줄 것입니다. 한 마디로 말하여, 이 삼자의 합일이 보여주는 것은 가장 완전하고 충실한 의미에서의 '교육이론'입니다. 이런 의미에서의 '교육이론'은 삶과 세계의 한 부분이 아닌 전체를, 삶을 살아가는 과정과 관련지어 드러냅니다. 이 삼자 합일이 깨트려질 때 교육이론은 그 원래의 모습을 갖추지 못한 채 단순히 '아이들 공부시키는 방법'으로 전락하고 맙니다. 물론, 교육이론이 그 원래의 모습을 갖추도록 하는 것은 일차적으로 교육학을 공부하는 사람들의 몫입니다.

[이 추기에서 말한 내용을 약간 더 자세하게 알고 싶은 독자는 申春浩, '교육이론으로서의 칸트 철학: 판단력 비판 해석', 서울대학교 박사학위 논문, 2005, 성경재 교육과정철학 총서 17, 근간; 李烘雨(강의록),「교과의 선험적 차원」, 성경재, 2004; 李烘雨,「성리학의 교육이론」, 성경재 연구 총서, 2000; 李烘雨, '사람과 귀신', 「도덕교육연구」, 15-2, 2004를 참고할 수 있을 것입니다. 또한, 통석 본문에 언급된 지눌의 사상에 관해서는 金光敏,「지눌의 교육이론」, 성경재 교육과정철학 총서 08, 1998이 참고가 될 것입니다.]

통석에 인용된 기신론 본문의 문단들

본문 문단 번호	통석 항목 번호	본문 문단 번호	통석 항목 번호
2	20	37	13
5	3	38	13
7	6, 12, 20	39	11
8	6, 12, 20	40	13
10	5	43	14
11	6, 7	44	12, 15
13	12	45	14
16	11	46	15
17	9	47	15
18	10	56	추기
19	8, 11	61	17
20	14	62	16
23	10	63	20
24	8	65	17
25	14	66	17
27	10	70	17
28	8	79	18
29	10	80	19
30	8	82	18
31	10	85	18
33	10, 11	87	19
35	13	89	18
36	13	93	1

大乘起信論 通釋

부
록

大乘起信論

말 울음 보살에게

마명보살이여
과연 그대는 대승기신론을 지었는가
붓끝을 잡은 손이
그대 손이라고 하여
또한 그 손이
그대 몸에 붙은 것이라고 하여
그대는 그 造論者가 그대라고 말하는가

기신론이 참으로 그대 것이라면
그대는 진여로 가는 길을
손바닥처럼 알고 있어야 한다.
대로만이 아니라 골목골목까지
샅샅이 누비고 다녔어야 한다.

그대는 과연 그런 사람인가
그 길은 험한 길 비참한 길
'이런 짓 안하고는 살 수 없나!'
사람의 마음이 하는 이 말을
그대는 듣지 못하는가

마명보살이여
그대는 정녕 사람이 아니다.
기신론의 원저자를 망각 속에 묻고
사람의 마음에 들리지 않는
'말울음 소리'——
짐승의 소리로 말한다는
거짓 이름을 내세운 그대
허공의 울림.
대지의 메아리.

大乘起信論

❖❖❖

馬鳴 菩薩 造論

梁天竺 三藏 眞諦 譯

1_

歸命盡十方　最勝業遍知
色無碍自在　救世大悲者
及彼身體相　法性眞如海
無量功德藏　如實修行等
爲欲令衆生　除疑捨邪執
起大乘正信　佛種不斷故

세상을 건지신 대비의 부처님께
이 한 목숨 귀의하나이다.
온 누리 언제나 뛰어난 업적을 행하시며
세상 일을 낱낱이 두루 아시며
어디서나 그의 자태를

막힘없이 드러내시는도다.

그 몸은 법성과 진여의 바다

끝없는 공덕의 보고

깨달음을 얻고자 수행하는 무리들

중생은 의심과 사집을 버리고

대승의 바른 믿음 일으켜

부처님의 가르침은 끝없이 이어가리라.

[주] 盡十方진시방 遍知변지 無碍무애 除疑제의 捨邪執사사집

● 저자인 마명과 역자인 진제에 관해서는 권말의 '하께다 해설' 참조.
● 위의 게송에서 저자는 '삼보'(佛·法·僧)를 찬양하면서, 이 논술을 씀에 있어서 자신의 기원을 표현하고 있다. '온 누리에 뛰어난 업적을 행한다'[盡十方 最勝業], '세상 일을 낱낱이 두루 안다'[遍知], '그의 자태를 어디서나 남김없이 드러낸다'[色無碍自在], '세상을 건지려는 대비자'[救世大悲者]는 佛에, '그 몸은 법성과 진여의 바다'[及彼身體相 法性眞如海], '무한한 공덕을 감추고 있다'[無量功德藏]는 法에, 그리고 '깨달음을 얻고자 수행하는 무리'[如實修行等]는 僧에 각각 해당한다. ● '體相', '法性', '眞如' 등은 이하 본문에서 설명된다. 권말 '주요용어 색인' 참조 ● '佛種'은 '부처의 씨앗'으로서, 부처의 가르침을 이해하며 그것을 실천하려고 노력하는 사람을 가리킨다.

2_

論曰 有法能起 摩訶衍信根 是故應說 說有五分 云何爲五

一者因緣分 二者立義分 三者解釋分 四者修行信心分 五者
勸修利益分

이 논술에서 설명하고자 하는 것은 마하아야아나〔大乘〕의 근본
이 되는 믿음과 그것을 일으키는 방법상의 원리이다. 이하의 설
명은 다섯 부분으로 나누어져 있다. 먼저, 이 논술의 취지를 말하
고〔因緣分〕, 둘째로, 이 논술의 핵심적인 주장을 개요의 형식으로
제시하며〔立義分〕, 셋째로, 그것을 자세하게 풀이한다〔解釋分〕.
그리고 넷째로, 이 논술이 나타내는 믿음과 그것을 얻기 위한 수
행의 방법을 말하고〔修行信心分〕, 마지막으로 수행에서 얻게 될
이익을 말함으로써 수행의 결심을 북돋아준다〔勸修利益分〕.

注 摩訶衍마하연
● 有法能起 摩訶衍信根은 말 그대로는 '마하아야아나의 믿음의 뿌리
를 일으키는 가르침이 있다'로 된다. 그러므로 여기서는 '마하아야아
나의 믿음의 뿌리', 즉 마하아야아나의 근본적 믿음이 무엇이며 그것
을 어떻게 일으킬 수 있는가 하는 두 가지 문제가 대두된다. 이 두 가
지가 기신론에 취급되어 있는 문제이다. ● 마하아야아나〔大乘, 큰 수
레〕의 의미는 이하 7~8에서 설명된다.

3_
初說 因緣分

먼저, 논술의 취지를 말하겠다.

㈜ ✿이하 본문의 뒷부분에서 알 수 있는 바와 같이, '因緣'은 因과 緣의 합성어로서 '내적 원인'과 '외적 계기'를 뜻한다. 그러나 여기서는 그와 같이 엄밀한 의미에서 사용된 것이라기보다는 일반적인 의미로서 이 논술을 지은 동기, 목적, 취지 등을 나타내는 말로 사용되고 있다.

4_

問曰 有何因緣 而造此論 答曰 是因緣有八種 云何爲八 一者因緣總相 所謂爲令衆生 離一切苦 得究竟樂 非求世間名利恭敬故 二者爲欲解釋 如來根本之義 令諸衆生 正解不謬故 三者爲令善根成熟衆生 於摩訶衍法 堪任不退信故 四者爲令善根微少衆生 修習信心故 五者爲示方便 消惡業障善護其心 遠離癡慢 出邪網故 六者爲示修習止觀 對治凡夫二乘心過故 七者爲示專念方便 生於佛前 必定不退信心故八者爲示利益 勸修行故 有如是等因緣 所以造論

이 논술을 지은 목적은 여덟 가지로 말할 수 있다. 첫째로, 이 논술의 목적을 한마디로 말하자면, 그것은 중생으로 하여금 일체의 괴로움〔苦〕에서 벗어나서 영원한 즐거움〔樂〕을 얻도록 하는 데에 있을 뿐, 결코 세상의 명예와 이익을 얻는다든지 세상 사람들로부터 존경을 받도록 하는 데에 있는 것이 아니다. 둘째로, 이 논술의 목적은 여래의 가르침의 참뜻이 근본적으로 어디에 있는가를 풀이함으로써 중생으로 하여금 그것을 바로 알아서 그릇된 견해에 빠지는 일이 없도록 하는 데에 있다. 이 논술의 셋째 목적은 마하아야아나의 가르침에 합당한 자질을 이미 상당히 갖추고 있는 중생으로 하여금 그 가르침에 확고한 신념을 가지고 물러섬이 없도록 하는 데에 있으며, 넷째 목적은 그 자질을 아직 충분히 갖추지 못한 중생으로 하여금 마하아야아나의 믿음을 열심히 닦고 익히도록 하는 데에 있다. 다섯째로, 이 논술의 목적은 惡業의 장애를 지워버리는 길을 보여줌으로써 착한 마음을 북돋우고 어리석고 교만한 마음을 멀리하며 사악의 그물에서 벗어나도록 하는 데에 있다. 여섯째로, 이 논술의 목적은 '想念의 停止'[止]와 '本質의 洞察'[觀]을 닦고 익히는 방법을 보여 줌으로써 우둔한 자들과 二乘의 수행자들이 가지기 쉬운 그릇된 마음을 바로잡아 주는 데에 있다. 일곱째로, 이 논술의 목적은 생각을 專一하게 하는[專念] 길을 보여줌으로써 사람들로 하여금 부처 앞에 다시 태어나서 믿음에 흔들리거나 물러섬이 없도록 하는 데에 있다. 그리고 여덟째로, 이 논술의 목적은 수행의 利點을 들어 사람들로 하여금 그것에 힘써 정진하도록 하는 데에 있다. 이상이 이 논술을 지은 목적이다.

㊀ 不謬불류 堪任감임 癡慢치 만 邪網사망

◉因緣總相은 논술의 목적 또는 취지를 가장 포괄적으로 진술한 것이며 그 이하 나머지 항목은 앞의 2에서 말한 본문의 분절과 대체로 상응한다. 즉, 둘째 취지는 解釋分의 '顯示正義'와 '對治邪執' 항에, 셋째 취지는 역시 해석분의 '分別發趣道相' 항에, 넷째에서 일곱째에 이

르는 취지는 修行信心分에, 그리고 여덟째 취지는 勸修利益分에 각각 상응하는 것이다. 권말의 分析 目次 참조. ❊ '일체의 괴로움에서 벗어나서 영원한 즐거움을 얻도록 한다'에서 苦와 樂은 특별한 의미를 가지고 있다는 점에 유의하여야 한다. 우리가 보통 '괴롭다'든가 '즐겁다'고 하는 것이 苦와 樂에 포함되지 않는다고 단언할 수는 없지만, 여기서의 苦와 樂은 그 이상으로, 우리의 마음이 '변화의 세계'〔生滅界〕에 머물러 있는가 그렇지 않고 '절대의 세계'〔眞如〕에 돌아가는가의 차이를 나타낸다. 다시 말하면, 우리는 苦에 있는 줄 의식하지 못하면서도 苦에 있는 셈이 되며, 이것이 바로 우리가 벗어나야 할 苦이다. 이하 87 참조. ❊ '衆生'은 사람뿐만 아니라 '의식을 가지고 있는 생명체'〔有情〕를 일반적으로 지칭하지만, 기신론에서의 일차적인 관심은 '사람'에 있다. ❊非求世間名利恭敬은 주어를 저자로 보는가 아니면 중생으로 보는가에 따라 두 가지 해석이 있을 수 있다. 그러나 아마 후자의 해석이 저자의 의도에 더 가깝다고 보아야 할 것이다. ❊ '如來' (타타아가타)는 '진여에서 온 자' 또는 '진여와 하나인 자'—다시 말하면 그 몸이 곧 진여인 자—를 뜻하는 말로서, 여기서는 석가모니를 가리킨다. '진여'의 의미는 이하 곧 설명된다. 이하의 번역에서는 필요에 따라 '여래'와 '진여와 하나인 자'의 두 용어를 병용한다. ❊ '善根'에서 根은 根機, 즉 자질, 능력, 소양 등을 나타내는 말이다. 善根成熟衆生과 善根微少衆生의 차이는 58 이하 '發心'의 종류와 관계가 있다. ❊爲示方便 운운은 '방편을 보여줌으로써 악업의 장애를 지워버리며…'로 되어 있다. '방편'은 우리말의 방편이나 수단으로 이해해도 크게 잘못된 것은 아니다. 다만, 여기서 방편이라는 것은 '있는 그대로의 모습'〔眞實〕을 직접 알려주는 것이 아니라, 그 대신에 '있는 그대로의 모습을 아는 것'과 결과적으로 동일한 효과가 나타나도록 '편의 적인' 수단을 강구하는 것을 가리킨다. 이하에서 설명될 바와 같이, 여 래의 가르침 또는 진여는 언설에 의하여 전달될 수 있는 것이 아니다. 이 경우에 언설은 진여를 알리는 '방편'이다(통석 제19항목 참조). ❀ '惡業의 障碍'―業(카르마)은 그 결과[報]를 어김없이 당하게 될, 행 동과 말과 생각[身口意]에 의하여 이루어지는 일체의 원인 행위를 가 리킨다. 악업은 '나쁜 결과'를 가져올 행위를 가리킨다. 그러므로 '악 업의 장애를 지워버린다'는 말은 과거에 저지른 악업 또는 현재에 저 지르고 있는 악업으로 말미암은 장애를 없애 버린다는 뜻이다. '나쁜 결과'에서 '나쁘다'는 말의 의미에 관해서는 별도의 자세한 고찰이 필 요하지만, 대체적으로 말하면, 그것은 이 註의 앞 부분에서 말한 苦의 의미와 일관된 방식으로 해석되어야 할 것이다. ❀ '상념의 정지'와 '본 질의 통찰'[止觀]은 수행방법으로서 79 이하에서 자세하게 설명된다. '전념'은 '止'와 관련되어 있으며 그 의미 또한 79 이하에서 밝혀진다. ❀ '우둔한 자들과 二乘의 수행자들'[凡夫二乘]―범부는 여래의 가르 침에 전혀 관심이 없는 사람들, 다시 말하면 '변화의 세계' 이외의 다 른 세계가 있다는 것에 전혀 생각이 미치지 않는 사람들을 가리킨다. 二乘은 석가모니의 가르침을 직접 듣고 그것을 깨달음의 계기로 삼는 사람들[聲聞乘]과 자신의 독자적인 노력으로 깨달음을 얻으려는 사람 들[緣覺乘 또는 獨覺乘]을 통틀어 지칭하는 말이지만, 여기서는 특수 하게 대승의 가르침을 그릇되게 해석하는 사람들을 가리킨다. 범부와 이승이 빠지기 쉬운 오류[凡夫二乘心過]는 50 이하와 89에 설명되어 있다. 이 부분의 설명으로 미루어 보건대, 二乘은 여래의 가르침을 그 근본에 의하여 이해하는 것이 아니라 오로지 자신의 일신상의 효과에 의하여 이해하는 사람들이라고 말할 수 있다. 좀더 분석적으로 말하자면, 여래의 가르침은, 그 본래의 뜻에 있어서는 '사태의 여실한 파악'과 '일신상의 효과'가 불가분의 관계를 맺고 있어서, '일신상의 효과'는 '사태의 여실한 파악'의 논리적 귀결로 보아야 하는데도, 二乘에서는 이 양자가 분리되어 '일신상의 효과'가 그 자체의 관심사로 된 것이다. 그리하여 본문의 '二乘의 수행자'는 '자기 일신상의 안일을 위하여 수행하는 사람'을 가리키는 것으로 이해될 수 있다. 흔히 '小乘'〔히나아야나, 작은 수레〕이라는 말도 '大乘'을 주창한 사람들이, 그들과는 이론적 입장을 달리하는 사람들을 경멸조로 부르는 이름이기는 하지만, '소승'이라는 것은 그 자체로서 정통성을 가지고 있는 불교의 유파이며 따라서 본문의 二乘을 小乘과 동일한 것으로 취급하는 것은 아마 잘못일 것이다. ❀ '부처'〔佛, 붓다〕는 '깨달음을 얻은 자' 또는 '깨달은 자'〔覺者〕를 나타내는 말로서, 원래는 석가모니를 지칭하였으나 그 후 '여러 부처'〔諸佛〕와 같이 '깨달은 자'를 총칭하게 되었다. '여래'의 경우에서와 같이, 이하의 번역에서는 '부처'와 '깨달은 자'의 두 용어를 병용한다.

5_

問曰 修多羅中 具有此法 何須重說 答曰 修多羅中 雖有此
法 以衆生根行不等 受解緣別 所謂如來在世 衆生利根 能
說之人 色心業勝 圓音一演 異類等解 則不須論 若如來滅
後 或有衆生 能以自力 廣聞而取解者 或有衆生 亦以自力
少聞而多解者 或有衆生 無自心力 因於廣論 而得解者 自

有衆生 復以廣論文多爲煩 心樂總持 少文而攝多義 能取解
者 如是此論 爲欲總攝 如來廣大深法 無邊義故 應說此論

이 논술에 취급된 내용은 모두 경전[修多羅]에 자세하게 설명되
어 있는데도 그것을 다시 설명할 필요가 있는가?—물론, 그것은
모두 경전에 설명되어 있다. 그러나 사람들의 자질과 실행능력은
동일하지 않고 경전의 내용을 받아들이고 이해하는 방식에도 차
이가 있다. 여래가 살아계셨을 때에는 사람들의 능력이 뛰어나고
가르침을 베푸는 사람 또한 용모나 마음가짐이나 행적 등 모든
면에서 권위를 가지고 있었다. 깨달음을 얻은 당사자의 입에서
나오는 가르침은 일사불란하여 사람들은 누구나 그것을 동일한
뜻으로 받아들였다. 이런 경우에는 여래의 가르침을 특별히 해설
할 필요가 없었을 것이다. 그러나 여래가 돌아가신 뒤에는 사정
이 달라졌다. 사람들 중에는 여러 사람의 말을 듣고 혼자의 힘으
로 여래의 가르침을 이해할 수 있는 사람, 역시 혼자의 힘으로 조
금만 듣고도 많이 이해하는 사람이 있는가 하면, 혼자서는 이해
할 힘이 없이 다른 사람의 해설을 듣고서야 이해하는 사람도 있
다. 그러나, 물론, 사람들 중에는 장황한 설명을 되풀이해서 듣는
것을 번거롭게 생각하면서 그것보다는, 마치 陀羅尼(다라니)처
럼, 많은 내용을 짧은 글에 요약해 놓은 포괄적인 설명을 더 좋아
하고 거기서 의미를 뽑아낼 수 있는 사람도 있다. 이와 같이, 이
논술은 여래의 한량없이 크고 깊은 가르침과 그 오묘한 뜻을 포
괄적으로 요약함으로써 그것을 필요로 하는 사람에게 참고가 되
기를 바라는 마음에서 집필된 것이다.

㋡ 修多羅 수다라 復부 心樂심요 總持총지 總攝총섭 陀羅尼 다라니

◉ 수다라는 산스크리트어 '수우트라'의 음역으로서 석가모니의 가르침을 기록한 것이다. 이것을 모아놓은 '經藏'〔수우트라피타카〕은 승단의 계율을 모아놓은 '律藏'〔비나야피타카〕, 그리고 경전의 이론적 해설을 모아놓은 '論藏'〔아비다르마피타카〕과 함께 '三藏'〔트리피타카〕, 즉 '세 개의 寶庫'를 이룬다. ◉ 根行은 근기와 행실을 뜻하며 利根은 根機(능력, 자질)가 날카롭다는 것, 즉 이해 능력이 뛰어난 것을 뜻한다. ◉ '圓音一演' ― '둥근, 원만한, 모든 것을 갖춘 목소리가 한번 울려퍼짐에' ― 이 말의 뜻은 본문 번역에 나와 있는 것과 같다. 깨달음을 얻은 당사자는 어떤 사태에서 어떤 사람이 묻는 말에 대해서도 일관성 있는 견해를 제시할 수 있다. ◉ '마치 다라니처럼'이라는 번역에 해당하는 원문은 心樂總持(마음이 總持를 좋아한다)이다. 총지는 다라니의 意譯으로서 매우 특별한 의미를 가지고 있다. 우리가 무엇인가를 안다고 말할 때에는 일련의 문장으로 차근차근 풀이된 상태로 알고 있다는 뜻이다. 거기에는 설명의 선후가 있고 설명 사이의 논리적 관련이 있다. 다라니는 이러한 표현방식의 제약을 초월하여, 우리가 알 수 있는 모든 것을 '한꺼번에 요약된', 또는 '미분화된 상태로' 알고 있는 것을 가리킨다. 다라니가 '眞言' 또는 '呪文'의 뜻을 가지고 있는 것은 이 점에서 충분히 이해된다. 좀더 전문적인 용어로 규정하자면 다라니는 '진여의 인식론적 표현'을 가리킨다고 말할 수 있다. 본문에서 언급되는 사람(自有衆生 復以廣論文多爲煩 . . .)은 대승의 가르침을 '마치 다라니처럼' 이해하고 싶어하는 사람이며, 기신론은 그 가르침을 '마치 다라니처럼' 요약해서 제시한다.

6_

已說因緣分 次說立義分

이상으로 논술의 취지를 마치고, 이제 논술의 핵심적인 주장을
제시하겠다.

7_

摩訶衍者 總說有二種 云何爲二 一者法 二者義 所言法者
謂眾生心 是心則攝 一切世間法 出世間法 依於此心 顯示
摩訶衍義 何以故 是心眞如相 卽示摩訶衍體故 是心生滅因
緣相 能示摩訶衍 自體相用故

'마하아야아나'〔大乘, 큰 수레〕는 크게 두 가지로 설명할 수 있
다. 하나는, '큰 수레'라는 것은 무엇을 가리키는가 하는 것〔法〕
이요, 또 하나는, 그것을 어째서 '큰 수레'라고 부르는가 하는 것
〔義〕이다. 첫째로, '큰 수레'라는 것은 '중생의 마음'〔眾生心〕을
가리킨다. 이 '마음'은 일체의 경험적 사실과 초경험적 관념을
포괄한다. 마하아야아나에 관한 일체의 교설은 오로지 이 '마음'
과 관련되어 있다. 보다 구체적으로 말하면, 마음은 '실재'〔眞如〕
와 '현상'〔生滅〕이라는 두 측면에서 파악될 수 있으며, 이 중에서
실재의 측면은 마하아야아나의 본체〔體〕를, 그리고 현상의 측면
은 마하아야아나의 본체의 외적 표현으로서의 樣相〔自體相〕과
機能〔用〕을 나타낸다.

주 ◉ 불교 문헌에서 '法'은 문맥을 떠나서 그 의미를 규정하기가 거의 불가능할 정도로 광범한 용도를 가지고 있다. 그것은 '사물', '현상', '원리', '가르침' 등, 비교적 확인가능한 실체를 가지고 있는 모든 대상을 지칭한다. '마하아야나를 총괄적으로 설명하는 두 가지'로서의 法과 義는, 한편으로 마하아야나라고 불리는 '사물'과, 또 한편으로 그것을 그렇게 부르는 이유를 가리킨다. 그러므로 一者法 二者義는 '큰 수레라는 것은 무엇을 비유적으로 나타내는가, 그리고 그것을 어째서 그런 비유로 나타내는가'로 이해될 수 있을 것이다. ◉ '큰 수레가 비유적으로 나타내는 것'이 '중생의 마음'이라고 한 뒤에 그것이 '일체의 경험적 사실과 초경험적 관념을 포괄한다'고 말하는 것은 '중생의 마음'에 관한 우리의 일상적 관념에 비추어서는 이해되지 않는다. 권말 '역자해설' 참조. 여기서 '포괄한다'〔攝〕는 말은 '마음이 일체의 경험적 사실과 초경험적 관념을 담고 있다'든가 '일체의 경험적 사실과 초경험적 관념이 마음에서 나온다'는 뜻을 나타낸다고 볼 수 있을 텐데, '중생의 마음'이 과연 그런 것인가가 의심스러운 것이다. 물론, 이 문제는 그야말로 기신론의 '핵심'에 해당하는 것으로서, 바로 뒤에 이어지는 是心眞如相과 是心生滅因緣相의 언급에 의하여 그 해결의 방향이 시사되어 있다. 즉, 일상적 의미에서의 '중생의 마음'은 마음의 生滅因緣相이며, '중생의 마음'에는 또한 眞如相도 있다는 것, '마음은 일체의 경험적 사실과 초경험적 관념을 포괄한다'는 말은 생멸인연상의 마음에는 해당된다고 보기 어렵더라도 진여상의 마음에는 해당된다고 볼 수 있다는 것, 그리고 생멸인연상이 진여상과 마찬가지로 총체로서의 '중생의 마음'의 한 측면인 이상, 진여상의 마음에 해당되는 것은 생멸인연상의 마음에도 마찬가지로 해당된다는 것이다. 그러나 이것은 아직 立義分의 개략적인 설명에 불과하며, 그 자세한 의미는 이하 解釋分에서 다시 설명된다. ❀ '眞如相', '生滅因緣相', '自體相用' 등에서 '相'은 '體'와 관련하여, 또는 '體'와의 대비에 의하여 의미를 가진다. 이하에서 곧 설명하게 되겠지만, 마하야야나(즉, 중생심)의 體인 진여는 '그 자체로서는' 언설로 규정될 수 있는 것이 아니다. 언설로 규정될 수 없다는 것은 개념적 사고에 의하여 파악될 수 없다는 뜻이다. 언설에 의한 규정 또는 개념적 사고에 의한 파악〔分別〕은 오직 '相'에 의하여 가능하다. 즉, '상'은 '분별'을 가능하게 한다. 진여가 언설로 규정될 수 있는 것이 아니라는 것은 곧 진여는 '그 자체로는' 相을 가지지 않는다는 뜻이다. '是心眞如相'이라는 표현에서 眞如相은 진여가 相을 가지고 있다는 뜻으로 해석되어서는 안되며, 마음을 '진여라는 相에서' 파악한다는 뜻으로 해석되어야 한다. 그리하여 이 경우의 眞如相은 이하 10의 '眞如門'과 동일한 의미를 나타낸다고 보아야 할 것이다. 이하 본문에서 알 수 있는 바와 같이, 기신론에는 相이라는 용어가 광범하게 사용되고 있으며 때로는 그것을 특별히 번역하지 않아도 좋을 경우가 있다. 이 번역에서는 특별히 번역해야 할 경우에는 相을 '樣相'으로 번역하고, 體를 '本體'로 번역한다. ❀是心生滅因緣相 能示摩訶衍 自體相用故―하께다의 英譯을 포함하여 역자가 참고한 기신론 번역(권말 '역자후기' 참조)에서는 거의 예외없이 '自體相用'을 '體와 相과 用'으로 번역하고 있다. 역자가 보기에, 이것은 정확하지 않다. 우선 이와 같이 번역할 경우에는 중생심의 본체가 眞如相과 生滅因緣相이라는 두 영역에 있다는 뜻이 되며, 그 두 영역에 있는 중생심의 본체가 동일한 것인가 아니면 상이한 것인가 하는, 전혀 불필요한 문제가 대두된다. 위의 '相'에 관한 설명에 시사되어 있는 바와 같이, 만약 생멸인연상에 또 하나의 본체가 있다고 가정한다면, 그것은 본체 그 자체로서가 아닌, '본체의 양상'으로서밖에 파악되지 않는다. 그러므로 생멸인연상에서의 본체는 반드시 '본체의 양상'으로, 다시 말하면 본체 그 자체로서가 아니라 '생멸인연상에서의 마음'(즉, 우리의 개념적 사고)에 의하여 파악되는 '본체의 양상'으로 존재한다고 보아야 한다. 뿐만 아니라, 이하 38에서 '진여훈습에 자체상훈습과 용훈습의 두 가지가 있다'고 하는 것으로 보더라도 自體相은 '體와 相'을 뜻하는 것이 아니라 '體의 相'—즉, 생멸심에 의하여 파악되는 '진여의 양상'—을 뜻한다고 보아야 한다. '진여자체상'과 '진여용'은 43과 45에 자세하게 설명되어 있다. ◉ '用'(기능)에 관해서는 다음 문단에서 설명하겠다.

8_
所言義者 則有三種 云何爲三 一者體大 謂一切法 眞如平
等不增減故 二者相大 謂如來藏 具足無量性功德故 三者用
大 能生一切世間出世間 善因果故 一切諸佛 本所乘故 一
切菩薩 皆乘此法 到如來地故

둘째로, '큰 수레'라는 이름의 의미는 세 가지로 말할 수 있다. 첫째는 마하아야아나의 本體가 '크다'는 뜻이다〔體大〕. 마하아야아나의 본체는 모든 것을 포괄하는 오직 하나의 實在로서 거기에는 일체의 구분이나 증감이 없다. 둘째는 마하아야아나의 樣相이 '크다'는 뜻이다〔相大〕. 마하아야아나는 '如來藏' 속에 모든 훌륭한 성질과 무한한 공덕을 갖추고 있다. 셋째는 마하아야아나의 機能이 '크다'는 뜻이다〔用大〕. 마하아야아나는 경험적, 초경험적 세계의 모든 좋은 인과응보를 만들어낼 수 있다. '큰 수레'라는 말에서 '수레'는 모든 부처가 본래 타고 있는 것이며, 모든 수행자가 그것을 타고 '如來의 땅'으로 간다는 뜻을 나타낸다.

🈷 如來藏여래장 菩薩보살

❀이 문단에서는 '큰 수레'라는 말의 의미를 '크다'는 말과 '수레'라는 말로 나누어 설명하고 있다. ❀ '마하아야아나의 본체가 크다'〔體大〕는 말을 설명하는 '一切法眞如平等不增減'은 이른바 한문 특유의 '유연한 통사구조'(권말 '역자후기' 참조)를 가장 완벽하게 반영하는 문장으로서, 그것은 하나의 문장이라기보다는 '일체법', '진여', '평등', '부증감'이라는 네 단어를 나열해 놓았다고 보는 것이 이해에 더 도움이 된다. (그것을 하나의 문장으로 보고 '토'를 달려고 하는 것은 필경 오해로 이끈다.) 즉, 마하아야아나의 본체는 1) 모든 것을 포괄하며, 거기에 포함되지 않는, '그것이 아닌 것'은 없다는 것〔一切法〕, 2) 그것은 '있는 그대로'라는 것〔眞如〕, 3) 거기에는 '이것은 이러이러한 것이며 저러저러한 것이 아니다'라는 식의 구분〔差別〕이 없다는 것〔平等〕, 4) 그것은 모든 것을 포괄하고 있는 만큼, 증가하거나 감소하는 것이 있을 수 없다는 것〔不增減〕이다. 말하자면, 일체법, 진여, 평등, 부증감은 마하아야아나 본체의 특징을 나타내는 네 개의 언어적 규정이다. (앞의 7 주에서 말한 바 있고 또 이하 11에서 말하게 될 바와 같이, 그것을 언설로 규정하는 것은 '본체'의 정의상 허용되지 않는다.)

기신론에서는 위의 둘째 특징인 '진여'가 그대로 마하야아나 본체를 지칭하는 용어로 사용되고 있다. ❀ '진여'는 이하 11에 설명되어 있지만, 이미 앞의 7에서부터 '실재'로 번역되어 있는 만큼, 특히 이 번역 문제와 관련하여 이 자리에서 설명해 두는 것이 좋을 것이다. '진여'는 '그러한 것', 또는 '참으로 그러한 것'을 뜻하는 산스크리트어 '타타아타아'의 意譯이다. 서양철학의 용어로서의 '실재'(리얼리티) 또한 '여실한 것', '있는 그대로인 것'을 뜻한다. 물론, 문제는 이 동일한 語義에 의하여 지적되는 '참으로 그러한 것', '여실한 것'이 구체적으로 무엇을 뜻하는가에 있다. 서양철학에서는 '실재'가 무엇으로 되어 있는가에 관하여 심각한 논란이 있지만, 형이상학적 개념으로서의 '실재'는 적어도 다음과 같은 점에서 기신론의 '진여'와 공통된 의미를 나타낸다고 볼 수 있다. 첫째로, '실재'는 '외양' 또는 '현상'과 관련하여, 또는 그것과의 대비에 의하여 의미를 가진다는 것이다. 중생심의 두 측면으로서 心眞如相과 心生滅因緣相이 대비되어 있는 것으로 보아, 진여 또한 생멸계와의 대비에 의하여 성립한다는 것을 알 수 있다. 둘째로, 위의 첫째 포인트에서 파생되는 것으로서, 실재는 그 자체로서는 경험적 인식의 대상이 될 수 없다는 것이다. 경험적 인식의 대상이 되는 것은 현상뿐이며, 실재는 현상을 통하여, 현상으로 말미암아 논리적으로 추론될 뿐이다. 앞의 體와 相의 설명에서 알 수 있는 바와 같이, 진여 또한 그러하다. 셋째로, 실재는 '총체'이다. '실재가 아닌 것', '실재의 바깥에 있는 것'은 존재하지 않는다. 이 점에서 또한 실재는 진여와 공통된 의미를 나타낸다. 그러나 이와 같이 양자에 공통된 의미가 있음에도 불구하고 양자가 완전히 동일하다고 볼 수는 없다. 기신론에서 '진여'는 '마음'이다. 물론, 이 '마음'은 특정한 측면(즉, 진여의 측면 또는 실재의 측면)에서 파악되는 '마음'이기는 하지만 그래도 '마음'임에는 틀림이 없다. 그러나 서양철학의 '실재'도 '마음'인가, 또는 모든 사람에 의하여 한결같이 '마음'으로 인정되는가 하는 데에는 의문의 여지가 있다. (이것은 서양철학의 전통 속에서 '실재'를 '마음'으로 보는 견해를 전연 찾아볼 수 없다는 뜻이 아니라, 모든 면에서 서양철학의 실재에 해당하는 진여를 '마음'으로 보는 데에 기신론의 특색이 있다는 뜻이다.) 이런 차이가 있기 때문에 기신론에 '진여'라는 단어가 나올 때마다 그것을 '실재'로 바꾸어서 읽는 것은 무리이다. 다만, '심진여상' 또는 '심진여문'을 '실재의 측면에서 파악되는 마음'이라고 표현하는 것은 충분히 허용될 수 있을 것이며, 아마 '진여상(또는 진여문)에서 파악되는 마음'보다는 그 쪽이 더 친근하게 받아들여질 수 있을 것이다. ❀ 앞의 7 주에 시사되어 있는 바와 같이, '相大'와 '用大'는 중생심의 생멸인연상의 두 측면(自體相과 用)이 크다는 것을 말한다. 상대와 용대에 관해서는 43과 45에 자세하게 설명되어 있으므로 그때까지 기다려도 무방할 것이다. 여기서는 다만 상대와 용대는 마하야아나 본체(즉, 진여)의 생멸인연계에서의 표현이며 따라서 그것은 곧 진여의 특징이라는 것에 유의하는 것으로 충분하다. ❀ '如來藏'은 이하 16에서 설명된다. ❀ '모든 훌륭한 성질과 무한한 공덕'〔無量性功德〕—여기서 '無量'(한량없이 많은)이라는 말은 한 개인의 입장에서 볼 때 무량하다는 뜻이다. 진여의 체상에 갖추어져 있는 '훌륭한 성질과 공덕'은, 진여가 총체인 것과 마찬가지로, 인간이 생각할 수 있는 모든 훌륭한 성질과 공덕의 총체이며 그것은 한 개인으로서는 일일이 열거할 수조차 없을 정도로 '무량'하다. '공덕'은 수행의 결과로 이룩한 업적과 그 과정에서 획득된 자질뿐만 아니라 그것이 다른 사람에게 미치는 이익까지를 포괄적으로 지칭한다. ✿ '用'은 '相'과 더불어 현상계[生滅因緣界]에 있어서의 중생이 진여에 접하게 되는 두 가지 경로를 나타낸다. 앞의 7 주에서 말한 바와 같이, '相' (즉, 진여자체상)은 진여 자체의 특징을 개념적 사고에 의하여 파악할 수 있게 해 준다. 여기에 비하여 '眞如用'은 진여의 특징을 구현하는 행동을 통하여 중생이 진여에 접하게 되는 경우를 가리킨다. '진여의 특징을 구현하는 행동'이라는 것은 여래가 할 만한 행동, 또는 이 세상에 살고 있는 '여래의 대행자들'이 하는 행동이며, 이 행동을 보고 그것을 따라할 때, 중생은, 비록 진여의 특징을 개념적으로 파악할 수는 없다 하더라도, '간접적인 방식으로' 진여를 체득하며 진여의 모습에 가까워진다. 이 점에서 '진여용'은 앞의 4 주에서 말한 '방편'과 의미상 관련을 맺고 있다. 이 책에서는 '用'을 '기능'으로 번역한다. 用에 관한 자세한 설명은 45 참조. ✿ '모든 부처'[一切諸佛]라는 표현에 관해서는 앞의 4 주 참조. ✿ 보살[菩提薩埵, 보디사트바]은 바른 깨달음 [菩提]을 얻기 위하여 수행하는 사람[有情, 衆生]을 총칭한다. ✿ '여래의 땅'[如來地]은 수행의 최종 단계인 '깨달음의 경지'를 가리킨다.

9_

已說立義分 次說解釋分 解釋分有三種 云何爲三 一者顯示
正義 二者對治邪執 三者分別發趣道相

이상으로 논술의 개요를 마치고, 이제 그것을 자세하게 해설하겠다. 이하의 해설은 세 부분으로 나누어져 있다. 첫째는 마하아야아나의 가르침의 올바른 뜻을 제시하는 것이요, 둘째는 그것에 관한 일반적인 오해를 바로잡아 주는 것이요, 셋째는 깨달음에 이르는 길을 단계로 구분하여 제시하는 것이다.

10_

顯示正義者 依一心法 有二種門 云何爲二 一者心眞如門 二者心生滅門 是二種門 皆各總攝一切法 此義云何 以是二 門 不相離故

마하아야아나의 가르침은 다음과 같다. 즉, 마음은 하나이지만 그것은 두 개의 상이한 측면에서 파악될 수 있다는 것이다. 그것을 각각 '實在의 측면에서 파악되는 마음'〔心眞如門〕과 '現象의 측면에서 파악되는 마음'〔心生滅門〕이라고 부를 수 있다. 이 두 측면은 그 각각이 '총체'로서, 각각 일체의 사물과 현상을 포괄한다. 이것은 곧 이 두 측면이 오직 개념상으로만 구분될 뿐, 각각 별도로 존재하는 것은 아니라는 뜻이다.

🈷 ◉첫머리의 '顯示正義者'는, 물론, 문장의 주어가 아니라 이하 설명의 제목이다. ◉一心法 二種門— '一心法'에서 '心法'은 '마음의 법'이 아니다. 여기서 '法'은 '門'과 대비되는 것으로 이해되어야 하며, 따라서 '一心法'은 '실체로서는 하나인 마음', 그리고 '二種門'은 그 하나인 마음을 보는 두 개의 측면을 나타낸다. ◉皆各總攝一切法—이것은 실재의 측면에서 파악되는 마음과 현상의 측면에서 파악되는 마

음이 모두〔皆〕 각각〔各〕 일체법을 포괄한다는 뜻이다. '一切法'은 우리의 감각, 지각, 상상, 추리 등 일체의 정신활동에 들어오는 모든 대상, 우리가 생각할 수 있는 모든 것, 즉 '總體'이다. 심진여문과 심생멸문이 '각각' 포괄하는 총체는 동일한 것이므로('총체'는 두 개일 수 없다), 二門不相離는 二種門 皆各總攝一切法에서 따라오는 필연적 귀결이다. 다시 말하여, 심진여문과 심생멸문이 '皆各總攝一切法'이라는 말에 나타난 그런 것이라면, 양자는 각각 별도로 존재할 수 없으며, 오직 개념상으로 구분될 수 있을 뿐이다. 약간 전문적인 용어로 말하자면, 심진여문과 심생멸문의 관계는 '사실상의 분리'가 아닌 '개념상의 구분'이다. ●심진여문과 심생멸문은 이하 11과 16에 설명되어 있다.

11_

心眞如者 卽是一法界 大總相 法門體 所謂心性 不生不滅 一切諸法 唯依妄念 而有差別 若離妄念 則無一切 境界之相 是故一切法 從本已來 離言說相 離名字相 離心緣相 畢竟平等 無有變異 不可破壞 唯是一心故 名眞如 以一切言說 假名無實 但隨妄念 不可得故 言眞如者 亦無有相 謂言說之極 因言遣言 此眞如體 無有可遣 以一切法 悉皆眞故 亦無可立 以一切法 皆同如故 當知一切法 不可說 不可念 故 名爲眞如

'실재의 측면에서 파악되는 마음'〔心眞如〕은 오직 하나의 실재,

일체의 사물과 현상을 총체적으로 포괄하는 본체를 가리킨다. 이것이 곧 '마음의 本性'[心性]이다. 그러므로 마음은, 그 본성에 있어서는 시작도 끝도 없고 거기에는 하등의 구분도 변화도 있을 수 없다. 사물이 각각 상이한 성질을 가진 것[差別]으로 나타나는 것은 오직 우리의 '想念'[妄念]의 작용에 의해서이다. 만약 우리가 상념을 버릴 수만 있다면 우리가 지각하는 모든 대상, 그리고 그 대상이 나타내는 상이한 성질도 따라서 없어진다. 그러므로 모든 사물과 현상은 '그 원래의 모습에 있어서는'[從本已來] 말로 형용할 수도, 이름을 붙일 수도, 생각을 품을 수도 없다. '실재의 측면에서 파악되는 마음'은 일체의 구분이 배제된 '절대의 세계'[平等]이며, 그것은 변화를 겪는 일도, 송두리째 파괴되는 일도 없다. 그것은 '오직 하나인 마음'[一心]일 뿐이며, 이런 뜻에서 그것을 '참으로 그러한 것'[眞如]이라고 부른다. 일체의 언어적 기술은 실체를 지칭하는 것이 아닌, 헛된 이름에 지나지 않는다. 그것은 오직 상념에 파악되는 것을 그려낼 뿐이며, 따라서 언설을 통하여 '참으로 그러한 것'에 도달한다는 것은 있을 수 없다. 심지어 '참으로 그러하다'는 말조차도 무엇인가의 양상을 기술하는 것이며, '참으로 그러한 것'에는 그와 같이 기술될 수 있는 양상이 없다. 그리하여 '참으로 그러한 것'[眞如]이라는 말은 '말할 수 없는 것을 말하는 것'이며 '말로써 말을 없애려는 것'[因言遣言]과 같다. '참으로 그러한 것'의 세계에는 부정할 것도 긍정할 것도 없다. 그 세계에서는 모든 것이 여실하며, 또 모든 것이 동일하게 여실하기 때문이다. 우리가 명심해야 할 것은 그 세계는 언어로 기술할 수도, 생각을 품을 수도 없다는 것이다. 그것을 '참으로 그러한 것'이라고 부르는 것은 이 때문이다.

㊀ 妄念망념 從本己來종본이래 畢竟필경 但隨단수 因言遣言인언견언 悉皆실개

✽一法界 大總相 法門體─이 문장은 心眞如(즉, 진여)의 '격식을 갖춘' 정의로서 앞의 8에서 '體大'를 설명한 '一切法 眞如 平等 不增減'에 못지않게 '의미가 적재된' 표현이다. 이때까지 몇몇 번역에서는 마지막 法門體를 '法과 門과 體'로 읽고 있지만, 이것은 의미상 용납될 수 없다. 위의 문장은, 단어들 사이의 의미상의 관련을 드러내어서 읽자면, '일법계의 대총상이며 법문의 체이다'가 된다. '일법계의 대총상'이라는 말은 우리가 지각하거나 상상할 수 있는 모든 사물과 현상을 총괄한 것, 즉 '總體'〔一法界〕를 한꺼번에 파악하는 것〔總相〕─다시 말하면 개별적인 사물을 하나씩 하나씩, 각각의 특징〔別相〕을 별도로 파악하는 것이 아니라 그 모든 것을 '하나로서' 파악하는 것─을 뜻하며, '법문의 체'라는 것은 사물의 외부적 특징〔相〕이 아닌 본체〔體〕를 말하는 것이다. 7 주의 相과 體에 관한 설명 참조. ✽ '마음의 본성'〔心性〕─진여를 심성과 동일한 것으로 본 점에 관해서는 별도의 자세한 고찰이 필요하다. 8 주의 '진여'에 관한 설명 및 18과 44의 '심성' 참조. 다만, 여기서는 심성이 '心念'또는 '妄念'과 대비된다는 점, 그리고 양자는 실재의 측면에서의 마음과 현상의 측면에서의 마음을 각각 지칭한다는 점만 지적한다. ✽이 문단은 心眞如를 설명하고 있지만, 심진여는 心生滅과 관련되어 있기 때문에 그 설명에 있어서도 심생멸의 개입이 불가피하다. 우선, 심진여를 규정하는 '불생불멸'이라

는 표현이 그러하다. 명백하게 '不生不滅'은 '生滅'의 부정이다. 생기고 없어지는 것은 '변화'의 가장 명백한 형태요 또한 궁극적인 형태이다. 진여는 언제 어떤 원인으로 생겼다는 식으로 그 기원을 말할 수 없으며, 그것은 또한 없어지는 것도 아니다. 생기고 없어지는 것은 우리가 보통 '변화'라고 부르는 그밖의 국부적인 변화와 마찬가지로 현상계〔生滅界〕에만 해당된다. ❀ '差別'은 아래의 '平等'과 대비된다(8 주 참조). 위의 번역에서 '일체의 구분이 배제된 절대의 세계'로 표현된 '평등'의 의미를, 시각적인 비유를 써서, 마치 지척을 분간할 수 없이 안개가 자욱이 낀 상태와 같다고 하면 이해에 도움이 될지 모르겠다. 여기에 비하여 '差別'은 그 안개가 활짝 걷히고 사물이 그 선명한 형체를 드러내는 것과 같다고 말할 수 있다. 다만, 이 비유를 이해하는 데에는 두 가지 점을 반드시 고려하여야 한다. 첫째로, 진여에는 '안개'도 아무 것도 없다는 것과, 둘째로, 기신론의 관점에서는 안개가 긴 상태와 걷힌 상태의 의미가 우리의 일반적 관념과는 거꾸로 되어 있어서, 안개가 걷힌 청명한 세상이 암흑과 같이 어두운 '無明의 세계'요 안개 긴 암흑 상태가 '眞如의 세계'라는 것이다. 분명히 이것은 정상적인 지력으로는 납득하기 어렵다. 불교가 단순히 철학 사상에 그치지 않고 종교의 형태를 띨 수밖에 없는 것은 아마 이 때문일 것이다. 정상적인 지력으로 받아들이기 어려운 것을 믿도록 하는 데에는 종교의 힘이 필요한 것이다. ❀妄念은 妄心, 染心 등과 마찬가지로, '현상의 측면에서의 마음'의 작용을 나타낸다. 14 주 참조. '妄念'이라는 것은 字義로는 '헛된 상념', '망령된 상념'이지만, 여기서 헛되다든가 망령되다고 하는 것은 '참으로 그러한 것'〔眞如〕에 관한 것이 아님을 뜻하는 것이다. 그러므로 이 책에서는 이런 부정적인 의미를 빼고 '상념'이라는 보다 중립적인 용어를 사용한다. ✿ '境界之相'―'경계'는, 특별한 경우를 제외하고는, 상념의 대상을 가리킨다. 그리하여 '경계'는 때로 '妄境界', '念境界'라고도 불린다. ✿ '모든 사물과 현상은 그 원래의 모습에 있어서는'〔一切法 從本已來〕― '그 원래의 모습에 있어서는'이라는 말은 '상념에 의하여 경계로 되기 이전에는'이라는 뜻이다. 여기서 '이전'이라는 것은 '시간상의 이전'이 아닌, '논리상의 이전'을 가리킨다. '역자해설' 참조. ✿離言說相 등등 ― '言說', '名字', '心緣' 등은 '相'에만 해당된다. 앞의 7주 참조. ✿ 唯是一心―이 말은, 물론, 진여를 규정한다. '마음'으로서의 진여는 내적으로는 일체의 개념적 구분이 배제되어 있으며 외적으로는 그 이외의 다른 것이 존재하지 않는 '오직 하나인 마음'〔一心〕이다. 일심이 진여를 규정하기는 하지만, 그것은 또한 우리 각자가 가지고 있는 '마음'(현상적 마음, 경험적 마음)과의 관련을 암시하기도 한다. 즉, 一心(즉, 진여)은 우리의 현상적 마음이 합치되어야 할 이상적 표준이며, 현상적 마음이 점차 그것에 접근하여 마침내 그것에 합치될 때(부처의 경지) 우리의 마음은 일심 바로 그것이 된다. ✿ '眞如體'―진여가 이미 일체법의 본체인 만큼, 이 말은 일종의 동의어 반복에 해당한다. 그러나 진여에서는 '아무 것도 버릴 것이 없고'〔無可遣〕, 그 안에서 '아무 것도 특별히 드러낼 것이 없다'〔無可立〕는 말을 하기 위해서는 그것을 '體'라고 하여 다시 한번 강조할 필요가 있을 것이다. ✿ '當知'라는 말은 그 이하의 내용이 믿기 어려운 것임을 나타낸다.

12_

問曰 若如是義者 諸衆生等 云何隨順 而能得入 答曰 若知
一切法 雖說 無有能說可說 雖念 亦無能念可念 是名隨順
若離於念 名爲得入

만약 '眞如'라는 것이 참으로 위에서 말한 그대로라면, 어떻게
중생이 그것을 받아들일 수 있으며〔隨順〕, 그 경지에 들어갈 수
있는가〔得入〕?─비록 우리가 모든 것을 언어로 기술하지만 사
실상 언어로 기술될 수 있는 것은 아무 것도 없다는 것을 아는
것, 비록 우리가 모든 것에 관하여 상념을 품지만 사실상 상념을
품을 수 있는 것은 아무 것도 없다는 것을 아는 것, 이것이 곧
'진여를 받아들이는 것'이며, 일체의 상념에서 벗어나는 것, 이
것이 곧 '그 경지에 들어가는 것'이다.

🅭 隨順수 순 雖說수 설

❋이 문단의 질문은 앞 문단의 설명에서 자연스럽게 따라나온다. 대답
의 '말'은 간단하게 들릴지 모르지만, 그 대답의 '의미'를 완전히 이해
한다든가 믿는다는 것은 결코 간단하지 않다. ❋能說可說, 能念可
念─能說과 能念은 '능동'으로서 우리가 어떤 것을 언설로 표현하고
그것에 관하여 생각을 품는 행위를 가리키며, 可說과 可念은 '수동'으
로서, 그 행위를 한 결과로 그것을 언설로 표현할 수 있게 되는 것, 그
것에 관하여 생각을 품을 수 있게 되는 것을 가리킨다. ❋無有能說可
說과 亦無能念可念은 문법상 동일한 구조이지만 단순히 구두 낭송의
편의상 字數를 맞춘 것이다. 앞 문단의 無有可遣 亦無可立의 경우도

마찬가지이다. 기신론 원문에는 이런 종류의 口調上의 고려가 도처에서 발견된다.

13_

復次眞如者 依言說分別 有二種義 云何爲二 一者如實空 以
能究竟顯實故 二者如實不空 以有自體具足 無漏性功德故

또한, '眞如'를 언어로 규정하는 방식에는 두 가지가 있다. 하나는 '빈 것 그대로'〔如實空〕라고 말하는 것이요, 또 하나는 '비지 않은 것 그대로'〔如實不空〕라고 말하는 것이다. '빈 것 그대로' 라고 말할 때는 그것이 가장 궁극적인 의미에서의 '있는 그대로의 모습'을 나타낸다는 뜻이 강조되며, '비지 않은 것 그대로' 라고 말할 때는 그 속에 모든 깨끗한 성질과 훌륭한 공덕이 빠짐없이 갖추어져 있다는 뜻이 강조된다.

㊀ 無漏무루
❋ 앞 문단과의 의미상의 관련을 고려하여 이 문단의 첫 부분〔復次眞如者 依言說分別 有二種義〕을 약간 자유롭게 고쳐 쓰면 다음과 같다. '진여를 언설로 분별할 수 없는 것은 사실이지만, 현상계에 머물러 있는 우리의 입장에서 그것을 부분적으로나마 이해할 수 있으려면 언설에 의한 분별이 불가피하다. 사실상, 앞의 11에서 우리는 이미 그것을 언설로 분별하였다. 언설에 의하여 진여를 파악하자면…' ❋如實空, 如實不空—공과 불공 앞의 '如實'(진실 그대로의)이라는 말은 분명히

진여와의 관련을 암시한다고 볼 수 있을 것이다. 그리하여 그것은 空과 不空이 우리의 상념에 의하여 파악되는 空(예컨대 '虛空'이라고 할 때의 空)이나 不空과 동일한 것이 아님을 나타낸다. '빈 것 그대로'라든가 '비지 않은 것 그대로'라는 번역은 별로 정확한 번역이 아니지만, 달리 좋은 번역을 생각할 수가 없다. ✿ '無漏'는 '有漏'와 반대된다. '有漏'는 인간이 '六根'(眼, 耳, 鼻, 舌, 身, 意)으로 더러운 물질을 뿜어내고 있다는 것을 가리킨다. 비유해서 말하자면, 그것은 썩은 생선의 구멍에서 악취나는 물이 질질 새어 나오는 것과 같다. 이와는 달리, 진여에 담긴 性과 功德은 그 안에 가득 차 있으면서도 썩지도 않고 새어 나오지도 않는다. 물론, 진여의 이 '無漏性功德'을 현대철학의 개념으로 어떻게 해석해야 하는가 하는 문제는 여전히 남는다. ✿ '自體'—7 주 참조.

14_

所言空者 從本已來 一切染法 不相應故 謂離一切法 差別之相 以無虛妄心念故 當知眞如自性 非有相 非無相 非非有相 非非無相 非有無俱相 非一相 非異相 非非一相 非非異相 非一異俱相 乃至總說 依一切衆生 以有妄心 念念分別 皆不相應故 說爲空 若離妄心 實無可空故

眞如가 '빈 것'[空]이라고 말하는 것은 그것이 원래 현상계에서 지각되는 대상과는 차원을 달리한다는 뜻이다. 그것은 모든 사물의 상이한 성질 또는 '양상'에서 벗어나 있고 우리의 상념을 초월해 있다. 우리가 명심해야 할 것은, 진여는 그 본성이 다음과 같다는 것이다. 즉, 그것은 양상이 있는 것도 아니요 없는 것도 아니며, 양상 있음이 아닌 것도 아니요 양상 없음이 아닌 것도 아니며, 양상 있음과 없음을 동시에 나타내는 것도 아니라는 것, 그것은 양상이 동일한 것도 아니요 상이한 것도 아니며, 양상 동일함이 아닌 것도 아니요 양상 상이함이 아닌 것도 아니며, 양상 동일함과 상이함을 동시에 나타내는 것도 아니라는 것이다. 요컨대, 모든 중생은 상념을 가지고 있고 오직 상념에 의해서만 일체의 사물을 시시각각으로 분간한다. 그들의 마음이 진여에 일치할 수 없는 것은 이 점에서 매우 당연하다. 그것을 '비었다'고 말하는 것은 오직 이러한 인식상의 제약을 고려한 것이며, 만약 상념에서 벗어난다면 사실상 '비었다'고 말할 수 있는 것도 없다.

㊟ 染法염 법

● 染法不相應—染法의 '染'은 '물든다'는 뜻이며, 진여와의 대비를 표시한다. 진여는 일체의 개념적 구분이 배제된 '깨끗한'〔淸淨〕 상태로서, 비유적으로 말하자면, '빈 거울'〔空鏡〕과 같으며(이하 21 참조), '물들이는 것'의 비유에 더 적절하게 말하자면, 투명한 천(織物)과 같다고 말할 수 있다. (물론, 진여에는 '상태'라는 말이 적용될 수 없으며, '거울'이나 '직물'도 없다.) 우리의 마음에 지각되는 사물이나 현상은 이 투명한 진여에 물감을 들인 것과 같다. 그리하여 '염법'은 현상계에서 지각되는 대상을 가리킬 뿐만 아니라 그것을 지각하는 정신 현상도 동시에 지칭한다. 그와 마찬가지로 이하 본문에 사용되는 염심은

망심, 망념 등과 동일한 의미를 나타낸다. '물든다'는 말은, 흔히 사용되는 '악에 물든다'는 말과 같이, 나쁜 뜻을 나타내지만, 여기서 '나쁜 뜻'이라는 것은 진여의 淸淨性과의 대비를 나타내는 것으로 이해되어야 한다. 앞의 4 '惡業'에 관한 주 참조. ● '원래'〔從本已來〕라는 말은 바로 아래의 '眞如自性'에서의 '자성'과 마찬가지로 '진여는 정의상…'으로 해석되어야 할 것이다. 그러나 또한, 自性은 '자성이 있다'는 말에서와 같이, 그것을 규정하는 데에 다른 것에 의존할 필요가 없는 독자적인 실체를 가리키기도 한다. 이런 뜻에서 自性이 있는 것은 진여이다. ● 非有相 非無相 非非有相 非非無相 운운은, '相이 있다'고 말하면 그 말이 틀린 것 같고 그렇다고 '相이 없다'고 말해도, 또는 '相이 있으면서도 없다'고 말해도 여전히 그 말이 틀린 것 같다는 것, 그리고 '相이 하나이다'라고 말하거나 '相이 여럿이다'라고 말하거나 '相이 하나이면서도 여럿이다'라고 말하거나, 하여간 어떻게 말해도 진여에 관한 옳은 말이 될 수 없다는 것을 불교 특유의 방식으로 표현한 것이다. 이 구절은 이하 15에 이어지는 것이 글의 흐름으로 보아 더 자연스럽다. ● 差別之相—7 주, 8 주 참조

15_

所言不空者 已顯法體 空無妄故 卽是眞心 常恒不變 淨法
滿足故 名不空 亦無有相可取 以離念境界 唯證相應故

眞如가 '비지 않은 것'〔不空〕이라고 말하는 것은 그것이 모든 사물의 본체를 드러낸다는 뜻이다. 다만, 그 본체는 상념의 대상이

아닌 '빈 것'이다. 이런 뜻에서 眞如는 바로 '참 마음'[眞心]이다. 그것은 언제나 일정하여 변함이 없으며 모든 것을 원래의 그 깨끗한 상태로 완전히 갖추고 있다. 이와 같이 그 안에 모든 것이 가득 차 있다는 점에서 그것은 '비지 않은 것'이다. 그러나 그것은 여전히 특정한 양상을 나타내지 않으며, 따라서 상념의 대상에서 벗어나 있다. 그것은 오직 '증득'[證]의 대상이 될 뿐이다.

🈂️ 己顯이현 淨法정법

❀ '法體'는 11의 '法門體'와 동일하다. ❀ 진여를 '眞心'이라고 부를 수 있는 것은 진여가 '심진여'임에 비추어 거의 자명하다. ❀ '정법'은 14의 '염법'과 대비된다. 염법이 현상계의 정신현상이라면 정법은 그것에 상응하는 진여의 특징을 가리킨다. 다만, 진여에는 정신현상도 그 대상도 있을 수 없고, 오직 그 모든 것이 '본체의 상태로' 존재할 뿐이다. ❀ 증득[證]은 66 이하 몇 문단에 걸쳐서 자세히 설명되지만, 이 단계에서 필요한 정도의 설명을 붙이자면 다음과 같다. '證'은 '증거로 드러낸다'는 뜻이며, 부처의 경지에서와 같이, 마음이 진여와 일치된 상태(즉, 마음이 곧 진여인 상태)에서의 진여의 '지각 방식'을 뜻한다. 그러나 여기서 '지각 방식'이라는 말은 證의 의미를 정확하게 전달하는 것이 아니다. 보통의 경우에 '지각'이라는 것은 지각의 주체가 있고 그 주체가 지각하는 대상이 있는데, 證의 경우에는 그 주체가 곧 대상이 되는 것이다. 부처가 진여를 지각한다든가 진여가 부처의 지각 대상이 된다는 말은 부처와 진여 사이의 관계를 보통 사람의 마음과 그 대상의 관계로 비유하여 표현하는 것에 불과하며, 이 비유를 좀더 정확하게 하자면, 證이라는 것은 '진여가 그 자체를 보는 것'을 가리킨

다고 말해야 할 것이다. 이것은 곧 진여가 그 스스로를 '증거로' 드러내는 것과 같다.

16_

心生滅者 依如來藏故 有生滅心 所謂不生不滅 與生滅和合
非一非異 名爲阿黎耶識 此識有二種義 能攝一切法 生一切
法 云何爲二 一者覺義 二者不覺義

'현상의 측면에서 파악되는 마음'〔心生滅〕이라는 것은 이른바 '如來藏'을 근거로 하여 전개되는 일체의 정신작용〔生滅心〕을 일컫는다. 여래장은 실재〔不生不滅〕와 현상〔生滅〕이라는 마음의 두 측면이 동일하지도 상이하지도 않은 상태로 결합되어 있는 것을 가리킨다. 여래장은 〔특히 그 심리적인 측면에서 파악될 때〕 '阿黎耶識'(아려야식)이라고도 불린다. 아려야식은 모든 사물과 현상을 포괄하며 모든 사물과 현상을 만들어낼 수 있다. 아려야식은 '깨달음'〔覺〕과 '깨닫지 못함'〔不覺〕이라는 두 가지 상호관련된 측면으로 이루어져 있다.

주 如來藏여래장 阿黎耶識아려야식

❋ '如來藏'〔타타아가타가르바〕에서 '藏'에 해당하는 '가르바'는 '모태', '태아', '배종'의 뜻을 가지고 있다. 그리하여 여래장은 '여래를 잠재적인 상태(또는 가능태)로 감추고 있다'는 뜻을 나타낸다. 일단 진여계와 현상계를 엄밀히 구분한다면 여래장은 현상계에 속한다고 보

아야 한다. 그러나 여래는 '진여에서 온 자' 또는 '진여와 하나인 자'를 가리키는 만큼 '여래를 (가능태로) 감추고 있다'는 것은 곧 '진여를 (가능태로) 감추고 있다'는 뜻으로 해석될 수 있다. 그리하여 여래장은 현상계에 있어서의 진여의 대응물이라고 볼 수 있다. 다만, 현상계에서 진여는 '生滅(또는 현상)과 동일하지도 상이하지도 않은 상태로 결합되어' 존재한다. 사실상, 우리의 마음이 현상계에 머물러 있으면서도 진여에 관하여 생각을 품고 진여를 그리워하고 진여를 향하여 발돋움할 수 있는 것은 여래장 속에 진여가 가능태로 들어 있기 때문이다. 앞의 8에서 마하아야나의 相(즉, 진여자체상)이 크다는 것을 설명할 때, 우리는 이미 '여래장'이 언급되는 것을 본 일이 있다. 거기서 여래장은 진여의 '모든 훌륭한 성질과 무한한 공덕을 갖추고 있는' 것으로 기술되어 있다. 진여의 相은 현상계의 마음(즉, 상념)에 파악되는 진여의 모습인 만큼, 상념에 의하여 파악되는 진여의 相은 곧 여래장을 가리킨다고 볼 수 있는 것이다. 여래장의 불교이론상의 의의에 관해서는 권말 '하께다 해설' 참조. ◉阿黎耶識[아알라야식, 阿賴耶識, 阿梨耶識]과 여래장은 동일한 실체를 상이한 측면에서 규정하는 것이다. 여래장은 진여와의 관련을 드러내는 것이며 아려야식은 그것의 인식작용을 드러낸다. 앞의 11에서의 진여에 관한 설명에는 진여가 '모든 사물과 현상을 만들어낼 수 있다'는 것을 시사하는 하등의 단서도 나타나 있지 않다. 여기에 비하여 아려야식에 관한 '(能)生一切法'이라는 규정은 대단히 중요한 의미를 가진다. 인식에 있어서의 아려야식의 의의, 그리고 야려야식과 覺·不覺의 관련에 관해서는 권말 '역자해설' 참조. ◉ '生滅心'은 '생멸계(심생멸문)에서의 마음'으로서, 망심, 망념 등과 동일한 것을 지칭한다. '생멸심'에 대비되는 것은 '진여'이다. ✿覺에 관해서는 다음 17 이하에서, 그리고 不覺에 관해서는 22 이하에서 설명된다.

17_

所言覺義者 謂心體離念 離念相者 等虛空界 無所不遍 法界一相 卽是如來 平等法身 依此法身 說名本覺 何以故 本覺義者 對始覺義說 以始覺者 卽同本覺 始覺義者 依本覺故 而有不覺 依不覺故 說有始覺

'깨달음'〔覺〕이라는 것은 想念에서 벗어난 상태로서의 '마음의 本體'〔心體〕와 그 상태에 도달하는 과정을 일컫는다. 想念에서 벗어난 상태를 언어로 기술하자면, 그것은 온 세상에 미치지 않는 곳이 없는 허공과 같은 것이라고 말할 수 있다. '깨달음'에서는 모든 사물이 오직 하나의 양상을 띠며 이 점에서 그것은 일체의 구분이 배제된 '眞如 그 자체로서의 여래의 몸'〔如來平等法身〕 바로 그것이다. 이와 같이 '깨달음'이 '진여 그 자체로서의 여래의 몸' 바로 그것이라는 점을 강조할 때 '깨달음의 본체'〔本覺〕라는 용어가 사용된다. 다시 말하면, '깨달음의 本體'는 '깨달음의 過程'〔始覺〕과 대비되지만, '깨달음의 과정'과 '깨달음의 본체'는 그것이 지칭하는 깨달음의 상태에 있어서는 동일하다. '깨닫지 못함'〔不覺〕은 오직 '깨달음의 본체'를 상정할 때 그것과의 대비에 의하여 성립하며, '깨달음의 과정'은 '깨닫지 못함'에서 '깨달음'으로 나아간다는 뜻을 나타낸다.

주 不遍불변

❀心體離念—여기서 心體와 離念은 문장의 주어와 술어이며, 따라서 心體離念은 '心體는 상념에서 벗어나 있다'라는 문장으로 이해되어야 한다. 이 문장이 곧 覺의 의미를 나타낸다. '심체가 상념에서 벗어나 있다'는 말은 심체를 '한정'하는 말이 아니라(심체는 상념에서 벗어날 수도 있고 그렇지 않을 수도 있다는 뜻이 아니라), '정의'하는 말이다(심체는 정의상 상념에서 벗어나 있다는 뜻이다). 覺을 단순히 '깨달은 상태'(본문에서의 '本覺')로만 생각한다면, 覺은 심체와 동일한 것으로 보아도 좋을 것이다. ('心體'는 11의 '心性'과 동일한 것으로 보아야 하며, 따라서 '진여'와도 동일한 것으로 보아야 한다.) 그러나 본문에 나와 있듯이 覺은 또한 '깨달음의 과정'(본문에서의 '始覺')을 뜻하기도 하며, 그렇기 때문에 覺은 명사적 표현보다는 心體離念이라는 문장(즉, '심체는 상념에서 벗어나 있다')에서와 같이 동사적 표현으로 정의될 수밖에 없을 것이다. ❀'法身'은 '報身', '應身'과 함께 如來(또는 佛)의 三身을 이룬다. 이 삼신은 46 이하에서 설명된다. ❀以始覺者 卽同本覺—'깨달음의 과정'에는 바로 다음 문단(18)에서 보듯이 '단계'라고 할 만한 것이 있지만, 각 단계가 지향하는 '깨달음의 상태'(本覺)는 동일하다. ❀依本覺故 而有不覺—이 문장이 여기서 번역한 대로 '불각은 본각과의 대비에 의하여 성립한다'는 의미 이상으로, 본각이 불각의 '원인'이라는 의미를 나타내고 있는지는 의문이다. 아마 여기서 말하고자 하는 것은, 본각, 불각, 시각은 동일한 실체의 개념상의 구분을 나타내는 용어들이라는 점일 것이다. 다시 말하여, 본각과 불각은 아려야식의 두 측면이다.

18_

又以覺心源故　名究竟覺　不覺心源故　非究竟覺　此義云何
如凡夫人　覺知前念起惡故　能止後念　令其不起　雖復名覺
卽是不覺故　如二乘觀智　初發意菩薩等　覺於念異　念無異相
以捨麁分別執着相故　名相似覺　如法身菩薩等　覺於念住　念
無住相　以離分別麁念相故　名隨分覺　如菩薩地盡　滿足方便
一念相應　覺心初起　心無初相　以遠離微細念故　得見心性
心卽常住　名究竟覺　是故修多羅說　若有衆生　能觀無念者
則爲向佛智故

'마음의 根源'〔心源〕에까지 이르는 깨달음을 '완전한 깨달음'〔究
竟覺〕이라고 부르고, '마음의 근원'에까지 이르지 못하는 깨달
음을 '불완전한 깨달음'〔非究竟覺〕이라고 부른다. 이로부터 다
음과 같은 말을 할 수 있다. 가령 우둔한 자〔凡夫〕가 자신이 이
전에 품었던 생각이 나쁜 결과를 가져왔다는 것을 알고 다시는
그런 생각을 하지 않게〔止：滅相〕 되었다고 하자. 이것도 어떤
의미에서는 깨달음이 아닌 것은 아니지만, 사실상 그것은 '깨닫
지 못함'〔不覺〕에 속한다. 또한 약간의 통찰을 얻은 二乘의 수행
자 또는 본격적인 수행의 첫발을 내딛은 수행자가 자신이 현재
가지고 있는 상념이 다음 순간에 변한다는 것을 깨달아서 그런
가변적인 상념〔異相〕을 버렸다고 하자. 이것은 감각적 지각과
집착〔麁分別執着相〕에 마음이 얽매이지 않게 된 상태로서, 이것
을 '피상적인 깨달음'〔相似覺〕이라고 부른다. 또한 法身의 경지
를 향하는 수행자가 변화하는 사물의 齊一性에 관한 자신의 상

넘이 언젠가는 그릇되리라는 것을 깨달아서 그런 항구적인 상념〔住相〕을 버렸다고 하자. 이것은 개념적 사고의 본질〔分別麁念相〕을 파악한 상태로서, 이것을 '개념적인 깨달음'〔隨分覺〕이라고 부른다. 그러나 수행의 단계를 끝까지 올라가서 자신에게 허용된 모든 方便을 총동원하여 한 순간의 생각으로 진여를 마주보게 된 수행자는 마음이 일어나는 그 최초의 발단〔心初起〕이부질없다는 것을 깨닫는다. 이제 그의 마음에는 '의도' 그 자체〔初相 : 生相〕가 작용하지 않는다. 이것은 마음의 가장 원초적인동기〔微細念〕가 사라져서 마음의 본성 그 자체〔心性〕, 다시 말하면 항구여일하게 불변하는 마음을 유지할 수 있는 상태로서,이것을 '궁극적인 깨달음'〔究竟覺〕이라고 부른다. '중생이 상념없는 상태를 통찰할 수 있다면 그는 이미 부처의 지혜로 나아가고 있다'는 경전의 말은 이것을 나타내고 있다.

㈜ 麁分別추분별 執着相집착상 微細念미세념
❀이 문단에서는 '깨달음'〔始覺〕의 종류를 단계별로 제시하고 있다. 여기서는 '변화의 네 가지 양상'〔四相, 四有爲相〕인 生·住·異·滅을 거꾸로 적용하여 始覺四位를 규정하고 있다. 이것은 다른 불교 문헌에서는 찾아볼 수 없는 기신론 특유의 해석이다. 하께다 영역본, 39~40페이지 주 참조. ❀心源(마음의 근원)이 무엇을 가리키는지는 분명하지 않지만, 이하 究竟覺(궁극적인 깨달음)의 설명으로 미루어, 그것은 아려야식에서의 마음의 初動─가장 심층적인 수준에서의 의지의 발동─을 가리킨다고 보아야 할 것이다. (구경각은 비구경각과의 대비를 나타낼 때와 四位 중의 하나를 가리킬 때 각각 다르게 번역

되어 있다.) ●凡夫의 깨달음은 본문에서는 '불각'이라고 되어 있지만
종래의 기신론 연구에서는 '凡夫覺'(일상적인 깨달음)이라고 불리었
다. ●麤分別執着相, 分別 麤念相에서 '麤'(굵은 것)가 의미하는 것
은 이하 33에서 설명된다. 이 문단의 흐름으로 보아, 앞의 추분별집착
상은 뒤의 분별추념상보다 버리거나 떠나기가 더 쉬운 것이 분명하다.
그러므로 현 단계에서 이 두 표현은 여기에 번역된 바대로 이해하면
별로 잘못이 없을 것이다. ● '菩薩地盡'에서 '菩薩地'는 수행〔菩薩行〕
의 특정한 단계를 나타내는 것이라기보다는 그 과정을 일반적으로 지
칭한다고 보아야 하며, 따라서 '菩薩地盡'은 그 단계를 완수했다는 것
을 뜻한다고 보아야 할 것이다. 이 점에서 '菩薩地盡'은 31에 나오는
'菩薩盡地'와 동일한 상태를 상이한 용어로 표현한다. 그러나 30에
'菩薩究竟地'라는 용어가 사용되는 것을 보면, 기신론의 저자는 수행
의 단계를 정확한 용어로 엄밀하게 구분하는 것을 그다지 중요하게 여
기지 않은 듯하다. ●一念相應―15 주와 66~67의 '證' 참조. ● '微細
念'의 '細'(가는 것)는 '麤'에 대비되며, 麤와 마찬가지로 33에서 설명
된다. ●마지막 수다라의 인용, 能觀無念 則爲向佛智는 위에서 설명
한 네 가지 깨달음의 공통된 의미를 드러냄으로써 그것을 총괄한다.

19_

又心起者 無有初相可知 而言知初相者 卽謂無念 是故一切
衆生 不名爲覺 以從本來 念念相續 未曾離念故 說無始無
明 若得無念者 則知心相 生住異滅 以無念等故 而實無有
始覺之異 以四相俱時而有 皆無自立 本來平等 同一覺故

앞에서 '마음이 일어난다'〔心起〕는 표현을 썼지만, 우리는 '마음이 일어나는 그 최초의 發端'〔初相〕이라는 것을 알 방법이 없다. 그 최초의 발단을 안다는 것은 곧 그것에 뒤따르는 모든 상념을 버린 상태에 있다는 것을 의미한다. 모든 중생이 깨달음에 이르지 못했다고 말하는 것은 바로 그들이 이 상태에 이르지 못했다는 뜻이다. 중생은 본래부터 끝없이 계속되는 상념에 얽매어 있으며 거기서 벗어나는 법이 없다. 이런 뜻에서 '無始無明'이라는 말을 쓴다. 상념을 버린다는 것은 곧 마음의 '네 가지 양상'〔四相〕—즉, 마음이 동요하는 것〔生〕, 마음이 일정기간 사물을 일정한 방식으로 파악하는 것〔住〕, 마음이 이때까지와는 다른 방식으로 사물을 파악하는 것〔異〕, 대상이 지각에서 사라지는 것〔滅〕—을 아는 것이다. 그러나 '상념을 버리는 것'은 한 가지 상태를 가리키는 것이며, 따라서 '깨달음의 과정'이라는 것도 사실상 여러 단계로 구분되는 것이 아니다. 마음의 '네 가지 양상'은 동시에 일어나며, 각각 따로 일어나는 것이 아니다. '깨달음', 즉 마음의 '네 가지 양상에서 벗어나는 것'은 원래 한 가지, 동일한 '깨달음'의 상태를 나타낸다.

주 相續상속 未曾미증

❀이 문단은 '無明'의 개념을 처음으로 도입한다는 점 이외에 또 한 가지 대단히 중요한 의미를 담고 있다. 즉, '마음'이 '생긴다'든가 '없어진다'는 것은 물질계의 사물이나 현상의 경우와는 동일하지 않다는 것이다. 마음도 하나의 '현상'이라고 볼 수 있으며, 따라서 현상의 변화를 설명하는 生住異滅은 마음에도 적용될 수 있을 것처럼 생각될지

모르지만, 마음의 경우에는 그것이 언제, 어떤 경위로 생겼는가〔初相〕를 알 수 없다는 것이다. 마음은 이미 상념의 형태로 주어져 있으며, 상념에서 벗어나는 것이 '覺'이라면 중생에게는 覺이라는 용어가 적용될 수 없다. ◉ '無明'에 관해서는 이하 몇 문단에서 설명되지만, 이하의 설명을 참고하여 그것을 가장 간명하게 정의하자면, '무명은 일체염법의 원인이다'라고 말할 수 있다. (여기서 '원인'이라는 용어는 특이하게 불교적인 의미〔因〕로 사용된 것이다.) 예컨대 24(當知無明能生一切染法), 30(爲無明所染 有其染心), 35(一切染因 名爲無明) 참조. 다시 말하여 무명은, 진여를 시발점으로 하여 말한다면, '중생을 상념에 빠지게 하는 원인'이며, 상념을 시발점으로 하여 말한다면, '중생을 상념에 머무르게 하는 원인'이다. 상념은 처음부터 중생에게 주어져 있는 만큼, 무명에는 시작이 없다〔無始〕. ◉ 始覺之異—시각의 여러 가지 형태.

20_

復次本覺 隨染分別 生二種相 與彼本覺 不相捨離 云何爲
二 一者智淨相 二者不思議業相 智淨相者 謂依法力熏習
如實修行 滿足方便故 破和合識相 滅相續心相 顯現法身
智淳淨故 此義云何 以一切心識之相 皆是無明 無明之相
不離覺性 非可壞 非不可壞 如大海水 因風波動 水相風相
不相捨離 而水非動性 若風止滅 動相則滅 濕性不壞故 如
是衆生 自性清淨心 因無明風動 心與無明 俱無形相 不相
捨離 而心非動性 若無明滅 相續則滅 智性不壞故 不思議

業相者 以依智淨 能作一切 勝妙境界 所謂無量 功德之相
常無斷絶 隨衆生根 自然相應 種種而見 得利益故

이제, '깨달음의 본체'〔本覺〕를 상념에 의하여 규정하자면, 그것은 두 가지 측면에서 기술될 수 있다. (물론, 이 두 가지 측면에서 기술되는 본각은 본각 그 자체와 별개의 것이 아니다.) 한 측면에서 보면 본각은 '순수한 지혜'〔智淨〕요, 또 한 측면에서 보면 그것은 '신비스러운 업적'〔不思議業〕이다. '깨달음'이 '순수한 지혜'를 나타낸다고 하는 것은 다음과 같은 뜻에서이다. 즉, 깨닫지 못한 사람이 오랫동안 진여의 훈습을 받아 열심히 수행하면서 자신에게 허용된 방편을 최대한으로 활용하면 아려야식〔和合識〕의 작용과 그 이후에 계속되는 모든 정신작용을 없애버리고 그 마음이 진여를 구현하게 된다. '순수한 지혜'라는 것은 이 상태를 가리킨다. 그러나 일체의 정신작용이 없어진 이 상태가 '순수한 지혜'를 나타낸다는 것을 어떻게 설명할 수 있는가?—현상계에서 일어나는 일체의 정신작용〔心識之相〕은 모두 '무명'에서 빚어진 것이다. 무명으로 말미암아 나타나는 그러한 정신작용〔無明之相〕은 '깨달음'〔覺性〕과 별개의 것으로 존재하는 것이 아니며, 그것은 깨뜨릴 수 있는 것이 아니요 깨뜨릴 수 없는 것도 아니다. 이것을 비유적으로 설명하면 다음과 같다. 즉, 바닷물은 바람이 원인이 되어 파도를 일으킨다. 파도를 두고 생각하면, 물과 바람은 서로 떨어져서 존재하지 않는다. 그러나 물 그 자체에 움직이는 성질이 있는 것은 아니다. 바람이 그치면 물의 움직임이 그치지만, 그렇다고 해서 이것이 물의 성질까지 없애버리는 것은 아니다. 이와 마찬가지로, 중생은 원래 '깨끗한 마음'[淸淨心]을 가지고 있지만, 무명이라는 바람이 거기에 파도를 일으키는 것이다. 마음과 무명은 모두 형상을 가지고 있는 것이 아니며, 각각 별개의 실체로 존재하는 것도 아니다. 그러나 마음에 원래 움직이는 성질이 있는 것이 아니어서 무명이 그치고 그에 따라 모든 정신작용이 사라지더라도 마음이 원래 가지고 있는 깨끗하고 순수한 지혜[智性]는 파괴되지 않는다. 다음으로, '깨달음'이 '신비스러운 업적'을 나타낸다고 하는 것은 그것이 '순수한 지혜'로 말미암아 온갖 훌륭하고 불가사의한 경지를 만들어낼 수 있다는 뜻에서이다. 이것이 앞에서 말한 '무한한 공덕'이라는 것이다. 즉, '깨달음'이 나타내는 '신비스러운 업적'은 언제나 끊임없이 나타나며, 중생은 각각의 능력과 상황에 따라 자신도 모르는 사이에[自然] 각각 상이한 방식으로 그것에 접하여 이익을 얻는다.

㊟ 隨染수염 捨離사리 熏習훈습 顯現현현 淳淨순정 可壞가괴 濕性습성 勝妙승묘

❋ 本覺隨染分別─수염분별은 '염법'에 따라 분별한다는 뜻, 다시 말하면 상념에 의하여 파악되는 바에 따라 기술한다는 뜻이다. 그러므로 여기서 기술되는 본각은 '본각의 相'에 해당하는 것이다. 바로 뒤이어 '與彼本覺 不相捨離'라는, 거의 말할 필요가 없이 명백한 말을 하는 것은 아마 본각은 '그 자체로서는' 상념에 의하여 파악될 수 없다는 것을 강조하기 위해서일 것이다. 앞의 16에 지적되어 있는 바와 같이, 본각은 아려야식의 두 측면 중에서 불생불멸(즉, 진여)에 해당하는 것

이며, 비록 아려야식이 생멸계에 속하는 것이기는 하지만, 그 진여의 측면인 본각도 진여(말하자면, '진여계의 진여')와 동일한 성격을 지닌다고 보아야 할 것이다. 사실상, 이 문단에서 말하는 본각의 두 측면, 즉 '智淨相'과 '不思議業相'은 앞의 8에서 말한 '相大'와 '用大', 그리고 15에 언급된 '如實不空'(眞如 言說分別의 한 가지)에 해당한다. (이 문단에서는 다음 21에서와 마찬가지로 相과 用이 '순수한 지혜〔相〕로 말미암아 불가사의한 업적〔用〕을 만들어낸다'는 정도로, 그다지 엄밀하게 구분되어 있지 않다.) 다시 相과 用에 관한 자세한 설명은 43과 45 참조. ☀'熏習'은 35 이하에서 자세하게 취급된다. '法力熏習'은, 그 부분의 설명을 미리 참고하여 말하자면, '진여에 의한 훈습'과 동일한 의미를 나타낸다고 말할 수 있다. 이 문단에서 그것은 '진여로부터의 지속적 영향'을 뜻하는 것으로 보아도 무방하다. ☀和合識─아려야식은 '진여와 망심의 화합'〔眞妄和合, 不生不滅 與生滅和合 非一非異, 16〕을 나타낸다는 뜻에서 '眞妄和合識'이라고도 불린다. ☀相續識─24의 '相續相' 참조. ☀一切心識之相 皆是無明─'心識之相'은 이하 23과 24에 제시된 상념의 여러 양상을 가리킨다. 皆是無明은 '무명을 원인〔因〕으로 하여 나타난 결과'를 뜻하는 것으로 이해되어야 할 것이다. ☀無明之相 不離覺性─'無明之相'은 '무명의 외적 표현'이며 그것은 곧 心識과 동일하다. ☀이 문단의 '海波譬喩'는 '無明之相 不離覺性 非可壞 非不可壞'를 설명하면서, 그와 동시에 '若無明滅 相續則滅 智性不壞'를 설명한다. 중생심의 본성인 청정심은 물에, 무명은 바람에, 그리고 心識(相續心)은 파도에 비유한다면, 무명이 그쳐 심식이 사라지더라도 청정심은 그대로 남아 있다는 뜻이 된다. 이 비유를 기신론의 주장 전체와 관련하여 해석하기 위해서는 별도의 자세한 고찰이 필요하다. ❀ '무한한 공덕'〔無量功德〕—이 표현은 앞의 8 '相大'의 설명에서, 그리고 13 '如實不空'의 설명에서 약간 다른 형태로(無量性功德, 無漏性功德) 사용된 바 있다. ❀自然相應—38, 40, 41, 45 등 참조.

21_

復次覺體相者　有四種大義　與虛空等　猶如淨鏡　云何爲四一者如實空鏡　遠離一切　心境界相　無法可現　非覺照義故二者因熏習鏡　謂如實不空　一切世間境界　悉於中現　不出不入　不失不壞　常住一心　以一切法　卽眞實性故　又一切染法所不能染　智體不動　具足無漏　熏衆生故　三者法出離鏡　謂不空法　出煩惱碍智碍　離和合相　淳淨明故　四者緣熏習鏡謂依法出離故　遍照衆生之心　令修善根　隨念示現故

'깨달음의 본체'를 그것이 나타내는 양상〔覺體相〕으로 규정하자면 크게 네 가지로 말할 수 있다. 이것은 모두 깨달음을 허공이나 明鏡에 비유하는 것이다. 첫째로, '깨달음'은 '비출 것이 없는 거울'〔如實空鏡〕이다. '깨달음의 본체'는 마음의 작용에 의하여 파악되는 모든 대상과 그 특성에서 벗어나서 아무 것도 보여주는 것이 없고, 따라서 만약 그것이 거울이라면 그것은 아무 것도 비추는 것이 없는 거울이다. 둘째로, '깨달음의 본체'는 '깨달음의 내적 원인이 되는 거울'〔因熏習鏡〕이다. 이것은 '비지 않은 것 그대로'인 진여를 반영한다. 그 거울에는 모든 사물과 현상이 그대로 나타나 있으며, 하나도 새로 들어오거나 나가는 것이 없고, 없어지거나 깨뜨려지는 것이 없다. '깨달음'은 언제나 '하나인 마음'[一心]에 머물러 있는 상태이다. 거기에서는 모든 사물과 현상이 바로 '있는 그대로'[眞實]이며, 어떠한 상념도 그것에 물을 들일 수 없다. 그것은 움직임이 없는 '지혜의 본체'[智體]이다. 그것은 모든 깨끗한 성질을 완전히 갖추고 있어서, 그것으로 중생의 마음에 溫氣를 쏘아준다. 셋째로, '깨달음의 본체'는 '티끌이 없는 깨끗한 거울'[法出離鏡]이다. '비지 않은 것 그대로'인 진여가 '순수한 지혜'를 나타내는 것과 같이, 깨달음은 번뇌와 지식이라는 장애, 무명으로 인한 상념이 완전히 배제된 순수하고 선명한 진리를 나타낸다. 넷째로, '깨달음의 본체'는 '깨달음의 외적 계기가 되는 거울'[緣熏習鏡]이다. 위에서 말한 순수한 지혜는 중생의 마음을 두루 비추어 그들로 하여금 착한 성품을 닦도록 하며 그들이 하는 모든 생각을 통하여 그 성품이 드러나도록 한다.

🥌 猶유 淨鏡정경 煩惱碍번뇌애
❋覺의 體相은 현상계에서 파악되는 '깨달음의 양상'을 말하는 것이므로(體相의 해석에 관해서는 7 주 참조), 이 문단에서 설명되는 내용은 本覺의 隨染分別을 다룬 앞 문단의 내용과 본질상 동일하다. 다만, 여기에서는 깨달음을 허공과 거울(허공 비유는 진여의 언설분별, 13～15에서 이미 취급된 바 있다)에 비유해서 설명하고 있다. ❋如實空鏡은 앞의 14에서 말한 '여실공'과, 그리고 因熏習鏡과 法出離鏡은 15에서 말한 '여실불공'과 동일한 의미를 나타낸다. ❋因熏習鏡, 緣熏習鏡—

여기서 因과 緣은 각각 '내적 원인'과 '외적 계기'라는 원래의 의미에 따라 엄밀하게 구분되어 사용되고 있다. 因과 緣은 35 이하 훈습의 설명에서 그 의미가 명백하게 드러난다. 여기서 '인훈습', '연훈습'이라는 표현은 모두 진여가 훈습의 因과 緣으로 작용한다는 뜻인데, 이것으로 보더라도 覺體相은 진여와 동일한 방식으로 기술된다는 것을 알수 있다. ❀ '染法'에 관해서는 14 주를, 그리고 '無漏'에 관해서는 13주를 각각 참조할 것. ❀번뇌의 장애와 지식의 장애〔煩惱碍 智碍〕—번뇌는 약간 전문적인 용어로 규정하면, '四顚倒로 인한 마음의 괴로움'을 뜻한다. 사전도(네 가지 뒤집힌 생각)는 생멸계의 '無常, 無樂, 無我, 無淨'을 '常, 樂, 我, 淨'으로 잘못 생각하는 것을 가리킨다. 智碍는 이러한 그릇된 생각으로 말미암아 생기는 장애로서 넓게 보면 煩惱碍에 포함된다고 볼 수 있다. ❀ '和合相'은 앞 문단의 '화합식상'을 가리키는 것이 분명하다.

22_

所言不覺義者 謂不如實知 眞如法一故 不覺心起 而有其念
念無自相 不離本覺 猶如迷人 依方故迷 若離於方 則無有迷
衆生亦爾 依覺故迷 若離覺性 則無不覺 以有不覺 妄想心故
能知名義 爲說眞覺 若離不覺之心 則無眞覺 自相可說

'깨닫지 못함'〔不覺〕이라는 것은 진여가 오직 하나의 실재임〔眞如法一〕을 철저하게 인식하지 못하는 상태를 가리킨다. 이 상태에서는 '깨닫지 못한 마음'〔不覺心〕이 일어나서 그것에 상응하는 상념이 생긴다. 그러나 상념은 그 자체로서 독자적인 실체를 가지고 있는 것이 아니라 '깨달음의 本體'〔本覺〕에 의존하고 있다. 비유컨대 길을 잃은 사람은 갈 방향이 정해져 있기 때문에 길을 잃게 되는 것이다. 갈 방향이 없다면 길을 잃었다는 말이 의미를 가질 수 없다. 중생의 마음도 이와 마찬가지이다. 그들이 길을 잃는 것은 '깨달음'이라는 방향이 있기 때문이며, 만약 '깨달음'이라는 것이 없다면 '깨닫지 못함'이라는 것도 없다. 그와 마찬가지로, 사람들이 깨닫지 못한 마음, 상념에 얽매인 마음을 가지고 있기 때문에 '참된 깨달음'〔眞覺〕이라는 용어를 써서 뜻을 전달하고자 한다. 만약 '깨닫지 못한 마음'에서 벗어난다면, 특별히 '참된 깨달음'을 언급할 필요가 없다.

🅇 迷人미인 亦爾역이

❀不如實知 眞如法一(진여가 오직 하나의 실재임을 철저하게 인식하지 못하는 것)은 不覺의 정의이다. 이 정의는 이하 30의 '不達一法界'(마음이 유일 실재에 이르지 못하는 것)라는 무명의 정의와 거의 완전히 일치한다. 이것은 不覺과 無明의 관계에 관한 의문을 불러일으킨다. 사실상 불각과 무명과 상념은 의미상 서로 밀접하게 관련되어 있으며, 3자 사이의 관계가 정확하게 어떤 것인가 하는 것은 상당히 까다로운 문제이다. 그러나 이 관계는 기신론 이외의 다른 문헌에 의존할 필요가 없이 기신론 안에서 규정될 수 있다. 우선, 불각은 아려야식의 한 측면이며(16), 따라서 상념으로 나타나기 이전의 상태이다. 상념(즉, 망념, 망심)은 이 문단에 이어지는 23~24에서 말하는 '불각의 아홉 가지 양상'(이른바 '不覺九位'), 27에서 말하는 '意'의 다섯 가지

이름, 29에서 말하는 '意識' 등을 가리킨다. 이 점에 비추어 볼 때 불각은 '상념의 논리적 형식'이다. 여기에 비하여 무명은 '상념의 원인' [因]이다. 여기서 '원인'이라는 것은 보통의 인과적인 관계에서의 원인과는 달리 특이하게 불교적인 의미를 가지고 있으며, 이 의미를 살려서 무명을 규정하자면, 무명은 '상념의 논리적 원인'이라고 말할 수 있다. 그러나, 이러한 차이에도 불구하고, 무명과 불각은 상념의 '논리적 이전 상태'를 나타낸다는 공통된 의미를 가지고 있다. '역자해설' 참조. 이하 24의 마지막 문장('當知 운운')은 무명과 불각의 이 同異關係를 한 마디로 표현하고 있다. ◉이 문단에서의 '迷方 譬喩'는 본문에 제시된 대로, 1) '깨달음'이라는 것이 없다면 '깨닫지 못함'이라는 것도 없다[若離覺性 則無不覺], 2) '깨닫지 못한 마음'에서 벗어난다면 '참된 깨달음'을 언급할 필요가 없다[若離不覺之心 則無眞覺自相可說]는 상호관련된, 그러나 의미상 차이가 있는 두 가지 포인트를 제시하는 데에 사용되고 있다.

23_
復次依不覺故 生三種相 與彼不覺 相應不離 云何爲三 一者無明業相 以依不覺故 心動 說名爲業 覺則不動 動則有苦 果不離因故 二者能見相 以依動故 能見 不動則無見 三者境界相 以依能見故 境界妄現 離見則無境界

'깨닫지 못함'[不覺]은 세 가지 양상으로 나타난다. (물론, 不覺의 이 세 양상은 不覺과 별개의 것이 아니다.) 첫째는 '無明의 발동〔無明業相, 業相〕이다. 이것은 '깨닫지 못함'으로 말미암아 마음이 동요하는 것을 가리킨다. 이 마음의 동요를 '業'이라고 부른다. 깨달은 상태는 마음이 동요하지 않는 상태이며, 마음의 동요는 '괴로움'〔苦〕을 가져온다. '괴로움'이라는 결과는 '無明'이라는 원인과 떨어질 수 없다. 둘째는 '認識 主體의 성립'〔能見相, 見相〕이다. 마음이 동요함으로 말미암아 인식의 주체가 생기며, 마음의 동요가 없으면 인식의 주체도 없다. 셋째는 '認識 對象의 성립'〔境界相, 現相〕이다. 인식의 주체가 생김으로 말미암아 인식의 대상이 나타나며, 인식의 주체가 없으면 인식의 대상도 없다.

주 ❋不覺 生三種相 與彼不覺 相應不離—이것은 앞의 20에서 '本覺 生二種相 與彼本覺 不相捨離'라고 한 것과 동일한 형식을 취하고 있다. 그러나 앞에서는 그것을 '깨달음의 본체는 두 가지 측면에서 기술될 수 있다'는 식으로, '生'(만들어낸다)의 의미를 의도적으로 배제하였다. 역자가 보기에는 그렇게 하는 것이 본각과 불각의 의미를 더 잘 드러낸다고 생각했기 때문이다. ❋이 문단과 다음 문단에서는 불각의 아홉가지 양상〔不覺九位〕을 비교적 세밀한 단계를 따라 분석적으로 제시하고 있다. 이 문단은 앞의 18에서 잠깐 언급한 '미세념'(33의 '細')을 다루고 있다. 미세념은 아려야식의 初動(즉, 아려야식에서 상념이 생기기 시작하는 최초의 단계)으로서 최초의 '의지'(또는 동기)의 발동에 뒤이어 인식의 주체와 대상이 분화되는 과정을 가리킨다. 본문에서 '不覺故 心動 覺則不動' 등으로 동일한 의미를 반대편에서 되풀이하여 말한 것은 양자 사이의 관계가 필연적인 것임을 강조하기 위한 것이라고 볼 수 있다. ◉여기서 '業'(카르마)을 '불각으로 인한 마음의 동요'로 규정하는 것은 바로 다음의 '마음의 동요는 苦를 가져 온다'는 말과 결부시키면 4 주에서 설명한 '業'의 의미(즉, 報를 위한 원인행위)와 일관된다.

24_

以有境界緣故 復生六種相 云何爲六 一者智相 依於境界
心起分別 愛與不愛故 二者相續相 依於智故 生其苦樂 覺
心起念 相應不斷故 三者執取相 依於相續 緣念境界 住持
苦樂 心起着故 四者計名字相 依於妄執 分別假名言相故
五者起業相 依於名字 尋名取着 造種種業故 六者業繫苦相
以依業受果 不自在故 當知無明 能生一切染法 以一切染法
皆是不覺相故

'인식의 대상'이라는 외적 계기[境界緣]로 말미암아 다시 '깨닫지 못함'의 여섯 가지 양상이 나타난다. 첫째는 '差別的 知覺'[智相]이다. 인식의 대상이 나타남으로써 마음에 '가지고 싶어하는 것'과 '가지고 싶어하지 않는 것'의 구별이 생긴다. 둘째는 '差別的 知覺의 連續'[相續相]이다. 차별적 지각으로 말미암아 괴로움과 즐거움의 느낌이 교차되며 상념이 끊임없이 일어난다. 셋째는 '執着'[執取相]이다. 차별적 지각의 연속으로 말미암아 지각의 대상에 대한 好惡, 그리고 그로 인한 괴로움과 즐거움에서 헤어나지 못하며 그것에 집착한다. 넷째는 '언어와 개념에 의한

計度'[計名字相]이다. 그릇된 집착으로 말미암아 실체가 아닌 언어와 개념이 그 자체로서 진정한 의미를 가진다고 착각한다. 다섯째는 '行動'[起業相]이다. 공허한 언어와 개념의 사용으로 말미암아 그 의미를 추구하고 그것에 집착하면서 갖가지 행위를 한다. 여섯째는 '행위로 인한 괴로움의 유발'[業繫苦相]이다. 행위로 말미암아 그 결과를 겪게 되고 거기에 얽매이게 된다. 우리가 명심해야 할 것은, 일체의 상념과 그 대상은 無明을 원인으로 하여 생기며 일체의 상념과 그 대상은 모두가 '깨닫지 못함'의 양상[不覺相]이라는 것이다.

[주] 住持주지 尋名심명 業繫苦업계고 好惡호오 計度계탁

● 이 문단에서는 앞의 18에서 잠깐 언급한 '麁念'(33의 麁)을 다루고 있다. 본문에 설명된 바와 같이, 이들 여섯 가지 양상은 인식의 주체와 대상이 분화된 이후에, 인식의 대상을 '緣'(외적 계기)으로 하여 나타난다. 그러므로 이들은 상념으로서 앞 문단의 세 가지보다는 훨씬 명백한 형태로 표면에 드러나 있다고 말할 수 있다. '因'(내적 원인)과 '緣'(외적 계기)의 구분에 관해서는 39 참조. ● '當知'에 이어지는 문장은, '當知'라는 첫머리가 암시하듯이, 무명과 상념과 불각의 관계를 한 마디로 나타내는, 대단히 중요한 문장이다. 22 주 참조.

25_

復次覺與不覺 有二種相 云何爲二 一者同相 二者異相 同相者 譬如種種瓦器 皆同微塵性相 如是無漏無明 種種業幻

皆同眞如性相 是故修多羅中 依於此眞如義故 說一切衆生
本來常住 入於涅槃 菩提之法 非可修相 非可作相 畢竟無
得 亦無色相可見 而有見色相者 唯是隨染 業幻所作 非是
智色 不空之性 以智相無可見故 異相者 如種種瓦器 各各
不同 如是無漏無明 隨染幻差別 性染幻差別故

그 다음으로, '깨달음'〔覺〕과 '깨닫지 못함'〔不覺〕의 관계는 두
가지로 말할 수 있다. 하나는 양자가 동일하다는 것이요, 또 하
나는 양자가 상이하다는 것이다. 첫째로, '깨달음'과 '깨닫지 못
함'이 동일하다는 것은 비유컨대 여러 가지 종류의 질그릇이 모
두 원래는 하나같이 흙이었던 것과 같다. 이와 마찬가지로, 智慧
와 無明에서 빚어지는 갖가지 幻影〔業幻〕은 하나같이 진여의 양
상이다. 그리하여 경전에 '모든 중생은 원래 열반에 들어가 있
다. 부처의 깨달음을 일컫는 "菩提(보리)의 법"은 우리가 제정
하거나 개정할 수 있는 법전과 같은 것이 아니다. 그것은 도대체
밖으로부터 얻을 수 있는 그 무엇이 아니다'라고 한 것은 진여의
위와 같은 의미를 나타내고 있다. 물론 '깨달음의 지혜'〔菩提〕는
可視的인 형체를 가지고 있는 것도 아니다. 가시적인 형체는 오
직 깨달음에 이르지 못한 마음이 만들어내는 환영에 불과하다.
지혜의 외적 표현은 '순수한 지혜'와는 구별되어야 한다. 올바
른 깨달음의 지혜는 가시적인 작용이 아니기 때문이다. 둘째로,
'깨달음'과 '깨닫지 못함'이 상이하다는 것은 비유컨대 여러 가
지 종류의 질그릇이 각각 다른 질그릇인 것과 같다. 이와 마찬가
지로, 지혜와 무명에서 빚어지는 환영은 그 외적 표현에 있어서

나 내적 상태에 있어서나 차이를 나타낸다.

譬如비여 瓦器와기 微塵미진 無漏무루 業幻업환 涅槃열반 菩提보리 畢竟필경

❊ 覺과 不覺이 동일하기도 하고 상이하기도 하다는 것은 앞의 16에서 여래장에 불생불멸과 생멸이 '동일하지도 상이하지도 않은 상태로' [非一非異] 화합되어 있다고 한 것, 그리고 각과 불각이 아려야식의 두 측면을 구성하고 있다고 한 것에 이미 예고되어 있다. 불생불멸은 覺에, 그리고 생멸은 不覺에 각각 상응하며, 동일하다는 것과 상이하다는 것은 동일하지도 않다는 것과 상이하지도 않다는 것을 뒤집어서 말한 것에 불과하므로, 각과 불각은 동일하기도 하고 상이하기도 하다는 결론이 자연히 따라 나온다. 이 문단은 앞의 16에 명백히 함의된 내용을 '無漏業幻'과 '無明業幻'이라는 용어로 다시 한번 말하는 셈이 된다. 여기서 앞의 것은 각에, 그리고 뒤의 것은 불각에 해당한다. 業幻은, 본문에 지적된 대로, '본질상 진여인 것이 외부적인 형태로 표현된 것'(즉, 眞如性의 相)이며, 그 중의 어떤 것은 무루업환이고 또 어떤 것은 무명업환이다. 이 양자는 모두 眞如性相이라는 점에는 동일하지만 '隨染幻'에서도 차이가 있고 '性染幻'에서도 차이가 있다. 이것이 이 문단의 대체적인 요지이다. 이 단계에서 이것을 말하는 것은 앞의 몇 문단에 걸쳐서 설명한 불각의 여러 가지 양상이 각과 동떨어진 것이 아니라는 점, 각과 불각은 마치 표리처럼 관련을 맺고 있다는 점을 강조하기 위한 것이라고 해석된다. '一切衆生 本來常住 入於 涅槃'이라는 경전 구절은 이 점을 말해 주고 있다. ❊ '菩提'[보디, 佛陀 正覺智]─수행자의 최고이상으로서의 궁극적 지혜 ❊ '涅槃'─이하

38에서 명시적으로 정의된 바에 의하면, '열반'은 '상념의 원인과 계기가 모두 사라져서 마음의 양상이 없어진 상태'를 뜻한다. 이것은 곧 생멸심이 진여와 합치된 상태이며 따라서 일체의 번뇌가 사라진 상태를 가리킨다. '열반'으로 음역되는 산스크리트어 '니르바아나'는 (불을) 불어서 끄는 것 또는 (먼지를) 불어서 날려 버리는 것을 뜻한다. 열반은 감각과 사고에 의한 일체의 분별, 그리고 그와 함께 好惡나 愛憎과 같은 일체의 집착이 사라진 상태이며, 이것이 사라졌다는 것은, 앞의 11 주에서 쓴 시각적 비유를 써서 표현하자면, 마음이 '아무 것도 분간되지 않는 짙은 안개'〔平等〕처럼 되었다는 것을 뜻한다. 물론, 기신론의 관점에서 보면, 그것은 더할 수 없이 '맑고 밝은' 상태이다. '모든 중생은 원래 열반에 들어가 있다'는 경전의 말은, 중생은 자신이 열반에 들어가 있는 줄 깨닫지 못하고 있다는 뜻이며, 그것을 깨닫는 것 그것이 곧 열반에 들어가는 길이 된다는 뜻을 나타내고 있다. ✿非是智色 不空之性—여기서 '불공지성'은 앞의 15에서 말한 진여의 '如實不空'(眞如 言說分別)과 20에서 말한 본각의 '智淨相'(本覺 隨染分別)을 결합하여 해석해야 할 것이다. 15와 20의 관련에 관해서는 20의 주 참조. ✿無漏無明 隨染幻差別 性染幻差別—이 문장에 관해서는 역자가 참고한 어느 번역에서도 납득할만한 번역을 찾아볼 수 없었다. 구문상으로 보아, 이 문장은 '무루와 무명은 수염환에서도 차이를 나타내고 성염환에서도 차이를 나타낸다'는 식으로 읽어야 한다. 의미상으로 보아 수염환과 성염환은 아마 본문의 번역에서와 같이 이해될 수밖에 없을 것이다.

26_

復次生滅因緣者 所謂衆生依心 意意識轉故 此義云何 以依
阿黎耶識 說有無明

現象界의 모든 변화는 중생의 마음 속에서 '意志'〔意〕와 '思考'
〔意識〕가 발생, 발달함으로 말미암아 나타난다. 이것은 곧 阿黎
耶識이 무명의 근거가 된다는 것을 뜻한다.

주 ● '意'와 '意識' ─ 여기서 '의식'은 우리가 '의식을 잃는다'든가
'의식을 회복한다'고 할 때의 의식과는 달리, 眼識, 耳識, 鼻識, 舌識,
身識의 '五識'과 동일한 조어 형식으로 된 '意의 識'을 말한다. 그러므
로 '의식'은 '의'와는 명백히 구분된다. 그러나 이하 27과 29의 설명에
서 알 수 있는 바와 같이, 기신론에서는 의와 의식을 만족스러울 정도
로 엄밀하게 구분하지 않는다. 29에서 '意識'의 다른 이름인 '相續識'
이 27에서는 '意'의 일종으로 분류되어 있는 것이다. '의'와 '의식'을
엄밀하게 구분하자면, '의'는 아려야식에서 무명이 발동하여 의식의
주체와 대상이 분화되기까지의 심리작용(즉, 23에서의 불각의 세 양
상)을 가리키며, '의식'은 인식의 대상〔境界緣〕으로 말미암아 생기는
심리작용(즉, 24에서의 불각의 여섯 양상)을 가리키는 것으로 보아야
한다. 기신론에서는 이 구분을 엄밀하게 준수하고 있지는 않지만,
'意'는 '業識'에 의하여, 그리고 '意識'은 '分別事識'에 의하여 대표된
다고 봄으로써 위의 구분을 간접적으로 인정하고 있다. 37과 38 참조.
● 무명의 근거로서의 아려야식〔依阿黎耶識 說有無明〕─意와 意識은
상념의 양상이며, 무명은 상념의 원인이 된다는 점을 상기하면, '이것은

곧 아려야식이 무명의 근거가 된다는 것을 뜻한다'는 말이 이해된다.

27_

不覺而起 能見 能現 能取境界 起念相續故 說爲意 此意
復有五種名 云何爲五 一者名爲業識 謂無明力 不覺心動故
二者名爲轉識 依於動心 能見相故 三者名爲現識 所謂能現
一切境界 猶如明鏡 現於色像 現識亦爾 隨其五塵 對至卽
現 無有前後 以一切時 任運而起 常在前故 四者名爲智識
謂分別染淨法故 五者名爲相續識 以念相應不斷故 住持過
去 無量世等 善惡之業 令不失故 復能成熟 現在未來 苦樂
等報 無差違故 能令現在 已經之事 忽然而念 未來之事 不
覺妄慮

'意志'〔意〕라는 것은 깨닫지 못한 상태에서 발생하여 인식의 주
체와 대상을 성립시키며 대상에 대한 인식과 집착 등 상념을 끊
임없이 일으키는 심리작용을 가리킨다. 이 '意志'에는 그것을
가리키는 측면에 따라 다섯 가지 이름이 있다. 첫째는 '無明을
발동시키는 意志'〔業識〕이다. 이것은 '의지'가 무명의 작용에 의
하여 '깨닫지 못한 마음'〔不覺心〕을 일으키는 것을 가리킨다. 둘
째는 '인식 주체를 성립시키는 意志'〔轉識〕이다. 이것은 '의지'
가 '깨닫지 못한 마음'의 태동에 의하여 인식의 주체를 성립시
키는 것을 가리킨다. 셋째는 '인식 대상을 성립시키는 意志'〔現
識〕이다. 이것은 '의지'가 인식의 대상인 모든 사물과 현상을 나

타나게 하는 것을 가리킨다. 이 면에서의 '의지'의 작용은 비유
컨대 거울이 사물 앞에서 그것을 비추어내는 것과 같다. '의지'
는 五官의 대상[五塵]을 대면하면 즉각적으로 그것을 비추어낸
다. '의지'는 언제 어느 때든지 적절한 조건만 갖추어지면 반드
시 발동하며, 그 결과로 인식의 대상은 언제나 五官 앞에 나타나
있다. 넷째는 '차별적 지각을 일으키는 意志'[智識]이다. 이것은
'의지'가 마음의 본성에 지각되는 것과 상념에 지각되는 것을
분별하는 것을 가리킨다. 다섯째는 '지각을 계속시키는 意志'
[相續識]이다. 이것은 '의지'가 상념을 끊어지지 않게 하는 것을
가리킨다. '의지'는 과거 무한한 환생을 거쳐서 품었던 모든 착
하고 악한 생각과 행했던 모든 착하고 악한 행위를 그대로 간직
하고 잃어버리지 않게 하며, 그로 말미암아 현재와 미래에 당하
게 될 모든 즐겁고 괴로운 업보의 열매를 거두는 데에 어김이 없
게 한다. '의지'는 현재와 과거의 일을 홀연히 떠올리도록 하며
미래의 일을 부질없이 근심하도록 한다.

🈂 五塵오진 住持주지 差違차위 已經이경 忽然홀연 妄慮망려

❀이 문단 첫머리의 '意'의 정의는, 이 문단 뒷 부분의 '相續識'을 연상
시키는 '상속'이라는 용어가 사용되었다는 것[起念相續]을 제외하면
앞 문단에서 설명한 내용과 다를 바 없다. 이런 뜻에서의 '意'는 23의
주에서 언급한 '미세념'에 해당한다. 그것을 '의지'로 번역한 것은 이
점을 고려했기 때문이다. 그러므로, 엄밀히 말하자면, 아래의 '智識'과
'相續識'은 '의'보다는 '의식'에 포함시켜야 마땅하다. '智識'과 '相續
識'의 번역 명칭에 '의지'라는 용어가 썩 잘 어울리지 않는 것은 아마

이 두 가지를 '의'에 포함시키기 어렵다는 간접적 증거가 된다고 볼 수 있을 것이다. ✿이 문단에 열거된 '意'의 여러 가지가 그 명칭이나 의미에 있어서 23~24의 불각의 여러 양상과 면밀히 상응한다는 점에 대해서는 의심의 여지가 없다. 즉, 업식은 무명업상(또는 업상)과, 전식은 능견상(또는 견상)과, 현식은 경계상(또는 현상)과, 지식은 지상과, 그리고 상속식은 상속상과 상응한다. ✿五塵은 앞 문단의 주에서 언급한 五識의 대상(즉, 色, 聲, 香, 味, 觸의 五塵 또는 五境)을 가리킨다.

28_

是故三界虛僞 唯心所作 離心 則無六塵境界 此義云何 以一切法 皆從心起 妄念而生 一切分別 卽分別自心 心不見心 無相可得 當知世間一切境界 皆依衆生 無明妄心 而得住持 是故一切法 如鏡中像 無體可得 唯心虛妄 以心生 則種種法生 心滅 則種種法滅故

그러므로 일체의 욕망과 사물과 관념, 한 마디로 우리가 생각을 품을 수 있는 모든 대상[三界]은 허위이며 '오직 마음'[唯心]의 조작이다. 마음을 떠나면 감각과 사고의 대상[六塵境界]이 없어진다. 이 말을 풀이하면 다음과 같다. 즉, 모든 사물과 현상은 마음의 작용으로 말미암아 나타나며 상념에 의하여 생겨난다. 모든 분별은 마음이 마음을 대상으로 하여 이루어진다. 그러나 마음이 마음을 본다는 것은 논리적으로 불가능하다. 그것은 대상이 없는 것을 보는 것이기 때문이다. 요컨대, 현상계의 모든 대상은 우리의 무명과 그로 인한 헛된 마음으로 말미암아 인식에 자리잡게 된다. 그러므로 일체의 사물과 현상은 거울에 비친 그림자와 같다. 그것은 실체가 없이 '오직 마음'으로 되어 있으며 따라서 허망하다. 즉, 마음이 생김에 온갖 사물과 현상이 생기며, 마음이 없어짐에 온갖 사물과 현상이 없어진다.

주 虛僞허위 住持주지

● '三界'는 현상계〔생멸인연계〕를 세 가지 영역(欲界, 色界, 無色界)으로 분류하여 부르는 이름이다. 이것이 '허위'라고 할 때의 허위는, 물론, 특별한 의미를 나타내고 있다. ● '六塵境界'는 앞 문단의 五塵에다가 '의식'의 대상인 '法塵'(또는 法境)을 합한 것이다. 그와 마찬가지로 앞의 5식에 '의식'을 합쳐서 '6식'이라고 부른다. ● 心不見心無相可得─마음의 인식 대상은 마음에 의하여 조작된 것이므로 마음이 대상을 본다는 것은 곧 마음이 마음을 보는 것과 같다. '마음이 마음을 본다'는 것은 마음과 대상을 한꺼번에 포괄하는(또는, 마음과 대상의 존재 이전의) 진여에만 해당된다. 앞의 15 주 '證' 참조. 진여에서가 아닌 생멸계에서 '마음이 마음을 본다'는 것은, 비유컨대 거울에 비친 영상을 보는 것과 같이, 실체가 없는 것을 보는 것이다. 앞의 22의 '念無自相 不離本覺'(상념은 그 자체로서 독자적인 실체를 가지고 있는 것이 아니라 본각에 의존하고 있다) 참조. 一切法 如鏡中像 無體可得이라는 표현에서 '무체가득'은 '생멸계 안에 머물러 있는 한 본체가 파악될 수 없다는 뜻으로 이해되어야 할 것이다. ● '唯心'과 '一心'(예컨대 11)은 字義上으로는 비슷할지 모르지만, 그 의미(허망,

진실이라는 관점)에 있어서는 정반대이다. '오직 마음'〔唯心〕은 외부
대상과 관련을 맺지 않는, '마음뿐인 마음'을 가리킨다. 80 주 참조.

29_
復次言意識者　卽此相續識　依諸凡夫　取着轉深　計我我所
種種妄執　隨事攀緣　分別六塵　名爲意識　亦名分離識　又復
說名　分別事識　此識依見愛　煩惱增長義故

'思考'〔意識〕라는 것은 '지각의 연속'〔相續識〕을 말한다. 이것으
로 말미암아 우둔한 자는 뿌리 깊은 집착을 일으키게 된다. 그들
은 '나'와 '나에 속한 것'을 計度하고 갖가지 그릇된 집착을 가지
며 그때그때의 사태를 계기로 감각이나 사고의 내용을 파악한다.
그리하여 이것을 '구분하는 마음'〔分離識〕이라고도 하고 '분별
하는 마음'〔分別事識〕이라고도 한다. '思考'는 자신의 견해와 자
신에게 속한 것에 애착을 가지도록 하여 번뇌를 증가시킨다.

주 轉深전 심 攀緣반연 增長증장 計度계 탁

● 이 문단은 '의식'의 정의를 제시하고 있다. 의식의 의미와 관련하여
중요한 점은, 그것은 '사물'(我와 我所, 六塵境界)이라는 명백한 대상
을 가지고 있다는 것과 見과 愛를 일으키고 번뇌를 부채질한다는 것
이다.

30_

依無明熏習 所起識者 非凡夫能知 亦非二乘 智慧所覺 謂
依菩薩 從初正信 發心觀察 若證法身 得少分知 乃至菩薩
究竟地 不能知盡 唯佛窮了 何以故 是心從本已來 自性清淨
而有無明 爲無明所染 有其染心 雖有染心 而常恒不變 是
故此義 唯佛能知 所謂心性 常無念故 名爲不變 以不達一
法界故 心不相應 忽然念起 名爲無明

위에서 말한 여러 가지 경험적 인식〔識〕이 '無明熏習'으로 일어
난 결과라는 것은 우둔한 자가 알 수 있는 것이 아니요, 二乘의
수행자의 지혜로 깨달을 수 있는 것도 아니다. 그것은 수행자가
처음 올바른 믿음을 얻은 이후 내내 수행에 뜻을 두고 열심히 노
력하여 眞如를 證得하게 되더라도 오직 부분적으로 알 뿐이며,
수행의 완성 단계에 있는 사람이라 하더라도 완전히는 알 수 없
다. 그것을 완전히 아는 것은 오직 '깨달은 자'〔佛〕뿐이다. 이것
은 무슨 뜻인가? 마음은 원래 맑고 깨끗한 본성을 가지고 있지
만 맑지도 깨끗하지도 않은 '無明'도 동시에 가지고 있다. 무명
이 깨끗한 마음에 물을 들이면 '물든 마음'〔染心〕이 생긴다. 그
러나 다시, 비록 물든 상태에 있다 하더라도 마음은 언제나 同一
不變하는 마음이다. 앞에서 '깨달은 자'만이 알 수 있다고 말한
것은 바로 이 점을 가리킨 것이다. 여기서 '同一不變하는 마음'
이라고 하는 것은 마음의 본성이 언제나 일정하며 상념의 변화
와 무관하다는 뜻이다. 또한, '無明'이라는 것은 마음이 唯一實
在에 이르지 못하여, 인식의 주체와 대상이 분화되지 않은 상태

에서 홀연히 상념이 일어나는 것을 가리킨다.

㊟ 窮了궁료 忽然홀연

❁無明熏習 所起識者—'무명훈습'은 이하 37에서 설명될 바와 같이, '무명을 원인으로 하여 염법이 끊임없이 일어나는 것'을 뜻한다. '識'(心識)은 27과 29에 제시된 意와 意識—의지, 감각과 사고—을 가리키는 것으로서, 한 마디로 '경험적 인식'이라고 부를 수 있을 것이다. '무명훈습이 경험적 인식을 일으키는 심리적 작용이라는 것'을 알기 어려운 것은, 중생은 처음부터 상념에 사로잡혀 있고, 또 그러면서도 자신이 상념에 사로잡혀 있다는 것을 깨닫지 못한다는 점(19 참조)과 관계가 있다. 그들이 깨닫지 못하는 것은 상념의 진정한 본질—자신이 가지고 있는 상념이 참으로 어떤 것인가—이다. 본문에 지적된 바에 의하면, 이것은 '깨달은 자'만이 알 수 있다. 이하 39(一切煩惱 依於無明 所起前後 無量差別 唯如來能知故) 참조. ❁發心觀察—'發心'에 관해서는 58 이하 참조. ❁以不達一法界故 心不相應 忽然念起 名爲無明—무명은 19에도 언급되어 있고 32에도 언급되어 있지만, 그 둘 중의 어느 것도 이 문단에서만큼 격식을 갖춘 정의로 보기는 어렵다. 이 정의에 사용된 不達一法界, 心不相應 등의 표현은 염심이나 무명 그 자체와 함께 32에 다시 취급되어 있다. ('심불상응'을 '인식의 주체와 대상이 분화되지 않은 상태에서'로 번역한 것은 32에 의거한 것이다.) 기신론에서 '무명'은 '진여'와 거의 대등한 중요성을 가지고 있는 개념이라고 볼 수 있는데도 진여에 비하여 도저히 격에 맞지 않을 정도로 소홀하게 취급되어 있다는 느낌이 든다. 이 문단의 정의에 관해서도, 현대 독자의 입장에서 보면, 무명의 개념적 성격에 관하

여 여러 가지 불명료한 점을 발견할 수 있을 것이다. (위의 정의에 사용된 '홀연'의 해석에 관해서는 권말 '역자해설' 참조.) 그 중의 하나는, 무명은 '상태'인가 '작용'인가 하는 것이다. 이 문제에 대한 단서는 이 문단의 한문 원문이나 번역문에서는 찾아볼 수 없다. '무명은 일체염법(또는 상념)의 원인이다'(19 주)라는 말에 의하면, 무명은 원인으로 '작용'한다고 볼 수 있다. 그러나 무명은 산스크리트 원어인 '아비디야아'와 마찬가지로 '밝지 않은 상태'를 나타내기도 한다. 예컨대 이런 의문을 중심으로 하여 무명의 개념적 성격을 분명히 하기 위해서는 별도의 고찰이 필요하다고 생각된다.

31_

染心者 有六種 云何爲六 一者執相應染 依二乘解脫 及信
相應地 遠離故 二者不斷相應染 依信相應地 修學方便 漸
漸能捨 得淨心地 究竟離故 三者分別智相應染 依具戒地漸
離 乃至無相方便地 究竟離故 四者現色不相應染 依色自在
地 能離故 五者能見心不相應染 依心自在地 能離故 六者
根本業不相應染 依菩薩盡地 得入如來地 能離故

'물든 마음'〔染心〕에는 여섯 가지 종류가 있다. 처음 세 가지는 '밖에서 물든 마음'〔相應染〕이라고 부르고 마지막 세 가지는 '안에서 물든 마음'〔不相應染〕이라고 부른다. 첫째는 '집착하는 마음'〔執相應染〕이다. 二乘의 수행자가 자신의 일신상의 번뇌에서 벗어날 때〔解脫〕, 또는 大乘의 수행자가 '信相應地'에 다다를 때, 그들은 이 '집착하는 마음'에서 벗어난다. 둘째는 '기억하는 마음'[不斷相應染]이다. '信相應地'에 있는 수행자가 방편을 다하여 열심히 수행하면 점점 그 단계에서 벗어나 '淨心地'에 다다른다. 이 둘째 마음은 이들이 벗어나는 마음이다. 셋째는 '분별하는 마음'[分別智相應染]이다. '具戒地'에서 점차 벗어나 '無相方便地'에 다다른 수행자가 벗어나는 것이 이 마음이다. 넷째는 '인식 대상을 성립시키는 마음'[現色不相應染]이다. 이것은 '色自在地'에 다다른 수행자가 벗어나는 마음이다. 다섯째는 '인식 주체를 성립시키는 마음'[能見心不相應染]이다. 이것은 '心自在地'에 다다른 수행자가 벗어나는 마음이다. 여섯째는 '의지를 발동시키는 마음'[根本業不相應染]이다. 이것은 수행의 마지막 단계인 '菩薩盡地'에서 '如來地'로 들어가는 수행자가 벗어나는 마음이다.

[주] 解脫해 탈 漸漸점 점

❀이 문단에서는 바로 앞 문단에서 '무명이 깨끗한 마음에 물을 들이면 "물든 마음"[染心]이 생긴다'고 한 말을 이어 받아서 염심을 분류하고 있다. 염심은 곧 생멸심 또는 상념이며, 따라서 염심의 분류는 23~24에서 말한 '불각'의 양상들, 그리고 27에서의 '意'의 분류와 다른 것일 수 없다. (엄밀히 말하자면 27에서의 '意'는 意와 意識을 포함한다.) 이 세 가지 분류(즉, 23~24, 27, 그리고 이 문단) 사이의 관련은 의심의 여지가 없이 명백하다. 相應染, 不相應染이라는 표현은 별도로 치고, 이 문단에서 마지막으로 분류된 根本業不相應染부터 거슬러 올라가면서 그 세 가지 분류를 대조하면, 根本業不相應染-無明

業相-業識, 能見心不相應染-能見相-轉識, 現色不相應染-境界相-現識, 分別智相應染-智相-智識, 不斷相應染-相續相-相續識, 執相應染-執取相-(공백)과 같다. 이것은 각각의 항목에 속하는 세 개의 명칭이 용어상의 차이에도 불구하고 동일한 의미를 나타내고 있다는 것을 시사한다. 이 문단에서의 염심의 제시 순서가 앞의 두 경우와 반대가 된 데는 그럴만한 이유가 있다. 이 문단에서는 단순히 상념을 분류하는 데에 관심이 있는 것이 아니라 '떠나거나 벗어나는 것'〔離〕이 비교적 용이한 것부터 차례로 서열을 매기는 데에 관심이 있는 것이다. ('염심'이라는 용어 자체가 '떠나거나 벗어나야 할 것'이라는 의미를 나타내고 있다.) ❁ '信相應地', '淨心地' 등은 수행자가 거쳐야 할 단계의 명칭으로서, 그것은 특별히 우리의 일상용어로 번역할 필요가 없다고 생각된다. 다만, 이들 명칭이 華嚴經의 十地思想과 어떤 관련을 가지고 있는가에 관해서는 李箕永, 원효사상, 220-1 페이지를 참고하는 것이 좋을 것이다. ❁ 二乘解脫― '해탈'이라는, 일반적으로 알려진 불교 용어가 기신론에서는 오직 여기에만 사용되어 있다는 것은 주목할 만하다. 아마 기신론의 저자는 '해탈'이 二乘의 특유한 관심사요, 기신론의 입장에서는 '涅槃', '覺', 또는 '離念'이 더 합당하다고 생각하는 듯하다. ❁ '안에서 물든 마음'〔不相應染〕과 '밖에서 물든 마음'〔相應染〕의 번역과 의미는 바로 다음 문단에서 설명된다.

32_

不了一法界義者 從信相應地 觀察學斷 入淨心地 隨分得離
乃至如來地 能究竟離故 言相應義者 謂心念法異 依染淨差

別　而知相緣相同故　不相應義者　謂卽心不覺　常無別異　不
同知相緣相故　又染心義者　名爲煩惱碍　能障眞如　根本智故
無明義者　名爲智碍　能障世間　自然業智故　此義云何　以依
染心　能見能現　妄取境界　違平等性故　以一切法常靜　無有
起相　無明不覺　妄與法違故　不能得隨順　世間一切境界　種
種智故

'마음이 唯一實在에 이르지 못한다'는 말은 '如來地' 이하의 모
든 수행 과정에 해당된다. '信相應地'에 있는 수행자는 통찰을
얻기 위하여 노력하는 동안 상념을 일부 제거할 수 있으며, '淨
心地'에 들어가서는 상당한 정도로 상념에서 벗어날 수 있다. 그
러나 상념에서 완전히 벗어나는 것은 '如來地'에 가서야 비로소
가능하다. '밖에서 물들었다'〔相應〕고 하는 것은 '마음'과 '상념'
이 그 맑고 물든 점에 있어서 차이를 나타내며 인식의 주체와 대
상이 동일한 양상을 나타내는 경우를 가리킨다. 그리고 '안에서
물들었다'〔不相應〕고 하는 것은 마음이 '깨닫지 못한 상태'〔不
覺〕에 있지만, 마음이 일정하여 '마음'과 '상념'의 구분이 나타
나지 않고 인식의 주체와 대상이 동일한 양상을 나타내지 않는
경우를 가리킨다. 또한, '물든 마음'〔染心〕은 '번뇌의 장애'〔煩惱
碍〕라고도 부르는데, 그것은 '참으로 그러한 것'을 보는 근본적
인 지혜를 막아 버리기 때문이며, 無明은 '지혜의 장애'〔智碍〕라
고도 부르는데, 그것은 세상의 자연스러운 사고와 행위를 막아
버리기 때문이다. '물든 마음'이 그러한 작용을 한다는 것은, 마
음이 물들었을 때, 인식의 주체와 대상이 성립하며 그로 말미암

아 대상에 대한 인식과 집착이 생김으로써 절대불변의 세계를 저버리게 된다는 뜻이다. 그리고 무명이 그러한 작용을 한다는 것은, 모든 사물과 현상은 언제나 고요하며 기복과 변동이 없지만 無明과 不覺으로 말미암아 마음과 대상 사이에 어긋남이 생기고, 그리하여 세상의 모든 사태를 현명하게 처리하는 데 필요한 온갖 지혜를 가질 수 없게 된다는 뜻이다.

주 煩惱碍번뇌애 智碍지애 違違起伏기복

❂ 이 문단에서는 앞의 두 문단에서 사용된 不了一法界, 相應(相應心, 相應染)과 不相應, 染心, 無明 등의 용어와 표현에 관하여 약간의 설명을 붙이고 있다. ❂ 상응과 불상응은 결국 인식의 주체로서의 '마음'〔知相〕과 그 대상〔緣相〕 사이의 관계를 나타낸다고 말할 수 있다. (이런 의미에서의 '상응'은 예컨대 14의 '染法不相應', 15의 '證相應', 18의 '一念相應', 20의 '自然相應', 27의 '念相應'과 용어에 있어서는 동일하지만 의미에 있어서는 동일하지 않다.) 상응염을 '밖에서 물들었다'로 번역한 것은 마음이, 그것에서 이미 분화된 외부의 대상으로 말미암아 물들었기 때문이며, 그와 마찬가지로 불상응염은 마음에서 대상이 분화되기 이전에 마음 내부에서 물들었기 때문에 '안에서 물들었다'고 말할 수 있다. 다음 문단('굵은 것'과 '가는 것')에서 알 수 있는 바와 같이, '안에서 물든 마음'은 아려야식의 初動 상태로서, '밖에서 물든 마음'의 경우보다 '떠나거나 벗어나기'가 훨씬 더 어렵다. 그것은 이 문단에서의 염심의 서열과도 일치한다. ❂ '마음이 불각의 상태에 있지만〔即心不覺〕—한문 원문의 이 구절만으로는 '마음이 불각의 상태에 있다'는 이 말이 오직 불상응염에만 해당된다는 뜻으로

해석될 수 있을지 모르지만, 그렇지 않다. 상응심도, 물론, 불각의 상태에 있다고 보아야 한다. ●心念法異 依染淨差別―'心法'과 '念法'이 染淨에 있어서 차이를 나타낸다. 즉, 心法은 淨, 念法은 染으로 양자가 구별된다는 뜻이며, 이것은 곧 '마음'에 '상념'이 생겼다는 것을 뜻한다. 이 상념이 외부의 사물을 '계기'[緣]로 하여 더욱 '물든 마음'이 된다. '상응염' 또는 '상응심'을 '밖에서 물들었다'고 표현할 수 있는 것은 이 때문이다. ●知相·緣相의 同·不同―'知相'이라는 것은 인식의 대상[緣]을 염두에 두고 그 대상을 인식하는 주체의 양상을 가리킨다. '밖에서 물든 마음'[相應心], 또는 다음 문단의 용어로 '굵은 마음'[麁念]은 인식의 주체가 그것과 명백히 분화된 대상을 가지고 있는 상태의 '마음'이며, 여기서는 주체와 대상이 동일한 양상을 띠고 서로 '相應'한다. 그러나 '안에서 물든 마음'[不相應心], 또는 '가는 마음'[細念, 微細念]에서는 주체와 대상의 구분이 아직 나타나지 않은 상태, 또는 막 나타나기 시작하는 상태의 마음이며, 여기서는 위에서 말한 '상념'이 존재하지 않는다. 이하 68에서는 '가는 마음'을 '은밀한 동기가 거의 식별될 수 없을 정도로 가늘게 깜박거리는 상태'로 기술하고 있다. ●煩惱碍와 智碍는 21에서 '法出離鏡'을 설명할 때 언급한 바 있지만, 이 문단에서는 번뇌애를 염심과, 그리고 지애를 무명과 관련짓고 있다. ●世間一切境界 種種智―元曉 疏에 이것은 '後得智'로 규정되어 있다. 말하자면, 진여를 증득하고 난 사람은 이 세상에서 그 지혜를 발휘한다는 것이다. ●無明不覺―무명과 불각의 관계에 관해서는 '역자해설' 참조. 본문에서는 이 표현에서의 무명과 불각을 동의어로 취급하여 번역하였지만, 구문상으로 보아 '무명이 깨닫지 못하고'로 번역할 수도 있을 것이다. 어느 쪽으로 번역하더라도 의미에 있어서는 별 차이가 없다. 妄與法違는 '망과 법 사이에 어긋남이 생긴다'는 식으로 읽어야 할 것이며, 망은 망심으로 보아 망심과 그 대상 사이에 어긋남이 생긴다는 뜻으로, 다시 말하면 망심이 그 대상을 정확하게 파악하지 못한다는 뜻으로 해석될 수 있다.

33_

復次分別生滅相者　有二種　云何爲二　一者麤　與心相應故 二者細　與心不相應故　又麤中之麤　凡夫境界　麤中之細　及細 中之麤　菩薩境界　細中之細　是佛境界　此二種生滅　依於無 明熏習而有　所謂依因依緣　依因者　不覺義故　依緣者　妄作 境界義故　若因滅　則緣滅　因滅故　不相應心滅　緣滅故　相應 心滅

현상계의 양상[生滅相]은 '굵은 것'[麤]와 '가는 것'[細]의 두 가지로 구분될 수 있다. 전자는 마음과 대상이 상응하는 경우이며, 후자는 마음과 대상이 상응하지 않는 경우이다. 이것을 다시 '굵은 것 중의 굵은 것', '굵은 것 중의 가는 것' 또는 '가는 것 중의 굵은 것', 그리고 '가는 것 중의 가는 것'으로 나눌 수 있다. 첫째는 우둔한 자의 경지이며, 둘째는 수행자의 경지이며, 셋째는 '깨달은 자'의 경지이다. '굵은 것'과 '가는 것'이라는 두 가지 양상은 '無明의 熏習'[無明熏習]으로 말미암아 나타난다. 여기에는 내적 원인[因]과 외적 계기[緣]가 있다. 내적 원인은 '깨닫지 못함'[不覺]이며 외적 계기는 마음이 만들어낸 외부 대상

[境界]이다. 원인이 없어지면 계기 또한 없어진다. 원인이 없어지는 것은 '안에서 물든 마음'[不相應心]이 없어지는 것이며, 계기가 없어지는 것은 '밖에서 물든 마음'[相應心]이 없어지는 것이다.

㈜ 麁中之麁추중지 추

● 麁 與心相應, 細 與心不相應이라는 표현은 麁 와 細가 '현상의 양상'으로서 그것이 마음과 상응하거나 상응하지 않는다는 뜻을 나타낸다. 여기서 '상응'과 '불상응'은 앞의 32에 규정된 바와 같다. 그러므로, 31의 '여섯 가지 染心'과 관련지어 말하자면, 麁 는 집상응염, 부단상응염, 분별지상응염에, 그리고 細는 현색불상응염, 능견심불상응염, 근본업불상응염에 각각 해당한다. 그리고 여기서 '굵다'든가 '가늘다'는 표현은 현상의 양상(그리고 그것에 대응하는 마음의 양상)을 파악하기가 용이하거나 용이하지 않다는 것, 그리고 그것을 없애버리기가 용이하거나 용이하지 않다는 것을 나타낸다. ● 추중지추, 추중지세(또는 세중지추), 세중지세가 각각 범부경계, 보살경계, 불경계라고 말하는 것은 그 세 가지가 각각 범부, 보살, 佛이 '떠나야 할'[離] 경계를 나타낸다는 뜻이다. ● 依因者 不覺義故—정확하게 말하자면 因은 불각이라기보다는 무명이라고 말해야 할 것이다. 앞의 22 주 및 권말의 '역자해설' 참조. ● 若因減 則緣減—이것은 논리상의 순서이며, 사실상으로 말하자면, 緣을 없애지 않고는 因을 없애는 것이 불가능하다. 因과 緣의 구분에 관해서는 39참조. ● 무명훈습은 30에서 이미 언급된 바 있고, 37에서 다시 언급되지만, 여기서의 무명훈습은 37에 언급되는 것과는 달리, '染法熏習'과 동일한 의미로 사용되고 있다.

34_

問曰 若心滅者 云何相續 若相續者 云何說究竟滅 答曰 所
言滅者 唯心相滅 非心體滅 如風依水 而有動相 若水滅者
則風相斷絕 無所依止 以水不滅 風相相續 唯風滅故 動相
隨滅 非是水滅 無明亦爾 依心體而動 若心體滅 則眾生斷
絕 無所依止 以體不滅 心得相續 唯癡滅故 心相隨滅 非心
智滅

그러나, 만약 마음이 없어진다면 어찌하여 '마음이 계속된다'
[相續]는 말을 할 수 있으며, 만약 마음이 계속된다면 어찌하여
'마음이 완전히 없어진다'[究竟滅]는 말을 할 수 있는가?—마음
이 없어진다는 것은 '마음의 양상'[心相]이 없어진다는 뜻일 뿐,
'마음의 본체'[心體]가 없어진다는 뜻은 아니다. 이것은 바람과
물이 합하여 물결이라는 '움직임의 양상'이 일어나는 경우에 비
유될 수 있다. 만약 물이 없어지면 바람은 움직일 대상이 없기
때문에 나타날 수가 없다. 그러나 물은 없어지지 않으며, 그렇기
때문에 바람은 계속하여 나타나게 된다. 오직 바람만 없어질 경
우에 움직임의 양상은 없어지지만 그렇다고 해서 물이 없어지는
것은 아니다. 무명의 경우도 이와 마찬가지이다. 무명이 '마음
의 본체'에 작용하여 움직임이 나타난다. 만약 '마음의 본체'가
없어진다면 이것은 곧 무명이 작용할 대상인 중생이 없어지는
것이다. 그러나 '마음의 본체'는 없어지지 않으며 그렇기 때문
에 마음은 언제나 계속될 수 있다. 없어지는 것은 오직 '어리석
음'[癡]이며, 이 경우에는 '마음의 양상'은 없어지지만, '마음의

본체', 즉 원래의 영명한 지혜[心智]는 없어지지 않는다.

● 여기에 사용된 海波 譬喩는 20에서 사용된 바 있다. ● 心相(마음의 양상)과 心體(마음의 본체)—心相은, 心識과 같이, 현상적으로 나타나는 마음의 작용을 가리키며, 心體는 심상에 가정되어 있는, 심상의 이면에 들어 있는 진여(또는, 진여의 현상적 대응물, 진여체상)를 가리킨다. '相'과 '體'에 관해서는 7 주 참조.

35_

復次有四種法　熏習義故　染法淨法　起不斷絶　云何爲四　一者淨法　名爲眞如　二者一切染因　名爲無明　三者妄心　名爲業識　四者妄境界　所謂六塵

그런데, '훈습'에는 그것이 일어나는 部所에 따라 네 가지가 있어서, 끊임없이 상념[染法]으로 흐르게 하기도 하고 진여[淨法]로 돌아가게 하기도 한다. 그 네 개의 부소라는 것은 1)진여, 2)무명, 3)망심, 그리고 4)망경계이다. 진여는 '깨끗한 마음'[淨法]이며, 무명은 상념의 원인[一切染因], 망심은 상념[業識], 그리고 망경계는 상념의 대상[六塵]이다.

● 有四種法 熏習義—이것이 '훈습의 네 종류'를 가리킨다고 볼 수는

없다. 훈습의 '종류'라면 이하 37과 38에서 말하는 '熏習起染法不斷'(염법훈습)과 '熏習起淨法不斷'(정법훈습)의 두 가지가 있다고 말해야 한다. 물론, 이하 본문에서 보듯이 이 문단에 언급된 '네 가지'가 '진여훈습', '무명훈습', '망심훈습', '망경계훈습' 등과 같이, 마치 훈습의 '이름'처럼 사용되고 있고, 그러므로 그것이 훈습의 '종류'를 나타낸다는 느낌이 들 수도 있다. 그러나 예컨대 망심훈습은 염법훈습과 정법훈습에서 다같이 언급되며, 그 중의 어느 곳에서 언급되는가에 따라 그 의미가 정반대이다. 이것으로 보면 망심훈습은 훈습의 한 '종류'가 아니라, 훈습이 일어나는 '부소'—다시 말하면, 염법훈습과 정법훈습이라는 두 가지 '종류'의 훈습을 설명하기 위하여 가상적으로 설정된 '지점'—를 나타낸다고 보아야 한다. 그리하여 망심훈습은 '망심이라는 부소에서 일어나는 (또는, 일어나는 것으로 가정되는) 훈습'을 뜻한다. 다른 세 가지 이름도 이와 동일한 방식으로 해석되어야 한다. 이런 방식으로 해석하더라도 그것을 여전히 훈습의 '종류'라고 말할 수 있을지 모르지만, 그것은 염법훈습이나 정법훈습을 '종류'라고 할 때와는 다른 의미에서의 '종류'이다. ✿ 이 문단을 이해가능한 것이 되도록 하기 위해서는 약간 지나치다고 생각될 정도의 '자유로운 해석'이 불가피하였다. 첫째로, 염법과 정법의 해석에 있어서, 염법은 염심(즉, 상념)에 의하여 파악되는 대상을 가리킬 뿐만 아니라 그것을 파악하는 행위를 포함한 정신현상 전체를 가리키며, 따라서 염법은 그 말 자체로는 '물든 현상'을 뜻한다고 볼 수 있을 것이다. 그렇다면, 정법도 이와 마찬가지로 생각하여 '깨끗한 현상'을 뜻한다고 보아야 하는데, 정법은 진여와 관계되는 만큼, 이 경우에는 '현상'이라는 말이, 염법의 경우와는 달리, 썩 잘 어울린다고 보기 어렵다. 그리하여 염법과 정법은, 37과 38에서 起染法不斷, 起淨法不斷을 각각 '상념으로 흐르게 하는 훈습', '진여로 돌아가게 하는 훈습'으로 번역한 것과 마찬가지로, 상념과 진여로 바꾸어서 번역하는 것이 이해에 도움이 될 것이라고 생각된다. ❋둘째로, 이 문단의 네 항목에 나와 있는 두 개의 짝 중에서, 이하 본문에 주로 사용되고 있는 용어는 진여, 무명, 망심, 망경계이다. 이 점에 비추어, 셋째와 넷째 항목은 짝의 앞뒤 순서를 본문에 나와 있는 것과는 반대로 읽어야 할 것이다. 즉, 三者業識 名爲妄心, 四者六塵 所謂妄境界와 같다. ❋셋째로, 셋째 항목의 망심은 적어도 본문의 '妄心 名爲業識'이라는 말이 시사하는 정도로 업식과 대등한 것이 아니다. 업식은 망심(또는, 더 구체적으로는 '意')의 한 부분 또는 한 단계일 뿐이며, 망심과 동일시될 수 있는 것이 아니다. 망심은 意와 意識을 포함하며, 따라서 '상념'으로 이해되어야 한다. 이하 37과 38에서 망심훈습을 업식(意)과 분별사식(意識)으로 나누어 설명하고 있다는 사실은 이 점을 더욱 확실하게 해준다.

36_

熏習義者 如世間衣服 實無於香 若人以香 而熏習故 則有香氣 此亦如是 眞如淨法 實無於染 但以無明 而熏習故 則有染相 無明染法 實無淨業 但以眞如 而熏習故 則有淨用

'훈습'이라는 것은 비유컨대 사람의 옷이 그 자체로서는 냄새가 없지만 사람이 그 냄새를 오랫동안 배게 하면 냄새를 가지게 되는 것과 같다. 우리 마음에도 이와 유사한 현상이 일어난다. 진여, 그리고 그것이 나타내는 '깨끗한 마음'[眞如淨法]은 원래 물든 것이 아니지만, 무명이 오랫동안 지속적으로 영향을 주면[熏習] '물든 양상'[染相]을 띠게 되며, 무명, 그리고 그것이 나타내는 '물든 마음'[無明染法]은 원래 깨끗한 것이 아니지만, 진여가 오랫동안 지속적으로 영향을 주면 '깨끗한 기능'[淨用]을 나타내게 된다.

❀此亦如是 이후 두 개의 문장이 완전한 대칭을 나타내고 있다는 점에 주목할 필요가 있다. 實無於染과 實無淨業이 대칭을 이루며, 染은 染相과, 淨業은 淨用과 관련되어 있다. 8 주에서 설명한 用의 의미에 비추어 淨業과 淨用의 관계는 약간의 사색을 요구한다.

37_

云何熏習 起染法不斷 所謂以依眞如法故 有於無明 以有無
明 染法因故 卽熏習眞如 以熏習故 則有妄心 以有妄心 卽
熏習無明 不了眞如法故 不覺念起 現妄境界 以有妄境界
染法緣故 卽熏習妄心 令其念着 造種種業 受於一切 身心
等苦 此妄境界熏習義 則有二種 云何爲二 一者增長念熏習
二者增長取熏習 妄心熏習義 則有二種 云何爲二 一者業識
根本熏習 能受阿羅漢 辟支佛 一切菩薩 生滅苦故 二者增
長分別事識熏習 能受凡夫 業繫苦故 無明熏習義 有二種
云何爲二 一者根本熏習 以能成就 業識義故 二者所起見愛
熏習 以能成就 分別事識義故

'훈습이 끊임없이 상념으로 흐르게 한다'는 말은 다음과 같이 설명된다. 먼저, '진여'와 '깨끗한 마음'으로 말미암아 그것에 대비되는 것으로 무명이 있다. 이 '무명'이 상념의 원인[因]으로서 진여에 훈습한다. 이 훈습으로 말미암아 '망심'이 생기고 망심이 다시 무명에 훈습한다. 이 상태는 마음이 유일 실재인 진여에 이르지 못한 상태로서, 여기서는 '깨닫지 못한 마음'[不覺念]이 일어나서 '망경계'가 나타나고 망경계가 상념의 계기[緣]가 되어 망심에 훈습한다. 이 과정을 통하여 마음에 집착이 생기고 온갖 의도와 행위를 일으켜 심신의 모든 괴로움[苦]을 당하게 된다. '망경계'를 거점으로 하여 일어나는 훈습[妄境界熏習]은 두 가지 작용을 한다. 하나는 상념을 조장하는 것[增長念熏習]이요, 또 하나는 집착을 조장하는 것[增長取熏習]이다. '망심'을 거점으로 하여 일어나는 훈습[妄心熏習]은 두 가지 작용을 한다. 하나는 '의지'를 조장하는 것[業識根本熏習]으로서, 이로 말미암아 二乘의 수행을 완수한 아라한과 벽지불 그리고 모든 대승의 수행자들은 현상계의 괴로움을 당한다. 또 하나는 '사고'를 조장하는 것[增長分別事識熏習]으로서, 이로 말미암아 우둔한 자는 온갖 행위로 인한 괴로움을 당한다. '무명'을 거점으로 하여 일어나는 훈습[無明熏習]은 두 가지 작용을 한다. 하나는 훈습의 근본[根本熏習]으로서, '의지'를 일으키는 것이요, 또 하나는 '사고'를 일으킴으로써 편견과 애착을 가지도록 하는 것[所起見愛熏習]이다.

㊀ 增長증장 阿羅漢아라한 辟支佛벽지불 業繫苦업계고

❀이 문단에서는 염법훈습에서의 훈습의 경로, 그리고 그 훈습의 영향으로 '망심'에 나타나는 결과를 설명하고 있다. 여기서 몇 가지 중요한 점을 지적하면 다음과 같다. 1) 염법훈습은 무명을 원인[因]으로 한다. 첫머리의 依眞如法故 有於無明은 진여법이 '원인'이 되어 무명이 있다는 뜻이라기보다는 무명이 진여와의 대비에 의하여 상정된다는 뜻으로 이해해야 할 것이다. 2) 염법훈습에서 진여는 하등의 능동적 역할을 수행하는 것이 아니며, 다만 무명의 영향을 이어 받아서 망심을 일으키는 '매개물'로서의 수동적 역할을 수행할 뿐이다. 3) 염법훈습은 망경계를 계기[緣]로 한다. 4) 염법훈습의 최종 결과는 망심에 업식과 분별사식(이것은 각각 '意'와 '意識'을 대표하는 것으로 되어 있다)이 생기고 조장되며 그것으로 말미암아 집착이 증가하게 된다는 것이다. ❀아라한과 벽지불은 각각 성문승과 연각승(二乘, 4 주 참조)의 수행을 완성한 사람을 일컫는다. 이들은 대승의 수행자[菩薩]와 마찬가지로, 妄心熏習의 두 가지 '종류' 중에서 '업식근본훈습'의 영향을 받으며, 이 점에서 '증장분별사식훈습'의 영향을 받는 범부와 구별된다. 업식근본훈습은 '의지'(불상응심)에, 그리고 증장분별사식훈습은 '사고'(상응심)에 관계되며, 33의 분류와 관련지어 보면 전자는 추중지세(또는 세중지추)에, 그리고 후자는 추중지추에 해당한다. 요컨대, 망심훈습의 두 가지 종류에 관한 본문의 설명은, 범부는 업식근본훈습과 무관하다는 뜻이 아니라 그것을 포함하는 증장분별사식훈습에 구애되는 데에 비하여, 아라한과 벽지불과 보살은 증장분별사식훈습에서는 벗어났다 하더라도 여전히 업식근본훈습의 영향 하에 있다는 뜻으로 이해되어야 한다. 無明熏習의 두 가지 '종류'에 대해서도 이와 마찬가지 말을 할 수 있다.

38_

云何熏習 起淨法不斷 所謂以有眞如法故 能熏習無明 以熏
習因緣力故 則令妄心 厭生死苦 樂求涅槃 以此妄心 有厭
求因緣故 即熏習眞如 自信己性 知心妄動 無前境界 修遠
離法 以如實知 無前境界故 種種方便 起隨順行 不取不念
乃至久遠 熏習力故 無明則滅 以無明滅故 心無有起 以無
起故 境界隨滅 以因緣俱滅故 心相皆盡 名得涅槃 成
自然業 妄心熏習義 有二種 云何爲二 一者分別事識熏
習 依諸凡夫二乘人等 厭生死苦 隨力所能 以漸趣向
無上道故 二者意熏習 謂諸菩薩 發心勇猛 速趣涅槃故
眞如熏習義 有二種 云何爲二 一者自體相熏習 二者用
熏習 自體相熏習者 從無始世來 具無漏法 備有不思議
業 作境界之性 依此二義 恒常熏習 以有力故 能令衆
生 厭生死苦 樂求涅槃 自信己身 有眞如法 發心修行

'훈습이 끊임없이 진여로 돌아가게 한다'는 말은 다음과 같이
설명된다. 먼저, '진여'와 '깨끗한 마음'이 '무명'에 훈습한다.
이 훈습이 원인과 계기〔因緣〕로 작용하여 '망심'으로 하여금 생
사의 괴로움을 멀리하고 열반을 회구하게 만든다. 망심의 이러
한 성향이 다시 그것의 원인과 계기가 되는 진여에 훈습한다. 이
런 과정을 통하여 마음은 그 자체의 본성에 믿음을 가지게 된다.
이제 마음은 눈앞의 사물과 현상〔境界〕이 마음의 헛된 움직임이
라는 것을 알고 그것을 점점 초월하게 된다. 이제 마음은 '참으
로 있는 것' 그대로의 진리, 다시 말하면 눈앞의 사물이나 현상

은 존재하지 않는다는 것을 점점 알게 된다. 마음은 갖가지 방편을 동원하여 진여로 향한 길을 걸으면서 모든 집착과 상념을 끊어 버린다. 오랜 동안의 이 훈습의 결과로 마침내 무명이 사라지며 무명이 사라짐에 따라 상념이 일지 않으며 상념이 일지 않으므로 그 대상 또한 사라진다. 그 내적 원인과 외적 계기가 모두 사라짐으로써 '마음의 양상'〔心相〕이 자취를 감추게 된다. 이것을 일컬어 '열반에 들어간다'〔得涅槃〕든가 '자연스러운 행위를 이룬다'〔成自然業〕고 한다. '망심'을 거점으로 하여 일어나는 훈습〔妄心熏習〕은 두 가지 작용을 한다. 하나는 '사고'를 이끄는 것〔分別事識熏習〕으로서, 이로 말미암아 우둔한 자와 二乘의 수행자는 생사의 괴로움을 멀리하고 그 능력이 미치는 한도 내에서 최상의 깨달음을 향하여 점점 나아간다. 또 하나는 '의지'를 이끄는 것〔意熏習〕으로서, 이로 말미암아 대승의 수행자는 용맹하게 발심하여 열반의 길을 재빨리 달려간다. '진여'를 거점으로 하여 일어나는 훈습〔眞如熏習〕은 두 가지로 구분하여 말할 수 있다. 하나는 '진여 본체의 양상에 의한 훈습'〔自體相熏習〕이며, 또 하나는 '진여의 기능에 의한 훈습'〔用熏習〕이다. '진여 본체의 양상에 의한 훈습'〔自體相熏習〕은 진여가 시작을 알 수 없는 긴 시간을 통하여 언제나 모든 깨끗한 성질〔無漏法〕을 갖추고 있고 또한 훌륭하고 오묘한 행적〔不思議業〕으로 사물의 본성을 드러내는 특징을 가지고 있다는 사실에 기인한다. 이 두 가지 특징은 언제나 끊임없이 영향력을 발휘하여 중생으로 하여금 生死의 괴로움을 멀리하고 열반을 희구하도록 하며, 자신의 마음 속에 진여가 존재한다는 것을 믿고 발심하여 수행에 정진하도록 한다.

🈷 厭求염구 趣向취 향 勇猛용맹

❀이 문단에서는 정법훈습에서의 훈습의 경로와 그 훈습의 영향으로 '망심'에 나타나는 결과를 설명하고 있다. 여기서는 앞의 염법훈습과의 명백한 대칭이 암시되어 있다. 첫째로, 염법훈습에서는 무명이 능동적인 역할을 수행하고 진여는 단순히 중개물에 불과한 데 비하여, 정법훈습에서는 진여가 능동적인 역할을 수행하고 무명은 그 진여의 영향을 이어 받아서 망심을 진여로 향하게 하는 수동적 역할을 한다. '진여'는, 그 자체로서는(다시 말하여, '진여계의 진여' 또는 '진여의 본체'로서는) 훈습이라는 능동적 역할을 수행할 수 없으며, 따라서 만약 진여에 그러한 능동적 기능이 있다면 그것은 '생멸계에서 파악되는 진여'가 아니면 안된다. 이 문단 끝 부분에 언급된 '진여훈습의 두 가지'—즉, 자체상훈습과 용훈습—는 그러한 '생멸계의 진여'에 의한 훈습을 가리킨다. '진여자체상'의 해석에 관해서는 7 주와 21 참조. 둘째로, 진여는 정법훈습의 원인[因]이 되기도 하고 계기[緣]가 되기도 한다. 염법훈습과의 대비를 염두에 둔다면, 무명[因]에 해당하는 것은 진여자체상이요, 망경계[緣]에 해당하는 것은 진여용이라고 보아야 한다. 무명과 자체상은 마음 '내부'에 있는 것임에 비하여 망경계와 용은 '외부'에 있다고 볼 수 있기 때문이다. '역자해설' 圖示 참조. 셋째로, 이러한 대칭관계 때문에 염법훈습에서는 진여용이, 또 정법훈습에서는 망경계가 훈습의 '부소'로서 언급되지 않는다. 이것은 곧 두 훈습의 계기[緣]가 상이하기 때문이다. 넷째로, 정법훈습의 최종 결과 또한 망심의 '意'(염법훈습에서의 업식에 해당한다)와 '분별사식'에 나

타나지만, 그 결과의 '방향'은 정반대이다. 분별사식훈습이 범부 2승과, 그리고 의훈습이 보살과 관련된다는 점에 관해서는 37 주 참조. ◉ '自體相熏習'에서 설명되는 진여의 특징은 20의 '本覺隨染分別', 그리고 21의 '覺體相'에서 설명된 본각의 특징과 일관된다. 본각과 진여와의 관련에 비추어 이것은 충분히 예상된다. 다만 20과 21에서는 이 문단(38)과 40, 그리고 43과 45에서처럼 진여자체상과 진여용이 그다지 엄격하게 구분되어 있지 않다. 21 주 참조(거기서 '훈습의 因이 되는 거울', '훈습의 緣이 되는 거울'이 언급된 것을 주목할 것). 진여훈습의 또 한 가지 '종류'인 용훈습에 관한 설명은 39의 삽입절 다음의 40에서 계속된다. ◉ '成自然業'은 특별히 의식적인 노력을 하지 않고도 그 의도나 행위가 진여의 특징을 구현하는 경지를 나타낸다. 71 참조. ◉ '發心'에 관해서는 58 이후에 자세하게 설명되어 있다.

39_

問曰 若如是義者 一切衆生 悉有眞如 等皆熏習 云何有信無信 無量前後差別 皆應一時 自知有眞如法 勤修方便 等入涅槃 答曰 眞如本一 而有無量無邊無明 從本已來 自性差別 厚薄不同故 過恒沙等上煩惱 依無明起差別 我見愛染煩惱 依無明起差別 如是一切煩惱 依於無明 所起前後 無量差別 唯如來能知故 又諸佛法 有因有緣 因緣具足 乃得成辨 如木中火性 是火正因 若無人知 不假方便 能自燒木無有是處 衆生亦爾 雖有正因 熏習之力 若不值遇 諸佛菩薩 善知識等 以之爲緣 能自斷煩惱 入涅槃者 則無是處 若

雖有外緣之力　而內淨法　未有熏習力者　亦不能究竟　厭生死
苦　樂求涅槃　若因緣具足者　所謂自有熏習之力　又爲諸佛菩
薩等　慈悲願護故　能起厭苦之心　信有涅槃　修習善根　以修
善根成熟故　則値諸佛菩薩　示教利喜　乃能進趣向涅槃道

만약 위에서 말한 것이 사실이라면, 모든 중생은 하나같이 진여
를 마음 속에 가지고 있고 동일하게 그 훈습을 받을 것인데, 어
찌하여 믿음이 있는 사람과 없는 사람이 생기며 먼저 깨닫고 나
중 깨닫는 등 여러 가지 차이가 생기는가? 모든 중생은 자신의
마음 속에 진여가 있다는 것을, 특별한 노력이 없이도, 또 모두
한꺼번에, 알아야 할 것이며, 모든 방편을 부지런히 닦고 익혀서
다같이 열반에 들어가야 할 것이 아닌가?─진여는 본래 하나이
지만, 한도 끝도 없는 무명〔無量無邊無明〕이 있어서 처음부터
진여의 본성에 두텁고 얇은 것과 같은 여러 가지 차이가 있다.
간지스하의 모래보다 더 많은 번뇌가 그 무명 때문에 생기며 그
무명의 다양성만큼 다양하다. 그릇된 견해와 애착, 그리고 그로
인한 번뇌 또한 그 무명 때문에 생기며 그 무명의 다양성만큼 다
양하다. 이와 같이 모든 번뇌는 무명 때문에 생기며 먼저와 나중
등 무수한 차이를 나타낸다. 이것은 오직 '진여와 하나인 자', 즉
'여래'만이 알 수 있다. 뿐만 아니라, 부처의 가르침에 의하면 모
든 현상에는 '내적 원인'〔因〕과 '외적 계기'〔緣〕가 있다. 이 양자
가 모두 갖추어질 때 결과가 이루어진다는 것이다. 예컨대 나무
의 불붙는 성질은 불의 '원인'이다. 만약 사람이 불붙이는 수단
을 강구할 줄 모른다면 나무가 혼자서 불붙는다는 것은 있을 수

없다. 중생의 경우도 이와 마찬가지이다. 비록 중생에게 훈습의 힘이라는 '원인'이 있는 것은 사실이지만, 만약 '깨달은 자'나 수행자 또는 훌륭한 동료 선배〔善知識〕를 만나서 그것을 '계기'로 활용하지 않는다면 혼자서 번뇌를 끊고 열반에 든다는 것은 있을 수 없다. 그러나 물론, 아무리 외적 계기가 주어져 있다 하더라도 내부의 깨끗한 지혜〔淨法〕가 훈습의 힘을 발휘하지 않는다면, 이 경우에도 또한 생사의 괴로움을 영원히 멀리하고 오로지 열반을 희구하는 것은 불가능하다. 원인과 계기가 모두 갖추어져 있다는 것은 자신의 마음 속에 훈습의 힘이 있고 또 바깥에서 '깨달은 자'와 수행자들이 자비심을 가지고 도와주려고 하는 경우를 말한다. 이때에야 비로소 중생은 괴로움을 멀리하는 마음을 일으키고 열반이 있다는 것을 믿으며 자신이 가지고 있는 훌륭한 자질을 연마할 수 있다. 그리고 그러한 자질이 충분히 연마되었을 때 비로소 중생은 '깨달은 자'와 수행자의 가르침을 흔쾌히 받아들여 열반의 길로 나아갈 수 있게 된다.

🈂 悉有실 유 厚薄후박 成辦성 판 燒木소목 値遇치 우 願護원 호

❋ 이 문단의 문답은 글의 조직으로 보아 38의 마지막에 설명된 '자체상훈습'과 40에서 설명될 '용훈습' 사이에 삽입되어 있다. 그 이유는 말할 필요가 없이 명백하다. 이 문답은 정법훈습의 '外緣'으로서의 용훈습의 중요성을 말하기 위한 것이다. 이 문단에서 그 '緣'에 해당하는 것은 '諸佛菩薩等 慈悲願護'이다. 이것은 마치 '나무에 성냥불을 대는 것'처럼 '바깥'에서 주어지는 것이며, 그와 마찬가지로 그것은 '방편'과 개념상으로 관련을 맺고 있다. ❋ '비록 중생에게 훈습의 힘

이라는 원인이 있는 것은 사실이지만〔雖有正因熏習之力〕—여기서
'훈습'이라는 것은 자체상훈습〔因〕을 가리킨다.

40_
用熏習者 卽是衆生 外緣之力 如是外緣 有無量義 略說二
種 云何爲二 一者差別緣 二者平等緣 差別緣者 此人依於
諸佛菩薩等 從初發意 始求道時 乃至得佛 於中若見若念
或爲眷屬 父母諸親 或爲給使 或爲知友 或爲怨家 或起四
攝 乃至一切所作 無量行緣 以起大悲 熏習之力 能令衆生
增長善根 若見若聞 得利益故 此緣有二種 云何爲二 一者
近緣 速得度故 二者遠緣 久遠得度故 是近遠二緣 分別復
有二種 云何爲二 一者增長行緣 二者受道緣 平等緣者 一
切諸佛菩薩 皆願度脫 一切衆生 自然熏習 恒常不捨 以同
體智力故 隨應見聞 而現作業 所謂衆生 依於三昧 乃得平
等 見諸佛故

'진여의 기능에 의한 훈습'〔用熏習〕은 위에서 말한 외적 계기〔外
緣〕에 해당하는 것이다. 훈습의 외적 계기가 될 수 있는 것은 무
수히 많지만, 그것을 크게 '특수적 사태로 파악되는 계기'〔差別
緣〕와 '일반적 의미로 파악되는 계기'〔平等緣〕의 두 가지로 구
분할 수 있다. '특수적 사태로 파악되는 계기'〔差別緣〕라는 것은
사람이 처음 뜻을 세워 구도를 시작한 이후 깨달음을 얻을 때까
지 '깨달은 자'와 수행자의 모습을 여러 가지 사태와 관계에서

만나게 된다는 것을 가리킨다. 그 모습은 때로는 가족이나 부모
나 친척으로, 때로는 하인으로, 때로는 친구로, 때로는 원수로,
때로는 이른바 '네 가지 교육적 자세'〔四攝〕로 나타난다. 그들의
행위 하나하나가 훈습의 힘을 일으키는 정성어린 계기를 이루어
중생으로 하여금 훌륭한 자질을 신장시키도록 하며 보고 듣는
모든 것에서 이익을 얻도록 한다. 이 '특수적 계기'는 깨달음을
얻도록 하기까지 걸리는 기간에 따라 '단기적인 것'〔近緣〕과
'장기적인 것'〔遠緣〕으로 구분될 수 있으며, 또한 '행동을 이끄
는 것'〔增長行緣〕과 '지식을 일깨우는 것'〔受道緣〕으로 구분될
수도 있다. '일반적 의미로 파악되는 계기'〔平等緣〕라는 것은 모
든 '깨달은 자'와 수행자가 다같이 모든 중생을 괴로움에서 건
지고자 하는 소망을 가지고 있다는 것을 가리킨다. 이 소망을 가
지고 있기 때문에 그들은 자신의 존재 양식을 통하여〔自然〕 중
생에게 끊임없는 훈습을 일으킨다. 그들은 중생과 다름없는 한
가지 지혜의 힘을 가지고 있으며, 중생은 그들에게서 그 지혜가
발휘되는 것을 보고 듣는다. 그리하여 이른바 '진여에의 몰입'
〔三昧〕에 들어갔을 때 모든 중생이 다같이 보게 되는 것은 바로
그 한 가지 '깨달은 자'의 모습이다.

🅰 眷屬권 속 怨家원 가 四攝사 섭 得度득 도 三昧삼매
❋ '四攝'은 布施, 愛語, 利行, 同事(물질이나 가르침을 베푸는 것, 친
절한 말씨로 격려하는 것, 올바른 행동으로 이끄는 것, 상대방과 동일
한 수준에서 행동을 같이하는 것)를 말하며, 이것은 수행자가 중생을
佛道에 이끌어들이는 데 쓰는 네 가지 방법이다. ❋ '사람들은 누구에

게서나 어떤 사태에서나 부처와 보살을 본다'—이 말을 일반적인(또는 세속적인) 용어로 바꾸면, '사람은 자신의 능력에 따라 누구에게서나 어떤 사태에서나 배움을 얻을 수 있다'로 된다. ◉速得度, 久遠得度에서 '度'는, 度脫에서의 度와 마찬가지로, '건넌다'〔渡〕는 뜻이며, 생사의 苦海를 건너서 열반의 피안에 이르는 것(또는, 이르도록 하는 것)〔到彼岸〕을 가리킨다. ◉增長行緣과 受道緣—말뜻 그대로 번역하자면 '발걸음을 도와주는 것'과 '갈 길을 보여주는 것'이 되며, 이것은 깨달음을 旅程으로 비유하여 표현한 것이다. ◉ '자연'을 본문에서와 같이 번역한 것에 대해서는 다음 문단 참조. ◉ '三昧'는 81과 82에서 설명된다.

41_

此體用熏習 分別復有二種 云何爲二 一者未相應 謂凡夫二乘 初發意菩薩等 以意意識熏習 依信力故 而能修行 未得無分別心 與體相應故 未得自在業修行 與用相應故 二者已相應 謂法身菩薩 得無分別心 與諸佛智用相應 唯依法力自然修行 熏習眞如 滅無明故

위에서 말한 진여의 두 가지 훈습(즉, '본체의 양상에 의한 훈습'과 '기능에 의한 훈습')은 그 수준에 따라 다시 두 가지 종류로 구분될 수 있다. 하나는 우둔한 자와 二乘의 수행자 또는 수행에 첫발을 들여놓은 수행자에게서 볼 수 있는 것으로서, 이것은 진여가 의지〔意〕와 사고〔意識〕에 대하여 훈습하는 경우이다.

이것을 '불완전훈습'[未相應]이라고 부른다. 위의 사람들은 '믿음의 힘'[信力]으로 수행을 하지만 아직 '분별이 사라진 마음'[無分別心]과 '자유로운 행위에 의한 자연적 수행'[自在業修行]에는 이르지 못한 상태에 있다. '분별이 사라진 마음'에 이르지 못했다는 것은 진여의 본체[體]에 완전히 일치하지 못했다는 뜻이며, '자유로운 행위'에 이르지 못했다는 것은 진여의 기능[用]에 완전히 일치하지 못했다는 뜻이다. 진여의 두 가지 훈습 중의 나머지 하나는 진여와 하나가 된 수행자[法身菩薩]에게서 볼 수 있는 것으로서, 이것을 '완전훈습'[已相應]이라고 부른다. 그들은 '분별이 사라진 마음'에 이르렀고 '깨달은 자'의 지혜와 기능[智用]에 완전히 일치한 상태에 있다. 그들은 오직 '대승의 신비로운 힘'[法力]으로 수행하며 그들에게 있어서는 삶이 곧 수행이다. 그들에게 있어서 삶은 진여에 의한 진여의 훈습, 그리고 그로 인한 무명의 소멸로 끝없이 이어진다.

🈐 已相應이상응

❀ 意意識熏習―범부, 이승 등에 있어서의 진여훈습(자체상과 용)이 '의와 의식'(의지와 사고)에 작용한다는 것은 그들에게 있어서는 아직 意와 意識(즉, 망심, 분별심)이 남아 있다는 뜻이다. 여기에 비하여 법신보살의 경우에는 진여가 진여에 훈습하는 셈이 된다(즉, 본문의 '熏習眞如'―진여에 의한 진여의 훈습). '信力에 의한 수행'과 '法力에 의한 수행'의 대비에 유의할 것. ❀ 與體相應과 與用相應―본문의 未得無分別心과 未得自在業修行은 여체상응과 여용상응을 '부정적으로' 정의하고 있다. 다시 말하면 여체상응은 무분별심에 도달한 상태

이며 여용상응은 자재업수행에 도달한 상태이다. ● '自在業修行'은 이 문단 마지막의 '그들에게 있어서는 삶이 곧 수행이다〔自然修行〕라는 말과 동일한 의미를 나타낸다. '自然'에 관해서는 71 참조. ●與諸佛智用相應—여기서 '智와 用'은 이 문단 앞 부분의 '體와 用'(진여의 본체와 기능)을 가리킨다.

42_

復次染法 從無始已來 熏習不斷 乃至得佛 後則有斷 淨法
熏習 則無有斷 盡於未來 此義云何 以眞如法 常熏習故 妄
心則滅 法身顯現 起用熏習 故無有斷

'상념으로 흐르는 훈습'〔染法熏習〕은 시작을 알 수 없는 시간부터 끊임없이 계속되지만 일단 '깨달은 자'의 경지에 이르면 그 이상 계속되지 않는다. 여기에 비하여 '진여로 돌아가는 훈습'〔淨法熏習〕은 중단되는 법이 없이 미래에도 끝없이 계속된다. 어째서 그러한가?—진여의 부단한 훈습으로 말미암아 상념〔妄心〕이 사라지고, 진여가 여래의 몸을 빌어 나타나면, 그것이 다시 '진여의 기능에 의한 훈습'〔用熏習〕을 일으켜서 진여의 훈습은 중단되는 법이 없이 늘 계속되는 것이다.

㊒ ●이 문단은 앞 문단에서 말한 법신보살의 경우에도 진여훈습이 끊어지지 않고 계속된다는 것을 설명하고 있다. 다시, 이것은, 무명은 '無始'일 뿐이지만 진여는 '無始無終'(즉, '不生不滅')임을 뜻한다. 19

주, 그리고 '역자해설' 무명과 진여의 同異關係 참조.

43_

復次眞如自體相者 一切凡夫 聲聞緣覺 菩薩諸佛 無有增減
非前際生 非後際滅 畢竟常恒 從本已來 性自滿足 一切功
德 所謂自體 有大智慧光明義故 遍照法界義故 眞實識知義
故 自性淸淨心義故 常樂我淨義故 淸凉不變自在義故 具足
如是 過於恒沙 不離不斷不異 不思議佛法 乃至滿足 無有
所少義故 名爲如來藏 亦名如來法身

이제, 진여 본체의 양상〔眞如自體相〕이 크다는 점을 설명하겠
다. 진여는 우둔한 자건 二乘의 수행자건 대승의 수행자건 수행
을 마친 '깨달은 자'건 가리지 않고 그 누구에게 있어서나 더하
거나 덜함이 없다. 그것은 과거 언젠가 생긴 것이 아니요 미래
언젠가 없어질 것이 아니며 끝까지 항구여일하다. 진여는 처음
부터 그 본성 속에 모든 훌륭한 공덕을 완전히 갖추고 있다. 그
것은 큰 지혜의 빛을 가지고 있고 또 그것으로 모든 세상을 빠짐
없이 두루 비추고 있다. 그것은 참되고 완전한 지식과 맑고 깨끗
한 마음을 가지고 있다. 그것은 변하는 것, 괴로운 것, 참된 내가
아닌 것, 물든 것에서 벗어나 있으며, 맑고 산뜻한 것, 변하지 않
는 것, 자유로운 것으로 되어 있다. 이와 같이 간지스하의 모래
보다 더 많은 신비스러운 진리가 중단도 부정도 모순도 없이 모
두 갖추어져 있고 언제나 충만하며 모자라거나 빠진 것이 없다.

'여래를 감추고 있는 곳'[如來藏]이라든가 '진여 그 자체로서의 여래의 몸'[如來法身]이라는 표현은 이것을 나타낸다.

㉦ 聲聞성 문緣覺연 각 畢竟필경 清凉청 량

❀ 앞에서 이미 몇 차례 말한 바와 같이, 진여자체상은, 45 이하에 기술된 진여용과 마찬가지로, 생멸계에서 파악되는 진여의 양상과 기능을 가리킨다. 여기서는 13～15의 '眞如 言說分別', 20의 '本覺 隨染分別', 21의 '覺體相'에서 언급한 내용을, 특히 정법훈습의 원인[因]과 계기[緣]라는 관점에서, 약간 더 자세하게 설명하고 있다. ❀ 이 문단에서 설명되는 내용은 8의 '相大'(마하야야나의 양상이 크다)에 관한 것이다. 마하야야나와 진여는 완전히 동일하지는 않지만 진여는 마하야야나[衆生心]의 한 측면(또는, 그 본래의 모습)이며, 이 점에서 양자는 관련되어 있다. ❀ 聲聞緣覺—聲聞乘과 緣覺乘은 二乘을 구성한다. 4 주 참조. ❀ 常樂我淨—이것은 이른바 '四顚倒'(네 가지 뒤집힌 것)를 표현한다. 즉, 생멸계 또는 사바 세계의 중생은 無常을 常으로, 苦를 樂으로, 無我를 我로, 不淨을 淨으로 착각한다는 것이다. 常樂我淨은 이 四顚倒가 극복된 상태로서 때로 '법신의 四德'이라고도 불린다. '번뇌'에 관한 21 주 참조. ❀ 名爲如來藏 亦名如來法身—이것으로 보면 진여의 자체상은 여래장이나 법신과 마찬가지로 진여의 생멸계적 표현임이 분명하다. '여래장'에 관해서는 16 주를, 그리고 '법신'에 관해서는 17 주와 이하 46 참조.

44_

問曰 上說眞如 其體平等 離一切相 云何復說 體有如是 種
種功德 答曰 雖實有此諸功德義 而無差別之相 等同一味
唯一眞如 此義云何 以無分別 離分別相 是故無二 復以何
義 得說差別 以依業識 生滅相示 此云何示 以一切法 本來
唯心 實無於念 而有妄心 不覺起念 見諸境界故 說無明 心
性不起 即是大智慧光明義故 若心起見 則有不見之相 心性
離見 即是遍照法界義故 若心有動 非眞識知 無有自性 非
常非樂 非我非淨 熱惱衰變 則不自在 乃至具有 過恒沙等
妄染之義 對此義故 心性無動 則有過恒沙等 諸淨功德相義
示現 若心有起 更見前法可念者 則有所少 如是淨法 無量
功德 即是一心 更無所念 是故滿足 名爲法身 如來之藏

앞에서는 진여의 본체〔體〕가 구분도 변화도 없이 항구여일하며
아무런 양상도 나타내지 않는다고 말했는데, 어찌하여 이제는
그것이 위와 같은 갖가지 훌륭한 공덕을 갖추고 있다고 말하는
가?—진여에 위와 같은 공덕이 있는 것은 사실이지만, 진여에
는 '구분의 양상'〔差別之相〕이 없다. 진여는 모든 것을 동일한
상태로 간직하고 있으며 그 모든 것은 우리에게 동일한 의미를
나타낸다. 진여는 오직 하나이다. 진여에는 일체의 구분〔分別〕
이 없고 또 구분이 해당되지 않으므로 '또 하나의 진여'라는 것
은 있을 수 없다. 그럼에도 불구하고 위와 같은 여러 가지 구분
〔差別〕의 용어를 쓰는 것은 진여의 의미를 우리의 인식과 관련
된 '변화의 양상'〔生滅相〕으로 나타내기 위해서이다. 이 관점에

서는 다음과 같은 말을 할 수 있다. 즉, 모든 사물과 현상은 '오직 마음'[唯心]일 뿐이며 거기에는 상념[念]으로 파악될 아무 것도 없다. 다만 '헛된 마음'[妄心]이 있어서 그 '깨닫지 못함'[不覺]으로 말미암아 상념이 생기고 이 상념이 여러 대상을 지각한다. '無明'이라는 것은 이 상태를 가리키는 것이다. 그러나 마음의 본성은 상념을 일으키지 않는다[心性不起]. 앞에서 '큰 지혜의 빛을 가지고 있다'고 한 것은 이것을 나타낸다. 만약 마음이 상념을 일으켜 특정한 대상을 지각한다면, 그것은 곧 지각되지 않는 대상이 있다는 뜻이 된다. 그러나 마음의 본성은 특정 대상의 지각을 초월한다[心性離見]. 앞에서 '모든 세상을 빠짐없이 두루 비춘다'고 한 것은 이것을 나타낸다. 만약 마음에 움직임이 있으면 그것은 참되고 완전한 앎[眞識知]을 가로막고 마음 그자체의 고유한 본성에도 위배된다. 이 경우에는 변하는 것, 괴로운 것, 참된 내가 아닌 것, 물든 것뿐이며 열화와 같은 번뇌와 심신의 쇠퇴가 자유를 빼앗아 가서 마침내 간지스하의 모래보다 더 많은 상념이 우리를 사로잡게 된다. 그러나 마음의 본성은 움직임이 없다[心性無動]. 앞에서 '간지스하의 모래보다 더 많은 훌륭한 공덕을 갖추고 있다'고 한 것은 이것과의 대비를 나타낸다. 만약 마음이 상념을 일으키면 이전의 상념에 파악되던 사물은 상념에서 제외되며 그만큼 모자라거나 빠진 부분이 생긴다. 그러나 眞如가 나타내는 깨끗한 마음과 훌륭한 공덕은 바로 '하나인 마음'[一心]이며 그것 이외에 따로 상념을 품을 것이 없다. 앞에서 '언제나 충만한 여래의 몸' 또는 '여래를 품고 있는 곳'이라고 한 것은 이것을 가리킨다.

●上說─문단 11을 가리킨다. ●差別之相─'구분의 양상'이라는 번역
어는 엄격히 말하자면 동의어 반복에 해당한다. 구분은 양상에 의하여
가능하기 때문에 구분이 있다는 것은 곧 양상이 있다는 것과 마찬가지
뜻이 된다. 본문에서 진여가 차별을 나타내지 않는다는 것은 진여가
'평등'이라는 뜻이다. ●一切法 本來唯心─28의 三界虛僞 唯心所作
과 비교해 볼 것. ●이 문단에서는 '心性'을 心性不起, 心性離見, 心性
無動의 세 항목으로 설명하면서, 진여가 앞의 43에 언급된 양상(진여
자체상)을 나타낸다는 것을 보이고 있다. 11에서 진여(즉, 心眞如門)
는 곧 '心性'이라고 말한 것을 상기할 필요가 있다 ●非常非樂非我非
淨─43의 四顚倒의 네 항목을 부정한 것이다. ●一心─11 주 참조.

45_

復次眞如用者 所謂諸佛如來 本在因地 發大慈悲 修諸波羅
蜜 攝化衆生 立大誓願 盡欲度脫 等衆生界 亦不限劫數 盡
於未來 以取一切衆生 如己身故 而亦不取 衆生相 此以何
義 謂如實知 一切衆生 及與己身 眞如平等 無別異故 以有
如是 大方便智 除滅無明 見本法身 自然而有 不思議業 種
種之用 卽與眞如 等遍一切處 又亦無有 用相可得 何以故
謂諸佛如來 唯是法身 智相之身 第一義諦 無有世諦境界
離於施作 但隨衆生 見聞得益故 說爲用

그 다음, 진여의 기능[眞如用]이 크다는 점을 설명하겠다. '깨달

은 자'나 '진여와 하나인 자'는 원래 수행자들과 똑같은 세상[因地]에 살면서 여러 바라밀을 행한다. 그들은 대자비심을 일으켜 중생을 어루만져 교화하며 大誓願을 일으켜 모든 중생을 빠짐없이 건져내고자 한다. 그들의 노력은 과거와 현재, 그리고 미래에 이르기까지 영원토록 계속된다. 그들은 중생을 자신과 동일한 존재로 생각하면서도 그들 자신이 중생과 동일한 존재로 되지는 않는다. 한편으로, 그들은 중생과 그들 자신이 眞如와 한 가지로 차이가 없다는 것을 분명히 알고 있다. 그러나 또 한편으로, 그들은 大方便智를 가지고 있어서, 자신의 마음에서 무명을 없애며 眞如와 한 몸[法身]이 된다. 그들은 특별한 의식적 노력을 하지 않고도[自然] 신비스러운 행위와 갖가지 훌륭한 기능을 나타낸다. 그들은 眞如와 한 가지로 모든 곳에 두루 퍼져 있지만, 그 기능은 특정한 양상으로 파악되지 않는다. 왜냐하면 그들은 다름아닌 '眞如의 化身'[法身], '智慧의 化身'[智相之身]이며, 그들이 나타내는 진리는 절대적 진리[第一義諦]로서 세상 사람들이 가지고 있는 상대적 지식의 경지를 벗어나기 때문이다. 그들의 행위는 특별한 의도에 의하여 이루어지는 것이 아니지만, 중생은 각각 자신이 보고 듣는 바에 따라 거기서 이익을 얻는다. 이 것이 '眞如의 機能'[用]이다.

주 波羅蜜 바라밀 攝化 섭화 誓願 서원 劫數 겁수 除滅 제멸 世諦 세제 施作 시작

❀本在因地— '因地'는, 다음 문단에 언급된 '果地'에 대비되는 것으로서, 부처와 여래가 수행하는 동안에 머무르는 곳을 뜻한다. 이것은

곧 부처와 여래는 이미 因地에 있지 않다는 뜻이 되며, 따라서 '本在 因地'로 시작되는 이하 몇 문장은 '과거형'으로 해석될 가능성이 있다 (하께다 영역, 67페이지 참조). 그러나 이 부분을 과거형으로 해석하는가 아니면 이 번역에서와 같이 '현재형'으로 해석하는가는 진여용의 의미와 관련하여 대단히 중요한 차이를 가져온다. '진여용'은, 간단히 말하여, 중생계(즉, 因地)에서의 여래의 활동이 중생의 사고와 행위를 진여로 향하게 하는 기능을 수행한다는 것을 가리킨다. 진여의 용이 정법훈습의 계기[緣]가 된다는 것은 이런 뜻에서이다(40, 용훈습). 그러나 여래의 활동은 중생에게 그러한 영향을 주려는 명백한 의도에서 수행되는 것도 아니요[離於施作], 특정한 양상을 띠고 수행되는 것도 아니다[無有用相可得]. 다만, 중생이 각각의 처지와 능력에 따라 그 활동에서 영향을 받아 '이익을 얻을' 뿐이다. 만약 '本在因地'로 시작되는 문장을 과거형으로 해석하면, 부처와 여래의 활동은 因地에서는 그 이상 일어나지 않는다는 뜻이 되며, 따라서 중생이 그것으로부터 영향을 받는 것 또한 불가능하게 된다. 물론, 한 역사적 인물로서의 여래(즉, 석가여래, 석가모니불)는 因地에 살고 있지 않다. 그러나 이 세상에는 '진여의 용'을 발휘하는 '여래의 대행자들'이 언제나 있다. 앞의 40에서 지적된 바와 같이, 그들은 '때로는 가족이나 부모나 친척으로, 때로는 하인으로, 때로는 친구로, 때로는 원수로, 때로는 四攝으로' 나타난다. '用'에 관한 한, 그들도 '진여에서 온 자' 또는 '진여의 화신'으로서의 여래와 다름없이 진여를 대표한다. 이것은 진여의 '體 相'이 진여 그 자체와 '不相離'라는 것, 그리고 더 근본적으로는, 心眞 如門이 心生滅門과 '不相離'라는 것과 동일한 논리를 따른다. ❀ 기신 론의 조직으로 보면 이 문단에서 48까지에 이르는 진여용에 관한 설명은 진여, 그리고 그것과 관련된 심리현상에 관한 이론적 설명을 수행 또는 삶이라는 실천적 문제에 연결시켜 주는 징검다리 역할을 한다. 진여의 體相과 비교해 볼 때 진여의 용은 확실히 '어떻게 살아야 하는가' 하는 문제에 한층 더 밀접하게 관련되어 있다. ◉波羅蜜[파아라미타아, 波羅蜜多]은 수행자가 수행을 위하여 하는 모든 행위를 총칭한다. 여기에는 크게 여섯 가지가 있어서 '육바라밀'(六度)이라고 부른다. 이하 65 참조. ◉'劫'은 우리의 상상을 초월하는 가장 긴 시간의 단위이다. ◉見本法身―이 말 자체는 '본래의 법신을 본다'는 뜻이겠지만, 이 경우의 '법신을 본다'는 것은 '법신으로서 법신을 본다'는 뜻이며, 따라서 '법신을 나타낸다'고 해석하는 편이 원래의 뜻에 더 가까울 것으로 생각된다. ◉이 문단 마지막의 '離於施作'은 문단 앞 부분의 '自然'(특별한 의식적 노력을 하지 않고)과 동일한 뜻을 나타낸다. 앞의 38과 41 주, 그리고 이하 71 참조. 이들 표현은 진여용과 방편의 개념적 관련을 강하게 암시한다.

46_

此用有二種 云何爲二 一者依分別事識 凡夫二乘 心所見者
名爲應身 以不知轉識現故 見從外來 取色分齊 不能盡知故
二者依於業識 謂諸菩薩 從初發意 乃至菩薩究竟地 心所見
者 名爲報身 身有無量色 色有無量相 相有無量好 所住依
果 亦有無量 種種莊嚴 隨所示現 卽無有邊 不可窮盡 離分
齊相 隨其所應 常能住持 不毀不失 如是功德 皆因諸波羅
蜜等 無漏行熏 及不思議熏之所成就 具足無量樂相故 說爲

報身

이 眞如의 기능[用]은 두 가지 방식으로 파악된다. 하나는 '사고와 지각' 또는 '밖에서 물든 마음'[分別事識]에 의하여 파악되는 것으로서, 이것은 우둔한 자와 二乘의 수행자가 보는 진여의 기능이다. 이 단계에서 파악되는 진여를 '사람의 형상을 한 여래의 몸'[應身]이라고 부른다. 이 단계에서는 사물이나 현상의 본질─즉, 그것은 오직 마음의 작용으로 말미암아 나타난다는 사실─에 대한 완전한 인식이 부족하며, 따라서 진여도 구체적인 형상을 갖춘 외적 사물로 나타난다고 생각한다. 또 하나는 '의지' 또는 '안에서 물든 마음'[業識]에 의하여 파악되는 것으로서, 이것은 수행에 첫발을 디딘 단계에서 완성된 단계에 이르기까지의 모든 수행자가 보는 진여의 기능이다. 이것을 '이상적 상태로서의 여래의 몸'[報身]이라고 부른다. 이 단계에서 파악되는 진여는 무한한 몸[身]으로 나타나며, 몸은 무한한 형체[色]로, 형체는 무한한 모습[相]으로, 또 모습은 무한한 징표[好]로 나타난다. 그 몸이 사는 '완성의 땅'[果地] 역시 갖가지 화려한 보물로 장식되어 있으며 그 造化는 보는 사람에 따라 무한하고 무궁하여 한계를 그을 수 없다. 여기서는 필요한 모든 것을 언제나 가질 수 있으며 닳아서 못쓰게 되거나 없어져 버리는 일이 없다. 이와 같이 무한한 공덕과 복락[樂相]은 모두 여러 바라밀을 통하여 선행을 쌓은 결과이며 그 선행이 신비로운 훈습을 일으킨 결과이다. '이상적 상태로서의 여래의 몸'[報身]이라는 것은 이것을 가리킨다.

§ 應身응신 分齊분제 莊嚴장엄 不毀불훼

❋이 문단에서 진여용의 두 가지 표현 방식으로서의 '사람의 형상을 한 여래의 몸'〔應身〕과 '이상적 상태로서의 여래의 몸'〔報身〕은 '진여 그 자체로서의 여래의 몸'〔法身〕과 함께 '여래의 三身'을 이룬다. 응신과 보신이 진여용을 나타낸다면 법신은 진여자체상을 나타낸다는 식의 해석이 있을 수 있지만, 이러한 해석은 이 문단의 의도와는 하등 관계가 없다. 이 문단에서는 단순히 진여(즉, 진여용)가 分別事識과 業識 중의 어느 것으로 파악되는가에 따라 상이한 양상을 띤다는 것을 말하고 있다. 분별사식과 업식은 의식과 의, 또는 추념과 미세념에 각각 해당된다. '밖에서 물든 마음'과 '안에서 물든 마음'이라는 표현에 관해서는 33 참조. ❋여기서 '轉識'은 27에 분류된 意의 일종으로서의 轉識을 가리킨다기보다는 '心識의 變轉'을 뜻한다고 보아야 할 것이다. ❋身 · 色 · 相 · 好 ─ 이것은 사람을 특징짓는 네 가지 단계적 기준을 나타낸다. 身은 개별적 인물(개인), 色은 그의 신체, 相은 일반적 특징, 好는 특수적 특징을 가리킨다. 석가모니는 소위 '三十二相 八十隨形好'를 가지고 있었다고 한다. 金東華, 불교학 개론, 75~6 페이지 참조.

47_

又爲凡夫所見者 是其麁色 隨於六道 各見不同 種種異類 非受樂相故 說爲應身 復次初發意 菩薩等所見者 以深信眞如法故 少分而見 知彼色相 莊嚴等事 無來無去 離於分齊 唯依心現 不離眞如 然此菩薩 猶自分別 以未入法身位故 若

得淨心 所見微妙 其用轉勝 乃至菩薩地盡 見之究竟 若離
業識 則無見相 以諸佛法身 無有彼此色相 迭相見故

또한, 우둔한 자들이 보는 진여는 '굵은 모양'[麁色]으로 나타나
며, 그들이 '여섯 가지 윤회의 길'[六道] 중의 어디에 있는가에
따라 각각 다른 모습으로 나타난다. 그들이 보는 진여는 '사람
의 형상을 한 여래의 몸'[應身]에 머물러 있으며, 따라서 그것은
'완성의 땅'에서 보는 것과 같은 무한한 복락의 경지가 아니다.
그 다음, 수행의 첫발을 디딘 수행자들은 진여의 실체에 관하여
깊은 믿음을 가지고 있기 때문에 부분적으로나마 진여를 볼 수
있다. 그들은 진여가 나타내는 구체적인 형체나 화려한 보물 등
등이 바깥에서 오가는 일들이 아니요 오직 마음 속의 일이며 지
각에 의하여 한계를 그을 수 있는 것이 아니라는 것, 그리고 그
것은 진여 그 자체와 별개의 것이 아니라는 것을 안다. 그러나
그들은 아직 차별적 지각에서 완전히 벗어나지 못하였고, 아직
'진여 그 자체로서의 여래의 몸'[法身]을 보는 경지에는 이르지
못하였다. 그러나 '淨心地'에 이르면 그들은 진여의 오묘한 경
지를 볼 수 있게 되고 한층 더 신비스러운 기능을 발휘할 수 있
게 되며, '菩薩地'의 마지막 단계에서는 진여의 완전한 형태를
보게 된다. 이 단계에서는 '의지의 발동'[業識]에서 완전히 자유
로울 수 있기 때문에 일체의 心相[見相]에서 벗어난다. '진여
그 자체로서의 여래의 몸'[法身]에서는 사물의 형체가 이러이러
하다든가 이러이러한 것으로 된다든가 하는 것이 더 이상 의미
를 가지지 않는 것이다.

주 麁色추색 猶有 微妙미묘 轉勝전 승 迭相질 상

❀이 문단에서 논의되는 '진여'는 여전히 '진여용'을 가리킨다. 이 문단을 이해하는 데에 한 가지 주의해야 할 점은, 범부의 경지에서는 지각의 주체(凡夫)와 대상(應身) 사이에 구분이 있지만, 수행이 진행될수록 그 구분이 불분명해져서 법신보살의 경지에서는 그 구분이 거의 사라지게 된다는 것이다. 이 점은 본문의 서술 방식에 의심할 여지가 없이 나타나 있다. ❀麁色—이것은 相應心(밖에서 물든 마음)을 추념이라고 하는 것과 동일한 의미를 나타낸다. 應身은 報身에 비하여 현상계에 더 가까우며, 그만큼 감각과 사고에 더 쉽게 파악된다는 것이다. 시각적인 비유를 써서 말하자면, 응신은 색깔이 진하고 윤곽도 뚜렷한 물체와 같은 반면에, 보신은 색깔이 점점 엷어지고 윤곽도 불분명하게 되어 법신에서는 완전히 투명한 상태로 되는 것과 같다. 다만, '우리의' 감각작용에서와는 달리, 여기서는 투명한 것이 선명한 것보다 더 '진실'에 가까울 뿐이다. 11 주에서 안개 낀 상태(平等)가 안개 걷힌 상태(差別)보다 더 진실되다고 한 것을 상기하기 바란다. ❀六道 또는 六趣—윤회의 과정에서 속하게 되는 地獄(지옥), 餓鬼(아귀), 畜生(축생), 阿修羅(아수라), 人間, 天上의 여섯 가지 길 또는 경지. ❀心相—34의 주 참조.

48_

問曰 若諸佛法身 離於色相者 云何能現色相 答曰 卽此法身 是色體故 能現於色 所謂從本已來 色心不二 以色性卽智故 色體無形 說名智身 以智性卽色故 說名法身 遍一切

處 所現之色 無有分齊 隨心能示 十方世界 無量菩薩 無量
報身 無量莊嚴 各各差別 皆無分齊 而不相妨 此非心識 分
別能知 以眞如自在用義故

'진여 그 자체로서의 여래의 몸'[法身]이 형체나 양상을 가지지
않는다고 말하면서 그와 동시에 위와 같은 여러 가지 훌륭한 상
태나 작용을 나타낸다고 말하는 것은 모순이 아닌가?—'진여 그
자체로서의 여래의 몸'이라는 것은 모든 형체의 본체[色體]이며
그것은 여러 가지 다양한 형체로 표현될 수 있다. 이것은 곧 '형
체'와 '마음'은 둘이 아님[色心不二]을 뜻한다. 첫째로, '형체의
본성'은 '마음'이다[色性卽智]. '형체의 본성'은 특정한 형체를
가지지 않는다. '진여 그 자체로서의 여래의 몸'을 '마음의 몸'
[智身]이라고 부르는 것은 이 때문이다. 둘째로, '마음의 본성'
은 '형체'이다[智性卽色]. '진여 그 자체로서의 여래의 몸은 모
든 곳에 두루 퍼져 있다'고 말하는 것은 마음의 본성의 표현인
형체가 모든 곳에 두루 퍼져 있다는 뜻이다. 우리의 지각에 나타
나는 형체는 한계를 그을 수 있는 것이 아니며, 다만 마음의 작
용에 따라 유일 총체로서의 '모든 것'을 드러내고 있다. 모든 수
행자, 모든 훌륭한 행적과 화려한 보물 등등은 모두 이 총체 속
에서 각각 상이한 형태로 나타나지만 그 사이에는 구분도 모순
도 없다. 다만, 이것은 현상적인 마음의 인식능력[心識]으로는
파악될 수 없는, 진여 자체의 자유로운 기능[自在用]이다.

㊦ 相妨상방

❀諸佛法身 離於色相—여기서 離於色相은 법신이 색상을 보지 않는다[不見]는 것과 그것이 보이지 않는다[不現]는 두 가지 뜻을 동시에 나타내고 있다고 보아야 할 것이다. 바로 뒤에 이어지는 질문의 내용에 비추어 보면, 여기서 강조되고 있는 것은 후자(不現)이다. ❀能現色相—'법신이 색상을 나타낸다'는 이 말은 앞 문단의 '其用轉勝'(한층 더 신비스러운 기능을 발휘할 수 있게 된다)을 가리킨다고도 볼 수 있지만, 그보다는 차라리 법신이 보신이나 응신의 형태로 나타난다는 것을 가리킨다고 보는 것이 더 정확할 것이다. ❀色心不二—문맥으로 보아 이 말은 응신과 보신(色)이 법신(心)과 둘이 아니라는 뜻을 나타낸다고 보아야 할 것이다. 이것은 곧 응신, 보신, 법신이 여래의 '세 몸'이기는 하지만 그것은 결국 '한 몸'인 여래라는 것, 그것은 마치 형체와 마음이 한 사람인 것과 같이 '한 몸'이라는 뜻이다. (이 문단에서 色心不二가 그 이외의 또 다른 뜻으로 사용되고 있는가에는 의문의 여지가 있다.) 그러나 문제를 더욱 복잡하게 하는 것은 色體와 色性(形體의 본체와 본성)을 언급하면서 그것을 智와 智性(마음과 마음의 본성)과 관련짓고 있다는 것이다. 體(본체)와 性(본성)은 각각 '본체'의 존재론적 측면과 인식론적 측면을 가리킨다고 볼 수 있지만, 이 문단을 이해하는 데 있어서는 양자를 구분하지 않아도 좋을 것이다. 智와 智性에 관해서도 마찬가지 말을 할 수 있다. ❀眞如自在用—'진여 자체의 자유로운 기능'이라는 것은 하등의 의식적인 노력을 하지 않고도 진여의 세속적 대행자의 역할을 수행한다는 것, 다시 말하면 41에서 말한 '그 삶이 곧 수행의 과정'이라는 것과 동일한 의미를 나타낸다. ❀이 문단에서 우리는 기신론의 관점에서 우리가 살고 있는 '이 세상'이 어떻게 파악되는가를 엿볼 수 있다. 이 세상은 여래의 三身, 응

신과 보신과 법신이 진여의 대행자로서의 기능을 발휘하면서 거주하고 있는 바로 그 세상이다. 그 기능은 우리의 상식적 인식능력으로는 파악되지 않고 그 인식을 초월하여 있지만 그것은 우리가 의식하지 못하는 사이에 우리에게 영향을 미치고 있다. 이것이 진여용의 훈습이며 또한 이 세상에서의 우리의 삶의 모습이다.

49_

復次顯示 從生滅門 卽入眞如門 所謂推求五陰 色之與心 六塵境界 畢竟無念 以心無形相 十方求之 終不可得 如人 迷故 謂東爲西 方實不轉 衆生亦爾 無明迷故 謂心爲念 心 實不動 若能觀察 知心無念 卽得隨順 入眞如門故

이제, '현상의 세계'〔生滅門〕를 따라서 '실재의 세계'〔眞如門〕로 들어가는 경로를 보이겠다. 이른바 '현상적 자아'를 이루는 다섯 가지 요소들〔五陰〕은, 캐고 들어가 보면, '형체'〔色〕와 '마음' 〔心〕의 두 요소로 귀착된다. 그러나 형체〔六塵境界〕는 결국 마음에 의하여 파악될 수 있는 것이 아니요〔無念〕, 마음〔心〕 또한 형체를 가지고 있지 않다〔無形相〕. 그렇기 때문에 마음이 무엇인가를 찾으려고 온 세상을 헤매더라도 끝내 찾지 못한다. 마치 사람이 길을 잃고 동을 서라 하지만 방위는 여전히 그대로인 것과 같이, 무명이 길을 잃고 '마음'〔心〕을 '상념'〔念〕이라고 하지만 '마음'은 여전히 그대로이다. 만약 '마음'은 원래 '상념'을 가지고 있지 않다는 것〔無念〕, 다시 말하여 상념은 마음의 헛된 움직임이라는 것을 애써 알아낼 수 있다면, 사람은 누구나 '실재의 세계'[眞如門]를 받아들이고 거기에 들어갈 수 있을 것이다.

㊟ 顯示현시 推求추구 五陰오음 五蘊오온

❀여기서 '현상의 세계'[生滅門]와 '실재의 세계'[眞如門]는 심생멸문과 심진여문, 즉 '현상의 측면에서 파악되는 마음'과 '실재의 측면에서 파악되는 마음'으로 이해되어야 할 것이다. ❀五陰 또는 五蘊은 色, 受, 想, 行, 識의 다섯 가지로서, '사람'의 구성 요소에 관한 불교적 분류 방식을 나타내고 있다. 불교의 관점에 의하면, '현상적 자아'[我]는 '五蘊의 假和合'이다. 이 다섯 가지는 여러 가지 용어로 규정되고 있지만 그 용어가 나타내는 의미의 다양성으로 말미암아 그 각각을 간단한 용어로 표현하기는 어렵다. 대체적으로 말하자면, 色(형체)은 우리의 육체를 포함한 물체들, 受(감각)는 감각기관으로부터 호오의 감정이 수반된 감각자료를 받아들이는 것, 想(표상)은 그 감각자료가 의식에 흔적을 남기는 것, 行(의지)은 善惡, 利害의 판단에 따라 의지를 일으키는 것, 識(인식)은 위의 여러 과정에 대한 반응으로서 인식행위(감각, 지각, 판단 등)가 일어나는 것을 가리킨다. ❀이 문단을 대할 때의 역자의 느낌을 말해 보는 것이 도움이 될 것이다. 이 문단에서 역자는 무거운 철문이 쾅하고 앞을 가로막는 느낌을 받는다. 그것은 마치 그 이상 더 앞으로 나아가거나 앞을 내다보지 말라는 명령과도 같다. 그만큼 이 문단의 번역은 이때까지의 다른 문단이나 이 이후의 다른 문단에 비하여 훨씬 '말을 옮겨 놓은 것'에 가까운 것이 되었다. 역자의 이해를 가로막는 것은 무엇보다도, 어찌하여 이 문단의 설명이 '생멸문을 따라서 진여문에 들어가는 경로를 보여주는 것'[從生滅門 入

眞如門]이 되는가가 불분명하다는 것이다. 이 대목에 붙인 하께다 영역판 주의 한 부분을 옮겨 보겠다. '얼른 보기에, 이 대목은 안타까울 정도로 짧고 뜻이 불분명하다. 그러나 이 문제에 관하여 이 이상 더 무슨 말을 할 수 있겠는가? 그것에 대한 해답은 언설에 있는 것이 아니라 우리 각자의 경험에 있는 것이다'(73 페이지). 이 하께다의 충고대로 하자면 이 문단은 공백으로 남겨 두고 독자 개개인이 자신의 번역을 써 넣도록 했어야 할지 모른다. 참으로 그랬어야 할 것이다.

50_
對治邪執者 一切邪執 皆依我見 若離於我 則無邪執 是我見 有二種 云何爲二 一者人我見 二者法我見

이제 마하아야아나의 가르침에 관한 일반적 오해를 들고 그것을 바로잡아 보겠다. 일체의 오해는 모두 '나'로 말미암은 편견이며, 그 나를 버리면 오해와 편견 또한 사라진다. 그 편견에는 두 가지가 있다. 하나는 '사람으로서의 나의 생각'을 내 세우는 것〔人我見〕이요 또 하나는 '진리로서의 마하아야아나의 가르침'을 내세우는 것〔法我見〕이다.

㕛 邪執사집
✿ 人我見과 法我見—대승의 가르침에 대한 오해 또는 편견으로서의 人我見과 法我見은 각각 '生滅門'(현상계)과 '眞如門'(실재계)이라는 마하아야아나의 두 요소를 반영한다. 대승의 가르침에 의하면 이

두 요소는 각각 별도로 존재하는 것이 아니라[不相離] 표면과 이면처럼 서로 연결되어 있는데도, 人我見과 法我見은 이 두 요소를 분리하여 그 중의 어느 하나에 집착하는 것이다. 人我見은 현상계에서의 자신의 경험적 인식에 입각하여 대승의 가르침을 해석하는 것이며, 法我見은 실재계의 편에 서서, 그것이 현상계와 분리되어 있다고 보고 현상계를 부정하는 것이다.

51_

人我見者 依諸凡夫說 有五種 云何爲五 一者聞修多羅說 如來法身 畢竟寂寞 猶如虛空 以不知爲破着故 卽謂虛空 是如來性 云何對治 明虛空相 是其妄法 體無不實 以對色故有 是可見相 令心生滅 以一切色法 本來是心 實無外色 若無色者 則無虛空之相 所謂一切境界 唯心妄起故有 若心 離於妄動 則一切境界滅 唯一眞心 無所不遍 此謂如來廣大 性智 究竟之義 非如虛空相故

'사람으로서의 나의 생각을 내세우는 편견'[人我見]은 우둔한 자의 상식적인 견해에서 빚어지는 오해로서 여기에는 다섯 가지가 있다. 첫째로, '여래법신은 끝까지 적막 그대로이며 허공과 같다'는 경전의 말을 들을 때, 그들은 그것이 자신의 집착을 깨뜨리기 위한 것인 줄 알지 못하고 허공이 곧 여래의 본성이라고 생각한다. 이 오해는 다음과 같은 점을 밝힘으로써 바로잡을 수 있다. 즉, 일상적 의미에서의 '허공'이라고 하는 것은 상념의 대상을 그 양상에 의하여 규정하는 것〔妄法〕이며, 상념의 다른 대상과 마찬가지로 '實在'가 아니라는 것이다〔體無不實〕. 그것은 단지 눈에 보이는 물체〔色〕와 대비하여 그런 물체가 없는 상태를 나타낼 뿐이다. 이와 같이 양상으로 나타나는 한, '虛空'은 상념의 수준에 머물러 있다. 그러나 눈에 보이는 모든 물체는 원래 '마음'이며 외부적인 형상이 있는 것이 아니다. 그리고 외부적인 형상이 없는 한, '허공'이라는 말로 기술될 수 있는 것도 없다. 다시 말하면 우리의 인식에 파악되는 모든 대상은 오직 마음의 헛된 움직임으로 말미암아 나타난다. 마음에 헛된 움직임이 없으면 모든 대상이 사라지며 오직 하나인 '참마음'〔唯一眞心〕만 온 세상에 두루 퍼져 있게 된다. '여래의 넓고 큰 지혜'〔如來廣大性智〕라는 것은 이것을 가리킨다. 그것은 상념에 나타나는 허공〔虛空相〕을 뜻하는 것이 아니다.

㋲ 畢竟필경 寂寞적막 破着파착

❋이 첫째 邪執은 '여래법신' 또는 '진여'를 표현하는 데 사용되는 '허공'이라는 말을 경험적 인식에 파악되는 것과 동일한 뜻으로 해석하는 경우를 가리킨다. 경험적 인식에 파악되는 허공은 '아무 것도 없는 상태', 다시 말하면 눈에 보이는 형체〔色〕가 없는 상태를 말하지만, 진여를 나타내는 허공은 그런 것이 아니다. ❋體無不實—이것은 妄法에 관한 기술로서 본체가 없고 진실된 것이 아니라는 뜻이다. ❋唯一眞心—이것은 앞의 11, 21, 44에서 말하는 '一心'과 동일하다.

52_

二者聞修多羅說　世間諸法　畢竟體空　乃至涅槃　眞如之法
亦畢竟空　從本已來自空　離一切相　以不知爲破着故　卽謂眞
如　涅槃之性　唯是其空　云何對治　明眞如法身　自體不空　具
足無量性功德故

둘째로, '세상의 모든 사물은 그 본체에 있어서는 "빈 것"〔空〕이
요 열반이라든가 진여라는 것도 결국 "빈 것"이다. 그것은 원래
"빈 것"이며 일체의 양상에서 벗어나 있다'는 경전의 말을 들을
때, 그들은 그것이 자신의 집착을 깨뜨리기 위한 것인 줄 알지
못하고 眞如와 涅槃은 그 본성이 오직 '빈 것'이라고만 생각한
다. 이 오해는 다음과 같은 점을 밝힘으로써 바로잡을 수 있다.
즉, '眞如' 또는 '如來法身'은 '비지 않은 것'〔不空〕이며 모든 훌
륭한 성질과 공덕을 완전히 갖추고 있다는 것이다.

🈂️ ❀이 둘째 邪執은 진여와 법신이 '空'이면서 '不空'이라는 것을 여
실히 알지 못하는 경우를 가리킨다. 空이면서 空이 아니라고 말하는
것은 경험적 인식의 논리로는 받아들일 수 없는, 이른바 '모순'이다. 그
러나 그것은 오직 '경험적 인식의 논리'에서만 '모순'이다. 57 주 참조.

53_

三者聞修多羅說　如來之藏　無有增減　體備一切　功德之法
以不解故　卽謂如來之藏　有色心法　自相差別　云何對治　以

唯依眞如義說故 因生滅染義示現 說差別故

셋째로, '여래장은 더하거나 덜함이 없이 그 본체에 모든 훌륭한 공덕을 갖추고 있다'는 경전의 말을 들을 때, 그들은 그것을 올바르게 이해하지 못하고 여래장에 마음과 물질〔色心法〕이 이미 상이한 양상으로 존재한다고 생각한다. 이 오해는 다음과 같은 점을 지적함으로써 바로잡을 수 있다. 즉, 여기서 '더하거나 덜함이 없다'든가 '모든 훌륭한 공덕을 갖추고 있다'고 하는 것은 진여 그 자체에 관하여 말하는 것이며, 그것이 마음과 물질의 상이한 양상을 나타내는 것처럼 들리는 것은 진여를 상념에 파악되는 모습으로 표현하기 때문이라는 것이다.

주 ❀이 셋째 邪執은 여래장이라는 '마음' 속에 무한한 공덕이 '실물로서' 들어 있는 것처럼 생각하는 잘못을 지적한다. ❀ '色心法'은 '색법과 심법'으로 읽어야 한다.

54_

四者聞修多羅說 一切世間 生死染法 皆依如來藏而有 一切諸法 不離眞如 以不解故 謂如來藏 自體具有 一切世間 生死等法 云何對治 以如來藏 從本已來 唯有過恒沙等 諸淨功德 不離不斷不異 眞如義故 以過恒沙等 煩惱染法 唯是妄有 性自本無 從無始世來 未曾與如來藏相應故 若如來藏體有妄法 而使證會 永息妄者 則無是處故

넷째로, '삶과 죽음에 관계되는 일체의 현상은 모두 여래장에 근거를 두고 있으며, 일체의 사물은 眞如와 별도로 존재하는 것이 아니다'라는 경전의 말을 들을 때, 그들은 그것을 올바르게 이해하지 못하고 여래장 속에 삶과 죽음에 관계되는 모든 현상이 그대로 들어 있다고 생각한다. 이 오해는 다음과 같은 점을 지적함으로써 바로 잡을 수 있다. 즉, 여래장은 원래 간지스하의 모래보다 더 많은 깨끗한 공덕만을 가지고 있으며, 중단도 부정도 모순도 없는 진여 그 자체라는 것이다. 간지스하의 모래보다 더 많은 번뇌와 혼란은 오직 헛된 상념으로 말미암아 존재할 뿐이며, 여래장의 본성 속에 처음부터 존재하는 것이 아니다. 상념은 시작을 알 수 없이 계속되는 환생을 통하여 결코 여래장에 일치되는 법이 없다. 만약 여래장이 그 본체에 헛된 상념〔妄法〕을 가지고 있다면 여래장을 통하여 眞如를 증득한다든가 상념을 종식시키는 일이 원칙상 불가능할 것이다.

🈂️ ●이 넷째 邪執은 여래장의 의미, 그리고 궁극적으로는 중생심의 본성에 관한 것이다. 依如來藏 而有生死染法('생사염법은 여래장에 근거를 두고 있다'), 또는 依如來藏故 有生滅心('여래장을 근거로 하여 전개되는 일체의 정신작용', 16)에서 '근거를 두고 있다'는 말은 여래장의 '본성' 속에 생사염법이 들어 있다는 뜻이 아니라 여래장이 그것의 의거점이 된다는 뜻이다. 여래장이 진여의 '인과적 대응물'(또는, 현상계에서의 대응물)인 만큼, 여래장과 생사염법의 관계는 진여와 상념의 관계에 비유된다고 볼 수 있다. 상념이 진여에서 생긴다고 말할 수는 있지만 '상념으로서', 또는 '상념의 형태를 갖추고' 진여 속

에 들어 있지 않은 것과 마찬가지로, 생사염법이 여래장에 근거를 두고 있지만 '생사염법으로서' 여래장에 들어 있는 것은 아니다. 여래장에서 생사염법이 생겨나는가 아닌가는 앞에서 말한 '훈습' 여하에 달려 있는 것이다. '여래장에는 진여와 상념이 미분화된 형태로 들어 있다[不生不滅 與生滅和合 非一非異]는 말은 이것을 가리킨다. 물론, 여래장은 생사염법만 아니라 여래와 그 본성을 공유하고 있으며, 우리가 여래의 경지를 동경하고 그쪽으로 나아갈 수 있는 것은 바로 이때문이다.

55_

五者聞修多羅說 依如來藏故 有生死 依如來藏故 得涅槃 以不解故 謂衆生有始 以見始故 復謂如來所得涅槃 有其終 盡 還作衆生 云何對治 以如來藏 無前際故 無明之相 亦無 有始 若說三界外 更有衆生始起者 卽是外道經說 又如來藏 無有後際 諸佛所得涅槃 與之相應 則無後際故

다섯째로, '여래장으로 말미암아 生死가 있으며 여래장으로 말미암아 열반에 들어간다'는 경전의 말을 들을 때, 그들은 그것을 올바르게 이해하지 못하고 중생의 마음에는 시작이 있으며 그와 마찬가지로 여래는 열반에 드는 것을 종말로 하여 거기서 다시 중생으로 태어난다고 생각한다. 이 오해는 다음과 같은 점을 지적함으로써 바로잡을 수 있다. 즉, 여래장에는 '그 이전'이라는 것이 없으며 무명 또한 시작이 없다는 것이다. 총체로서의 세계

〔三界〕 밖에서 이때까지 없던 중생이 새로 태어난다는 것은 이단의 교리이다. 또한 여래장에는 '그 이후'라는 것이 없다. 부처가 열반에 드는 것은 여래장과 하나가 되는 것이며 따라서 여기에도 종말이 없다.

註 ❀이 다섯째 邪執은 진여, 여래장, 열반 등을 특징짓는 '不生不滅', '無始無終'의 개념을 올바르게 이해하지 못하는 경우를 지적한다. 이들 개념은 범부가 속하고 있는 생멸계에는 해당되지 않는다. 예컨대 열반을 '상념이 없어진 상태'로 규정하면, 범부의 경우에 그것은 '죽는 것'과 동일한 의미를 가진 것으로 해석되며, 그와 마찬가지로 여래장 또한 한 개인의 출생과 더불어 비로소 생기는 것으로 생각된다. 그러나 진여, 여래장, 열반 등은 '사실적', '경험적' 개념이 아니라 '논리적' '형이상학적' 개념이며, 개인을 기준으로 하여 말하자면, 그것은 개인의 생사와는 무관한, 개인을 초월해 있는 개념이라고 말할 수 있다. 이 다섯째 사집은 진여, 여래장, 열반을 개인의 생사와 관련된 것으로 보는 경우이다. ❀外道經說─여기서 말하는 '外道'(이단)가 특정한 사상 체계나 학파를 구체적으로 지칭하는 것인지는 분명하지 않다. 그러나 일반적으로 말하여, 기신론의 입장에서 볼 때 '외도'는 생멸계 그 자체가 곧 실재라는 것, 우리의 경험적 인식에 파악되는 것 이외의 다른 세계는 있을 수 없다는 사고 체계를 가리킨다.

56_
法我見者 依二乘鈍根故 如來但爲 說人無我 以說不究竟

見有五陰 生滅之法 怖畏生死 妄取涅槃 云何對治 以五陰
法 自性不生 則無有滅 本來涅槃故

'마하아야야아나의 가르침을 내세우는 편견'〔法我見〕은 2승의 수
행자들이 가지고 있는 오해이다. 여래가 '無我'를 말한 것은 그
들의 이해력이 충분하지 못하다는 것을 감안했기 때문이며 그것
이 전부이기 때문은 아니다. 그들은 '나'라는 존재가 '五陰의 假
和合'이라는 말을 듣고 생사의 변화를 두려워하며 오로지 열반
에 집착한다. 이 오해는 다음과 같은 점을 지적함으로써 바로잡
을 수 있다. 즉, 오음에 관계되는 현상은 본질상 개체로서의 '나'
로 말미암아 처음 생기는 것이 아니요 따라서 없어지는 것도 아
니라는 것이다. 열반은 오음과는 별도로 존재하는 다른 것을 가
리키는 것이 아니다.

주 怖畏포외

❋說人無我—문맥상으로 보아 '無我'는 앞의 人我見에서 말한 내용
(즉, 我의 경험적 인식이 '망상'에 불과하다는 것)을 가리킨다. 또한,
무아는 본문의 번역에 나와 있는 '五陰의 假和合'이 진정한 我가 아님
을 뜻한다. 그러므로 '無我'는 我의 '否定'(我가 없음)을 나타내는 것
이 아니라 我의 '정의'(無我가 我임)를 나타낸다고 보아야 할 것이다.
이 문단에서 말하는 집착은 결국 '무아'를 그 자체로서 맹신하고 오음
의 반대쪽에 있는 열반에 집착하는 경우를 가리킨다. 그러나 열반은
오음의 '이면'이다. 다음 문단 참조.

57_

復次究竟離妄執者 當知染法淨法 皆悉相待 無有自相可說
是故一切法 從本已來 非色非心 非智非識 非有非無 畢竟
不可說相 而有言說者 當知如來善巧方便 假以言說 引導衆
生 其旨趣者 皆爲離念 歸於眞如 以念一切法 令心生滅 不
入實智故

마지막으로, 위의 그릇된 집착에서 완전히 벗어나기 위해서는
상념의 물든 현상[染法]도 진여의 깨끗한 본체[淨法]도 모두 상
대적인 것이며 그 자체로서 기술될 수 있는 것이 아님을 알아야
한다. 일체의 사물과 현상은 처음부터 물질도 마음도 아니며[非
色非心] 지혜도 상념도 아니며[非智非識] 있는 것도 없는 것도
아니다[非有非無]. 그것은 언어로 형용할 수 있는 것이 아니다.
그럼에도 그것을 언설로 나타내는 것은 오로지 여래의 뛰어난
방편, 즉 여래가 언설을 빌어 중생을 깨달음으로 이끌기 위한 방
편이며, 그것은 모두 상념을 떠나서 진여로 돌아가게 하는 데에
그 참뜻이 있다. 사물과 현상에 대하여 상념을 품는 것은 곧 마
음이 현상계에 머물러 있다는 뜻이며, 마음이 거기에 머물러 있
는 한, 참된 지혜[實智]에는 도달할 수 없다.

📖 相待상대 善巧선교 旨趣지취

❀非色非心 非智非識 非有非無─이런 표현은 단순히 짝을 이루고 있
는 두 가지를 '대등한 수준에서' 부정하는 것이 아니라, 그것보다 한
단계 더 높은 수준에서 두 쪽을 부정하는 것이다. '대등한 수준에서'

부정할 때는 모순(즉, 뒤의 말이 앞의 말을 부정하여 아무 것도 말하지 않은 결과―목소리나 잉크만 낭비한 결과)이 되지만, 한층 더 높은 수준에서 부정할 때는 두 짝 중의 어느 하나만으로는 불완전하다는 것, 두 짝은 서로를 논리적으로 요청한다는 것이 인정된다. 染法淨法 皆悉相待에서 '相待'는 이것을 가리킨다. 위의 몇 문단에서 취급된 我見(人我見과 法我見)은 결국 이것을 올바르게 이해하지 못하는 것이라고 말할 수 있다. ❀如來善巧方便 假以言說 引導衆生―방편에 관해서는, 4 주에서, 그리고 훈습의 계기〔緣〕와 관련하여 39 주에서, 그리고 용훈습과 관련하여 45 주에서 언급한 바 있다. 假以言說에서 '假'는 '眞이 아닌 것', '임시적인 것'이라는 뜻을 나타낸다. 언설은 '緣'이나 '用'이 그렇듯이 외적인 것이며, 그 외적인 것에 상응하는 내적인 것〔因〕은 각 개인의 '마음'일 것이다. 만약 깨달음의 두 조건으로서의 因과 緣 중에서 因이 보다 근본적인 것이라고 하면, 언설은 깨달음에 필수불가결하기는 하지만 근본적인 것은 아니라고 보아야 하며, 깨달음의 근본은 개인 각자의 내면적 각성에 있다고 보아야 할 것이다. ❀ 離念歸於眞如―離念과 歸於眞如는 두 가지 상이한 '동작'이 아니라 말하자면 '바로 그 자리에서 돌아서는 것'에 해당한다. 진여는 상념의 이면인 것이다.

58_

分別發趣道相者 謂一切諸佛 所證之道 一切菩薩 發心修行 趣向義故 略說發心 有三種 云何爲三 一者信成就發心 二 者解行發心 三者證發心

이제, 뜻을 세워 깨달음으로 나아가는 길을 단계별로 제시해 보겠다. 그 길은 모든 부처가 이미 증득하여 있는 길이며 모든 수행자가 발심하고 수행하며 나아가고 있는 길이다. '발심'—즉, 믿는 마음을 일으키는 것—에는 크게 세 단계가 있다. 첫째는 '믿음을 이루는 발심'〔信成就發心〕이요, 둘째는 '이해와 실천의 발심'〔解行發心〕이며, 셋째는 '증득의 발심'〔證發心〕이다.

㊒ 趣向취 향

●發趣道—이 말의 뜻은 다음에 이어지는 문장에 나타나 있다. 이것은 '발심하여 趣道(길을 달려감)한다'는 뜻이다. 그리고 이 길은 '깨달은 자'가 이미 들어서 있는 길이요 깨달음을 얻고자 수행하는 사람이 발심 수행하여 달려가고 있는〔趣向〕 길이다. '마음을 일으킨다'〔發心〕고 할 때의 마음이 어떤 것인가 하는 것은 61과 68에서 다루어진다. 이하의 설명에서 알 수 있는 바와 같이, 이 문단에 열거된 세 가지 '발심'은 '단계'를 나타내고 있다.

59_

信成就發心者 依何等人 修何等行 得信成就 堪能發心 所謂依不定聚衆生 有熏習善根力故 信業果報 能起十善 厭生死苦 欲求無上菩提 得値諸佛 親承供養 修行信心 經一萬劫 信心成就故 諸佛菩薩 教令發心 或以大悲故 能自發心 或因正法欲滅 以護法因緣 能自發心 如是信心成就 得發心者 入正定聚 畢竟不退 名住如來種中 正因相應

먼저, '믿음을 이루는 발심'〔信成就發心〕에 관하여, 어떤 사람이 어떤 수행으로 믿음을 이룰 수 있으며 깨달음을 향한 마음을 일으킬 수 있는가?— '믿음을 이루는 발심'은 이른바 '믿음이 확고하지 못한 무리'〔不定聚〕에 해당한다. 그들은 훈습에 의하여 좋은 자질과 능력을 가지게 되면서 업보의 법칙을 믿고 '十善業'을 행하며 생사의 괴로움을 멀리하고 최상의 지혜를 추구한다. 그들은 여러 '깨달은 자'를 만나 가까이 모시면서 공양하고 믿음과 행실을 닦아 1만 겁이 지나면 믿음을 이루게 된다. 그들은 부처와 수행자의 가르침에 의하여 발심하지만, 때로는 스스로의 자비심 때문에 자발적으로 발심할 수도 있고 때로는 부처의 가르침〔正法〕이 세상에서 사라지려는 것을 보고 그것을 지키려고 자발적으로 발심할 수도 있다. 이와 같이 믿음을 이루고 마음을 일으킨 사람은 '믿음이 확고한 무리'〔正定聚〕에 들어가서 끝까지 물러서거나 되돌아가지 않는다. 이 상태를 일컬어 '여래의 울타리 속에 산다'〔住如來種中〕고 하고 '깨달음의 인연이 닿았다'〔正因相應〕고 한다.

🟦 주 不定聚 부정취 厭生死苦 염생사고 菩提 보리 劫 겁
❁信業果報—業果報, 즉 업은 반드시 그 결과에 의하여 보상된다는 것을 믿는 것. ❁十善 또는 十善業은 76의 '修行戒門'에 열거되어 있다. 한 가지 흥미있는 사실은 十善은 '적극적' 선행을 나타내는 용어로 규정되는 것이 아니라 十惡(十惡業)을 행하지 않는다는 '소극적인' 용어로 규정된다는 것이다. ❁不定聚 衆生에서 正定聚 衆生으로 되는 데에 1만 겁이 걸린다고 한 것에 주목할 것. ❁如來種—1의

'佛種' 참조.

60_

若有衆生　善根微少　久遠已來　煩惱深厚　雖値於佛　亦得供
養　然起人天種子　或起二乘種子　設有求大乘者　根則不定
若進若退　或有供養諸佛　未經一萬劫　於中遇緣　亦有發心
所謂見佛色相　而發其心　或因供養衆僧　而發其心　或因二乘
之人　敎令發心　或學他發心　如是等發心　悉皆不定　遇惡因
緣　或便退失墮二乘地

그러나 또한, 자질과 능력이 충분하지 못하고 오랜 동안의 번뇌
에 깊고 두껍게 싸여 있는 사람들이 있다. 그들도 '깨달은 자'를
만나 공양을 하지만, 그들의 노력은 장차 인간계 또는 천상계에
태어나거나 二乘으로 태어나도록 하는 정도에 지나지 않는다.
그들은 대승의 진리를 추구하려고 하더라도 바탕이 튼튼하지
못하여 나아갔다가는 다시 물러서는 일을 늘 되풀이한다. 그 중
에는 때로 여러 '깨달은 자'를 공양하기를 1만 겁을 다 채우기
전에 도중에 우연히 외적 계기[緣]를 만나 발심하는 사람도 있
다. 말하자면 '깨달은 자'의 용모를 보고 발심한다든지, 여러 승
단을 공양하는 동안에 그것이 계기가 되어 발심한다든지, 二乘
의 수행자들의 가르침을 받고 發心하는 것 등이 그것이다. 그러
나 이런 발심은 모두 확고한 믿음을 바탕으로 하지 않은 것이어
서, 좋지 못한 인연을 만나면 곧 퇴보하여 二乘의 경지로 타락하

고 만다.

🥠 遇緣우연 衆僧중승 便退변퇴 失墮실타

❀이 문단에서 언급되는 중생도 부정취 중생임에 있어서는 앞 문단의
경우와 다름이 없지만, 훈습에 의하여 '善根力'(좋은 자질)이 충분히
발달되어 있는가 아닌가에 차이가 있다. 두 문단을 비교해 보면 양자
는 조목조목으로 대조를 나타낸다는 것을 알 수 있다. 즉, 1만 겁을 채
우는가 못 채우는가, 부처를 공양하는가 승단을 공양하는가, 보살의
가르침을 받는가 二乘의 가르침을 받는가, 부처의 '마음'을 본받는가
아니면 부처의 '외모'를 계기로 삼는가, 그리하여 결과적으로, '물러
섬이 없는'[不退轉] 믿음을 이루는가 아니면 '나쁜 인연을 만나면 곧
장 二乘의 경지로 타락'하는가 하는 것들이 그것이다. 이 중에서 가장
중요한 차이는 아마도, 후자의 善根微少衆生은 전자의 善根成熟衆生
에 비하여 '외적인 것'에 관심이 쏠린다는 점, 그리하여 그 '외적인
것'에 대한 관심이 내면적인 '마음'에 연결되지 못한다는 점에 있을 것
이다. '二乘地로 타락한다'고 할 때의 그 이승지의 의미 또한 이 점에
비추어 해석될 수 있을 것이다. 앞의 4 주에서 시사한 바와 같이, 二乘
은 내적인 각성보다는 수행의 외적인 효과를, 그 내적 각성과는 무관
하게, 중요시하는 사람들이라고 말할 수 있다. 56의 '법아견'도 이와
동일한 의미로 해석될 수 있다.

61_

復次信成就發心者 發何等心 略說有三種 云何爲三 一者直

心 正念眞如法故 二者深心 樂集一切 諸善行故 三者大悲
心 欲拔一切 衆生苦故

다음, '믿음을 이루는 발심'에서 '발심'이라는 것은 어떤 마음을
일으킨다는 뜻인가?―그것은 크게 세 가지이다. 첫째는 '곧은
마음'〔直心〕으로서, 이것은 오직 진여만을 생각하며 그리워한다
는〔正念〕 뜻이며, 둘째는 '깊은 마음'〔深心〕으로서, 이것은 일체
의 善行을 쌓는다는 뜻이며, 셋째는 '大悲의 마음'〔大悲心〕으로
서, 이것은 중생의 모든 괴로움을 없애려는 큰 소원을 가지고 있
다는 뜻이다.

㊟ 拔발

❋正念眞如法―여기서 '念'은 '상념'을 뜻하는 念(망념)이 아니라 '念
佛'에서와 같이 한 가지를 집중적으로 생각하며 그리워한다는 뜻에서
의 念이다. 80 주 참조. ❋元曉는 그의 疏에서 이 '세 마음'을 自利利
他의 二行과 관련지어, 直心은 '二行之根本', 深心은 '自利行之本',
그리고 大悲心은 '利他行之本'으로 풀이하고 있다. 李箕永, 원효사
상, 329 페이지 이하 참조.

62_

問日 上說法界一相 佛體無二 何故不唯念眞如 復假求學
諸善之行 答日 譬如大摩尼寶 體性明淨 而有鑛穢之垢 若
人雖念寶性 不以方便 種種磨治 終無得淨 如是衆生 眞如

之法 體性空淨 而有無量 煩惱染垢 若人雖念眞如 不以方
便 種種熏修 亦無得淨 以垢無量 遍一切法故 修一切善行
以爲對治 若人修行 一切善法 自然歸順 眞如法故

앞에서는 '일체의 사물은 오직 하나인 진여의 표현이며 부처의
본체는 둘이 아니다'라고 말하였다. 그렇다면 그 '하나인 진여'
만을 집중적으로 생각하며 그리워하기만 하면 될 것인데, 어찌
하여 또 다시 여러 선행을 배우고 실천해야 한다고 말하는가?—
이것은 '마니'라는 큰 구슬에 비유하여 설명할 수 있다. 이 구슬
은 원래 맑고 깨끗한 성질[體性]을 가지고 있지만 흙과 먼지로
때가 끼어 있다. 만약 사람이 그 구슬의 원래의 성질만을 생각하
고 그리워하면서 여러 가지 방편으로 갈고 닦고 하지 않는다면
원래의 그 깨끗한 성질이 나타나지 않을 것이다. 중생의 마음도
이와 마찬가지이다. 진여는 원래 맑고 깨끗한 성질[體性]을 가
지고 있지만 끝없는 번뇌로 물들고 때가 끼어서 여러 가지 방편
으로 오랫동안 수행[熏修]하지 않으면 원래의 그 깨끗한 성질이
나타나지 않는다. 그 때가 온 누리에 구석구석 퍼져 있는 만큼,
선행도 온 누리에 걸쳐 이루어져야 그것을 벗길 수 있다. 그리하
여 사람이 모든 착한 일을 열심히 행하면 자신도 모르는 사이에
[自然] 진여로 돌아가게 된다.

注 摩尼마니 鑛穢광예 磨治마치 染垢염구
❀ 上說法界一相 佛體無二— '法界一相'은 17에서 覺을 설명할 때 법
신의 특징을 나타내는 '평등'이라는 말과 관련하여 사용된 바 있고, 비

숫한 의미로 여러 번 언급된 바 있다. '佛體無二'는 46~48에서 설명
한 '여래의 三身'을 가리킨다고 볼 수 있다. ◉假求學─'假'에 관해서
는 57 주 참조. 이 '假'라는 글자는 '求學諸善之行'이 깨달음의 '방
편'이 된다는 것을 시사한다. 이 문단은 결국 '방편'의 중요성을 摩尼
寶에 비유하여 설명하고 있다. 다음 문단에서 방편이 상세하게 논의되
는 것은 당연하다. 방편과 진여용의 관련에 관해서는 39 주와 45 주
참조. ◉'마니라는 큰 구슬'─'마니'는 '寶珠'라는 뜻의 산스크리트어
'마니'의 음역이다. 우리가 흔히 말하는 '如意珠'는 이것을 가리킨다.

63_

略說方便 有四種 云何爲四 一者行根本方便 謂觀一切法
自性無生 離於妄見 不住生死 觀一切法 因緣和合 業果不
失 起於大悲 修諸福德 攝化衆生 不住涅槃 以隨順 法性無
住故 二者能止方便 謂慙愧悔過 能止一切惡法 不令增長
以隨順 法性離諸過故 三者發起善根增長方便 謂勤供養 禮
拜三寶 讚歎隨喜 勸請諸佛 以愛敬三寶 淳厚心故 信得增
長 乃能志求 無上之道 又因佛法僧力所護故 能消業障 善
根不退 以隨順 法性離癡障故 四者大願平等方便 所謂發願
盡於未來 化度一切衆生 使無有餘 皆令究竟 無餘涅槃 以
隨順 法性無斷絶故 法性廣大 遍一切衆生 平等無二 不念
彼此 究竟寂滅故

위에서 말한 '마음의 때를 벗기는 방편'은 크게 네 가지로 나누

어 설명할 수 있다. 첫째는 '근본을 실천하는 방편'〔行根本方便〕
이다. 이것은 한편으로, 우리의 인식에 나타나는 모든 사물과 현
상은 그 본래의 성질〔自性〕을 표현하는 것이 아님을 통찰하고
헛된 상념을 버리며 변화의 세계에 집착하지 않는 것〔不住生死〕
을 뜻한다. 그러나 이것은 또 한편으로, 모든 사물과 현상은 원
인과 계기〔因緣和合〕로 말미암아 생긴 결과라는 것, 행위에는
반드시 결과가 따른다는 것을 통찰하고 大悲心을 일으켜 복받을
행위를 쌓으며 다른 사람들을 감싸서 교화하는 것을 뜻한다. 이
것은 열반에 집착하지 않는 것〔不住涅槃〕이다. 한 마디로 말하
여, 이 방편은 진여의 '머무르지 않는'〔無住〕 성질을 본받는 것
이다. 둘째는 '죄과를 그치는 방편'〔能止方便〕이다. 이것은 죄과
를 부끄럽게 생각하고 뉘우치며 모든 나쁜 행동을 그쳐서 그 이
상 자라지 않게 하는 것을 가리킨다. 이것은 진여의 '죄과 없는'
〔離諸過〕 성질을 본받는 것이다. 셋째는 '선한 바탕을 일으키고
북돋우는 방편'〔發起善根增長方便〕이다. 이것은 '三寶'〔佛法僧〕
를 받들고 찬양하고 공경하며, 여러 '깨달은 자'에 대하여 찬탄
하는 마음을 가지고 그 업적을 기뻐하며, 그 가르침을 애써 구하
는 것을 가리킨다. 이와 같이 三寶를 사랑하고 공경하는 마음을
극진히 하면 믿음이 크게 자라서 최상의 진리를 얻으려는 큰 뜻
을 품을 수 있게 되며 三寶의 힘〔佛力, 法力, 僧力〕의 수호를 받
아 악업을 없애며 선한 바탕을 확실히 보존할 수 있게 된다. 한
마디로 말하여, 이 방편은 진여의 '어리석음의 장애 없는'〔無癡
障〕 성질을 본받는 것이다. 넷째는 '온 누리가 하나로 되기를 바
라는 방편'〔大願平等方便〕이다. 이것은 모든 중생을 남김없이

교화하여 영원히 제도하려는 大願을 가지는 것, 모든 중생을 남김없이 영원한 열반에 들게 하려는 大願을 가지는 것을 가리킨다. 이것은 진여의 '단절 없는'[無斷絶] 성질을 본받는 것이다. 진여는 광대하여 모든 중생에 두루 미치며, 그것은 너와 나의 구분 없이 모든 사람을 하나로 보는 영원한 절대세계[寂滅]이다.

🈁 懃愧참괴 悔過회 과 讚歎찬 탄 癡障치 장 寂滅적 멸
❀ 觀一切法―여기서 '觀'은 수행지관문의 觀(87)을 뜻한다. ❀一切法自性無生―自性無生은, 字義로는, '그 본성에 있어서는 생기는 것이 아니다'라는 뜻, 다시 말하면, 모든 사물과 현상이 '생기는 것'은 '自性'(본래의 성질)이 아니라 무명과 상념이 헛되이 만들어낸 결과라는 뜻이며, 따라서 본문과 같이 번역하더라도 원래의 뜻에 어긋나지 않을 것이다. ❀이 문단에 설명된 네 가지 방편은 '法性'의 네 가지 성질―즉, 無住, 離諸過, 離癡障, 無斷絶―에 의거하고 있다. 이것은 설명의 기법상 이하 65에서 육바라밀을 법성의 여섯 가지 성질에 의거하여 설명하는 것, 또는 44에서 진여자체상을 '심성'의 세 가지 성질―不起, 離見, 無動―로 설명하는 것과 동일하다. 다만, '법성'과 '심성'은 다같이 진여를 가리키지만, 각각은 진여의 객관적 측면(대상)과 주관적 측면(마음)을 부각시키는 것으로 생각된다. ❀ 讚歎·隨喜·勸請―發起善根增長方便과 관련하여 언급된 이 세 가지는 40에서의 '四攝'(布施·愛語·利行·同事)이 교육자의 자세를 나타내는 데 비하여, 학생의 자세를 나타낸다고 볼 수 있다. ❀ '寂滅'은 열반[니르바아나]의 의역이다. 25 주 참조.

64

菩薩發是心故　則得少分　見於法身　以見法身故　隨其願力
能現八種　利益衆生　所謂從兜率天退　入胎住胎　出胎出家
成道轉法輪　入於涅槃　然是菩薩　未名法身　以其過去　無量
世來　有漏之業　未能決斷　隨其所生　與微苦相應　亦非業繫
以有大願　自在力故　如修多羅中　或說有退墮惡趣者　非其實
退　但爲初學菩薩　未入正位　而懈怠者恐怖　令使勇猛故　又
是菩薩　一發心後　遠離怯弱　畢竟不畏　墮二乘地　若聞無量
無邊　阿僧祇劫　勤苦難行　乃得涅槃　亦不怯弱　以信知一切
法　從本已來　自涅槃故

수행자는 앞에서 말한 것과 같은 發心을 통하여 다소간 法身―
즉, '眞如 그 자체로서의 여래의 몸'―을 볼 수 있으며, 法身을
볼 수 있으므로 각각 자신의 願力이 허용하는 범위 내에서 여래
의 여덟 가지 現身을 통하여 중생을 이롭게 한다. 그 여덟 가지
現身이라는 것은 1) 도솔천에서 나옴, 2) 태반에 들어감, 3) 태반
에 머무름, 4) 태반에서 나옴, 5) 수행의 길을 나섬, 6) 깨달음을
얻음, 7) 가르침을 폄, 8) 열반에 들어감을 말한다. 그러나 그는
아직 '法身'의 칭호를 받기에는 부족하다. 그는 과거 무한한 환
생을 통하여 쌓은 온갖 번뇌[有漏之業]를 완전히 끊어 버리지
못하고 출생에 따르는 괴로움에 다소간 얽매인다. 그러나 또한
그는 大願을 품고 있고 그것에 따라 자유롭게 행동할 수 있기 때
문에 번뇌에 완전히 얽매어 있는 것이 아니다. 경전에 때로 '퇴
보하여 나쁜 輪廻의 길[惡趣]로 떨어진다'는 말이 나오지만,

이것은 실지로 그렇게 된다는 뜻이 아니라, 수행의 초기 단계에서 아직 본궤도에 들지 못한 수행자들이 방심할 것을 경계하여 그들로 하여금 더욱 분발하도록 하기 위해서이다. 그러나 수행자가 일단 發心한 뒤에는 두려움이나 나약함을 버리고 힘차게 나아가며, 그 이상 二乘의 경지에 떨어질 것을 두려워할 필요가 없다. 그는 열반에 들어가는 데는 끝없는 無數劫〔阿僧祇劫〕을 통하여 괴롭고 험난한 길을 헤쳐 나가야 한다는 말을 듣더라도 조금도 두려워하거나 물러서는 일이 없다. 그는 모든 사물과 현상이 원래 그 자체로서 열반임을 믿고 또 아는 것이다.

🈟 兜率天도솔천 住胎주태 轉法輪전법륜 有漏유루 業繫업계 退墮퇴타 懈怠해태 恐怖공포 怯弱겁약 不畏불외 阿僧祇劫아승기겁

❀ 도솔천―불교의 우주론에 의하면 三界(欲界, 色界, 無色界)에는 각각 六天, 十八天, 四天이 있다고 한다. 도솔천은 욕계의 중간에 있으며 '喜足', '知足'을 특징으로 한다. 이하 69의 '色究竟天'(色究竟處)은 색계의 가장 높은 곳이다. ❀ 墮惡趣―惡趣(또는 惡道)는 47의 六趣(또는 六道) 중에서, 지옥도, 아귀도, 축생도, 그리고 때로는 아수라도, 인간도까지 합쳐서 三惡道, 四惡道, 五惡道로 불리는 윤회의 길을 말한다. 47 주 참조. ❀ 阿僧祇〔아상키야〕는 우리의 상상을 초월하는 가장 큰 수이며 아승기겁은 우리의 상상을 초월하는 가장 긴 시간의 단위〔劫〕를 '아승기' 개 더한 것이다. ❀ 一切法 從本已來 自涅槃―여기서 '自'는 다른 데서 구할 필요가 없다는 뜻을 나타낸다. 즉, 열반은 일체법(생멸계)의 '이면'이다.

65_

解行發心者 當知轉勝 以是菩薩 從初正信已來 於第一阿僧
祇劫 將欲滿故 於眞如法中 深解現前 所修離相 以知法性
體 無慳貪故 隨順修行 檀波羅蜜 以知法性 無染 離五欲過
故 隨順修行 尸波羅蜜 以知法性 無苦 離瞋惱故 隨順修行
羼提波羅蜜 以知法性 無身心相 離懈怠故 隨順修行 毗梨
耶波羅蜜 以知法性 常定 體無亂故 隨順修行 禪波羅蜜 以
知法性 體明 離無明故 隨順修行 般若波羅蜜

'이해와 실천의 발심'〔解行發心〕은 앞의 '믿음을 이루는 발심'보
다 훨씬 진보한 단계를 나타낸다. 수행자가 처음 올바른 믿음을
이룬 뒤 제1 무수겁〔阿僧祇劫〕을 채우려고 할 때, 그에게는 진
여에 관한 깊은 이해가 눈앞에 나타난다. 이제 그의 수행은 진여
의 '떠나 있는 양상'〔離相〕을 따라 이루어진다. 진여의 본성은
인색함을 떠나 있다는 것〔無慳貪〕을 알고 그것에 따라 그는 단
바라밀(檀波羅蜜)〔보시(布施)〕을 행한다. 진여의 본성은 물든
것이 없고 따라서 오욕의 허물을 떠나 있다는 것〔無染 離五欲
過〕을 알고 그것에 따라 그는 시바라밀(尸波羅蜜)〔지계(持戒)〕
을 행한다. 진여의 본성은 괴로움이 없고 따라서 분노의 번뇌를
떠나 있다는 것〔無苦 離瞋惱〕을 알고 그것에 따라 그는 찬제바
라밀(羼提波羅蜜)〔인욕(忍辱)〕을 행한다. 진여의 본성은 몸과
마음이 없고 따라서 게으름을 떠나 있다는 것〔無身心相 離懈怠〕
을 알고 그것에 따라 그는 비리야바라밀(毗梨耶波羅蜜)〔정진(精
進)〕을 행한다. 진여의 본성은 늘 고요하며 그 본체가 어지러움

을 떠나 있다는 것〔常定 體無亂〕을 알고 그것에 따라 그는 선바라밀(禪波羅蜜)〔선정(禪定)〕을 행한다. 진여의 본성은 밝고 따라서 무명을 떠나 있다는 것〔體明 離無明〕을 알고 그것에 따라 그는 반야바라밀(般若波羅蜜)〔지혜(智慧)〕을 행한다.

주 轉勝전승 慳貪간탐 檀波羅蜜단바라밀 尸波羅蜜시바라밀 瞋惱진뇌 羼提波羅蜜찬제 바라밀 毗梨耶波羅蜜비리야바라밀 禪波羅蜜선바라밀 般若波羅蜜반야바라밀

● 여섯 바라밀의 이름은 다음과 같은 산스크리트어의 음역이다. 檀(다아나), 尸(쉬일라), 羼提(크샤안티), 毗梨耶(비이리야), 禪(디야아나), 般若(프라쥬냐). 이들 육바라밀의 의미는 74이하 참조. ● '法性'을 진여(또는, 진여의 본성)로 번역한 것은 63에서와 같다. (여섯 항목 중에서 맨처음과 마지막에만 '법성'에 '體'를 덧붙인 것은 설명 불가능하다.) 이 문단에서 여섯 바라밀(45 주 참조)을 진여의 본성과 관련지은 것은 아마 수행은 진여의 특징을 체득하는 과정이라는 것을 시사하기 위해서일 것이다. 그리고 진여의 특징을 체득하는 것은 곧 '진여와 하나인' 여래를 본받는 것이다. 그와 마찬가지로, 74 이하에서 제시되는 바라밀의 내용은 여래장에 들어 있는 '無量性功德'의 구체적인 내용을 지시한다고 볼 수 있다. 8 주의 '相大' 참조. ●이 문단에서 취급되는 발심이 '이해와 실천의 발심'인 만큼 예컨대 '隨順修行 檀波羅蜜'은 '檀波羅蜜을 받아들이고 수행한다'로 번역해야 마땅할 것이지만, '바라밀을 행한다'는 말 속에는 그것을 '이해한다'는 뜻이 이미 들어 있다고 보아도 무방할 것이다. ●五欲一五根(眼耳鼻舌身) 또는 五塵(色聲香味觸)과 관련하여 일어나는 욕망.

66_

證發心者 從淨心地 乃至菩薩究竟地 證何境界 所謂眞如 以
依轉識 說爲境界 而此證者 無有境界 唯眞如智 名爲法身

'증득의 발심'〔證發心〕은 '정심지'(淨心地)에서 '보살구경지'(菩
薩究竟地)에 이르는 단계에 해당한다. 증득의 대상〔境界〕은 진
여이다. 그러나 진여를 '증득의 대상'이라고 말하는 것은 상념
을 기준으로 하여 그것에 인식되는 경우를 나타낼 뿐이며, 사실
상 증득이라는 것은 대상을 가지지 않는다. 그것은 말하자면
'진여 그 자체의 지적 작용'〔眞如智〕이며, 이 상태를 일컬어 '법
신', 즉 '진여 그 자체로서의 여래의 몸'이라고 부른다.

주 ● '진여 그 자체의 지적 작용'〔眞如智〕이라는 표현은 '진여가 진
여를 본다'(15 주 참조)는 말과 동일한 뜻으로 이해될 수 있다. 만약
진여가 무엇인가를 볼 수 있다면 그것은 진여 이외의 다른 것일 수 없
다. 진여는 진여 이외의 다른 것을 볼 '능력'이 없다. 증득〔證〕은 15 주
에서 약간 설명되어 있고 47에서 보신 및 법신과 관련하여 약간 암시
된 바 있지만, 이 문단의 본문처럼 그 뜻을 정확하게 함축하여 나타낼
수는 없을 것이다.

67_

是菩薩 於一念頃 能至十方 無餘世界 供養諸佛 請轉法輪
唯爲開導 利益衆生 不依文字 或示超地 速成正覺 以爲怯

弱衆生故 或說我 於無量 阿僧祇劫 當成佛道 以爲懈慢衆
生故 能示如是 無數方便 不可思議 而實菩薩 種性根等 發
心則等 所證亦等 無有超過之法 以一切菩薩 皆經三阿僧祇
劫故 但隨衆生 世界不同 所見所聞 根欲性異故 示所行 亦
有差別

이 단계의 수행자는 한 순간의 생각으로 온 시방 세계 끝까지 다
다를 수 있다. 그는 여러 '깨달은 자'들을 받들어 섬기며 그들의
가르침을 애써 구한다. 그는 오로지 중생을 깨우쳐 인도하고 그
들을 이롭게 하고자 할 뿐이다. 그는 이제 문자에 의존하지 않는
다. 그는 때로 겁많고 나약한 중생을 위해서는 수행의 단계를 건
너뛰어서 단기간에 올바른 깨달음〔正覺〕에 이르는 길을 보여주
기도 하고, 때로 게으르고 방만한 중생을 위해서는 무수겁〔無量
阿僧祇劫〕의 세월이 걸려야 깨달음을 이룰 수 있다고 말하기도
한다. 이와 같은 수많은 방편과 신비스러운 행위를 보여주지만,
사실상 이 단계의 수행자는 모두 신분이나 본성이나 자질에 있
어서 동일하며, 발심의 내용도, 증득하는 경지도 동일하다. 또한
이 단계의 수행자는 모두 세 번의 무수겁을 지난 사람들이므로
수행의 단계를 건너뛴다는 것도 있을 수 없다. 다만, 중생이 살
고 있는 세계가 각각 다르고 그들이 보고 듣는 것, 자질과 욕망
과 천성 또한 다르기 때문에 그들이 해야 할 올바른 행동을 각각
다르게 보여줄 뿐이다.

🔲 十方시방 阿僧祇劫아승기겁

●或說我―여기서 '我'는 '경험적 자아'를 가리키며, 따라서 이하의 문장은 목하 문제되는 당사자로서의 구체적 개인의 경우에 해당한다고 보아야 한다. ●無量阿僧祇劫―아승기겁이 또 무한히 겹친 것이다. ●無數方便不可思議―무수한, 신비스러운 방편. ●菩薩究竟地에 이른 수행자는 거의 법신의 지위에 이르렀음을 염두에 두어야 한다.

68_

又是菩薩 發心相者 有三種 心微細之相 云何爲三 一者眞心 無分別故 二者方便心 自然遍行 利益衆生故 三者業識心 微細起滅故

이 단계의 수행자가 일으키는 마음은 '가는 마음'〔微細念〕이며, 이것은 세 가지 측면에서 규정될 수 있다. 첫째는 '참된 마음' 〔眞心〕으로서, 이것은 상념에 의한 구분이 없다는 것을 가리킨다. 둘째는 '방편이 되는 마음'〔方便心〕으로서, 이것은 의식적인 노력이 없이〔自然〕 모든 행동으로 나타나 중생을 이롭게 한다는 것을 가리킨다. 셋째는 '의지를 주관하는 마음'〔業識心〕으로서, 이것은 은밀한 동기가 거의 식별될 수 없을 정도로 가늘게 깜박거린다는 것을 가리킨다.

[주] ●증발심의 단계에 있는 수행자는 법신의 지위에 훨씬 접근해 있는 만큼 그들이 일으키는 '마음'이 진여의 성질을 상당한 정도로 나타내고 있다는 것은 당연하다. '진심'과 '방편심'은 진여의 자체상과 용

에 대체로 상응한다. 微細念이 가장 밀접하게 관련되어 있는 것은 셋째의 '業識心'이다. 33의 설명에 시사되어 있는 바와 같이 미세념은 麁念에 대비되는 것으로서, 아직 인식의 주체와 대상의 구분이 나타나지 않은 '不相應心'이다. 이 상태에서는 의지 또는 동기가 가늘게 일어났다가는 사라지고 사라졌다가는 다시 가늘게 일어나는 일을 되풀이한다. ❀이 문단과 다음 문단에 사용된 '自然'이라는 용어는 앞에서 몇 차례 설명된 바 있고, 또 71에 명시적으로 정의되어 있다.

69_

又是菩薩 功德成滿 於色究竟處 示一切世間 最高大身 謂
以一念相應慧 無明頓盡 名一切種智 自然而有 不思議業
能現十方 利益衆生

이 단계의 수행자가 공덕을 완전히 이루었을 때, 그는 현상세계의 가장 높은 자리인 '色究竟處'에서 세상의 가장 고귀한 신분이 된다. 이제 그의 마음에서는 무명이 완전히 사라져서, 그는 한 순간의 생각으로 만물의 본질을 꿰뚫어 본다. 이것이 이른바 '총체적 지식'〔一切種智〕이다. 그는 의식적인 노력이 없이〔自然〕 신비스러운 행위를 시방 세계에 나타내어 중생을 두루 이롭게 한다.

🈑 色究竟處색구경처 頓盡돈진
❀色究竟處(또는 色究竟天)에 관해서는 64의 주 참조. ❀ '世間最高大

身'이라든가 '一切種智'는 현상계의 관점에서 증발심의 특징을 규정한다고 보아야 할 것이다.

70_

問曰 虛空無邊故 世界無邊 世界無邊故 衆生無邊 衆生無邊故 心行差別 亦復無邊 如是境界 不可分齊 難知難解 若無明斷 無有心想 云何能了 名一切種智 答曰 一切境界 本來一心 離於想念 以衆生妄見境界故 心有分齊 以妄起想念 不稱法性故 不能決了 諸佛如來 離於見相 無所不遍 心眞實故 卽是諸法之性 自體顯照 一切妄法 有大智用 無量方便 隨諸衆生 所應得解 皆能開示 種種法義 是故得名一切種智

여기서 다음과 같은 의문이 제기된다—허공이 끝없는 것과 같이 세계 또한 끝없으며, 세계가 끝없는 것과 같이 중생 또한 끝없으며, 중생이 끝없는 것과 같이 마음과 행동의 다양성 또한 끝없을 수밖에 없다. 이 모든 것은 명확하게 구분될 수 있는 것이 아니며 그 알기 어려움은 말할 수조차 없다. 무명이 끊어지면 상념〔心想〕 또한 없어질 것인데, 어찌하여 모든 것을 완전히 파악한다든가 '총체적 지식'〔一切種智〕을 가진다는 말이 있을 수 있는가?—마음에 파악되는 모든 대상은 원래에는 '하나인 마음'〔一心〕 바로 그것이며, 이것은 상념에서 벗어나 있다. 다만 중생이 그 마음으로 대상을 조작하기 때문에 마음에 여러 가지 구분이 생길 뿐이다. 이와 같이 상념이 일어난 상태에서는 사물의 본성[法性]을 파악할 수 없으며, 따라서 '완전한 파악'이라는 것도 있을 수 없다. '깨달은 자'와 '진여와 하나인 자'의 마음은 특정한 대상을 대면하여 그것을 인식하는 '인식의 주체로서의 마음'[見相]이 아니라 모든 곳에 두루 미치는 '참으로 있는 것'[眞實] 그대로의 마음이다. 이때 그들의 마음에 파악되는 것이 곧 '모든 사물과 현상의 본성'[諸法之性]이다. 그것은 상념에 파악되는 모든 대상을 드러내어 비추며, 그것이 가지고 있는 큰 지혜는 끝없이 다양한 방편으로 작용하여 중생 각자의 이해능력에 따라 여러 가지 진리를 깨우치고 보여줄 수 있다. 그것을 '총체적 지식'[一切種智]이라고 부르는 것은 이런 뜻에서이다.

[주] 分齊분제 難知難解난지난해 不稱불칭 顯照현조

● 질문이 어떤 관점에서 제기되었건 간에, 이 문단의 답은 '心眞如門', 즉 '진여 또는 실재의 측면에서 파악되는 마음'을, 바로 우리의 '상념'에 파악될 수 있을 정도로 '여실하게' 기술하고 있다. 그것이 우리의 '상념'에 파악되는 듯한 느낌이 드는 것은 아마 여기에 기술된 것이 서양철학의 '실재'와 거의 완전히 일치하기 때문일 것이다. '진여'가 '마음'이라는 것에 특별히 구애되지 않는다면(8 주 참조), 이 문단에서 진여를 기술하는 말로 사용된 '특정한 대상을 지칭하지 않는다'[離於見相]든가, '상념에 파악되는 모든 대상을 드러내어 비춘다'[顯照一切妄法]든가 하는 것은 '보편자' 또는 인식의 근거로서의 '실재'에도 그대로 해당된다. (離於見相에서 '見相'은 고려 대장경의 '見想'을 바로 잡은 것이다.) ● '諸法之性', 즉 '法性'. ● '一心'에 관해서는 11 주 참

조. ● '智用'―여기서 '智'는 '用'이라는 측면에서 파악된 것임을 나타낸다. 그리고 지혜의 用은 깨달음의 '방편'이 된다.

71_

又問曰 若諸佛有自然業 能現一切處 利益衆生者 一切衆生若見其身 若観神變 若聞其說 無不得利 云何世間 多不能見 答曰 諸佛如來 法身平等 遍一切處 無有作意故 而說自然 但依衆生心現 衆生心者 猶如於鏡 鏡若有垢 色像不現如是衆生 心若有垢 法身不現故

또 한 가지― 앞에서 말한 바와 같이, '깨달은 자'가 의식적인 노력이 없이도 훌륭한 행위를 나타낼 수 있고 또 그것이 온 세상에 두루 나타나 중생을 이롭게 할 수 있다고 하자. 그렇다면 중생은 누구나 그 '깨달은 자'의 몸을 마치 기적을 보듯이 보아야 할 것이며 누구나 그 말씀을 듣고 이익을 얻어야 할 것인데, 어찌하여 대부분의 사람들은 그것을 보지도 듣지도 못하는가?― '깨달은 자'와 '진여와 하나인 자'의 몸은 진여 그 자체로서 모든 곳에 두루 퍼져 있는 것이 사실이다. 그들이 의식적인 노력을 하지 않는 것도 또한 사실이다. (그리하여 그들의 행위를 '自然'이라고 한다.) 다만, 그 몸은 중생의 상념에 파악되는 방식으로만 나타날수 있다. 중생의 마음은 거울과 같다. 거울에 때가 끼어 있으면 물체의 형상이 나타나지 않는 것과 마찬가지로, 중생의 마음에 때가 끼어 있기 때문에 '진여로서의 여래의 몸'〔法身〕이 보이지 않는 것이다.

觀神變 도신변 有垢유구

●無有作意—여래법신에 '作意'(특별한 의도)가 없다는 것은, 결국 법신을 보는가 보지 못하는가는 중생 각자에 달려있다는 뜻이다. 이 문단은 해석분을 종결하고 수행신심분을 시작하는 적절한 연결점이 된다. ●이 문단에 제시된 '自然'의 정의에 주목할 것.

72_

已說解釋分 次說修行信心分 是中依未入 正定衆生故 說修行信心

이상으로 해설을 마치고, 이제 수행의 방법과 거기서 얻어야 할 믿음을 설명하겠다. 이하의 설명은 아직 '믿음이 확고한 무리' 〔正定聚〕에 들지 못한 중생을 대상으로 하여 그들을 수행과 믿음으로 인도하기 위한 것이다.

주 ● '修行信心'에서 신심은 수행의 목적과 결과를 동시에 나타낸다. 74 참조. ●본문의 '正定'은 59에서 말한 '정정취 중생의 경지'를 가리킨다. 결국 이하에서 말하는 修行 五門은 이 경지에 들지 못한 중생 (또는, '부정취 중생')을 겨냥한다〔中〕는 뜻이 된다. 正定의 경지에 들어간 중생은, 다음 문단의 僧能正修行 自利利他에 나타난 바와 같이, 수행의 방법을 이미 터득했다고 보는 것이다.

73_

何等信心 云何修行 略說信心 有四種 云何爲四 一者信根
本 所謂樂念 眞如法故 二者信佛有無量功德 常念親近 供
養恭敬 發起善根 願求一切智故 三者信法有大利益 常念修
行 諸波羅蜜故 四者信僧能正修行 自利利他 常樂親近 諸
菩薩衆 求學如實行故

'믿음'이라는 것은 무엇무엇이며, 수행은 어떻게 하는 것인
가?―믿음에는 크게 네 가지가 있다. 첫째는 '진여가 세상의 근
본이라는 믿음'〔信根本〕으로서, 이것은 늘 진여를 마음 속으로
그리워하는 것으로 표현된다. 둘째는 '부처에게는 무한한 공덕
이 있다는 믿음'〔信佛有無量功德〕으로서, 이것은 늘 부처를 가
까이 받들어 모시며, 스스로 훌륭한 바탕을 닦아 부처의 '총체
적 지식'〔一切智〕을 물려받게 되고자 노력하는 것으로 표현된
다. 셋째는 '부처의 가르침은 큰 이익을 가져다준다는 믿음'〔信
法有大利益〕으로서, 이것은 늘 여러 바라밀을 기억하며 그것을
실천하는 것으로 표현된다. 넷째는 '승단은 스스로와 다른 사람
들을 이롭게 하기 위한 올바른 수행 방법을 알고 그것을 실천한
다는 믿음'〔信僧能正修行自利利他〕으로서, 이것은 늘 여러 수행
자의 단체와 가깝게 교제하며 그들을 본받아 부처의 가르침을
실천하고자 노력하는 것으로 표현된다.

주 波羅蜜 바라밀

❀이 문단에서는 네 가지 믿음과 그 믿음의 표현방식을 제시하고 있

다. 맨처음의 '信根本'을 제외한 나머지 세 가지는 佛·法·僧 三寶에 관한 것으로서 그 믿음의 '내용'은 모두 信根本의 내용인 '眞如法'의 구체적 표현이라고 볼 수 있다. ❀ '일체지'는 위의 69와 70에서 말한 '일체종지'와 동일한 것으로 보아도 무방할 것이다. ❀ '法有大利益' 또는 '自利利他'에서 '利'는, 앞에서 여러 번 사용된 '이익을 얻는다' 〔得利益〕든가 '중생을 이롭게 한다' 〔利益衆生〕는 말에서의 '利'와 마찬가지로, 일차적으로, 또는 심지어 전적으로, 기신론 또는 불교 일반의 관점에서 해석되어야 할 것이다. 여기서 이익이라고 하는 것은 기신론 첫머리의 '因緣 總相'(4)에서 말한 '離一切苦 得究竟樂'(일체의 괴로움에서 벗어나서 영원한 즐거움을 얻는 것)과 일관된 의미로, 다시 말하면 상념과 집착이 우리 마음의 헛된 造作임을 알고 절대평등의 진여로 눈을 돌릴 수 있게 되는 것을 뜻하는 것으로 해석되어야 한다. 세속적인 관점에서 보면 그것은 하등 '이익'이라고 할 만한 것이 못된다. 아니, 그것을 '이익'이라고 생각하지 못하는 관점이 '정의상' 세속적인 관점이다. 아마 기신론에서는 그 '이익'이 세속적인 의미에서의 이익과 다르지 않으며 그것은 세속적인 의미에서의 이익을 결과적으로 보장한다고 주장할 것이다(32의 '得隨順世間一切境界種種智故'와 이하 85 '三昧의 十種利益' 참조). 그러나 기신론적 의미에서의 이익이 세속적 의미에서의 이익을 가져다 준다 하더라도 그것은 어디까지나 '깨달음의 이익'에 따라오는 '우연적', '부차적' 결과일 뿐이다.

74_

修行有五門 能成此信 云何爲五 一者施門 二者戒門 三者

忍門 四者進門 五者止觀門

수행의 방법에는 다섯 가지가 있다. 첫째, 자선과 시여〔施門〕,
둘째, 계율의 준수〔戒門〕, 셋째, 受辱의 인내〔忍門〕, 넷째, 결단
과 분발〔進門〕 그리고 다섯째, 상념의 정지와 본질의 통찰〔止觀
門〕이 그것이다. 이 다섯 가지 수행은 위의 네 가지 믿음을 이루
는 방법이 된다.

🈂 施門시 문 戒門계 문 忍門인 문 止觀門지 관문

❀能成此信(수행이 신심을 이룰 수 있다)—수단-목적 관계로 말하자
면, 수행은 신심을 위한 수단이요, 신심은 그 결과 또는 목적이라고 말
할 수 있을 것이다. 그러나 엄밀히 말하여 수단과 목적은 수행과 신심
의 관계를 표현하는 용어로서 적합하지 않다. 방편에 관한 4 주 참조.

75_
云何修行施門 若見一切 來求索者 所有財物 隨力施與 以
自捨慳貪 令彼歡喜 若見厄難 恐怖危逼 隨己堪任 施與無
畏 若有衆生 來求法者 隨己能解 方便爲說 不應貪求 名利
恭敬 唯念自利利他 廻向菩提故

'자선과 시여'〔施門〕의 방법은 무엇인가?—수행자는 누구든지
물질적인 도움을 구하는 사람이 있으면 자신이 가지고 있는 재
물을 힘자라는대로 베풀어 주어야 하며, 스스로 인색한 마음을

버리고 남을 기쁘게 하여야 한다. 수행자는 누구든지 어려운 일, 두려운 일, 위험한 일을 당한 사람이 있으면 자신이 할 수 있는 한 그 일을 감당하여 두려움을 덜어주고, 가르침을 바라는 중생이 있으면 자신의 이해가 미치는 범위 내에서 방편을 써서 설명해 주어야 한다. 이런 일을 하되, 수행자는 명예나 이득이나 공경을 얻으려는 마음으로 할 것이 아니라, 오직 자신과 다른 사람을 이롭게 한다는 마음으로, 그리고 자신과 다른 사람의 마음이 더욱 '깨달음의 지혜'〔菩提〕로 향하여 돌아서기를 바라는 마음으로 하여야 한다.

주 求索구색 慳貪간탐 歡喜환희 厄難액난 危逼위핍 堪任감임 廻向회향 菩提보리

❀廻向菩提(눈을 돌려, 또는 마음을 돌려, 부처의 지혜로 향한다)—이것이 離念歸於眞如를 위한 인간의 자세이다. 그것은 곧 눈과 마음을 현재의 반대 방향으로 돌리는 것이다. 57 주 참조.

76_

云何修行戒門 所謂不殺 不盜不婬 不兩舌不惡口 不妄言不綺語 遠離貪嫉 欺詐諂曲 瞋恚邪見 若出家者 爲折伏煩惱故 亦應遠離憒鬧 常處寂靜 修習少欲知足 頭陀等行 乃至小罪 心生怖畏 慚愧改悔 不得輕於如來 所制禁戒 當護譏嫌 不令衆生 妄起過罪故

'계율의 준수〔戒門〕의 방법은 무엇인가?―수행자는 생명을 해치지 말며, 도둑질하지 말며, 음란한 행위를 하지 말며, 한 입으로 두 말을 하지 말며, 남을 헐뜯지 말며, 거짓말을 하지 말며, 말을 그럴듯하게 꾸미지 말며, 탐욕과 질투와 사기와 아첨과 분노와 邪見을 버려야 한다. 수행을 위하여 출가한 사람은 번뇌를 억누르기 위하여 노력해야 하며, 따라서 세상의 번잡한 소용돌이를 떠나서 늘 고요한 곳에 살아야 한다. 수행자는 욕심을 줄이고 만족할 줄 알며 금욕〔頭陀〕을 실천해야 한다. 수행자는 조금만 잘못 하더라도 두려운 마음과 부끄러운 마음을 가지며, 잘못을 뉘우쳐 고치도록 해야 한다. 일체의 계율은 여래가 제정한 것이므로, 수행자는 그것을 가벼이 여겨서는 안된다. 수행자는 남에게 비난받을 일이나 남의 기분을 상하게 하는 일을 하여 다른 사람으로 하여금 쓸데없이 죄과를 저지르도록 해서는 안된다.

[주] 不盗 불도 不婬불음 不綺語불기어 貪嫉탐질 欺詐기사 諂曲첨곡 瞋恚진에 折伏절 복 憒鬧궤뇨 頭陀두타 怖畏포외 慙愧참괴 改悔개회 譏嫌 기혐

❀ 十善 또는 十善業은 일반적으로 1)不殺生, 2)不偸盜(불투도), 3)不邪婬, 4)不妄語, 5)不兩舌, 6)不惡口, 7)不綺語, 8)不貪欲, 9)不瞋恚, 10)不邪見으로 제시된다. 이 중에서 처음 세 가지는 身業에, 그 다음 네 가지는 口業에, 그리고 마지막 세 가지는 意業에 각각 해당한다. ❀ '頭陀'는 금욕의 수행을 뜻하는 산스크리트어 '두우타'의 음역이다. ❀ '세상의 번잡한 소용돌이를 떠나서 늘 고요한 곳에 살아야 한다'〔遠離憒鬧 常處寂靜〕―이른바 '말초적 자극'을 구하여 사람 많은 곳을 찾

아다니는 사람들은 이 계율의 의미를 생각해 보아야 할 것이다. ❀當
護譏嫌─譏嫌을 일으키지 않도록 하는 것, 이것은 중생으로 하여금
죄를 추가하지 않도록 하기 위해서(또는, 그렇게 하기 위해서라도) 필
요하다.

77_

云何修行忍門 所謂應忍 他人之惱 心不懷報 亦當忍於利衰
毀譽稱譏 苦樂等法故

'受辱의 인내'〔忍門〕의 방법은 무엇인가?─수행자는 다른 사람
으로 말미암아 고통을 받을 때 그것을 참고 용서해 주어야 하며,
보복할 생각을 품어서는 안된다. 또한 수행자는 이익과 손해, 명
예와 치욕, 칭찬과 비난, 괴로움과 즐거움 등 모든 일신상의 영
향을 초월해야 한다.

[주] 懷報회보 利衰이쇠 毀譽훼예 稱譏칭기 恥辱치욕
❀利衰, 毀譽, 稱譏, 苦樂等法을 묵묵히 참고 견디는 것, 그것은 진여
또는 여래평등법신을 닮은 인간의 모습이다.

78_

云何修行進門 所謂於諸善事 心不懈退 立志堅强 遠離怯弱
當念過去 久遠已來 虛受一切 身心大苦 無有利益 是故應

勤 修諸功德 自利利他 速離衆苦 復次若人 雖修行信心 以
從先世來 多有重罪惡業障故 爲魔邪諸鬼之所惱亂 或爲世
間事務 種種牽纏 或爲病苦所惱 有如是等 衆多障碍 是故
應當 勇猛精勤 晝夜六時 禮拜諸佛 誠心懺悔 勸請隨喜 廻
向菩提 常不休廢 得免諸障 善根增長故

'결단과 분발'〔進門〕의 방법은 무엇인가?―수행자는 여러 가지
좋은 일을 하는 데에 게으름을 피우거나 물러서지 말며, 뜻을 굳
고 강하게 가져 비겁하고 나약한 마음을 버려야 한다. 수행자는,
인간은 오랜 옛날부터 헛되이 심신의 모든 괴로움을 당하여 왔
으며, 그것은 인간에게 하등의 이익도 가져다주지 않는다는 것
을 명심해야 한다. 그러므로 인간은 마땅히 여러 공덕을 부지런
히 닦아 자신과 다른 사람을 이롭게 하고 모든 괴로움에서 재빨
리 벗어나야 한다. 그런데, 설사 마음과 행실을 닦는다 하더라
도, 인간은 과거 무한한 환생 동안 重罪와 惡業의 장애를 가지고
있기 때문에, 때로는 악마와 귀신의 방해를 받고 때로는 세상의
온갖 번거로운 일에 얽매이고 때로는 병고의 시달림을 받는다.
이런 여러 가지 장애가 있기 때문에 인간은 누구나 더욱 용감하
게 정진하지 않으면 안된다. 수행자는 네 시간마다 한 번씩, 밤
낮으로 여섯 번씩 부처 앞에 예배하면서 온 마음으로 뉘우치며,
부처의 가르침을 청하고 그것을 기쁜 마음으로 받아들이며, 마
음이 '깨달음의 지혜'〔菩提〕로 향하여 돌아서기를 기원해야 한
다. 이와 같이 쉴 사이 그칠 사이 없이 언제나 노력하면, 수행자
는 여러 장애를 극복하고 좋은 자질을 북돋울 수 있게 된다.

[주] 懈退해퇴 堅强견강 怯弱겁약 摩邪마사 惱亂뇌란 牽纏견전 懺悔참회 休廢휴폐

❋世間事務 種種牽纏─세상 일을 전연 보지 말라는 뜻이 아니라, '쓸데없는' 일에 얽매이지 말라는 뜻이다. 물론, 무엇이 '쓸데없는' 일인가는 당사자의 지혜의 수준에 달려 있는 문제이다. ❋ '과거 무한한 환생 동안 중죄와 악업의 장애를 가지고 있기 때문에'〔從先世來 多有重罪惡業障〕─이것은 마치 해당 '개인'이 과거의 중죄악업을 짊어지고 있다는 뜻을 나타내는 것처럼 되어 있지만, 차라리 그것은 집단적, 종족적 현상을 가리킨다고 보아야 할 것이다. ❋誠心懺悔 勸請隨喜 廻向菩提─63 주 '학생의 자세' 참조.

79_

云何修行止觀門 所言止者 謂止一切境界相 隨順奢摩他觀義故 所言觀者 謂分別因緣生滅相 隨順毗鉢舍那觀義故 云何隨順 以此二義 漸漸修習 不相捨離 雙現前故

'상념의 정지와 본질의 통찰'〔止觀門〕의 방법은 무엇인가?─'상념의 정지'〔止〕라는 것은 상념에 지각되는 일체의 특징〔境界相〕을 정지시키는 것으로서, 이것은 '그침'〔奢摩他〕의 방법을 따르는 것이며, '본질의 통찰'〔觀〕이라는 것은 원인과 계기에 의하여 일어나는 현상계의 변화〔因緣生滅相〕를 정확하게 파악하는 것으로서, 이것은 '살핌'〔毗鉢舍那〕의 방법을 따르는 것이다. 이 두 가지 수행은 점진적으로 동시에 실천하여, 마치 문을 받치고

있는 두 개의 기둥처럼, 한꺼번에 일어나도록 해야 한다.

🈡 奢摩他 사마타 毗鉢舍那 비 발사나 雙現前 쌍현전

❋ '사마타'는 止를 뜻하는 '샤마타'의 음역이며, '비발사나'는 觀을 뜻하는 '비파샤나'의 음역이다. 여기서는 이 두 단어에 '觀'자를 덧붙임으로써 양자가 모두 '통찰'에 해당한다는 것을 보이고 있다. 다만 그 통찰의 '방향'이 반대가 될 뿐이다. ❋ '마치 문을 받치고 있는 두 개의 기둥처럼'〔雙現前〕—번역에 사용된 이 말은 원문에 없지만, 그 뜻은 명백히 거기에 들어 있다. 이하의 설명에서 드러나게 될 바와 같이, 止와 觀은 각각 진여와 생멸인연상을 그 대상으로 하고 있다. 이 두 수행이 '동시에, 한꺼번에' 이루어져야 한다는 것은 진여와 생멸인연상이 '서로 떨어질 수 없다는 것'〔二門不相離, 10〕에서 논리적으로 따라오는 귀결이다. 다시 말하면, '진여에의 직관'〔止〕은 진여의 표면으로서의 생멸인연상에 대한 통찰을 필수적으로 요구하며, '현상에의 통찰'〔觀〕은 현상의 이면으로서의 진여에 대한 동경과 연결되지 않으면 안된다. 만약 이 두 기둥이 각각 별도로 떨어져 있으면, 50에서 말한 두 '我見'—인아견과 법아견—에 떨어질 가능성이 크다. 50의 주 참조. 止와 觀은 앞의 65에서 말한 육바라밀의 선정〔禪〕, 지혜〔般若〕와 모든 면에서 동일하다고 볼 수 있는데도, 양자를 수행의 한 영역〔門〕으로 결합한 데에는 분명히 이러한 고려가 작용하였을 것이다. 이하 86과 89 참조.

80_

若修止者 住於靜處 端坐正意 不依氣息 不依形色 不依於
空 不依地水火風 乃至不依見聞覺知 一切諸想 隨念皆除
亦遣除想 以一切法 本來無相 念念不生 念念不滅 亦不得
隨心 外念境界 後以心除心 心若馳散 卽當攝來 住於正念
是正念者 當知唯心 無外境界 卽復此心 亦無自相 念念不
可得

'상념의 정지'〔止〕를 하려고 하면 수행자는 고요한 곳을 정하여
단정히 앉아서 마음을 가다듬어야 한다. 수행자는 생각의 초점을
호흡에 두어서도 안되고 눈에 보이는 물체에 두어서도 안된다.
수행자는 '빈 것'〔空〕을 생각해서도 안되며, 땅과 물과 불과 바
람, 또는 보고 들은 것, 깨닫고 안 것 중의 어느 것을 생각해서도
안된다. 수행자는 상념에서 일어나는 일체의 생각을 지워버려야
하며, 생각을 지운다는 생각조차 지워야 한다. 일체의 사물이 나
타내는 양상은 그 본래의 모습이 아니며, 그 본래의 모습은 상념
에 의하여 생기기도 하고 없어지기도 하는 그런 것이 아니다. 또
한, 상념을 정지시킨다는 것은 먼저 마음으로 바깥의 대상을 생
각하고 그 다음에 그 마음을 또 하나의 마음으로 지우는 식이 되
어서는 안된다. 만약 수행자의 마음이 뿔뿔이 흩어지면, 수행자
는 다시 마음을 가다듬어 '올바른 생각'〔正念〕에 머무르도록 해
야 한다. 이 '올바른 생각'이라는 것은 외부 대상에 대한 생각이
있어서 그것이 올바르다는 뜻이 아니라 '오직 마음'〔唯心〕일 뿐
이다. 이 마음은 양상을 가지고 있지 않으며, 따라서 상념을 아

무리 거듭거듭 되풀이하더라도 파악되는 것이 아니다.

🈷 靜處정처 端坐단좌 氣息기식 遣除想견제상 馳散치산 攝來섭래
● '생각을 지운다는 생각조차 지워야 한다'〔亦遣除想〕─우리로서는
도저히 상상할 수 없는 이 경지가 止의 추구하는 바 진여의 경지이다.
● 正念者 當知唯心 無外境界('정념'이라고 하는 것은 '유심'이며 외
부 경계를 가지지 않는다)─正念에서의 '念'은, 61의 '正念眞如法'이
라고 할 때의 '念'과 마찬가지로, '想念'을 뜻하는 念과는 다르다고 보
아야 한다. 정념이 대상으로 하는 것은 외부 대상이 아니라 '오직 마
음'〔唯心〕이며, 따라서 正念은 '마음이 마음을 보는 것'이다. 28 주와
66 참조. ● 此心 亦無自相─22의 念無自相(상념은 그 자체로서 독자
적인 실체를 가지고 있는 것이 아니다) 참조.

81_

若從坐起 去來進止 有所施作 於一切時 常念方便 隨順觀
察 久習淳熟 其心得住 以心住故 漸漸猛利 隨順得入 眞如
三昧 深伏煩惱 信心增長 速成不退 唯除疑惑 不信誹謗 重
罪業障 我慢懈怠 如是等人 所不能入

앉은 자리에서 일어나, 오가고 서성대며 일을 할 때에도, 수행자
는 그 당시의 모든 사태를 방편으로 삼아 사물의 본질을 꿰뚫어
보려고 노력해야 한다. 이런 수련이 오래 쌓여 완숙한 단계에 다
다르면, 수행자는 마음에 동요가 없어지며〔心住〕, 마음에 동요

가 없어짐에 따라 마음은 점점 강렬하고 예리하게 되어 '진여에의 몰입'〔眞如三昧〕에 들어간다. 이제 번뇌는 거의 자취를 감추고 믿음이 크게 자라서 더 이상 흔들림이 없는 확고한 상태로 곧장 나아간다. 다만, 처음부터 여래와 그 가르침에 대한 의혹과 불신과 비판적 태도를 가지고 있는 사람은, 중죄와 악업의 장애에 짓눌려 있는 사람이나 교만과 게으름에 젖어 있는 사람과 마찬가지로, '진여에의 몰입'을 경험할 수 없다.

주 施作시 작 久習구 습 淳熟순 숙 深伏심 복 疑惑의 혹 誹謗비 방 我慢아 만 懈怠해 태

◉眞如三昧—'삼매'는 '定'을 뜻하는 산스크리트어 '사마아디'의 음역이다. 삼매의 정의는 82에 본격적으로 내려져 있지만, 보다 일반적인 용어로, 三昧 또는 定은 止를 이룩했을 때의 심리상태를 규정한다고 말할 수 있다. 그러나 여기서 '심리상태'라는 말은 예컨대 환희나 분노나 흥분을 심리상태라고 하는 것과는 다른 뜻으로 사용된다는 점에 유의할 필요가 있다. 이들 보통의 의미에서의 심리상태는 시작과 끝을 알 수 있으며 따라서 그 상태에는 '들어간다'든가 '나온다'는 말이 적용될 수 있다. 우리는 흔히 '삼매에 들어간다'는 표현을 쓰지만, 이것은 비유적인 표현이며, 엄밀한 의미에서 삼매는 '들어가고 나올 수 있는' 그런 심리상태가 아니다. (84 참조. 그곳에서의 설명에 의하면 우리가 보통 사용하는 뜻으로서의 삼매는 '外道의 삼매'—다시 말하면, 생멸인연계에 붙박혀 있는 사람들이 말하는 삼매이다.) 기신론에서도 '得入眞如三昧' 또는 '出定'(84)과 같이 삼매에 '들어간다'든가 '나온다'는 표현을 쓰기는 하지만, 그것은 불가피하게 취해진 전달방법, 또

는 '방편'이라고 볼 수 있을 것이다. 84의 설명에 시사되어 있는 바와 같이, 진정한 삼매는 진여 또는 여래법신 그 자체를 수행자의 '마음', 즉 생멸계의 관점에서 표현하는 것이다. 그러므로 '삼매'는 그 자체만으로도 '진여에의 몰입'으로 번역될 수 있다. 여기서 '眞如三昧'라는 용어를 쓴 것은 다음 문단의 '無量三昧'와의 대비를 염두에 둔 것이라고 볼 수 있다. ❀如是等人 所不能入—의혹, 불신, 비판적 태도, 중죄업장을 가지고 있는 사람은 진여삼매에 들 수 없다는 이 말은, 중생은 누구나 여래장을 가지고 있다는 기신론의 기본 입장과 모순된다는 생각이 들 수 있다. 또한 이 말은 '종교는 믿음을 전제로 한다'는 통념을 뒷받침한다는 생각이 들 수도 있다. (이런 맥락에서는 이하 93의 衆生但應仰信 不應誹謗—중생은 오로지 그 가르침을 우러러 믿어야 하며 그것을 깎아 내리려고 해서는 안된다—이라는 말이 원용될 수도 있다.) 그러나 如是等人 所不能入은 기신론의 기본 입장과 모순되는 것도 아니요, 맹목적인 신앙을 호소하려는 것도 아니다. 그것은 기신론(즉, 그것이 전달하고자 하는 가르침)을 이해하려고 노력하기 전에, '맹목적으로' 그것을 불신하고 비방하려고 하는 사람들을 경계하기 위한 것이다. 이런 사람들이 바로 '중죄와 악업의 장애에 짓눌려 있는 사람들'이다. (물론, 기신론의 가르침처럼 '보통의 사고방식'으로는 믿기 어려운 내용을 믿는 데에 '종교적 믿음'의 힘이 필요하다는 것은 인정될 수 있다. 11 주 참조.)

82_

復次依如是三昧故　則知法界一相　謂一切諸佛法身　與衆生

身 平等無二 卽名一行三昧 當知眞如 是三昧根本 若人修
行 漸漸能生 無量三昧

'三昧'라는 것은 온 세상이 하나임〔法界一相〕을 아는 것, 다시
말하여, 모든 부처의 몸〔法身〕과 중생의 몸〔衆生身〕이 하나요
둘이 아닌 상태〔平等無二〕를 나타낸다. 이런 뜻에서 그것을 '한
길을 가는 삼매'〔一行三昧〕라고 부르기도 한다. 중요한 사실은,
진여는 삼매의 근본이라는 것, 그리고 진여삼매를 열심히 행하
면 그것은 수많은 종류의 삼매〔無量三昧〕로 확산될 수 있다는
것이다.

🈲 ❀이 문단은 이 바로 앞 81 주에서 말한 '삼매의 본격적 정의'에 해
당한다. ❀法界一相―17에서 이것은 '모든 사물이 오직 하나의 양상
을 띤다'로 번역된 바 있다. 거기서 법계일상은 '覺'의 설명으로, 또는
'離念'의 양상을 규정하는 것으로 되어 있다. 이 문단에 의하면 '法界
一相'은 삼매에서 지각되는 법계의 양상을 가리키며, 따라서 그것은
진여의 다른 이름이라고 보아도 좋다. (여기서 '지각'이라든가 '양상'
은 비유적인 의미로 사용된 용어이다.) ❀ '한 길을 가는 삼매'〔一行三
昧〕는 때로 實叉難陀의 신역(皆是一相 是故說名 一相三昧)에 따라
'한 모습의 삼매'〔一相三昧〕라고 불리기도 한다. 久松眞一, 起信의 課
題(일본어판), 85 페이지 참조. ❀ '수많은 종류의 삼매'〔無量三昧〕가
무엇을 뜻하는가는 분명하지 않다. 한 가지 짐작은 진여가 삼매의 '본
체'인 만큼 그 진여의 구체적 표현인 '일체법'(모든 사물과 현상)에도
삼매가 있을 수 있고, 이 후자의 삼매를 통해서도 진여삼매에 연결될

수 있으리라는 것이다.

83_

或有衆生 無善根力 則爲諸魔外道 鬼神之所惑亂 若於坐中
現形恐怖 或現端正 男女等相 當念唯心 境界則滅 終不爲
惱 或現天像菩薩像 亦作如來像 相好具足 若說陀羅尼 若
說布施持戒 忍辱精進 禪定智慧 或說平等空 無相無願 無
怨無親 無因無果 畢竟空寂 是眞涅槃 或令人知 宿命過去
之事 亦知未來之事 得他心智 辯才無碍 能令衆生貪着 世
間名利之事 又令使人 數瞋數喜 性無常準 或多慈愛 多睡
多病 其心懈怠 或卒起精進 後便休廢 生於不信 多疑多慮
或捨本勝行 更修雜業 若着世事 種種牽纏 亦能使人 得諸
三昧 少分相似 皆是外道所得 非眞三昧 或復令人 若一日
若二日 若三日乃至七日 住於定中 得自然香美飮食 身心適
悅 不飢不渴 使人愛着 或亦令人 食無分齊 乍多乍少 顔色
變異 以是義故 行者常應 智慧觀察 勿令此心 墮於邪網 當
勤正念 不取不着 則能遠離 是諸業障

좋은 자질을 갖추지 못한 중생의 경우에는 여러 악마와 이단과
귀신의 방해를 받는다. 수행을 위하여 앉아 있을 때 그 훼방꾼들
은 때로 무서운 형상으로 나타나기도 하고 때로는 고운 차림을
한 남자와 여자의 모습으로 나타나기도 한다. 그러나 그 모든 것
들이 오직 '오직 마음'[唯心]이라는 것을 열심히 생각하면 눈에

보이는 것들이 사라지고 마침내 괴로움에서 벗어날 수 있다. 그 훼방꾼들은 때로 천사의 모습, 수행자의 모습으로 나타나기도 하고 때로는 여래의 모습과 징표[相好]를 갖추고 나타나서 '眞言'[陀羅尼]을 말하며 여래의 가르침을 전해 주기도 한다. 그들은 보시, 지계, 인욕, 정진, 선정, 지혜의 이른바 육바라밀을 말한다. 그들은 '平等', '空', '無相'을 말하고, 소원도 원한도 친교도, 원인이나 과보도 결국은 공허한 것이며 이 '공허한 것'이 바로 열반이라고 말한다. 그 훼방꾼들은 사람들로 하여금 자신이 숙명으로 행한 지난 날의 일과 장차 닥칠 일을 알 수 있도록 하고 다른 사람의 마음을 들여다 보고 읽을 수 있도록 한다. 그들은 천하에 막힘없는 能辯을 주어 사람들로 하여금 名利를 구하고 그것에 집착하게 만든다. 또한 그들은 사람들로 하여금 분노와 환희의 변덕에 사로잡히게 하여 성격에 일관성을 잃게 만든다. 그들은 사람들을 때로는 지나치게 다정다감하게 만들며, 때로는 쏟아지게 잠이 오거나 몸이 자주 아파서 마음이 늘어지게 만들며, 때로는 소스라치게 일어나 열심히 일하다가 갑자기 팽개쳐 버리게 만든다. 그들은 사람들에게 불신을 일으키고 사람들을 의심과 걱정에 빠뜨려 헤어나지 못하게 한다. 그들은 사람들로 하여금 그 본래의 훌륭한 행동을 저버리고 쓸데없는 일에 매달리게 하며, 번거로운 세상 일에 집착하여 온 사방 그물에 얽매이게 만든다. 또한, 그들은 때로 사람들로 하여금 표면상 유사한 것으로 보이는 여러 가지 삼매를 경험하도록 하지만, 이것은 모두 이단의 삼매일 뿐, 진정한 삼매가 아니다. 예컨대 그들은 사람들을 하루, 이틀, 사흘 또는 이레 동안 삼매[定]에 머무르게 하여 향기 좋고 맛 좋은 음식을 먹은 듯이 심신이 쾌적하고 배고 픔도 목마름도 모르게 하며, 그렇게 함으로써 이 상태에 더욱 집 착하게 만든다. 때로 그들은 사람들로 하여금 무절제한 식생활 에 탐닉하게 하며, 안색에 변화가 올 정도로 갑자기 많이 먹거나 적게 먹도록 한다. 이런 여러 가지를 생각해 볼 때, 수행자는 자 신의 수행이 그릇된 방향으로 흐르지 않는가를 늘 조심스럽게 살피면서 그 마음이 사악의 그물에 걸리지 않도록 해야 한다. 그 는 '올바른 생각'〔正念〕을 가지도록 힘쓰며 그릇된 집착을 버리 려고 노력해야 한다. 그렇게 하면 위의 여러 가지 장애가 충분히 극복될 수 있을 것이다.

㉰ 鬼神귀신 惑亂혹란 端正단정 陀羅尼다라니 布施보시 持戒지계 忍 辱인욕 無怨무원 空寂공적 涅槃열반 辯才변재 無碍무애 貪着탐착 數瞋 數喜삭진삭희 多睡다수 卒起졸기 後便休廢후변휴폐 本勝行본승행 牽 纏견전 適悦적열 不飢不渴불기불갈 乍多乍少사다사소 墮於邪網타어사 망 耽溺탐닉

❋相好具足 ─석가여래의 三十二相 八十隨形好를 가리킨다. 46 주 참조. ❋ '다라니'가 '진언'으로 번역될 가능성이 있다는 점에 대해서는 5 주 참조. ❋皆是外道所得 ─이 대목에 기술된 것이 '외도'의 삼매에 해당한다는 점에 대해서는 81 주와 84 참조. 이 문단에 기술된 '외도 삼매'에 빠지는 사람들은 '정상적인 생활인'으로서 사회에 참여하지 못하고 '奇人'으로서 정상적인 생활권 밖으로 밀려 나가게 될 것이다. ❋正念에 관해서는 80 주와 90 주 참조.

84_

應知外道 所有三昧 皆不離見愛 我慢之心 貪着世間 名利
恭敬故 眞如三昧者 不住見相 不住得相 乃至出定 亦無懈
慢 所有煩惱 漸漸微薄 若諸凡夫 不習此三昧法 得入如來
種性 無有是處 以修世間 諸禪三昧 多起味着 依於我見 繫
屬三界 與外道共 若離善知識所護 則起外道見故

한 가지 명심해야 할 것은, 이단의 삼매는 모두 편견과 애착과
자만심에 사로잡혀 있으며 세상의 명리와 세상 사람들의 공경을
얻고자 하는 욕망에 기초를 두고 있다는 것이다. '진여삼매'는
인식의 과정도 아니요〔不住見相〕 인식의 결과도 아니다〔不住得
相〕. 수행자는 삼매〔定〕의 상태에서 나왔다고 하여 해이해지거
나 자만에 빠지지 말고 계속 노력하여 번뇌가 점점 사라지도록
해야 한다. 우둔한 자들이 이 삼매의 방법을 익히지 않고서 여래
의 문중에 든다는 것은 있을 수 없다. 세상 사람들이 禪을 하여
삼매에 든다고 하는 것은 대부분 일신상의 효과에 대한 집착에
서 나온 것이다. 그것은 그들의 독단적 견해에 의한 것이요 이
세상의 삶에 묶여 있으며, 이 점에서 이단의 삼매와 다를 바 없
다. 올바른 길로 이끌어 주는 훌륭한 동료 선배〔善知識〕의 도움
이 없이는, 그들은 반드시 이단에 떨어지고 만다.

🈂 我慢아만 微薄미박 禪三昧선삼매 繫屬계속
❊眞如三昧者 不住見相 不住得相 — '진여삼매는 見相에 머무르지도
않고 得相에 머무르지도 않는다'는 이 말의 뜻을 가장 '이해가능한 형

태로' 바꾸자면 위의 번역과 같을 것이다. 그 의미는 '진여삼매는 우리가 상념으로 "느낄" 수 있는 것이 아니다'—그리고, 이하의 설명을 첨가하여, '만약 우리가 상념으로 느낄 수 있는 삼매라면 그것은 필시 외도의 삼매이다'—라는 식으로 해석될 수 있을 것이다. ◉得入如來種性—여래의 일족으로서의 성질을 가진다. 또는 '여래와 한 핏줄이 된다.' 1 주 '佛種' 참조.

85_

復次精勤 專心修學 此三昧者 現世當得 十種利益 云何爲十 一者常爲十方諸佛 菩薩之所護念 二者不爲諸魔惡鬼 所能恐怖 三者不爲九十五種 外道鬼神之所惑亂 四者遠離誹謗 甚深之法 重罪業障 漸漸微薄 五者滅一切疑 諸惡覺觀 六者於如來境界 信得增長 七者遠離憂悔 於生死中 勇猛不怯 八者其心柔和 捨於憍慢 不爲他人所惱 九者雖未得定 於一切時 一切境界處 則能減損煩惱 不樂世間 十者若得三昧 不爲外緣 一切音聲之所驚動

이 삼매를 전심전력으로 열심히 닦고 배우는 사람은 반드시 현세에서 다음과 같은 열 가지 이익을 얻을 수 있다. 첫째로, 그는 온 세상의 모든 부처와 수행자의 보호를 받는다. 둘째로, 그는 모든 악마와 악귀의 침해를 두려워할 필요가 없다. 셋째로, 그는 아흔 다섯 이단 귀신의 방해를 받지 않는다. 넷째로, 그는 부처의 심오한 가르침에 대한 비방을 멀리하며, 중죄와 악업의 장애가 그의 마음에서 점점 사라진다. 다섯째로, 그는 일체의 의심과 나쁜 마음을 없앤다. 여섯째로, 그는 여래와 그 경지에 관한 믿음을 점점 자라게 한다. 일곱째로, 그는 근심과 후회를 멀리하며 삶에 있어서나 죽음에 있어서나 용감하여 두려움이 없다. 여덟째로, 그는 마음이 부드럽고 온화하여 교만하지 않으며, 다른 사람으로 말미암아 괴로움을 당하는 일이 없다. 아홉째로, 아직 삼매[定]에 이르지 않은 경우에도 그는 언제 어떤 상황에서든지 번뇌를 줄일 수 있으며, 세상살이의 즐거움을 추구하지 않는다. 열째로, 삼매에 이르렀을 때, 그는 바깥에서 들리는 일체의 말이나 소리에 놀라거나 마음이 흔들리지 않는다.

🕀 憍慢교만 驚動경동

⦿ 九十五種 外道鬼神 — 석가모니 당시에 95(또는 96)종의 外道 教說이 있었다고 한다. 하께다 영역, 116 페이지 주 참조. ⦿ '바깥에서 들리는 일체의 말이나 소리에 놀라거나 마음이 흔들리지 않는다' — 삼매를 專心修學하여 거기에 도달했을 때 얻어지는 이 '이익'이 농담처럼 들린다면 스스로 그 상태에 (잠시 동안이나마) 있을 수 있는지 자문해 보기 바란다.

86_

復次若人 唯修於止 則心沈沒 或起懈怠 不樂衆善 遠離大悲 是故修觀

그런데, 만약 사람이 오직 '상념의 정지'〔止〕만을 수행한다면 마음이 침체되거나 태만해지고, 세상의 온갖 선을 기뻐하는 마음과 사람들을 널리 구제하려는 비원을 상실할 가능성이 있다. '본질의 통찰'〔觀〕이라는 수행이 필요한 것은 이 때문이다.

註 沈沒침몰

● 止와 觀을 병행해야 하는 이유로서, 앞의 79 주에서 말한 것이 '이론적인' 것이라면, 이 문단은 그것을 '실제적인' 측면에서 규정한 것이라고 볼 수 있다. 79 주에서 시사되는 바와 같이, 여기서 언급된 '止 일변도'의 폐단은 56에서 말한 '법아견'의 폐단—다시 말하면, 불교가 빠지기 쉬운 '현실도피적' 경향, '속세'를 등지고 자기자신만의 아늑한 세상에 안주하는 경향—을 지적한 것이다. 불교의 수행은 세상 바깥에서, 세상을 등지고 이루어질 것이 아니라, 세상 안에서, 세상과 더불어 이루어져야 한다. 다만, 세상에 휩쓸리지 말아야 할 뿐이다.

87_

修習觀者 當觀一切世間 有爲之法 無得久停 須臾變壞 一切心行 念念生滅 以是故苦 應觀過去 所念諸法 恍惚如夢 應觀現在 所念諸法 猶如電光 應觀未來 所念諸法 猶如於雲 忽爾而起 應觀世間 一切有身 悉皆不淨 種種穢污 無一可樂 如是當念 一切衆生 從無始世來 皆因無明 所熏習故 令心生滅 已受一切 身心大苦 現在卽有 無量逼迫 未來所苦 亦無分齊 難捨難離 而不覺知 衆生如是 甚爲可愍

'본질의 통찰'〔觀〕을 닦고 익히는 사람은 마땅히, 세상 사람들의 삶과 관련된 일체의 현상은 항구적인 것이 아니라 순간순간 변하고 사라진다는 것, 그리고 사람들의 마음 속에서 일어나는 일체의 움직임은 순간순간 일어나고 사라지며 그것이 곧 '괴로움'〔苦〕이라는 것을 통찰해야 한다. 그는 지난 날 마음에 비쳤던 모든 현상은 희미한 꿈이요, 현재 마음에 비치는 모든 현상은 스치고 지나가는 번갯불과 같으며, 장차 마음 속에 비칠 모든 현상은 홀연히 일어나는 구름과 같다는 것을 통찰해야 한다. 그는 이 세상에 살고 있는 모든 육신은 깨끗한 것이 아니요 온갖 더러운 찌꺼기로 가득 차 있어서, 즐거움의 원천이 될 만한 것은 하나도 없다는 것을 통찰해야 한다. 그는 다음과 같은 것을 명심해야 한다. 즉, 모든 중생은 시작을 알 수 없는 오랜 세월을 두고 무명의 훈습을 받아왔으며 그 결과로 마음이 眞如를 떠나 이미 한없는 心身의 괴로움을 받아왔다는 것, 현재 그들은 무한한 핍박을 받고 있으며 장차 그들이 당할 괴로움 또한 헤아릴 수 없다는 것, 이 괴로움은 버릴 수도 없앨 수도 없는 것이지만 그들은 이 사실을 깨닫지 못한다는 것, 이와 같이 중생은 참으로 가련한 처지에 있다는 것이다.

🈁 久停구정 須臾수유 恍惚황홀 夢夢몽 忽爾홀이 穢汚예오 逼迫핍박 可愍가민

❀ 앞의 79 주에서 말한 바와 같이 觀의 대상은 생멸인연상이다. 그리고 觀을 '본질의 통찰'이라고 번역할 때, 이 '본질'이라는 것은 '현상의 본질'을 뜻한다. 물론, 진여도 어떤 의미에서는 '현상의 본질'이라

고 볼 수 있지만, 여기서 의미하는 것은 현상을 출발점으로 하여 거기서 본질을 통찰해낸다는 것이다. ◉以是故苦—이것이 바로 苦이다. 다시 말하면 '변화'를 그 본질로 하는 생멸계에 속하고 있다는 것, 그것이 苦이다. 苦에서 벗어난 상태로서의 樂도 이와 일관되게 해석해야 한다. 4 주에서, '우리는 苦에 있는 줄 의식하지 못하면서도 苦에 있다'고 말한 것 참조.

88_

作此思惟 卽應勇猛 立大誓願 願令我心 離分別故 遍於十方 修行一切 諸善功德 盡其未來 以無量方便 救拔一切 苦惱衆生 令得涅槃 第一義樂 以起如是願故 於一切時 一切處 所有衆善 隨己堪能 不捨修學 心無懈怠 唯除坐時 專念於止 若餘一切 悉當觀察 應作不應作

이상과 같은 생각을 한다면, 수행자는 당연히 용감하게 떨치고 일어나서 大誓願을 세워야 할 것이다. 즉, 나의 마음에서 분별을 멀리 하리라. 온 세상 구석구석 모든 훌륭한 공덕을 쌓아 미래에도 영원하리라. 한없는 방편으로 모든 고통과 번뇌에 시달리는 중생을 건져내어 열반의 無上福樂[第一義樂]을 누리게 하리라. 이러한 서원을 일으킨 뒤에 그는 자신의 능력이 미치는 범위 내에서 언제 어디서든지 못 善한 일을 행하며, 언제나 수행과 배움을 그치거나 게을리하지 말아야 한다. 오직 '상념의 정지'[止]에 전념하기 위하여 앉아 있는 경우를 제외한 모든 경우에, 수행자는 해야 할 일과 하지 말아야 할 일이 무엇인가를 세밀히 살펴야 한다.

주 誓願서원 救拔구발 恙실

❃이 문단의 대서원 중에서 '願令我心'으로 시작하는 것(나의 마음에서 분별을 멀리하리라. 온 세상 구석구석 모든 훌륭한 공덕을 쌓아 미래에도 영원하리라)은 '自利'에, 그리고 '以無量方便'으로 시작하는 것(한없는 방편으로 모든 고통과 번뇌에 시달리는 중생을 건져내어 열반의 무상복락을 누리게 하리라)은 '利他'에 각각 해당한다. 널리 알려져 있는 이른바 '四弘誓願'은 다음과 같다. 衆生無邊誓願度(가없는 중생을 건지리라), 煩惱無盡誓願斷(끝 없는 번뇌를 끊으리라), 法門無量誓願學(한 없는 법문을 배우리라), 佛道無上誓願成(더 없는 불도를 이루리라). 다시, 앞의 61 주에 제시된 원효의 방식에 따라 이 四弘誓願을 분류하자면, '중생을 건지는 것'은 이타행에, '번뇌를 끊는 것'과 '법문을 배우는 것'은 자리행에, 그리고 '불도를 이루는 것'은 二行之根本에 해당한다고 말할 수 있을 것이다. ❃唯除坐時─止를 위하여 앉아 있는 경우를 제외한 그 이외의 경우에 수행자는 반드시 '활동'을 하게 되어 있다. 아무 활동도 하지 않는다면 그는 살아 있다고 할 수 없다. 止에서 하는 '생각'과 그 이외의 경우에 하는 '활동'이 배치되는 것은 근본적인 자기부정에 해당한다.

89_
若行若住 若臥若起 皆應止觀俱行 所謂雖念 諸法自性不生

而復卽念 因緣和合 善惡之業 苦樂等報 不失不壞 雖念因
緣 善惡業報 而亦卽念 性不可得 若修止者 對治凡夫 住着
世間 能捨二乘 怯弱之見 若修觀者 對治二乘 不起大悲 狹
劣心過 遠離凡夫 不修善根 以此義故 是止觀二門 共相助
成 不相捨離 若止觀不具 則無能入 菩提之道

걸어갈 때나 서 있을 때나, 누워 있을 때나 일어나 있을 때나, 수
행자는 늘 '그침'〔止〕과 '살핌'〔觀〕을 동시에 수행해야 한다. 즉,
그는, 한편으로는, 모든 현상은 그 본성에 있어서 변화하지 않는
다는 것을 명심해야 하지만, 또 한편으로는, 선악의 행위〔業〕는
원인과 계기의 결합에 의하여 만들어지며 거기서 생기는 苦樂의
결과〔報〕는 결코 지워지지도 없어지지도 않는다는 것을 명심해
야 한다. 그는, 한편으로는, 선악의 업보는 원인과 계기에 의하
여 만들어진다는 것을 명심해야 하지만, 또 한편으로는, 사물의
본성은 상념에 의하여 파악될 수 없다는 것을 명심해야 한다.
'그침'의 수행이 우둔한 자로 하여금 세상 일에 대한 집착을 그
만두게 하고 二乘의 수행자로 하여금 비겁하고 나약한 생각을
버리게 할 수 있다면, '살핌'의 수행은 二乘의 수행자로 하여금
다른 사람을 구제하는 일에 무관심한 좁고 용렬한 마음을 그만
두게 하고 우둔한 자로 하여금 선한 자질을 닦지 않는 게으른 마
음을 버리게 할 수 있다. 이런 이유에서 '그침'과 '살핌'이라는
두 가지 수행은 동일한 목적을 위하여 서로 협응해야 하며, 서로
떨어져서 각각 따로 이루어질 것이 아니다. '그침'과 '살핌'이
동시에 갖추어지지 않으면 결코 올바른 깨달음의 지혜〔菩提之

道]에 도달할 수 없다.

🔲 若臥약와 怯弱겁 약 狹劣협 열

❋若行若住 若臥若起一若坐(앉아있을 때)는 止만을 할 수 있다. ❋번역에서는 도저히 살려낼 수 없지만, 80에서부터 서서히 고조되기 시작하는 詩的 격조는 계속 높아져서 마지막 偈頌으로 연결된다. 이 문단의 '깎아 놓은 듯한 대칭'은 그 시적 격조에 중요한 몫을 담당한다. '念諸法自性不生'은 다음 문장의 '念性不可得'과, 그리고 '念因緣和合善惡之業 苦樂等報 不失不壞'는 다음 문장의 '念因緣善惡業報'와 동일한 내용을 표현한다. 또한, '住着世間'과 '不修善根'은 범부의, 그리고 '怯弱之見'과 '不起大悲 狹劣心過'는 二乘의 결함이다. ❋止觀二門 不相捨離에 관해서는 79 주 참조.

90_

復次衆生 初學是法 欲求正信 其心怯弱 以住於此 娑婆世
界 自畏不能 常値諸佛 親承供養 懼謂信心 難可成就 意欲
退者 當知如來 有勝方便 攝護信心 謂以專意 念佛因緣 隨
願得生 他方佛土 常見於佛 永離惡道 如修多羅說 若人專
念 西方極樂世界 阿彌陀佛 所修善根廻向 願求生彼世界
卽得往生 常見佛故 終無有退 若觀彼佛 眞如法身 常勤修
習 畢竟得生 住正定故

부처의 가르침을 처음 배울 때 중생은 올바른 믿음을 얻고자 하는 마음은 있으면서도 얼른 용기가 생기지 않는 경우가 있을 수 있다. 그는 자신이 이 사바 세계에 살고 있는 만큼, 항상 여러 부처를 만나서 그들을 받들어 모실 수 없을지도 모른다는 두려움을 가진다. 그는, 믿음은 참으로 이루기 어렵다고 생각하면서, 아예 의욕을 상실한다. 이런 경우에 그는, 여래는 훌륭한 방편으로 믿음을 감싸주고 보호해 준다는 것을 상기하여야 한다. 만약 그가 정성을 다하여 부처를 생각하며 그리워한다면 그것이 인연이 되어 그는 소원대로 저 건너 부처의 땅에 태어나 늘 부처 앞에 살면서 세 가지 네 가지 다섯 가지 惡道를 영원히 떠날 수 있다. 경전에 적혀 있는 바와 같이 '사람이 전일한 마음으로 서방 극락세계 아미타불을 그리워하면서 자신이 닦은 모든 훌륭한 자질을 그쪽으로 돌려 그 세계에서 살기를 바라면, 그는 거기에 다시 태어날 수 있다.' 이제 그는 늘 부처를 눈앞에 두고 있기 때문에 믿음에 주저하거나 흔들릴 필요가 없다. 그가 보는 부처의 몸은 다름 아닌 진여 그 자체〔眞如法身〕이다. 늘 부처의 몸을 살피면서 그 가르침을 힘써 수행하면 그는 마침내 다시 태어나 '올바른 삼매'〔正定〕에서 살게 된다.

주 娑婆世界사바세계 懼謂구위 攝護섭호 極樂극락 阿彌陀佛아미타불 往生왕생

❀ '娑婆'는 '忍土', '忍界'(우리가 참고 견뎌야 하는 이 세상)를 뜻하는 '사바아'의 음역이다. ❀ '세 가지 네 가지 다섯 가지 惡道'—64 주 참조. ❀ 이 문단은 기신론 첫머리의 造論因緣의 일곱째, '生於佛前'과 관련된다. 이 아미타불의 특정 지칭으로 말미암아 기신론은 淨土宗에서

대단히 중요한 문헌으로 간주되어 왔다. 하께다 영역 주 116 페이지, 그리고 권말 '하께다 해설' 참조. ◉ 正定은 80의 正念과 함께 八正道 (여덟 가지 바른 길)의 항목을 이룬다. 八正道의 '여덟 가지 항목'은 다음과 같다. 正見(바른 견해), 正思惟(바른 의도), 正語(바른 말), 正業(바른 행동), 正命(바른 生業), 正精進(바른 노력), 正念(바른 생각), 正定(바른 삼매).

91_

已說修行信心分 次說勸修利益分 如是摩訶衍 諸佛秘藏 我已總說

이상으로 수행의 방법에 관한 설명을 마치고, 이제 수행을 더욱 권장하는 뜻에서 수행이 가져다주는 이익을 말하겠다. '큰 수레'〔大乘, 摩訶衍〕의 진리가 여러 부처 속에 감추어진 보물이라는 것은 이미 앞에서 말한 바 있다.

[주] 摩訶衍마하연 秘藏비장 已總說이총설
◉如是摩訶衍 — 이상에서 말한 '큰 수레'의 진리

92_

若有衆生 欲於如來 甚深境界 得生正信 遠離誹謗 入大乘道 當持此論 思量修習 究竟能至 無上之道 若人聞是法已

不生怯弱 當知此人 定紹佛種 必爲諸佛之所授記

여래의 심오한 경지에 대한 올바른 믿음을 얻고자 하는 중생, 여래의 가르침에 대한 비방을 멀리하고 대승의 길에 들어서고자 하는 중생은 마땅히 이 논술을 지니고 그 의미를 깊이 생각해 보며 그 내용을 닦고 익혀야 한다. 그렇게 하면 그는 반드시 至高至善의 깨달음〔無上之道〕에 도달할 수 있을 것이다. 이때까지 이 논술의 설명을 듣고 난 뒤에 두려운 마음이나 나약한 마음이 생기지 않는 사람이 있다면, 그는 如來門中의 확실한 일원으로 지정된 사람으로서 모든 부처로부터 보증을 받은 사람임을 알아야 한다.

〔주〕 思量사량 定紹정소 授記수기

● 怯弱(두려운 마음이나 나약한 마음)은, 현대의 상황에서는, '혐오감' 또는 '거부 반응'이라고 해야 할지 모르겠다. ●佛種—1 주, 59와 84 참조. ● '授記'는 부처의 언약 또는 그 언약을 하는 행위를 가리킨다.

93_

假使有人 能化三千大千世界 滿中衆生 令行十善 不如有人
於一食頃 正思此法 過前功德 不可爲喩 復次若人 受持此
論 觀察修行 若一日一夜 所有功德 無量無邊 不可得說 假
令十方 一切諸佛 各於無量無邊 阿僧祇劫 歎其功德 亦不
能盡 何以故 謂法性功德 無有盡故 此人功德 亦復如是 無

有邊際 其有衆生 於此論中 毀謗不信 所獲罪報 經無量劫
受大苦惱 是故衆生 但應仰信 不應誹謗 以深自害 亦害他
人 斷絕一切 三寶之種

어떤 사람이 있어 능히 삼천대천 세계에 가득 찬 중생을 교화하
여 그들로 하여금 十善을 행하도록 한다 하더라도, 한끼 밥 먹을
동안 이 가르침에 관하여 '올바른 사색'〔正思〕을 하는 것만 같지
못하다. 이 후자의 공덕은 전자의 공덕과는 비길 수조차 없다.
또한 어떤 사람이 이 논술을 구하여 그 의미를 세밀히 살피고 그
에 따라 수행하기를 하루 낮 하루 밤을 하면 그가 쌓은 공덕은
한도 끝도 없이 이루 말로 다할 수 없으며, 설사 시방 세계의 모
든 부처가 각각 무수겁의 세월을 두고 그 공덕을 찬양한다 하더
라도 오히려 부족하다. 법성의 공덕은 끝이 없으며 그와 마찬가
지로 이 사람의 공덕도 끝이 없기 때문이다. 이와는 달리, 만약
어떤 사람이 이 논술을 깎아 내리고 그 내용을 믿지 않는다면,
그 죄값은 무수겁을 두고 가장 큰 고통과 번뇌를 받는 것에 해당
한다. 중생은 오로지 그 가르침을 우러러 믿어야 하며 그것을 깎
아내리려고 해서는 안된다. 그 가르침을 믿지 않는 사람은 스스
로를 크게 해롭게 할 뿐만 아니라 다른 사람들까지 해롭게 한다.
그는 삼보의 끈〔三寶之種〕을 송두리째 잘라 버리는 것이다.

🈟 一食頃일식경 受持수지 阿僧祇劫아승기겁
❀이 문단의 전반부에서 저자는 단순히 자신이 쓴 이 논설의 중요성을
과장하고 있는가? 또는, '能化三千大千世界 滿中衆生 운운'은 '利他

行'이요 '一食頃正思此法'은 '自利行'이라고 해석하여, 저자는 이타행보다 자리행이 훨씬 더 중요하다고 주장하는가? 그것도 아니면, 저자는 외부 세계에 대한 관심보다는 각자 자신의 내면세계, 각자 자신의 '영혼'을 구하는 일이 더 중요하다고 생각하는가? ❀ '衆生但應仰信'에 관해서는 81 주 참조. ❀ 三寶之種 — 불·법·승의 전통을 계속 이어나갈 원천적 세력.

94_

以一切如來 皆依此法 得涅槃故 一切菩薩 因之修行 入佛智故 當知過去菩薩 已依此法 得成淨信 現在菩薩 今依此法 得成淨信 未來菩薩 當依此法 得成淨信 是故衆生 應勤修學

여래는 모두 이 가르침을 통하여 열반에 들었으며 수행자는 모두 이 가르침에 따라 수행하여 부처의 지혜를 얻었다. 과거의 수행자는 모두 이 가르침에 의하여 깨끗한 믿음[淨信]을 이루었고 현재의 수행자는 모두 이 가르침에 의하여 깨끗한 믿음을 이루고 있으며 미래의 수행자는 모두 이 가르침에 의하여 깨끗한 믿음을 이루게 될 것이다. 이것을 안다면 중생은 누구나 이 가르침을 부지런히 닦고 배우지 않을 수 없을 것이다.

95_
諸佛甚深廣大義
我今隨分總持說
廻此功德如法性
普利一切眾生界

한 없이 깊고 넓은 부처님의 가르침을
나의 힘 닿는대로 보여 주었으니
이 공덕 되돌려 법성과 같이
중생세계 끝까지 이롭게 하리라.

주 總持총지

◉ '總持'는 5 주에서 말한 바와 같다. ◉역자는 이 이상 더 할 말이 없다. 다만, 이 넘치는 감격을 되돌려, 독자에게 부처님의 加護가 있기를 바랄 뿐이다.

分析 目次

하께다 해설*

「대승기신론」은 대정판 대장경으로 아홉 페이지밖에 안되는 짧은 논문이다. 이 「대승기신론」이라는 제목에 해당하는 산스크리트어는 '마하아야아나 슈라도트파아다 샤아스트라'이다. 이 논문은 아슈바고 샤(馬鳴)가 산스크리트어로 쓴 것을 기원 550년 경에 인도의 유명한 경전 번역가인 파라마아르타(眞諦)가 한문으로 번역한 것으로 알려져 있다. 그러나 이 논문의 산스크리트어 원문은 오늘날 세계 어디에서도 찾아 볼 수 없으며, 우리가 알고 있는 것은 이 한문 번역본과 그 후에 간행된 신역[1]뿐이다.

이 「대승기신론」이라는 논문은 대승불교의 핵심을 포괄적으로 요

---

* Yoshito S. Hakeda, 'Introduction', *The Awakening of Faith*, attributed to A'svaghosha, translated with commentary by Yoshito S. Hakeda, Columbia University, 1967, pp. 3~19.

1) 大唐于闐 三藏實叉難陀 역. 신구역 대조를 위해서는 明石惠達, 「兩譯對照 內容 分科 大乘起信論」, 京都: 永田文昌堂, 1971 참조. (역자)

약한 것으로서, 복잡한 내용을 종합하는 일에 참으로 비상한 능력을 가지고 있는 사람이 아니고는 도저히 쓸 수 없는 그런 논문이다. 이 논문에서는 먼저 '절대자'와 '현상 세계', 또는 '깨달음'(覺)과 '깨닫지 못함'(不覺)의 의미와 양자 사이의 관계를 고찰한다. 그 다음에 이 논문에서는, 사람이 유한한 현상계에 머물러 있으면서도 어떻게 그 유한한 경지를 초월하여 무한한 삶에 참여할 수 있는가 하는 문제를 다룬다. 그리고 마지막으로 이 논문에서는 수행자의 믿음을 일깨워 주고 조장해 줄 수행과 그 방법을 논의한다. 그러므로 이 논문은 철학적 개념과 정의를 다루고 있음에도 불구하고 본질상 종교적 저작이며 불퇴전의 종교적 믿음을 가지고 있는 사람이 다른 수행자들을 이해의 정상으로 안내하기 위하여 그린 세밀한 지도와 같다고 말할 수 있다. 그러나 지도다 정상이다 하는 것은 어디까지나 잠정적인 상징에 불과하며 사람들을 '깨달음'으로 이끌기 위하여 사용되는 지혜로운 방편에 지나지 않는다. 이 논문에 담겨 있는 모든 설명은 그 자체로서가 아니라 오로지 사람들을 믿음으로 이끈다는 그 한 가지 목적을 위한 수단으로서 가치를 가진다. 과연 이 논문은 진정한 의미에서의 '마하야야나'(大乘) 불교의 고전이라고 할 수 있다.

이 논문은 극도로 간결한 문체로 되어 있다. 논문 전체에 명백히 드러나 있는 바와 같이, 저자는 최대한으로 명쾌한 문장을 쓰는 데에 굉장한 노력을 기울인 것이 분명하다. 사실상, 이 논문은 저자와 동시대에 살았던 5~6세기의 지식인들, 저자의 말대로 '장황한 설명을 되풀이해서 듣는 것을 번거롭게 생각하면서, 그것보다는, 마치 다라니처럼, 많은 내용을 짧은 글에 요약해 놓은 포괄적인 설명을 더 좋아하는 사람들'(5)을 위하여 쓴 것이다. 앞에서 지적한 바와 같이, 대승불교의 원리와 수행의 기본 방법을 요약 제시함에 있어서 저자는 철저한 엄밀성을 요구하는 동시대인들에게 흡족할 정도로 간결한 형식을 사용하였으며, 그런 만큼 그 동시대인들에게는 그 논문이 그다지 어렵지 않게 이해되었을 것이다. 그러나 그로부터 시간적으로 멀리 떨어져 있는 오늘날 우리의 입장에서 보면, 짧은 글에 많은 의미를 압축하려는 저자의 노력은 오히려 이해에 장애를 만든 셈이 된다. 이 논문과 동일한 종류의 불교 문헌에 관하여 콘즈가 한 말, '천오백 년 전에는 모든 사람에게 자명한 것으로 여겨졌던 것을 오늘날 우리는 힘들게 재구성하지 않으면 안된다'[2]는 말이 이 논문에도 해당된다. 옛날 산스크리트어 문법가들은 그 문법을 만들면서 자신이 제정하는 문법규칙으로 말미암아 단어의 음절 하나라도 줄일 수 있게 되었을 때 마치 아들을 하나 얻은 듯이 기뻐했다고 하거니와, 이 논문의 저자는 바로 이 문법가들의 정신을 따랐다고 말할 수 있다. 이 점은 특히 이론 부분에 해당하는 전반부에 더 적절하게 적용된다. 이 부분에는 주석서의 도움을 빌지 않고는 거의 이해할 수 없는 구절들이 상당수 있다. 이 논문이 한문으로 되어 있다는 점 또한 이해에 장애가 된다. 한문은 고도로 상징적이면서 풍부한 암시를 담고 있기는 하지만, 산스크리트어에서 보는 것과 같은 논리적 정확성이 결여되어 있는 것이다. 산스크리트어 원본이나 티베트어 번역판이라도 있으면 이 한문판 기신론을 이해하는 데에 크게 참고가 되겠지만, 오늘날 우리에게 이 논문의 산스크리트어판이나 티베트어판이 없다는 사실은 그것을 해석하는 데에 2중의 어려움을

---

2) Edward Conze, *Buddhist Wisdom Books*, George Allen and Unwin, 1958, p. 101.

안겨준다.

　　현재까지 이 논문에 관하여 170편 이상의 주석서가 쓰였다는 사실
은[3) 이 논문의 중요성이나 세평 때문이기도 하겠지만 상당한 부분은
그 자체의 해석상의 어려움 때문이라고 볼 수 있다. 그러나 이런 방대
한 주석물에도 불구하고 아직 많은 문제가 미해결의 상태로 남아 있
다. 뿐만 아니라, 현대의 학자들이 분석적 문헌비평의 방법을 이 논문
에 적용하여 그 저작 연대와 저자에 관하여 새로운 문제들을 제기하였
다. 일본의 학자들을 위시하여 중국과 유럽의 학자들은 20세기 초반
이후에 이 문제에 관하여 열띤 논쟁을 벌였다. 그 중의 어떤 학자는,
이 논문의 원저자는 인도 사람이며 현존 판본은 산스크리트 원본의 한
문 번역판이라는 종래의 통설을 부정하면서, 심지어 이 논문이 僞撰이
라고까지 주장하였다. 나아가서는 이 논문의 진짜 저자로서 한 두 사
람의 중국인 불교학자가 거명되기도 하였다. 현 단계로서는 그 중의
어느 설도 확실한 증거에 의하여 입증되거나 부정된 바 없다.

　　그러나 논문 그 자체의 내적 증거에 의하여 한 가지 점만은 분명히
말할 수 있다. 즉, 이 논문은 기원 1세기 또는 2세기에 산스크리트어
의 카아비야(궁정시)를 쓴 유명한 시인 아슈바고샤가 쓴 것이 아니라
는 것이다. 이 아슈바고샤는 인도의 최초의 희곡작가요 대희곡작가 카
알리다아사의 전시대인으로서 그의 작품이 현재까지 전해지고 있다.
그의 이름으로 되어 있는 많은 작품이 주로 한문이나 티베트어의 번역
판으로 전해지고 있지만, 그 중에서 적어도 세 작품은 확실히 이 아슈

---

3) 한 일본의 연구가가 조사한 바에 의하면 1922년 현재로 기신론의 주석서는 실
차난타의 신역에 관한 두 편을 포함하여 178편에 다다른다.

바고샤가 쓴 것으로 인도학의 전문가들 사이에 의견의 일치를 보고 있다. 그것은 '붓다의 행적', '고귀한 난다', '샤아리푸트라 연극'이다. 앞의 두 작품은 고전적인 산스크리트 서사시이며, 마지막 작품은 중앙아시아에서 발견된 희곡이다. 그 세 작품의 어느 것에서도 '대승'의 사상에 관계되는 내용은 찾아 볼 수 없으며, 그것은 철저하게 上座部(테라바아다, 초기 불교의 한 부파로서 귀족적, 보수적 경향을 띤 부파), 즉 소승불교적인 내용으로 되어 있는 만큼, 이 논문이 오늘날 우리가 알고 있는 그 아슈바고샤에 의하여 쓰였을 수 없으리라는 것은 명백하다. 그러나, 그렇기는 해도, 이 논문이 기원 5~6세기에 인도의 어떤 작가에 의하여 쓰여서 거기에 아슈바고샤라는 대시인의 이름을 붙인 것인지, 아니면 아슈바고샤라는 이름을 가진 또 하나의 작가에 의하여 쓰인 것인지는 여전히 문제로 남는다. 예컨대 나아가아르쥬나(龍樹)라는 이름의 경우에도, 기원 2세기 불교 中觀學派의 창시자인 나아가아르쥬나와 그 후 탄트라 불교(찬가와 기도를 중시하는 불교의 한 부파)의 대가인 나아가아르쥬나라는 두 큰 인물이 있는 것을 보면, 아슈바고샤도 꼭 한 사람만 있으라는 법은 없다. 아닌게 아니라, 기신론의 한 주석서는 불교의 법사 중에서 아슈바고샤라는 이름을 가진 사람을 여섯 명이나 들고 있다. 뿐만 아니라, 우리는 또한 옛날 인도 사람들이 책을 쓰는 것이나 책에 저자 이름을 붙이는 것에 대하여 어떤 태도를 가지고 있었는가를 염두에 둘 필요가 있다. 비교적 초기에 편찬된 팔리어 律書는 물론이요, 석가 입적 후 수 백년이 지난 뒤에 편찬된 대승불교의 경전도 모두 석가 자신이 직접 한 말처럼 기록되어 있는 것이다.[4] 그 당시의 이러한 관행은, 결코 책임 회피나 사칭을 목적으로 한 것이 아니라, 진정한 경건의 발로였다. 시시한 글 한편 써 놓고도 인정을 받고자 아우성치는 현대의 저자들과는 달리, 고대 불교경전의 필자들은 자신의 존재를 지워버림으로써 그 종교의 영광을 드높이려고 한 것이다. 이런 점으로 보아, 기신론을 올바르게 평가하는 가장 좋은 방법은 저작자의 문제를 한쪽으로 젖혀 두고 오로지 그 내용에 주의를 집중하는 것이라고 생각된다. 아마 모종의 결정적인 역사적 증거가 새로 나타나지 않는 한, 앞으로도 기신론의 원저자가 누구였는가 하는 문제는 영영 밝혀지지 않을 것이다.

그러나 어쨌든 아슈바고샤라는 이름이 이 논문에 붙여진 것은 분명히 그 아슈바고샤라는 인물의 명성 때문이었을 것이다. 아슈바고샤의 한문 의역은 '馬鳴', 즉 '말 울음'이다. 전해지는 바에 의하면, 이 이름은 그의 시가 하도 감동적이어서 그 시를 읊는 소리를 들으면 말조차 히힝하고 울기 때문에 붙여진 것이라고 한다. 시인으로서 또 종교적인 저작자로서 아슈바고샤는 사람들로부터 극진한 사랑과 존경을 받았고 나중에 '菩薩'의 칭호까지 받았기 때문에, 어떤 필자가 그와 동일한 이름을 가지고 있다는 것을 자랑스럽게 생각했다든지, 아니면 자신이 쓴 글에 그의 이름을 붙였다고 해서 하등 놀라울 것이 없다.

이 논문의 역자로 되어 있는 眞諦 역시, 그의 이름으로 된 번역서가 300권이 넘는 대학자였다. 진제(파라마아르타, 499~569)는 서부 인도 우쟈이니의 사문으로서 546년에 남쪽 해로를 따라 중국으로 건너왔다. 費長房이 597년에 편찬한 불교저작 목록인 「歷代三寶記」에 의하면 기신론은 550년에 진제가 번역한 것으로 되어 있다. 만약 이

---

4) '律'은 수행자가 지켜야 할 종교적 규칙을 기록한 것이며 '經'은 석가의 가르침을 기록한 것이다. 이 두 가지 문헌은 불교 교리의 이론적 해설인 '論'과 함께 '三藏'(트리피타카)을 이룬다. (역자)

연대를 정확한 것으로 받아들이면, 또 만약 진제가 기신론을 번역한 것이 사실이라면, 중국에서 4년 동안 생활한 그의 한문 실력으로 보아서는 도저히 그 일을 감당할 수 없었으리라는 것, 그리하여 중국인 조력자의 힘에 크게 의존할 수밖에 없었으리라는 것을 짐작할 수 있다. 이 점에서 보면, 기신론은 산스크리트어 원본을 번역했다기보다는 처음부터 한문으로 쓴 것이라고 보는 편이 더 옳을지 모른다.

그 경위야 어찌되었든지 간에, 기신론은 일단 세상에 나오자마자 재빨리 퍼져 나갔고 그것이 아슈바고샤의 저작이라는 것도 의심의 여지가 없이 받아들여졌다. 그리하여 모든 면으로 보아 581년과 587년 사이에 쓰인 것이 거의 확실시되는, 현존하는 가장 오래된 주석서인 曇延(516~88)의 「大乘起信論義疏」는, 기신론의 원저자는 마명이며 진제가 그 역자라는 것을 당연한 것으로 받아들이고 있다. 또한 吉藏(549~623)을 위시하여 6~7세기의 여러 훌륭한 사문들은 기신론의 구절을 널리 인용하면서 저자가 마명이라는 점에 관하여 추호도 의심을 품지 않는다. 이것으로 보면 그 당시 중국의 독자들은 아무도 그 원저자와 번역자에 관하여 심각한 의심을 품은 적이 없다고 말할 수 있다. 현대에 올수록 학자들은 의심이 많아진다. 그들은 594년 法經이 편찬한 또 하나의 초기 불교문헌 번역서 목록인 「衆經目錄」에 대승기신론이 '의혹부'에 열거되어 있다는 사실을 주목한다. 뿐만 아니라, 기신론의 티베트어 번역판이 없다는 사실, 그 논문이 인도에서 읽혔다는 유력한 증거가 발견되지 않는다는 사실, 그리고 그 논문의 내용 중에는 명백히 중국인의 僞撰으로 판명된 논문과 유사한 내용이 포함되어 있다는 사실 등이 더욱 그들의 의심을 증가시킨다.

사태를 더욱 복잡하게 만드는 것은 진제보다 약 150년 뒤에 實叉

難陀(쉭샤아난다)라는 사문이 쓴 것으로 되어 있는, 동일한 원본의 제 2의 번역본이 있다는 사실이다. 이 사문은 중앙 아시아의 코탄 사람으로 710년에 중국에서 세상을 떠났다. 신빙성이 별로 없는 한 문헌에 의하면 실차난타는 중국에 올 때 기신론의 산스크리트어 원본을 가지고 왔으며 중국에 와서도 옛날 산스크리트어 원고가 있는 것을 보았다고 한다. 또 하나의 문헌에 의하면, 실차난타가 번역에 사용한 산스크리트어 원본은 그 이전의 한문 원본을 산스크리트어로 번역한 대본이며, 이 산스크리트어 대본은 유명한 학자요 번역가인 玄奘(602~664)이 지은 것이라고 한다. 이 설을 주장하는 사람들은 그 증거로서, 道宣(596~667)이 지은 「續高僧傳」 중의 현장편에 '인도 승려들의 요청에 따라 현장은 한문 대승기신론을 산스크리트어로 번역하여 인도 전역에 배포하였다'라는 구절이 있다는 것을 내세운다.

기원이 어떻든지 간에, 이 기신론 신역은 진제의 구역만큼 주목을 끌지 못하였다. 현존하는 신역의 주석서로는 明代의 유명한 智旭(1599~1655)의 「大乘起信論裂網疏」 하나밖에 없다는 것이 그것을 간접적으로 입증해 준다. 실차난타의 신역은, 만약 그것이 참으로 산스크리트어 원본의 번역판이라면, 구역의 단어와 구절을 거의 수정없이 그대로 따르고 있는 점으로 보아 구역을 끊임없이 참조했음이 분명하다. 대체로 말하여, 양역 사이의 차이는 참으로 근소하여, 여기서 그것을 자세하게 논의한다는 것은 무의미하다. 다만 한 가지 말할 수 있는 것은, 구역에서 특별히 어렵거나 애매한 구절과 문장이 신역에는 빠져 있거나 더 쉽게 이해될 수 있는 표현으로 대치되었다는 것이다. 그리하여 신역은 더 매끈하고 읽기 쉬우며, 구역의 까다로운 구절에 대하여 피상적이지만 간단한 해결을 얻고자 하는 사람들에게는 일종의 주석서나 해설판이 될 수도 있을 것이다.

기신론의 표준 주석서 중에서 가장 훌륭한 것으로는 慧遠 (523~92)의「大乘起信論義疏」, 신라 사문 元曉(617~86)의「大乘起信論疏」, 그리고 法藏(643~712)의「大乘起信論疏」를 들 수 있다. 이 중에서 마지막 법장의 주석은 기신론 이해에 있어서의 최종적인 권위로 인정되어 왔다. 불교에서는 論書(論) 뿐만 아니라 중요한 주석서 (疏)도 집중적인 연구의 자료가 되어 왔으며, 법장의 주석서는 특히 널리 연구되고 그 자체가 또한 주석의 대상이 되었다. 기신론의 또 하나의 주석서로서, 위의 것들에 못지않게 집중적인 연구의 대상이 되었고 36편에 달하는 '주석의 주석'이 쓰인 것을 들 수 있다. 그것은 나아가아르쥬나라는 不明의 인물이 쓴 것으로 되어 있는 주석서이다. 일본의 진언종의 창시자인 空海(774~835)가 진언종의 교리를 정립하는 데에 이 주석서를 많이 참고하였고 또 제자들이 필수적으로 그것을 공부하도록 지정하였기 때문에, 이 주석서는 오늘날까지 일본 진언종의 역사에 특히 중요한 역할을 수행하였다.

기신론은 또한 불교의 다른 종파에도 강한 영향을 미쳤다. 이미 언급한 바와 같이, 화엄종의 3대 조사로서 그 교리를 체계화한 법장은 기신론의 결정적인 주석서를 썼다. 뿐만 아니라 그는 기신론을 화엄종의 교리를 체계화하는 데에 기본 문헌으로 사용하였으며, 이 때문에 기신론은 흔히 화엄종의 전유물처럼 생각되기도 한다. 이때까지 중국과 한국과 일본의 화엄종 학자들이 기신론과 법장의 주석서에 관계되는 많은 글을 써낸 것은 이 점에서 당연하다. 예컨대 화엄종의 5대 조사인 宗密(780~841)은 기신론의 주석서,「大乘起信論 一心修證始末圖」를 썼을 뿐 아니라,「人性論」이라는 논문에서 유불선 三敎의 종합을 시도하는 데에 기신론을 기본으로 삼았다.

　기신론은 또한 선종에서도 높이 평가되어 왔다. 이른바 북방 선종의 지도자인 神秀(706 歿)는 이 논문을 자기 교육과 연구의 핵심으로 삼았으며, 이 논문의 영향은 그 이후의 禪敎에도 명백히 드러나 있다. 마지막으로, 기신론의 마지막 부분(88)에 구원을 얻는 한 방편으로 아미타불에 대한 신앙을 권유하는 구절이 들어 있다는 점 때문에, 이 논문은 아미타불의 구원력에 대한 믿음을 기초로 하고 있는 정토종의 신도들 사이에도 크게 존중되어 왔다. 그러나 학자들 중에는 이 구절이 위작일 가능성이 있다는 의문을 표시한 사람이 있으며, 또한 이 구절이 정토종의 이론적 발전에 정확하게 어떤 영향을 미쳤는가 하는 것도 분명하지 않다. 그러나 일본의 한 불교학 권위자는, 대승기신론의 철학 사상은 唯識 哲學과 禪思想과 함께 중국 송대의 성리학의 발전에 중요한 역할을 수행하였다고 주장하였다. 만약 이 주장이 옳다면, 기신론은 극동의 사상과 종교에 직접 또는 간접으로 지대한 영향을 미쳤다고 말할 수 있다.

　기신론 본문은 부처의 공덕을 찬양하며 그 가호를 기원하는 시(歸敬偈)에서 시작하여 부처의 가르침이 널리 전파되기를 기도하는 시(流通偈)로 끝난다. 그 사이에 들어 있는 논문의 주요부는 다섯 개의 장으로 구분되어 있다. 첫째 장(因緣分)에서 저자는 논문을 쓰게 된 이유 또는 목적을 여덟 가지로 말하고 있다. 둘째 장(立義分)에서는 그 이후의 논의에서 자세하게 설명될 내용의 개요를 제시하고, 셋째 장(解釋分)에서는 개요에 제시된 대승의 이론적 주장을 설명한다. 넷째 장(修行信心分)에서는 앞 장에서 제시한 이론의 실제적 적용을 다

루며, 마지막 장(勸修利益分)에서는 신앙생활의 실천 유형과 거기서 생기는 이득을 제시한다.[5]

이때까지 기신론 연구가들은 관례적으로 이 논문의 내용을 '一心 二門 三大 四信 五行'이라는 다섯 개의 주제로 요약해 왔다. 물론, 이 요약은 논문에서 취급된 모든 주제를 망라한다고는 볼 수 없지만, 그렇다 하더라도 그 내용의 요지를 대체적으로 파악하는 편리한 방편으로서는 의미가 있다. 그것은 특히 기신론을 강의하는 사람이 그 내용을 요약해서 제시하는 데에 도움이 되었으며, 초학자들이 그 내용을 암기하는 데에도 유용하였다. 그 다섯 개의 주제를 기신론의 장들과 관련지어 제시하면 다음과 같다.

主 題		본문의 조직
	理論部	
一心		2. 立義分
一心의 二門		3. 解釋分
一心의 三大		3. 解釋分
	實際部	
四信		4. 修行信心分
五行		4. 修行信心分

위의 다섯가지 주제 중에서 가장 이해하기 어려운 것은 처음 '一

---

5) 마지막 장의 '신앙생활의 실천 유형'은 기신론에서는 넷째 장(수행신심분)에 취급되어 있다. (역자)

心'의 개념이다. 그 다음의 두 주제는, 만약 첫 주제를 정확하게 이해했다면, 훨씬 덜 어려우며, 마지막 두 주제는 이론이 아닌 실제를 다루는 만큼 거의 아무런 어려움이 없이 이해될 수 있다. 그러므로 이하에서는 그 '一心'이라는 핵심 개념에 관하여, 그리고 그것과 둘째 주제인 '二門'과의 관계에 관하여 약간의 설명을 붙여 보고자 한다.

　기신론 저자의 사고 체계에서 보면, 모든 것을 포괄하는 '實在'(Reality), 일체의 조건에서 벗어나는 '絶對者'(the Absolute)는 '진여'라고 불린다. 이 '진여'가 존재의 영역에서 표현되는 것이 '마음', 즉 '一心'(하나인 마음), '중생심'(중생의 마음), '심성'(마음의 본성) 등의 용어에 의하여 지칭되는 '마음'이다. 그러므로 '마음'은 절대자가 시간의 차원에서 표현된 것을 가리킨다고 말할 수 있다.[6] 마음은 필연적으로 그 자체 내에 두 개의 차원 또는 측면을 포함하고 있다. 즉, 초월적인 것과 현상적인 것, 보편적인 것과 특수적인 것, 무한한 것과 유한한 것, 정적인 것과 동적인 것, 성역적인 것과 세속적인 것, 절대적인 것과 상대적인 것 등이 그것이다. 그러므로 절대적 차원은 상대적 차원과 별도로 존재하는 것이 아니다. 양자의 차이는 인식론적인 것이며, 존재론적으로 말하면 양자는 동일하다.[7] 인간은 이 두 개

6) 역자가 보기에는, 이 문장은 적어도 그 자체로서는 오해될 여지가 있다. '시간의 차원'(temporal order)을 '변화의 차원' 또는 '생멸계'와 동일한 것으로 받아들이면, '마음은 절대자가 시간의 차원에서 표현된 것'이라는 말은 옳지 않다. 기신론에서는 '절대자'도 '마음'이라고 보기 때문이다. 본문 11 주 참조. 물론, 이 오해는 본 해설의 바로 다음 몇 문장에 의하여 불식된다. (역자)
7) 역자가 이해하는 한, '절대적인 차원과 상대적인 차원의 차이는 인식론적인 것이며 존재론적인 것이 아니다'라는 이 말은 '심진여문과 심생멸문은 오직 개념상으로만 구분될 뿐, 각각 별도로 존재하는 것은 아니다'(즉, 양자의 차이는 개념적

의 대립되는 차원이 합치는 지점에 위치하고 있다. 이와 같이, 인간이 본질적으로는 절대적 차원에 속하고 있으면서도 현실적으로는 현상적, 유한적, 세속적 차원에 머물러 있다는 것을 기신론에서는 '여래장'(타타아가타가르바)이라는 개념으로 나타내고 있다. 그리하여 이 용어를 다소간 정확하게 이해하면 본문 전체를 파악하는 데에 도움이 될 것이다.

'여래장'은 어떻게 인간이, 한편으로 시간의 차원에 살면서 그와 동시에 무한의 차원에 복귀할 능력이 있는가, 또는 불교의 용어로 '깨달음'(覺)을 얻을 수 있는가, 또는 보다 일반적인 용어로 '구원'을 얻을 수 있는가를 설명하기 위하여 만들어낸 개념이다. '如來'(타타아가타)라는 용어는 원래 역사적 인물로서의 붓다, 즉 석가모니에 붙인 칭호였지만, 그 후 대승불교에서 보다 넓은 의미로 사용되기에 이르렀다. '여래장'이라는 합성어에서 '여래'는 진여, 절대자 또는 여래법신을 가리킨다. '藏'의 원어인 '가르바'는 '胎', '母胎', '胎兒', '胚種'이라는 뜻을 가진 단어로서, 여래 또는 절대자를 담고 있는 그릇을 상징한다. 말하자면 여래장은 인간 속의 진여, 모든 인간의 본성의 한 부분을 이루는 불성, 깨달음의 요소, 또는 장차 실현될 구원의 가능성 등을 나타낸다.

이 여래장의 개념은 상좌부와 같은 초기 불교에는 등장하지 않는다. (이들 초기 불교의 부파는 스스로의 믿음을 '大乘'〔마하아야아나,

---

인 것이며 사실적인 것이 아니다)라는 본문(10)의 번역과 동일한 뜻을, 약간 심오한 방식으로 표현한다. 그것이 이 본문의 번역 이상의 의미를 담고 있는가는 역자로서는 알 길이 없다. (역자)

큰 수레]이라고 부르는 사람들에 의하여 '小乘'[히나야야나, 작은 수레]이라는 다분히 경멸조의 이름으로 불리게 되었다.) 심지어 대승의 경향을 가진 인도 불교학자들 사이에서도 여래장 사상은, 여래장의 개념이 여러 대승 경전이나 논서, 그리고 특히 후기 탄트라 불교의 문헌에 명백히 드러나 있음에도 불구하고, 中觀이나 瑜伽行의 경우와는 달리 하나의 독자적인 학파로 발전되거나 인정되지 못하였다. 여래장의 개념이 나타내고 있는 중요성에 최초로 주의를 환기시킨 것은 앞에서 말한 바와 같이 기신론의 결정적인 주석서를 쓴 중국의 사문 法藏(643~712)이었다. 법장은 인도와 중국을 막론하고 종래의 불교학자들이 여래장의 개념에 응분의 주의를 기울이지 못하였다고 보았다. 그는 인도 불교 전체를 1) 소승, 2) 중관, 3) 유가행, 4) 여래장 사상의 네 가지 유파로 분류하였다. 그는 이 마지막 여래장 사상에 속하는 중요한 문헌으로 「楞伽經」, 「寶性論」, 「대승기신론」을 들고 이 사상은 '理'와 '事'(즉, 보편적인 것과 특수적인 것)의 상호관련을 그 핵심으로 한다는 요지의 짤막한 설명을 붙이고 있다. 보성론의 산스크리트어 판을 출판하면서 E. H. 존스톤은 그의 편집자 해설에서 그 논서의 핵심을 다음과 같이 요약하고 있다. '궁극적 실재는 "법신"이라고 불리는 절대자이며, 이 동일한 절대자의 상이한 측면을 나타내는 것으로 "여래", "진여", "법계" 등 여러 가지 이름이 있다. "유정계", 또는 "중생계"(사트바다아투), 즉 개별적, 현상적 존재의 세계는 다름 아니라 시간의 차원에서의 "법계"(다르마다아투), 또는 법계의 현상적 측면을 가리키는 것에 불과하다. 중생계의 개별적 존재 속에서 법계는 "여래장"이라는 형태를 취한다. 여래장은 "심성"(즉, 마음의 본성)으로 정의되며, "맑고"(淨) "밝다"(明). 여기서 "맑다"는 것은 언제나 깨끗한 상태로 있다는 뜻이 아니라 더러워지는 것이 있을 수 없다는 뜻이며, '밝다'는 것은 아마 그것이 본질상 물질이 아닌 영혼과 관계된다는 뜻일 것이다.' 이 존스톤의 말은 그대로 기신론에서 말하는 '여래장'에 적용될 수 있다. 사실상, 불교사에서 볼 때 기신론은 대승불교의 여래장 사상이 최고도로 발전한 경지를 보여준다고 말할 수 있다.

앞에서 말한 바와 같이, 기신론의 기본 가정은 초월적이면서 동시에 내재적인 절대자에 대한 믿음에 있다. 여실한 것은 진여밖에 없다. 그밖의 모든 것은 그 자체의 본성 또는 '自性'이 없이 상대적인 것이며, 그렇기 때문에 여실하지 못한 '외양'에 불과하다. 형이상학적으로 말하면, 기신론의 저자가 취하고 있는 입장은 일원론으로 규정될 수 있을 것이다. 이원론, 다원론, 유물론, 허무주의는 모두 배격된다. 그러나 저자의 입장을 이와 같이 규정할 때, 우리는 또한 그런 식의 규정은 저자에게는 받아들여지기 어려울 것이라는 것도 고려해야 한다. 저자의 입장에서 보면 '무슨무슨 論'이라든가 '무슨무슨 主義'라는 규정은 또 하나의 맹목적인 '妄執', '邪執'에 지나지 않기 때문이다. 학문적 태도에 있어서 기신론은 인습적 관념을 비판하고 타파하는 데 주안점을 두고 있지만, 그럼에도 불구하고 기신론은 결국에 가서는 종교적인 저작이다.

기신론의 번역판을 읽는 현대 독자의 입장에서 볼 때 특히 곤혹스러운 것은 종교학, 인식론, 심리학, 심지어 생물학에 속하는 것으로 볼 수 있는 많은 용어들이 충분히 또는 완전히 정의되지 않은 상태에서 마음대로 사용되고 있다는 것이다. 이 어려움은 기본적으로는 기신론의 일원론적 경향 때문에 생기는 것이지만, 다소간은 이 논문에 대한 저자 자신의 태도 때문이기도 하다. 말하자면 이 논문 전체가 별도의 부연과 해설을 필요로 하는 개요이며, 그 개요를 가능한 한 명쾌하게 제시하려는 저자의 노력이 용어의 불충분한 정의와 주장의 불충분한 개진이라는 결과를 가져온 것이다. 뿐만 아니라, 저자는 대승의 교리와 실천에 관련되는 모든 용어를 가장 단순하고 가장 근본적인, 그러면서도 불교의 어느 특수한 종파에 치우치지 않는 보편적인 체계 속에 편입시키려고 노력하였으며, 이 목적을 위하여 그 당시 대승불교의 여러 경향을 나타내는 종교적, 철학적, 심리학적 용어들을 두루 사용하였다. 그러므로 현대의 독자로서 취할 수 있는 최선의 방도는, 이들 용어가 일반적으로 어떻게 정의되고 있는가 하는 문제는 되도록 뒤로 미루고, 그 용어의 상징적 의의를 그것이 사용된 맥락 속에서, 그리고 논의의 의도에 비추어 이해하려고 노력하는 데에 있다고 생각된다.

앞에서 말한 바와 같이, 기신론은 대승불교의 요체를 간명하게, 또 엄밀한 논리적 순서를 따라 제시하는 데에 목적을 두고 있다. 그러므로 이 논문에는 대부분의 대승 경전이나 그밖의 인도 불교의 문헌이 공통적으로 나타내는 특징인, 화려하고 찬란한 문학적 장식이 의도적으로 배제되어 있다. 여기에는 일화도 극적 삽화도 없으며, 詩句도 장면의 묘사도 나와 있지 않다. 심지어 인도 사람들의 두드러진 특징인 허장성세식 수사법조차도, 예컨대 '간지스하의 모래보다 더 많은 번뇌'라는 관용적 표현에 그칠 정도로 최대한 자제되어 있다. 이와 같이 이 논문에는 위대한 대승 경전의 상상력과 풍부한 비유가 결여되어 있지만, 그와 동시에 거기에는 대승 경전에서 흔히 보는, 같은 말을 몇 번이고 되풀이하는 것, 말의 중요성과 길이가 전혀 어울리지 않는 것 등의 폐단도 없다. 기신론의 미덕은 용어의 의미가 불분명하다는 제약

속에서, 압축된 의미를 질서정연하게 제시한다는 것, 또는 한 마디로 설명의 논리를 살렸다는 데에 있다.[8]

---

8) 이하 일곱 문단에서 하께다는 기신론의 대표적 영역을 소개하고 각각에 관하여 논평한 뒤에 자신의 번역의 주안점을 말하고 있다. 이 부분은 한국 독자에게는 그다지 도움이 되지 않을 것이기 때문에 생략되어도 무방할 것이다. 다만 그가 소개한 영역은 자신의 것 이외에, D.T. Suzuki, *A'svagosha's Discourse on the Awakening of Faith in the Mahayana*, Chicago, 1900; Rev. Timothy Richard, *The Awakening of Faith in the Mahayana Doctrine: The New Buddhism*, Shanghai, 1907; Dwight Goddard (ed.), *A Buddhist Bible*, New York, 1952, pp. 357-404이다. 이 중 Suzuki 의 것은 실차난타의 신역에 의한 것이다. (역자)

　사람이 한 말은 원칙상 사람이 알아들을 수 있다. 설사 그것이 그 사람 자신의 독자적인 생각을 표현한 것이 아니라 절대자의 영감이 그 사람의 입을 빌어 발설된 것이라 하더라도, 그것은 필경 '사람의 말'이요 '사람이 알아들을 수 있는 말'이다. 만약 우리가 그 말을 알아듣지 못한다면 그것은 우리의 능력과 노력이 모자라기 때문이며, 만약 우리가 그것을 이해하는 데에 전심전력 최선의 노력을 기울인다면, 우리는 마침내 그것을 이해할 수 있게 될 것이다―이것이 「대승기신론」을 처음 손에 들었을 때의 역자의 마음가짐이었다.

　위의 마음가짐에 이미 나타나 있는 바와 같이, 역자는 기신론이 쉽게 이해되지 않으리라는 것을 처음부터 예상하고 있었다. 역자의 입장에서 보면 기신론을 이해하려고 덤비는 것은 일종의 '지적 만용'에 해당하는 것이었다. 역자는 불교신자가 아니요 불교학자는 더욱 아니다. 불교가 역사상 가장 오랫동안 우리 민족의 삶을 받쳐 준 사상적 지주였다는 사실이 역자에게 어떤 방식으로든지 영향을 미쳤으리라는 것은 부정할 수 없겠지만, 이런 일반적 고려사항을 제외하면, 역자에게 있어서 불교적 배경이라고 할 만한 것은 그야말로 '입이 한가할 때마다' 관세음보살을 염하시던 조모가 계셨다는 것과 어린 시절 놀이 시간의 상당한 부분을 경주 분황사 경내에서 보냈다는 정도이다. (역자가 살던 동네는 행정상의 공식명칭 이외에 속칭 '寺里'로 불리었다. 또한, 분황사는 대승기신론에 疏를 붙인 원효대사가 머무르던 곳이다. 이제 와서 이것은 이 세상의 어느 하나도 '단순한 사실'이라고 할 만한 것은 없다는 불교의 가르침과 관련하여 새로운 의미를 띤다.) 어쨌든, 이제 역자는 그 만용의 결과를 세상에 내어 놓고 독자의 평가를 기다린다. 틀림없이, 이것도 앞의 것에 못지않은, 또는 그보다 더 지독한 만용일 것이다. 역자의 희망은, 마치 독약의 효과가 그보다 더 심한 독약으로 제거되듯이, 앞의 만용이 뒤의 만용에 의하여 완화될 수 있었으면 하는 것이다.

구체적으로 기신론의 이해와 관련하여 '사람이 한 말은 사람이 알아들을 수 있다'는 말이 가지고 있는 의미는, 기신론의 본문은 원칙상 그 자체만으로, 또는 그 '안에서' 이해될 수 있다는 것이다. 물론, 기신론을 공부해 본 사람이면 누구나 알고 있고 또 앞의 '하께다 해설'에 명백히 지적되어 있는 바와 같이, 기신론의 이해에는 어떤 종류의 것이든지 주석서가 거의 필수적으로 요구된다. 그러나 이것은 흔히 기신론의 이해 방법에 관한 그릇된 생각을 불러일으키고 결과적으로 기신론의 올바른 이해를 가로막는 장애가 되고 만다. 기신론의 이해에 주석서가 도움이 된다는 것은 부정할 수 없지만, 그것은 어디까지나 '도움'에 불과하며, 더 중요한 것은 주석서의 도움에 의존하기 이전에 본문 그 자체의 내적 이해를 위해서 최대한의 노력을 기울여야 한다는 것이다. 기신론 본문에 제시된 것과 동일한 아이디어가 이런이런 경전의 이런이런 구절에 나와 있다는 것을 확인하는 것이 그 자체로서 본문의 이해를 보장한다고 생각한다면, 그것은 중대한 착각이다. 이런 종류의 착각은 처음부터 주석서에 매달리는 사람이면 누구나 쉽게 빠질 수 있는 것이고, 또 역자가 보기에, 과연 이때까지의 기신론 연구가들이 이 착각에서 완전히 벗어났다고 자부할 수 있는지도 의문이다.

물론, 기신론을 이해하는 일은 기신론의 표현으로 '한도 끝도 없는'(無量無邊) 일이며, 아무도 그것을, 완전히는 고사하고, 충분히 이해했다고 말할 수 없을 것이다. 그러나 오늘날 우리의 입장에서 기신론을 그 자체로서 이해하기 위하여 해야 할 가장 우선적이고도 기본적인 작업은 그 본문을 오늘날 우리에게 '원칙상 이해가능한 형태로' 바꾸는 것이다. (여기서 '원칙상'이라는 말은, 만약 우리에게 특별한 독서능력상의 결함이 없다면, 또 우리가 응분의 지적 노력을 기울인다면, 그것이 이해될 수 있다는 뜻을 나타낸다.) '본문을 오늘날 우리에게 원칙상 이해가능한 형태로 바꾼다'는 것은, 물론, 한문 원문을 우리의 표준적 문법에 맞게 고쳐 쓴다는 뜻이다.

독자가 시험 삼아 본문의 어느 구절이든지 선택하여 한문 원문과 '우리의 표준적 문법에 맞게 고쳐 쓴 것'을 대조해 보면 당장 알 수 있는 바와 같이, 한문 문법과 우리 문법 사이에는 그야말로 천양지차가 있다. 우선 통사론적 측면에서 보면, 한문은 우리 문장에 비하여 훨씬 유연한 통사구조를 가지고 있다. 한문에는 우리 문장이 필수적으로 갖추어야 할 논리적 연결어가 거의 전적으로 배제되어 있으며, 동일한 한문 문장이 상이한 통사구조를 가진 몇 개의 우리 문장으로 번역될 수 있다. 그러므로 한문 문장을 우리 말로 옮길 때에는 한문에 문맥상으로 함의되어 있는, 또는 전문적인 문법 용어로, 문장의 '심층구조'에 들어 있는, 논리적 연결어를 문장의 '표층구조'에 명백히 드러내지 않으면 안된다. 만약 이 사실을 도외시하고 한문 문장 하나하나를 따로따로 우리 문장으로 옮겨 놓으면, 그것은 십중팔구 '원칙상 이해불가능한' 토막 말이 되고 만다. 또한, 의미론적 측면에서 보더라도 사정은 마찬가지이다. 기신론의 한문 원문에는 표면상 우리의 일상용어와 동일하면서도 의미상으로는 상당한 차이를 나타내는 용어가 사용되고 있다. 만약 이 차이를 고려하지 않고, 오직 그것이 우리에게 익숙하다는 이유만으로, 그것을 그대로 우리 문장 속에 사용한다면, 그 문장 또한 '원칙상 이해불가능한' 것이 되고 만다. 예컨대 '진여'를 규정하는 데 사용되는 '평등'이라는 용어는, 우리가 흔히 사용하는 사회철학적 원리로서의 '평등'(예컨대 '만민평등')에 비하여, 오직 글자만 같다고 해도 좋을 정도로, 의미상 거리가 멀다. 물론, 이러한 의미론적 차이는 순전히 한문과 우리 문장의 문법상의 차이 때문만은 아니고 다소간은 그러한 용어가 특수하게 불교적 개념을 나타낸다는 사실에 기인한다고 보아야 할 것이다. 어쨌든, 이런 점들을 생각해 보면, 이때까지 기신론을 둘러싼 난해성은 사상적인 것에 못지않게 언어적인 것이었으며, 적어도 사상적인 면에서의 난해성이 언어적인 것에 의하여 가중되었다는 것은 분명히 말할 수 있다.

　　권말의 '역자해설'을 읽어보면 누구나 알 수 있는 바와 같이, 기신론에 대한 역자의 이해는 세부적인 수준에 미치지 못하고 극히 피상적인 수준에 머물러 있다. 그렇기 때문에 역자는 오로지 기신론 이해의 가장 초보적인 작업인 이 '본문을 원칙상 이해가능한 우리 말로 옮기는 일'에 노력을 기울일 수밖에 없었다. 이 일 자체가 결코 쉬운 것은 아니지만, 설사 이 일을 잘 해내었다 하더라도 그것이 반드시 좋은 결과를 가지고 오는 것만은 아니다. 한 가지 예를 들어 보겠다. 본문 제83 문단에 보면, 바탕이 확실하지 못한 사람이 '상념의 정지'(止)를 수행할 때 여러 악마와 귀신의 방해를 받는다는 말에 뒤이어 '當念唯心 境界則滅'이라는 구절이 나온다. 이 구절은 이 책에서는 '그러나 그 모든 것들이 "오직 마음"이라는 것을 열심히 생각하면 눈에 보이는 모든 것들이 사라지고…'로 번역되어 있다. '當念唯心'을 한문 그대로 읽는다면 '마땅히 唯心을 念한다'가 되겠지만, '唯心'이라는 것이 그 자체로서 하나의 개념이요 사상인 만큼, 그것을 '그 모든 것들이 "오직 마음"이라는 것을 열심히 생각한다'는 식으로 옮겨서는 그 원래의 뜻이 상당히 희석될 수밖에 없다. 그러나 또한, 그 구절을 '마땅히 唯心을 念한다'는 식의 한문도 국문도 아닌 어색한 문장으로 옮기려고 한다면 모르되, 그렇지 않고 '원칙상 이해가능한 우리 말'로 옮기려고 하면 그런 종류의 의미 희석은 감수할 수밖에 없다고 생각된다. 아마 틀림없이, 이 책에는 이런 종류의 불가피한 오류가 '간지스하의 모래보다 더 많이' 널려있을 것이다. 그러나 그와 동시에 그 오류가 한문 문장만으로는 알아보기 어려운 논리상의 관련을 문장 표면에 드러내는 데에 도움이 되었다면 그 효용 또한 인정될 수 있을 것이다.

위와 같은 이유에서 역자는 현재의 번역이 결코 원문을 '대치'할 수 있다고는 생각하지 않으며, 독자도 역자와 생각을 같이해 주기를 바란다. 역자의 이러한 의도는 편집체제에 명백히 나타나 있다. 원문은 글의 흐름에 따라 문단으로 구분되어 있고, 문단마다 번역문 앞에 원문이 인쇄되어 있다. 역자 자신의 경험에 비추어, 기신론을 읽을 때는 불교경전을 읽는 오랜 관례에 따라 원문을 가급적 소리내어 낭독하는 것이 기신론에 대한 '느낌'을 가지는 데에 도움이 된다는 말을 할 수 있다. 독자도 그 관례를 준수해 주었으면 하는 것이 역자의 희망이다. 본문의 띄어쓰기를 단어 사이의 문법적 관련보다 낭독의 편의를 고려하여 한 것과 문단마다 註 바로 앞에 몇몇 단어의 음을 적어둔 것은 이 목적을 위한 것이다.

註에 적힌 내용 중의 상당한 부분은 불교학계 또는 기신론 연구가들 사이의 '상식'에 지나지 않는 것들이다. 이런 부분에 대하여 일일이 출처를 밝히는 것은 역자에게만 아니라 독자에게도 번거롭다고 생각되기 때문에, 꼭 필요하다고 생각되는 한두 군데를 제외하고는 출처를 밝히지 않기로 하였다. 독자가 쉽게 알 수 있는 바와 같이, 주석은 거의 전적으로 본문의 내용을 이해하는 데에 필요한 것에 국한되어 있지만, 때로는 그 범위를 벗어나서 오히려 '이론적 논의'로 넘어가는 경우도 있을 것이다. 물론, 본격적인 이론적 논의는 별도의 기회로, 또는 아마도 기신론 연구에 능력과 열의를 가진 독자에게 미룰 수밖에 없다. 이미 기신론 연구에 보통 이상의 관심을 가지고 있는 독자의 눈에는 주석 중에 간혹 역자 자신의 '독자적 해석'이라고 할 만한 것이 식별될 수 있을 것이다. 그 '독자적 해석'이라는 것도 근본적으로는 다른 문헌에 기초를 둔 것인 만큼, 기신론 연구가들 사이의 관례적 해석에서 그다지 멀리 이탈한 것일 수는 없을 것이며, 설사 멀리 이탈한 것이라 하더라도 역자의 그 해석이 반드시 종래의 '관례적 해석'보다 더 옳으리라는 보장은 없다. (오히려 그 반대로, 역자의 해석이 종래의 해석에서 멀리 이탈할수록 그것은 그릇될 가능성이 더 크다고 보는 것이 안전할 것이다.) 다만, 역자의 그 '이탈'로 말미암아 종래의 기신론 연구에서 제기되지도 논의되지도 않던 새로운 문제가 발굴되고 그에 따라 기신론 연구가 더욱 활기를 띠게 되기를 바랄 뿐이다.

이 번역을 하는 동안에 역자는 앞의 '하께다 해설'이 수록되어 있는 하께다의 영문 번역판 이외에, 역자가 구할 수 있는 모든 국문 번역판을 참고하였다. 그것은 李箕永, 元曉思想, 弘法院, 1967; 李箕永, 韓國의 佛敎思想, 三省出版社, 1981; 韓定燮, 起信論 · 三論, 法輪社, 1980; 吳法眼, 大乘起信論, 世界의 大思想 35, 徽文出版社, 1973; 成樂熏, 大乘起信論疏, 韓國의 思想大全集 1, 同和出版公社, 1972 등이다. 이 분들의 번역이 없었더라면 역자는 도저히 이 일을 할 수 없었을 것이다. 아마 특별히 관심 있는 독자는 이 모든 번역을 참고하여, 역자가 어떤 구절에서 잘못을 저질렀는지 확인할 수 있을 것이다.

짐작하건대, 이 번역판의 독자 중에는 역자 자신과 마찬가지로 기신론에 처음 입문하는 사람이 상당수 있을 것이다. 기신론은 이 경우에 '겁을 먹거나 나약해지지 말라'고 가르치고 있다. 이 번역으로 말미암아 독자가 기신론에 대하여 좀더 친근감을 가지게 되고, 또 여래의 법력으로 기신론에 관한 본격적인 연구에 착수하게 된다면, 그리하여 '겁을 먹거나 나약해지지 말라'는 앞의 가르침이 실현될 수 있다면, 역자는 그 이상 바랄 것이 없다.

서울대학교 사범대학 교육학과의 林炳德 선생은 이 번역의 구상 단계에서 시작하여 이 책이 현재와 같은 모양을 갖추게 될 때까지 끊임없이 역자를 도와 주었다. 그의 도움에 감사를 표한다.

이 후기의 첫머리에 내세운 역자의 '불교적 배경'은 평소에 역자에게 늘 의식되던 것이 아니라 이 일과 관련하여 반은 自問으로 반은 다른 사람의 명시적인 질문 때문에 역자 자신의 의식 밑바닥을 헤집고 들어가서 거기서 '발굴'해낸 것이다. 그러나 다시 생각해 보면 역자에게는 '배경'이라고 부를 수조차 없을 정도로 의식의 표면에서 받은 더 직접적인 영향이 있다. 그것은 당신이 불교에 관련된 일에 종사하시면서 역자에게 애써 불교의 '교육적 함의'를 일깨워 주시려고 한 숙부의 영향이다. 이 면에서의 그 분의 소망이 실현되기는 까마득한 상태에서 이제 이 책을 그 분께 보여드릴 수 있게 된 데 대하여 역자는 남모르는 기쁨을 느끼고 있다. 그리고 그 기쁨은 이 일과 아무 관련없이 사오년 전에 그분이 역자에게 주신, 손수 제작하신 작품을 표지로 사용할 수 있었다는 점 때문에 더욱 커진다. 표지의 그림은 석가여래가 전도의 길을 떠나는 비구들에게 '두 사람이 한 길을 가지 말라'고 당부하면서 그 비유로서 사용한 '숲 속을 가는 외로운 코끼리'를 보여주고 있다.

　　기신론을 지을 당시의 저자의 느낌은 앞뒤에 붙은 게송에 잘 나타나 있다. 그러나 저자의 그 느낌과는 별도로, 만약 저자에게 자신이 지은 책 그 자체에 관하여 말하라고 했다면 그는 무슨 말을 하였을까? 아마 이것이 그의 말이었을지 모른다―'이 책에 적힌 내용은 환상도 신비도 아닌 엄연한 사실이다. 다만, 그것을 사실로서 이해하고 받아들이는 데에 비범한 지력과 불요불굴의 노력이 필요할 뿐이다. 그 지력과 노력은 그것을 발휘하려고 마음먹는 사람이라면 누구나 가질 수 있다. 이 책이 환상과 신비로 여겨진다면 그것은 오직 나약하고 게으른 자에게만 그러하다.'―그러나, 물론, 이 말이 과히 그릇된 것이 아님을 깨닫는 것은 독자의 과제이다.

1990년 歲暮

李 烘 雨 謹識

교육이론으로서의 대승기신론

1. 서론

「대승기신론」의 저자는, 그가 누구이든지 간에,[1] 그 저술의 동기를 설명하는 부분에서 다음과 같이 말하고 있다. 즉, 기신론은 여래의 가르침을 이해하고자 하는 사람 중에서 '장황한 설명을 되풀이해서 듣는 것을 번거롭게 생각하면서, 그것보다는, 마치 다라니처럼, 많은 내용을 짧은 글에 요약해 놓은 포괄적인 설명을 더 좋아하고 거기서 의미를 뽑아낼 수 있는 사람을 위하여, 여래의 한량없이 크고 깊은 가르침과 그 오묘한 뜻을 포괄적으로 요약해 주려는' 목적에서 집필되었다는 것이다(自有衆生 復以廣論文多爲煩 心樂總持 少文而攝多義 能

---

[1] 현존 한역본에는 마명이 저자로 되어 있으나 몇 가지 이유에서 그 진실성이 의문시되고 있다. (기신론의 문헌학적 고찰에 관해서는 앞의 '하께다 해설' 참조.) 그러나, 물론, 기신론의 소위 위찬 여부는 이 글의 주제에 하등 영향을 미치지 않는다.

取解者 . . . 爲欲總攝 如來廣大心法 無邊義故, 5).[2] 마치 불교의 가르침 그 자체의 성격이나 심지어 그 내용을 암시하기라도 하듯이, 이 저술의 동기는 기신론의 장점과 함께 그 이면에 들어 있는 약점 또는 그것에 수반되는 위험을 동시에 나타내고 있다.

불교의 경전(修多羅)을 직접 접해 본 사람은 누구든지 '장황한 설명을 되풀이해서 듣는 것을 번거롭게 생각한다'는 그 말을 이해할 수 있을 것이다. 고대의 경전이 대부분 그렇듯이, 불교의 경전도 문자에 의해서가 아니라 구술과 암송에 의하여 전달될 것을 전제로 하였다고 볼 수 있는 것이다. 그러나 또 한편, 경전을 통하여 전달하고자 하는 내용 또는 메시지는 그 '장황한 설명의 반복'이라는 말이 나타내는 것과 같은, 오랜 사색과 반추에 의하여 비로소 이해될 수 있으며, '많은 내용을 짧은 글에 요약해 놓은 포괄적인 설명'은 한 평생으로도 오히려 부족한 그 오랜 사색과 반추를 결코 대치할 수 없다.

사실상, 기신론은 거기에 설명된 내용이 보통 사람의 지력으로 쉽게 납득될 수 있으리라는 기대가 안일하고도 위험한 것임을 여러 맥락에서 여러 방식으로 지적하고 있다. 예컨대,

[일체의] 경험적 인식이 무명훈습으로 일어난 결과라는 것은 우둔한 자가 알 수 있는 것이 아니요 2승의 수행자의 지혜로 깨달을 수 있는 것도 아니다. 그것은 수행자가 처음 올바른 믿음을 얻은 이후 내내 수행에 뜻을 두고 열심히 노력하여 진여 그 자체를 증득하게 되더라도 오직 부분적으로 알 뿐이며, 수행의 완성 단계

---

2) 여기에 인용되는 기신론의 구절은 본문의 문단번호로 표시한다.

에 있는 사람이라 하더라도 완전히는 알 수 없다. 그것을 완전히
아는 것은 오직 '깨달은 자'(佛)뿐이다.

〔依無明熏習 所起識者 非凡夫能知 亦非二乘 智慧所覺 謂依菩薩 從
初正信 發心觀察 若證法身 得少分知 乃至菩薩究竟地 不能知盡 唯佛窮
了. 30〕

'일체의 경험적 인식이 무명훈습으로 일어난 결과라는 것', 또는
'무명훈습이 경험적 인식을 일으키는 기본적인 심리작용이라는 것'은,
이하의 설명에서 알 수 있는 바와 같이, 기신론의 핵심 명제에 해당한
다. 그와 마찬가지로, 기신론에 적혀있는 '포괄적인 설명'은 전체적으
로 보아 이 명제의 뜻을 언설로 나타내기 위한 것이라고 말할 수 있다.
기신론 저자의 입장에서 보면, 위에 인용된 말은 그 저자 자신의 노력
을 송두리째 무효화하는 셈이 된다. 말하자면 그는 자신의 하는 말이
이미 효용을 가질 수 없는 경지('부처', 즉 '깨달은 자'의 경지)에서야
비로소 이해될 수 있는 그런 말을 하는 것이다. 물론, 저자는 자신의
그 묘한 입장을 분명히 인식하고, 본문의 여기저기에서 그것에 대한
적절한 대응책을 강구하고 있다.[3] 그러나 저자의 이 묘한 입장은 독자
의 편에서 보면 기신론을 이해하는 데에 필연적으로 수반되는 위험을
말해 주는 것이며, 저자의 그 대응책은 그대로 독자에 대한 경고가 된
다고 보아야 할 것이다. 이때까지 기신론을 읽은 헤아릴 수 없이 많은
독자는 각자의 이해 수준에 상응하는 정도로 그 위험을 의식하고 그
경고를 받아들였다고 볼 수 있을 것이다.

---

3) '해석분'의 한 절인 '對治邪執'(50~57)은 이 문제를 집약적으로 다루고 있다.

이제, 기신론이 추구하는 목적에 해당하는 '상념을 떠나서 진여로 돌아간다'(離念歸於眞如, 57)는 표현을 예로 들어서 그 위험을 다소간 명백하게 규정해 보겠다. '상념'이 무엇이며 '진여'가 무엇인가 하는 것은 기신론에 직접 설명되어 있고 이하 이 해설에서도 고찰되겠지만, 여기서 주목해야 할 것은 '떠난다'든가 '돌아간다'는 말의 의미이다. '상념'이나 '진여'의 경우와는 달리, 떠난다든가 돌아간다는 말은 일상 사용되는 용어로서, 그 의미에 특별히 주의를 기울이지 않는 한, 그것을 이해하는 데에 하등의 어려움이 없다고 생각하기 쉽다. 그리하여 '상념을 떠나서 진여로 돌아간다'는 말은 마치 갑이라는 지점(즉, '상념'이라는 말이 나타내는 것)을 떠나서 을이라는 지점(즉, '진여'라는 말이 나타내는 것)으로 돌아간다는 말과 동일한 의미를 나타내는 것으로 생각되고, 또 그런 뜻으로 받아들이면 그 말의 뜻이 충분히 이해된 줄로 생각할 가능성이 있다. 그러나, 말할 필요도 없이, '상념'이나 '진여'는 떠난다든가 돌아간다는 말이 정상적으로 적용되는 그런 공간적인 지점을 나타내는 것이 아니며, 그와 마찬가지로 '떠난다'든가 '돌아간다'는 말도 공간적인 지점 사이의 신체적 이동을 나타내는 것이 아니다. '상념'과 '진여'의 의미를 알고 나면 '상념을 떠나서 진여로 돌아간다'는 말의 의미는 저절로 이해된다고 생각하는 것은 곧 떠난다든가 돌아간다는 말이 바로 그 일상적인 의미 이외의 하등 특별한 의미를 가지지 않는다고 생각하는 것이며, 이것은 곧 그 말의 의미를 이해하지 못한다는 고백이나 다름없다.

이상 '離念歸於眞如'를 보기로 하여 말한 내용은 기신론의 거의 모든 표현에 그대로 적용된다. 기신론이 제시하는 '포괄적인 설명'은 이와 같이 용어의 일상적 용법이 적용될 수 없는 곳에 그 용법을 '차용'함으로써 비로소 가능하게 된 것이다. 우리의 일상 용어는 예컨대 두 공간적 지점 사이의 신체 이동과 같은 '경험적 사실'을 기술하는 데에 적합하게 되어 있다. 그러나 기신론이 우리에게 설명하고자 하는 내용은 그런 경험적 사실이 아닌, 초경험적, 형이상학적 실체에 관한 것이다. 보다 평범한 용어로 말하자면, 기신론은 원칙상 언어로 표현할 수 없는 내용을 언어로 표현하고자 한다고 말할 수 있다.[4] 바로 이 점 때문에 기신론은 독자로 하여금 그가 실지로는 이해하지 못하는 내용을 마치 이해하고 있는 양 착각하도록 이끌 위험이 있다.

이 위험에 대처하는 한 가지, 아마도 가장 기본적인 것이라고 할 수 있는 방법은 기신론의 경험적 용어를 그것이 일상 사용되고 있는 친숙한 맥락에서 떼내어, 초경험적, 형이상학적 개념을 나타내는 데에 보다 적합한 용어로 바꾸는 것이다. 그렇게 하다가 보면 '떠난다'든가 '돌아간다'는, 일견 아무런 어려움이 없이 이해되는 듯한 말이 당장 '수수께끼같은 말'(또는, 파라독스)로 되고 만다. 기신론을 이해한다는 것은 바로 이 수수께끼같은 말에 담겨 있는 의미에 될 수 있는 한 가까이 접근하는 것이다.

이러한 방식으로 기신론을 이해한다면, 기신론은 그 자체가 하나

---

4) 기신론에서는, 진여에 관하여 이러이러하다고 말하는 것은 '말할 수 없는 것을 말하는 것이며 말로써 말을 없애려는 것과 같다'(言眞如者 亦無有相 謂言說之極 因言遣言, 11)라고 말하고 있다. 앞에서 시사한 바와 같이, 기신론에 적혀 있는 말은 모두 '말을 없애기 위하여' 하는 말이며, 이 점에서 '因言遣言'은 기신론 전체의 특징을 나타낸다고 말할 수 있다. 또한, 만약 '신비주의'가 경험적 언어를 초경험적 목적으로 사용하는 것을 그 본질로 삼는다면, 기신론은 신비주의적 표현의 집약체에 해당한다고 말할 수 있다. D. T. Suzuki, *Mysticism : Christian and Buddhist*, Unwin Paperbacks, 1957, pp. 37~8 참조.

의 교육이론을 나타낸다는 결론에 도달할 수 있을 것이다. 기신론은 불교의 믿음을 단순히 하나의 '교리'로서 제시하는 것이 아니라 '마음'에 관한 형이상학적 체계에 의하여 제시하고 있으며, 그 형이상학적 체계를 받아들이게 되는 데에 필요한 노력의 방향도 아울러 제시하고 있다.[5] 이 해설은 단순히 기신론의 내용을 전체적으로 소개하는 것이 아니라 그 이상으로, 기신론을 하나의 교육이론으로 해석하는 데에 그 목적이 있다. 그리고 여기서 우리의 관심은 기신론이 특수하게 '불교적인' 의미에서의 교육이론이 아니라 그 이상으로, 일반적인 의미에서의 교육이론임을 보이는 데에 있다. 더 직접적으로 말하여, 만약 기신론을 교육이론으로 해석할 수 있다면, 거기에 설명된 '교육'은 교육의 전형적 형태인 학교교육과 다른 것일 수 없으며, 나아가서, 교육의 의미에 관한 기신론의 설명은 학교교육의 의미를 좀더 정확하게 규정하는 데에 중요한 단서를 제공해 줄 수 있을 것이다.

이하의 해설에서는 기신론의 내용을 다음과 같은 세 가지 주제로 요약, 제시하고 난 뒤에 그것과 교육이론의 관련을 고찰해 보고자 한다.

> 1) 마음은 실재와 현상이라는 두 가지 상이한 측면에서 파악될 수 있다.
> 2) 마음은 실재에서 현상으로, 그리고 현상에서 실재로의 끊임없는 운동을 나타낸다.

---

5) 일본의 권위있는 기신론 연구가인 久松氏는 기신론의 주제를 1) 실재론, 2) 현상론, 3) 인식론, 4) 실천론의 네 가지로 구분하여 해설하고 있다. 물론, 기신론에는 이 네 가지 주제가 하나로 통합되어 있다. 久松眞一, 「起信의 課題」(일본어판), 東京, 理想社, 1983.

3) 개인의 수행은 마음이 현상에서 실재로 향하도록 하는 데에 그
   목적이 있다.

2. 마음의 두 측면으로서의 실재와 현상 : 眞如와 妄心

「대승기신론」이라는 제목에서의 '大乘'(마하야야아나, 큰 수레)은
'중생의 마음'(衆生心)을 비유적으로 나타낸다. 그것을 '수레'에 비유
할 수 있는 것은 그것이 '모든 부처가 본래 타고 있는 것이며, 모든 수
행자가 그것을 타고 "여래의 땅"으로 가기 때문이다'(一切諸佛 本所
乘故 一切菩薩 皆乘此法 到如來地故, 8). 오로지 이 말만 가지고 보
면, 수레로 비유되는 '중생의 마음'은 우리 각자가 우리 몸 안의 어디
인가에 가지고 있는 것으로 생각되는, 경험적 현상으로서의 '마음'을
가리키는 것처럼 생각된다. '부처가 원래 타고 있다'든가 '수행자가
그것을 타고 어디론가 간다'는 표현은, 설사 그것을 비유적인 표현으
로 이해한다고 하더라도, 수레에 비유되는 '마음'이 부처나 수행자의
것임을 강하게 암시한다. 물론, 기신론에서 말하는 '중생의 마음'이 우
리 각자가 가지고 있는 '마음'이 아닌, 그것과는 별도로 존재하는 다른
것을 지칭한다고 말할 수는 없으며, 나아가서는 그것이 바로 우리 각
자의 '마음'을 가리킨다고까지 말할 수 있다.

그러나 '큰 수레는 중생의 마음을 가리킨다'는 말에 뒤이어, 기신
론에서는 '이 마음은 일체의 경험적 사실과 초경험적 관념을 포괄한
다'(是心則攝 一切世間法 出世間法, 7)고 말하고 있다. 여기에 사용
된 '포괄한다'(攝)는 단어가 정확하게 무엇을 의미하는가 하는 문제가

있지만, 이 문제는 젖혀두고라도 '일체의 경험적 사실과 초경험적 관념을 포괄한다'는 이 말이 우리 각자가 가지고 있는 경험적 현상으로서의 '마음'을 가리킨다고 보기는 어려울 것이다. (이 말은 그렇게 볼 수 없다는 뜻이 아니라, 그렇게 보기 위해서는 복잡한 설명이 필요하다는 뜻이다.) 예컨대 '경험적 사실'에서 언급되는 우리 눈앞의 구체적인 사물은 우리 '마음'이 아니라, 우리의 마음이 인식하는 '대상'이다. 그리고 우리의 '마음'은 그것에 의하여 인식되는 대상과의 분화를 전제로 하여, 그것과의 대비에 의하여 성립한다. 그러므로 '일체의 경험적 사실과 초경험적 관념을 포괄한다'는 말에 나타난 '마음'이 바로 우리 각자의 마음을 뜻한다고 볼 수는 없다.

그리하여 우리는 1) '큰 수레'로 비유되는 '중생의 마음'은 우리의 경험적 마음과 다른 것일 수 없지만, 2) 그것은 또한 우리의 경험적 마음과 같은 것일 수도 없다는, 정상적인 논리로서는 도저히 동시에 받아들일 수 없는 두 마디 말에 직면하게 된다. 기신론에서는 이 두 말에 표현된 '마음'—경험적 마음과 '다른 것일 수 없는' 마음, 그리고 그것과 '같은 것일 수 없는' 마음—을 특별한 방식으로 관련짓고 있다. '마하아야아나의 가르침의 올바른 뜻을 제시하는'(顯示正義) 첫머리는 다음과 같은 말로 시작되어 있다.

[마하아야아나의 가르침은] 마음은 하나이지만 두 개의 상이한 측면에서 파악될 수 있다는 것이다. 그것을 각각 '실재의 측면에서 파악되는 마음'과 '현상의 측면에서 파악되는 마음'이라고 부를 수 있다. 이 두 측면은 그 각각이 총체로서, 각각 일체의 사물과 현상을 포괄한다. 이것은 곧 이 두 측면이 오직 개념상으로만 구분될

뿐, 각각 별도로 존재하는 것은 아니라는 뜻이다.

〔依一心法 有二種門 云何爲二 一者心眞如門 二者心生滅門
是二種門 皆各總攝一切法 此義云何 以是二門 不相離故, 10〕

'하나인 마음'(一心)이 '실재'(진여)와 '현상'(생멸)이라는 두 개
의 측면에서 파악될 수 있다는 것은 기신론의 기본 가정인 것과 동시
에 기신론의 모든 설명—그리고 나아가서는 불교의 모든 수행—이
심어 주려고 하는 궁극적 믿음이라고 할 수 있으며, 이런 뜻에서 그것
은 기신론의 알파요 오메가에 해당한다. 기신론에 관한 한, 위의 그 말
을 여실하게 안다면—다시 말하여, 그 말을 그것에 담겨 있는 모든 세
부적인 함의와 관련지어 이해한다면—그 이상 더 알 것이 없다고 말
할 수 있다.

위의 '실재'로 번역된 기신론의 용어는 '眞如'이며 이것은 원래 산
스크리트어(타타아타)의 의미로 '참으로 그러한 것'을 뜻한다. 그리고
앞에서 말한, 우리 각자의 '마음'(이하 '상념')은 위의 인용에서 '현상
의 측면에서 파악되는 마음'이라고 한 것에 해당한다. 그러나 기신론
에서는 이 '마음'(즉, '상념')과 '별도로 존재하는 것이 아닌'(不相離)
또 하나의 마음, 즉 '실재'의 측면에서 파악되는 '마음'이 있다고 말한
다. 만약 '마음'이라는 단어를 전자에 국한되는 것으로 사용하면 이 후
자는 '마음'(적어도 우리가 일상 사용하는 용어로서의 '마음')이 아니
다. 구태여 말하자면, 그것은 경험적 현상으로서의 마음, 즉 '상념'(生
滅心)과 '동일한 상태로' 존재하는 것이 아니라 '실재'(眞如)라는 형
태로 존재한다.[6] 그리하여 기신론에서 말하는 '두 측면에서 파악되는
마음'은 곧 '실재'(眞如)와 '상념'(生滅心)을 가리킨다.

비록 '각각 별도로 존재하는' 것은 아니라 하더라도 마음의 이 두 측면을 설정한 이상, 양자의 관련에 관한 설명이 불가피하다. 논리적으로 말하여, 그 설명은 두 가지 형식을 취할 수 있다. 하나는 실재를 기준으로 하여 상념은 실재의 특수적 표현임을 말하는 것이요, 또 하나는 상념을 기준으로 하여 실재는 상념으로부터 추론되는, 상념의 논리적 가정임을 말하는 것이다. 기신론에서는 이 두 형식을 모두 사용하되, 그것을 특별한 방식으로 사용하고 있다. 기신론은 먼저 실재에서 어떻게 상념이 생기는가를 설명하고 난 뒤에 '올바른 삶'(離一切苦得究竟樂, 4)을 위해서는 상념을 버리고 실재로 돌아가야 한다는 것을 주장한다. 전자의 설명은 실재를 기준으로 한 것에, 그리고 후자의 설명은 상념을 기준으로 한 것에 각각 해당한다고 볼 수 있다. 이 절에서는 먼저 상념이 생기는 과정을 중심으로 하여 실재와 현상의 관계를 고찰하겠다.

우선, '진여'(실재)는[7] '오직 하나의 실재, 일체의 사물과 현상을 총체적으로 포괄하는 본체'(一法界 大總相 法門體, 11)로 정의된다. 여기서 '일체의 사물과 현상'이라고 하는 것은 '상념'에 인식되는 것이며, 그것에 관해서는 '이것은 이것이며 저것이 아니다'라든가 '이것

---

6) 물론, 이것은 정확한 표현이 아니다. 우선, 이것은 두 측면에서 파악되는 마음이 각각 별도로 존재하는 것이 아니라는 앞의 말과 모순된다는 느낌을 준다. 뿐만 아니라, 기신론에 명백히 지적되어 있는 바와 같이, 진여에는 어떤 언어적 표현도 용납되지 않으며, 따라서 '실재라는 형태'라는 말은 있을 수 없다. 여기서 말하고자 하는 것은 다만, '진여'는 보통의 의미에서의 '마음'은 아니지만 그래도 여전히 '마음'이라는 것이다.

7) '진여'를 '실재'로 대치할 가능성과 그 문제점에 관해서는 8 주 참조.

은 이러이러하며 저러저러하지 않다'는 말을 할 수 있다. 그러나 '진여'에는 이런 종류의 구분과 차별이 해당되지 않는다. 진여는 모든 것을 포괄하되, 다만 상념에 인식되는 일체의 구분과 차별이 배제된 상태로 포괄한다. 진여는 생기거나 없어지는 것도 아니요(不生不滅), 증가하거나 감소하는 것도 아니다(不增不減). 진여는 경험적 인식으로는 아무 것도 분간되지 않는 '절대의 세계'(平等)이다. 이 세계에서는 모든 것이 '참으로 그러한 것 그대로'(一切法 皆同如, 11)이다. 진여에는 일체의 언어적 형용이 적용되지 않지만, 구태여 그것을 형용하자면 '빈 것'(如實空)이면서 동시에 '비지 않은 것'(如實不空)이라고 할 수 있다(13). '빈 것'이라고 하는 것은 분간될 대상이 아무 것도 없다는 뜻이요, '비지 않은 것'이라고 하는 것은 거기에 모든 것이 들어 있다는 뜻이다. 진여에는 일체의 구분이 배제되어 있는 만큼, 거기에는 마음과 대상의 구분도 없으며, 이런 뜻에서 그것을 '오직 하나인 마음'(一心, 11)이라고 부를 수 있다.

진여에 관해서는 이하에서 더 언급할 기회가 있을 것이다. 여기서는 다만 '진여에서 상념이 생긴다'는 말을 어떻게 이해해야 하는가를 말하고자 한다. 진여에 관한 위의 규정에는 '진여가 상념을 만들어낸다'는 뜻으로 해석될 수 있는 하등의 단서도 나타나 있지 않으며, 오히려 무엇인가를 만들어내는 것은 진여의 특징과 정면으로 모순된다는 암시가 들어 있을 뿐이다. 뿐만 아니라, 설사 진여에서 상념이 생긴다는 말을 할 수 있다 하더라도 그 말이 나타내는 것은 예컨대 겨자 씨에서 싹이 돋는다든지 바다에서 파도가 이는 것과 동일한 것일 수 없다.[8] '진여에서 상념이 생긴다'는 말은, 앞의 서론에서 지적한대로, 초경험적, 형이상학적 의미를 경험적, 인과적[9] 언어로 나타내는 것이라고 보지 않으면 안된다. 그리하여 그 말을 이해하는 한 가지 방법은 그 말에 관한 기신론의 설명을 시간상 반대 방향으로 읽는 것이다.

기신론에서는 진여에서 상념이 생기는 과정을 설명하기 위하여 진여의 심리적, 인과적 대응물인 '如來藏'을 상정한다.

'현상의 측면에서 파악되는 마음'(心生滅)이라는 것은 이른바 '여래장'을 근거로 하여 전개되는 일체의 정신작용(生滅心)을 일컫는다. 여래장은 실재(不生不滅)와 현상(生滅)이라는 마음의 두 측면이 동일하지도 상이하지도 않은 상태로 결합되어 있는 것을 가리킨다. 여래장은 [특히 그 심리적 측면에서 파악될 때] '아려야식'(阿黎耶識)이라고 불린다. 아려야식은 모든 사물과 현상을 포괄하며 모든 사물과 현상을 만들어낼 수 있다.

[心生滅者 依如來藏故 有生滅心 所謂不生不滅 與生滅和合 非一非異 名爲阿黎耶識 . . . 能攝一切法 生一切法, 16]

상념이건 일체의 사물과 현상이건 간에 무엇인가를 '만들어내는' 작용을 하는 것은 진여가 아닌 여래장, 또는 그것을 심리적 측면에서 규정하여 부르는 이름인 아려야식(아알라야識, 藏識)이다. '여래장'이라는 말은 '여래를 잠재적인 상태로 감추고 있다'는 뜻을 나타내며,

---

8) 기신론에서는 진여와 상념의 관계에 관한 특정한 포인트를 나타내는 데에 海波 비유가 사용되고 있다(20, 34).

9) 여기서 '인과적'이라는 말은 특수하게 불교적 의미가 아닌, 일반적 의미로 사용된 것이다.

'如來'(타타아가타)는 '眞如에서 온 자' 또는 '진여와 하나인 자'를 가리키는 만큼, 여래장은 '진여를 감추고 있다'는 뜻으로도 해석될 수 있다. 그런데 여래장 또는 아려야식에서 진여(즉, 실재의 측면에서 파악되는 마음)는 상념(즉, 현상의 측면에서 파악되는 마음)과 '동일하지도 상이하지도 않은 상태로' 결합되어 있다.[10] '동일하지 않은 상태로' 결합되어 있다는 것은 진여와 상념 사이에는 엄연한 개념상의 구분이 존재한다는 것을 뜻하며, '상이하지 않은 상태로' 결합되어 있다는 것은 그 개념상의 구분이 아직 사실상으로 표현되지 않았다는 것을 뜻한다. 아려야식은 진여로부터 상념이 생기기 직전의, 말하자면 일촉즉발의 상태로서, '중생의 마음'(衆生心)이 상념으로 흐르는가 아니면 절대세계에 머무르는가를 가르는 최초의 분계선에 해당한다고 말할 수 있다. 보다 일반적인 용어로 규정하자면, 아려야식은 우리의 경험적 마음을 설명하기 위하여 가정되는 최초의 논리적 근원을 가리킨다. (따라서, 앞의 '직전'이라는 말은 시간적인 의미가 아닌, 논리적인 의미에서의 '직전'을 뜻한다).

기신론에서 아려야식의 두 측면 또는 두 요소를 나타내는 말로 사용되는 '깨달음'(覺)과 '깨닫지 못함'(不覺)은 각각 그 분계선의 양쪽을 지칭한다고 보아야 한다 (此識有二種義 . . . 一者覺義 二者不覺義, 16). '깨달음'은, 그 부정인 '깨닫지 못함'과는 달리, 깨달음의 궁극적 상태를 나타낼 수도 있고 깨달음의 심리적 과정을 나타낼 수도 있다. 기신론에서는 깨달음의 이 두 측면을 '本覺'과 '始覺'이라는 용

---

10) 아려야식은 '진여'(실재)와 '망심'(상념)이 화합되어 있다는 뜻에서 '眞妄和合識'이라고도 불린다.

어로 구별한다. '시각'이라는 것은 단지 깨닫지 못한 상태에서 깨달은 상태로 나아간다는 것을 뜻할 뿐이며 그 말에 담긴 '깨달음'의 의미는 '본각' 바로 그것이다. 그리고 깨달음의 궁극적 상태로서의 '본각'은 아려야식 속에 '상념'과 화합되어 있는 진여를 가리킨다고 보아도 좋을 것이며, 적어도 진여를 기술하는 것과 동일한 방식으로 기술될 수 있다는 것은 분명하다.[11]

　'깨달음'의 경우와는 달리, '깨닫지 못함'은 상태와 과정의 구분없이 양자를 함께 지칭한다. 이것은 곧 '깨닫지 못함'이 '현재의 주어진 상태'와 '그 상태에 그대로 머물러 있는 것'을 동시에 지칭한다는 뜻이다. 본각이 진여에 해당하는 것과 마찬가지로, '불각'은 상념에 해당한다.[12] 그리하여 '진여에서 상념이 생긴다'는 말은 곧 진여와 상념이 '동일하지도 상이하지도 않은 상태로' 결합되어 있는 아려야식에서 상념이 생긴다는 말로 풀이될 수 있으며, 이것은 다시, 아려야식에 '깨닫지 못함'이 그 한 측면 또는 요소로 포함되어 있다는 것과 동일한 뜻을 나타낸다. 그러나 아려야식에 무슨 일이 일어나는가 하는 문제는 여전히 남아 있다. 이 책의 본문에서 알 수 있는 바와 같이, 기신론에서는 '깨닫지 못함'(즉, '상념')의 여러 가지 양상과 여러 가지 명칭에 관하여 복잡한 설명을 하고 있지만, 그것을 자세하게 고찰하는 것은 당장 아려야식의 작용 또는 아려야식에서 일어나는 일을 고찰하는 데

---

11) '眞如 言說分別'(13~15), '覺義'(17~19), '本覺 隨染分別'(20), '覺體相' (21) 등 여러 문단 참조.
12) 불각과 상념은 동일하지 않다. 정확하게 말하면, 불각은 '상념의 논리적 형식'이라고 보아야 하며, 이 점에서 불각은 때로 '무명'과 동일한 의미로 사용된다. 이하 설명과 주16) 참조.

에는 별로 중요하지 않다. 이 목적을 위해서는 기신론에 요약된 상념의 두 가지 종류를 알아 보는 것으로 충분하다.

현상계의 양상(生滅相)은 '굵은 것'(麁)과 '가는 것'(細)의 두 가지로 구분될 수 있다. 전자는 마음과 대상이 상응하는 경우이며, 후자는 마음과 대상이 상응하지 않는 경우이다.
〔分別生滅相者 有二種 云何爲二 一者麁 與心相應故 二者細 與心不相應故. 33〕

뒤이어 기신론에서는 '마음과 대상이 상응하는 경우'의 마음, 즉 '굵은 마음'(麁念)을 '상응심', 그리고 '마음과 대상이 상응하지 않는 경우'의 마음, 즉 '가는 마음'(微細念)을 '불상응심'이라고 부른다. 그러므로 상응심과 불상응심은 아려야식을 최초의 근원으로 하여 전개되는 모든 정신작용의 두 종류를 가리킨다. 또한, 마음과 대상이 '상응'한다는 것은 '마음과 상념이 그 맑고 물든 점에 있어서 차이를 나타내며 인식의 주체와 대상이 동일한 양상을 나타내는 경우'를 가리키며 (謂心念法異 依染淨差別 而知相緣相同故. 32), 마음과 대상이 상응하지 않는다는 것은 인식의 주체와 대상의 분화가 아직 이루어지지 않은 상태를 가리킨다. 이렇게 보면, 상응심과 불상응심은 단순히 상념의 종류를 나타내는 것이 아니라 그 이상으로, 일종의 논리적 계열을 나타낸다는 것을 알 수 있다. 즉, 불상응심은 아려야식의 初動을 가리키는 것으로서, 아직 인식의 주체로서의 마음과 인식의 대상으로서의 외부 세계가 분화되지 않은 상태에서의 마음을 가리킨다. 이 상태에 있는 마음은 '의지'(意)라고 부를 수 있는 본능적, 충동적 경향성에 지나지 않는다. 여기에 비하여 상응심은 '감각과 사고'(意識)에 해당하는 것으로서, 그것은 마음으로서 보다 명백한 형태를 띠고 있으며 비교적 명백하게 규정된 대상(六塵境界;色聲香味觸法)을 가지고 있다. 상응심은 그것에 의하여 파악되는 대상을 분별하며 그 분별에 거의 절대적인 확신을 가진다. 상응심은 '나와 나에 속한 것'을 계탁하고 그에 따라 끝없는 집착과 '간지스하의 모래보다 더 많은' 번뇌를 일으킨다.[13]

기신론에서는 상념을 '망심', '망념', '염심' 등의 용어로, 그리고 상념(相應心)의 대상을 '육진', '망경계' 등의 용어로 나타내고 있다. 또한, '일체의 욕망과 사물과 관념, 한 마디로 우리가 생각을 품을 수 있는 모든 대상(三界)은 허위이며 "오직 마음"의 조작이다'(三界虛僞唯心所作, 28). 그리고, 물론, 상념과 그 대상은 떠나거나(離) 없애버려야(滅) 할 것으로 되어 있다. 그렇다면 상념과 그 대상, 우리의 경험적 마음과 그것에 파악되는 외부 세계는 그런 용어가 시사하는 대로 단순히 '망령된 것, 헛된 것, 거짓된 것'인가? 그렇다고만은 볼 수 없는 몇 가지 이유가 있다. 첫째로, 그것이 망령되거나 헛되다고 하는 것은 오직 '참으로 그러한 것'인 진여를 가정할 때, 그것과 대비하여 그

---

13) 불상응심과 상응심은 '意'와 '意識'에 각각 해당한다고 볼 수 있다. (여기서의 '意識'은 영어의 consciousness에 해당하는, 우리가 흔히 말하는 '의식'과는 달리, '眼識', '耳識' 등과 동일한 조어형식으로 된 '意의 識' — 즉, '意志의 인식작용' — 을 뜻한다.) 기신론은 의와 의식을 분류하는 데에 약간의 혼란을 나타내고 있지만, 그 각각을 '業識'과 '分別事識'에 의하여 대표되는 것으로 봄으로써 양자의 구분을 엄격하게 따르고 있다. 어쨌든, 意는 意識보다 더 '심층'에 있으며 그만큼 떠나거나 버리기가 더 어려우리라는 것은 분명하다(33). '굵다'든가 '가늘다'는 말은 그 떠나거나 버릴 대상을 포착하기가 쉽거나 어렵다는 뜻을 나타낸다.

러하다는 것이며, 따라서 이 경우의 '망령되다'든가 '헛되다'는 말은 진여를 가정하지 않는 우리 보통 사람들—기신론에서 말하는 '우둔한 자들'(凡夫)—사이에서와는 다른, 특별한 의미로 사용된 것이라고 보아야 한다. 둘째로, 그보다 더 중요한 것으로서, 상념(그리고 그 대상)은 진여에서 '생겨난' 것이다. 망령되지도 헛되지도 않은 '참으로 그러한 것'에서 생겨난 것이 어떻게 하여 망령되고 헛된 것일 수 있는지 납득하기 어려운 것이다. 뿐만 아니라, 앞에서 말한 바와 같이, 이 '생겨났다'는 말이 어쩔 수 없이 자아내는 그릇된 인과적, 경험적 연상을 감안하여, '상념은 진여에서 생겨난다'는 말을 시간상 반대 방향으로 읽는다면, 상념은 진여와 하나로서 그것과 다르지 않다고 말해야 한다. 그와 마찬가지로, 진여는 상념과 다른 것이 아니라 상념의 존재를 의미 있게 설명하려면 받아들일 수밖에 없는 논리적 가정이다. 아마 이것이 '진여와 상념은 각각 별도로 존재하는 것이 아니다'(二門不相離, 10)라는 말을 이해하는 가장 정확한 방법일 것이다. 그리고 그것은 또한 아려야식이 어떻게 '진여와 상념을 동일하지도 상이하지도 않은 상태로 결합할'(不生不滅 與生滅和合 非一非異, 16) 수 있는지를 설명해 준다. 그러나 다음 절에서 우리는 상념과 대상을 결코 헛된 것이라고만은 볼 수 없는 더 근본적인 이유를 보게 될 것이다.

3. 동일한 운동의 두 방향 : 熏習

'일체의 결과에는 반드시 내적 원인(因)과 외적 계기(緣)가 있다'는 것은 불교적 사고의 근본적인 특징을 이루고 있다.[14] '진여에서 상념이 생긴다'(앞에서 말한 바와 같이, 이것은 '아려야식에서 상념이 생긴다'는 것과 같은 뜻이다)는 말을 할 수 있으려면 그 상념에 대해서도 원인과 계기가 규명되어야 할 것이다. 기신론에서는 상념의 원인으로서 '무명'을, 그리고 그 계기로서 '망경계'를 들고, 이 원인과 계기가 상념을 만들어내는 과정을 설명하고 있다. 이 과정은 '상념으로 흐르는 과정'(生滅流轉門)이며, 만약 이 과정이 확인될 수 있다면 그것과 동일한 형식에 의하여 '진여로 돌아가는 과정'(眞如還滅門)도 설명될 수 있을 것이다. 기신론에서는 이 두 과정을 '熏習'이라는 개념으로 설명하고 있다.

먼저, '무명'이 상념의 원인(因)이 된다는 것은 기신론에 의심의 여지가 없이 명백하게 드러나 있다. 그러나 '무명'은 어디서 생기는가? 이 질문은 상념의 원인으로서의 무명의 개념을 이해하는 데에, 그리고 무명이 상념의 원인이 된다는 말의 의미를 이해하는 데에 결정적인 의의를 가진다. 이때까지 원효를 위시한 여러 주석가들은 '마음이 유일 실재에 이르지 못하여, 인식의 주체와 대상이 분화되지 않은 상태에서 홀연히 상념이 일어나는 것을 일컬어 무명이라고 한다'(以不達 一法界故 心不相應 忽然念起 名爲無明, 30)라는 기신론의 구절에서 '홀연히'라는 말이 무명의 시작에 관하여 중요한 단서를 제공해 준다고 보고, 그 말을 '시작이 없다'(無始)는 뜻으로 해석하였다.[15] 뿐만 아니라, 기신론에는 그 앞 부분에서 이미 '無始無明'이라는 용어가 사

---

14) 본문 39의 '火木 譬喩' 참조.
15) Y. S. Hakeda(trans.), *The Awakening of Faith*, Columbia University Press, 1967, pp. 50~1n. 그러나 하께다 註의 마지막 결론은 받아들이기 어렵다.

용되고 있다. '중생은 본래부터 끝없이 계속되는 상념에 얽매어 있으며 거기서 벗어나는 법이 없다. 이런 뜻에서 "무시무명"이라는 말을 쓴다'(以從本來 念念相續 未曾離念故 說無始無明, 19).

사실상, 무명에 시작이 없다는 것은 무명이 상념의 '원인'이 된다는 말 자체에 이미 함의되어 있다. 앞에서 말한 바와 같이, 상념이 일어나는 데는 '원인'과 '계기'가 함께 있어야 한다. 상념의 계기는 상념의 대상인 '망경계'이며, '망경계'는 상념이 이미 일어난 상태에서야 비로소 나타난다. 그러므로 상념은 그것이 이미 일어난 상태에서야 존재하는 망경계를 계기로 하여 일어난다는, 터무니없이 불합리한 결론에 빠지게 된다. 이 결론은 오직 무명에 시작이 있다는 가정, 무명은 상념이 없는 상태에서 발동하기 시작하며 그것으로 말미암아 상념이 생긴다는 그릇된 가정을 받아들였기 때문에 내려진 것이다. 그러나 이와는 달리, 무명은 상념의 '이전에' 발동하기 시작하는 것이 아니라 상념과 '더불어' 있다는 것, '사람의 마음'에는 이미 상념이 있다는 것, 또는 더 나아가서 '사람의 마음'은 처음부터 상념이라는 것을 가정하면 앞의 그 불합리는 발생하지 않는다. 이것으로 보면, 무명은 상념으로부터, 상념이 있다는 사실로 말미암아 추론되는, 상념의 논리적 원인임을 알 수 있다.[16]

---

16) 무명과 불각은 동일하지 않다. 불각이 상념의 '논리적 형식'이라면(주 12), 무명은 상념의 '논리적 원인'이다. 그러나 양자는 모두 상념으로부터 추론되는 그 '이전의'―시간적 의미가 아닌 논리적 의미에서의 이전―상태를 나타낸다는 점에서 동일하게 상념의 '원인'으로 간주될 수 있다. 기신론에서는 '無明不覺'(32)과 같이 양자를 결합해서 쓰기도 하고 때로는 불각을 '無明熏習'의 원인으로 지적하기도 한다(33).

'무명은 상념에서 추론되는, 상념의 논리적 원인이다'라는 말은 '무명은 상념의 원인이다'라는 말을 시간상 반대 방향으로 읽은 것이다. 이것은 앞 절에서 '진여에서 상념이 생긴다'는 말을 이해하기 위하여 우리가 해야 했던 일과 다르지 않다. 앞 절에서 그 말을 거꾸로 읽은 결과로 우리가 알게 된 것은, 상념은 진여와 다르지 않다는 것, 진여는 상념의 존재를 의미 있게 설명하려면 가정할 수밖에 없는 형이상학적 실체라는 것이다. '무명은 상념에서 추론되는, 상념의 논리적 원인이다'라는 말의 의미 또한 이와 동일한 방식으로 해석될 수 있다. 그리하여 우리는 상념으로부터 추론되는 두 개의 '논리적 구성물'을 가지게 된다. 그것은 진여와 무명이다.

상념의 논리적 구성물로서의 진여와 무명 사이에는 한 가지, 의심할 여지가 없는 공통점이 있다. 그것은 양자가 모두 '시작이 없다'는 것이다. 이것은 양자가 모두 상념에서 추론된다는 사실에 이미 함의되어 있는 것으로서, '진여와 무명은 상념과 더불어 있다'는 것을 다르게 표현한 것에 지나지 않는다. 그러나 '시작이 없다'는 것은 진여와 무명의 同異 관계의 반쪽에 불과하며 나머지 반쪽 또한 그에 못지않게 중요하다. 즉, 진여는 '시작도 없고 끝도 없는'(不生不滅) 데 비하여, 무명은 오직 '시작만 없을 뿐'(無始)이며 원칙상 끊어버리거나 없애버릴 수 있다.[17] 무명은 상념의 원인이므로 '상념을 떠나는 것'(離念)은 '무명이 없어지는 것'(無明滅)과 동일하다. 이것으로 보면, 상념을 기

---

17) 기신론 본문의 설명에 비추어서 말하자면, 상념으로 흐르는 훈습은 끊어질 수 있으나 진여로 돌아가는 훈습은 끊어질 수 없다(染法熏習 . . . 乃至得佛 後則有斷 淨法熏習 則無有斷, 42).

준으로 생각할 때 진여와 무명은 정반대되는 위치에 있음을 알 수 있다. 말하자면 상념은 진여와 무명 중의 어느 쪽을 따르는가에 따라 진여라는 절대세계로 돌아갈 수도 있고 현재의 그 자리, 즉 상념에 머무를 수도 있는 것이다.[18] 이것은, 아려야식에서 '중생의 마음'은 상념으로 흐르는가 아니면 절대세계에 머무르는가의 갈림길에 놓여 있다고 한 앞 절에서의 말을 반대편에서 고쳐 말한 것에 지나지 않는다. 진여와 무명이라는 두 개의 반대되는 방향을 따르는 상념의 운동을 설명하는 개념이 '훈습'이다.

'훈습'이라는 것은 비유컨대 사람의 옷이 그 자체로서는 냄새가 없지만 사람이 그 냄새를 오랫동안 배게 하면 냄새를 가지게 되는 것과 같다. 우리 마음에도 이와 유사한 현상이 일어난다. '진여', 그리고 그것이 나타내는 '깨끗한 마음'(眞如淨法)은 원래 물든 것이 아니지만, 무명이 오랫동안 지속적으로 영향을 주면(熏習) '물든 양상'(染相)을 띠게 되며, '무명', 그리고 그것이 나타내는 '물든 마음'(無明染法)은 원래 깨끗한 것이 아니지만, 진여가 오랫동안 지속적으로 영향을 주면 '깨끗한 기능'(淨用)을 나타내게 된다.

〔熏習義者 如世間衣服 實無於香 若人以香 而熏習故 則有香氣 此亦如是 眞如淨法 實無於染 但以無明 而熏習故 則有染相 無明染法 實無淨業 但以眞如 而熏習故 則有淨用. 36〕

---

18) 진여와 무명의 이 차이를 현대적인 용어로, 진여는 상념의 '소극적 기준'인 반면에 무명은 상념의 '적극적 원인'이라는 말로 나타낼 수 있을 것이다.

위의 규정에 의하면 훈습은 진여와 무명이라는 두 개의 상이한 원천 또는 시발점에서 일어난다고 볼 수 있다. 그러나 양자는 단순한 시발점이 아니라 종착점이기도 하며, 따라서 훈습은 진여와 무명을 거점으로 하는 상반된 방향으로의 지속적인 회전운동으로 파악될 수 있다. 기신론에서는 이 회전 운동이 통과하는 지점으로서 '진여'(실재)와 '무명' 이외에 '망심'(상념)과 '망경계'(상념의 대상)를 추가적으로 들고 있다(有四種法熏習義, 35). 결국, 이 네 개의 지점 또는 '부소'는 훈습의 궤도를 규정하며, 훈습은 이 동일한 궤도를 상반된 방향으로 달리는 지속적인 회전운동으로 파악된다.

기신론에서는 이 두 가지 방향을 '상념으로 흐르는 훈습'(熏習起染法, 染法熏習)과 '진여로 돌아가는 훈습'(熏習起淨法, 淨法熏習)이라는 용어로 나타낸다. 먼저 '상념으로 흐르는 훈습'에 관한 기신론의 설명을 옮겨 보겠다.

'훈습이 끊임없이 상념으로 흐르게 한다'는 말은 다음과 같이 설명된다. 먼저, '진여'와 '깨끗한 마음'으로 말미암아 그것에 대비되는 것으로 무명이 있다. 이 '무명'이 상념의 원인(因)으로서 진여에 훈습한다. 이 훈습으로 말미암아 '망심'이 생기고 망심이 다시 무명에 훈습한다. 이 상태는 마음이 유일 실재인 진여에 이르지 못한 상태로서, 여기서는 '깨닫지 못한 마음'(不覺念)이 일어나서 '망경계'가 나타나고 망경계가 상념의 계기(緣)가 되어 망심에 훈습한다. 이 과정을 통하여 마음에 집착이 생기고 온갖 의도와 행위를 일으켜 심신의 모든 괴로움(苦)을 당하게 된다.

〔云何熏習 起染法不斷 所謂以依眞如法故 有於無明 以有無明 染法

因故 卽熏習眞如 以熏習故 則有妄心 以有妄心 卽熏習無明 不了眞如法
故 不覺念起 現妄境界 以有妄境 染法緣故 卽熏習妄心 令其念着 造
種種業 受於一切 身心等苦, 37]

물론, 여기에 기술된 과정은, 만약 그것도 과정이라고 할 수 있다
면, 짧은 기간에 일어나는 것이 아니라, 기원을 알 수 없는 무한한 환
생을 통하여 현재까지 또 앞으로도 내내 계속되는 것이라고 보아야 한
다. 아마 현대인의 분석적 사고방식으로 보면 이 기술은 아이의 지능
에나 맞는 유치한 허구로 들릴지 모른다. 그러나 '진여로 돌아가는 훈
습'과의 대비에서 그것은 현대인으로서는 거의 상상도 할 수 없을 정도
의 치밀하고 정교한 구조를 드러낸다.

  '훈습이 끊임없이 진여로 돌아가게 한다'는 말은 다음과 같이
설명된다. 먼저, '진여'와 '깨끗한 마음'이 '무명'에 훈습한다. 이
훈습이 원인과 계기(因緣)로 작용하여 '망심'으로 하여금 생사의
괴로움을 멀리하고 열반을 희구하게 만든다. '망심'의 이러한 성향
이 다시 그것의 원인과 계기가 되는 진여에 훈습한다. 이런 과정을
통하여 마음은 그 자체의 본성에 믿음을 가지게 된다. 이제 마음은
눈앞의 사물과 현상(境界)이 마음의 헛된 움직임이라는 것을 알고
그것을 점점 초월하게 된다. 이제 마음은 '참으로 있는 것' 그대로
의 진리, 다시 말하면 눈앞의 사물이나 현상은 존재하지 않는다는
것을 점점 알게 된다. 마음은 갖가지 방편을 동원하여 진여로 향한
길을 걸으면서 모든 집착과 상념을 끊어 버린다. 오랜 동안의 이
훈습의 결과로 마침내 무명이 사라지며 무명이 사라짐에 따라 상

념이 일지 않으며 상념이 일지 않으므로 그 대상 또한 사라진다. 그 내적 원인과 외적 계기가 모두 사라짐으로써 마음의 양상(心相)이 자취를 감추게 된다. 이것을 일컬어 '열반에 들어간다'(得涅槃)든가 '자연스러운 행위를 이룬다'(成自然業)고 한다.

〔云何熏習 起淨法不斷 所謂以有眞如法故 能熏習無明 以熏習因緣力故 則令妄心 厭生死苦 樂求涅槃 以此妄心 有厭求因緣故 卽熏習眞如 自信己性 知心妄動 無前境界 修遠離法 以如實知 無前境界故 種種方便 起隨順行 不取不念 乃至久遠熏習力故 無明則滅 以無明滅故 心無有起 以無起故 境界隨滅 以因緣俱滅故 心相皆盡 名得涅槃 成自然業, 38〕

위의 두 설명을 대조해 보면 당장 두 가지 의문이 제기된다. 첫째로, 위의 설명에는 두 가지 훈습이 '동일한 궤도'를 달린다는 사실이 그다지 명백하게 드러나 있지 않다. 궤도는 '부소'에 의하여 규정되는 만큼, 동일한 궤도를 이루려면 두 설명에 동일한 부소들이 언급되어야 하는데 그렇지 않은 것이다. 둘째로, 보다 심각한 의문은, '진여가 어떻게 훈습의 원인과 계기로서의 기능을 발휘하는가' 하는 것이다. 진여에 관한 앞 절의 설명을 보면, 진여는 비록 모든 것을 포괄하기는 하지만 '아무 것도 분간되지 않는 상태'(平等)로 포괄하며, 여기에는 그것이 모종의 기능을 발휘하리라는 하등의 단서도 나타나 있지 않다.

먼저, 첫째 의문에 관하여 생각해 보는 한 방편으로, 기신론 본문에서의 그 이후의 설명을 토대로 하여 위의 두 설명을 대조적으로 圖示해 보겠다.

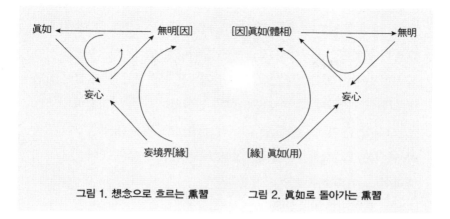

그림 1. 想念으로 흐르는 熏習 　　그림 2. 眞如로 돌아가는 熏習

위의 둘째 설명에서 '진여의 훈습이 원인과 계기로 작용하여'라는 말은, 그림 2에 표시된 바에 의하면, '진여의 體相이 훈습의 원인으로, 그리고 진여의 用이 그 계기로 작용하여'라는 말로 이해될 수 있다. 그리하여 문제는 '진여', '진여의 체상'(진여 본체의 양상), 그리고 '진여의 용'(진여의 기능)이 각각 무엇을 의미하는가 하는 것으로 된다.

우선, 앞 절에서 '진여는 언어로 형용할 수 있는 것이 아니다'(11)라고 말한 것은 진여를 '그 자체로서' 기술하는 것이다. 그러나 위의 그 말에 이미 나타나 있듯이, 진여는 '그 자체로는' 기술될 수 있는 것이 아니다. '기술'이라는 것은 반드시 양상에 의한 것인데, 진여 그 자체는 양상을 가지지 않는 것이다. '그 자체로서의 진여'는 상념에 의하여 파악될 수 있는 것이 아니라(染法不相應, 14) 오직 '깨달은 자'(佛)에 의하여 증득될 뿐이며(唯證相應, 15), 차라리 '깨달은 자의 마음' 그 자체를 가리킨다고 말할 수 있다. 그러나 만약 진여가 오직 이런 것이라면, 그것은 상념을 가지고 살고 있는 우리 모두와는 아무 관계가 없는 것이 되고 만다. 진여가 우리에게 의미 있는 것이 되려고 하면, 그것은 우리의 상념에 의해서도 파악될 수 있는 것이어야 한다(44).

물론, 상념에 의하여 파악되는(隨染分別) 진여는 '진여 그 자체'에 비해서는 불완전한, '진여의 모조품'에 불과할지 모르지만, 그래도 진여임에는 틀림이 없다.[19] '진여의 體相'과 '진여의 用'은 이와 같이 상념에 의하여 파악되는 '진여의 양상'과 '진여의 기능'을 가리킨다.

사실상, 진여에 '본체'(體)와 '양상'(相)과 '기능'(用)이 있다는 것은 기신론의 개요를 제시하는 '立義分'의 다음과 같은 첫머리에서 시작하여 그 이후 계속 지적되어 있다.

'큰 수레'(대승, 마하야야나)라는 것은 '중생의 마음'을 가리킨다. 이 '마음'은 일체의 경험적 사실과 초경험적 관념을 포괄한다. 마하야야나에 관한·일체의 교설은 오로지 이 '마음'과 관련되어 있다. 보다 구체적으로 말하면, 마음은 '실재'(眞如)와 '현상'(生滅)이라는 두 측면에서 파악될 수 있으며, 이 중에서 실재의 측면은 마하야야나의 본체(體)를, 그리고 현상의 측면은 마하야야나의 본체의 외적 표현으로서의 양상(自體相)과 기능(用)을 나타낸다는 것이다.

〔所言法者 謂衆生心 是心則攝 一切世間法 出世間法 依於此心 顯示

19) 久松 氏는 '그 자체로서의 진여'를 '진여가 자기 자신을 아는 것'이라는 식으로 표현하고, 여기에 비하여 '상념에 의하여 파악되는 진여'는 '진여가 없다는 것을 예상하는 진여'로서, 그것은 '참된 진여', '참으로 구체적인 진여'라고는 할 수 없다고 말한다. 久松, 전게서, p. 30, p. 126. 물론, '진여가 진여를 안다'고 말하는 것은 '안다'는 말에 논리적으로 요구되는 주체와 대상의 관계를, 그것이 의미있게 적용될 수 없는 곳에 적용하는 것이며, 그렇기 때문에 파라독스를 내포하고 있다.

摩訶衍義 何以故 是心眞如相 卽示摩訶衍體故 是心生滅因緣相 能示摩訶衍 自體相用故, 7〕

위의 인용에서 '마하아야아나의 본체'는 앞의 '진여 그 자체로서의 진여'를 가리키며 '마하아야아나의 양상과 기능'은 '상념에 의하여 파악되는 진여'를 가리킨다. 그리고 '큰 수레'라는 말에서 '크다'는 것은 본체와 양상과 기능이 '크다'(體大, 相大, 用大)는 뜻을 나타낸다. 진여의 본체가 크다는 것은 그것이 모든 것을 포괄하는 오직 하나의 총체임에 비추어 명백하다. 그리고 진여의 양상이 크다는 것은 그 인과적 대응물인 여래장 속에 여래의 모든 훌륭한 자질과 업적을 감추고 있다는 뜻이며, 진여의 기능이 크다는 것은 여래의 행적을 본받는 세속적 대행자들이 여래의 자비심을 일으켜 사람들을 여래의 길로 이끌 수 있다는 뜻이다. 그리하여 '진여로 돌아가는 훈습'의 원인(因)은 '진여의 양상'이며 계기(緣)로 작용하는 것은 '진여의 기능'이다.

이상의 고찰은 두 훈습의 '궤도'가 동일하다고 볼 가능성을 시사해 준다. 그림 1의 '무명'은 그림 2의 '진여의 체상'에, 그리고 그림 1의 '망경계'는 그림 2의 '진여의 용'에 각각 대응하는 것이다. 그러나 물론, 마음에는 궤도를 설치할 공간도 없고, 도대체 공간이라고 할 것도 없다. '훈습'이라고 불리는 운동은 오직 한 '지점'—마음 속—에서 일어나는 것이다. 그러므로 이제 우리는 위의 두 그림을 하나로 통합하여, '망심'을 중심으로 그 원인과 계기를 표시하는 또 하나의 그림을 그릴 수 있다.

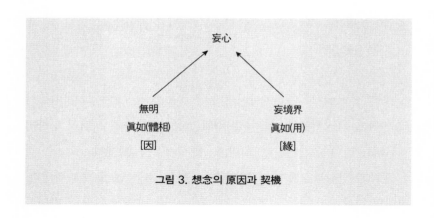

그림 3. 想念의 原因과 契機

　이 새로운 그림은 무명과 '진여의 체상', 그리고 망경계와 '진여의 용'이 망심에 대하여 동일한 위치에 있다는 것을 직접 지시하며, 그렇게 함으로써 훈습이 의미하는 것을 명백히 드러내고 있다. 무명과 진여자체상, 망경계와 진여용은 별도로 존재하는 것이 아니다. 무명은 곧 진여(體相)요 망경계도 곧 진여(用)이다. 다만, 망심―처음부터 우리에게 주어진 상념―이 그 두 개의 짝 중에서 어느 쪽에 종속되는가에 따라 그 동일한 것이 무명이 되기도 하고 진여가 되기도 하며, 또한 그 동일한 것이 망경계가 되기도 하고 진여가 되기도 한다. 그러므로 훈습은 결국 '마음'― '상념'이라고 불리는 우리의 마음―의 두 가지 지향성을 설명하는 것이다.

　앞 절의 마지막에서 우리는 망심이나 망경계를 순전히 망령된 것, 헛된 것이라고만은 볼 수 없는 또 하나의 이유가 있다고 말하였다. 이제 우리는 그 이유가 무엇인지를 알게 된다. 망경계는 진여의 체상과 용―여래의 무한한 공덕이 갖추어져 있는 곳, 그리고 여래의 대행자들이 우리의 수행을 애써 도와주고 있는 곳―에서 떨어진 별도의 사태를 가리키는 것이 아니다. 그리고 망심은 진여의 체상과 용을 바라

보고 그것에 합치되려고 노력하는 수행자의 마음과 다르지 않다. 망심과 망경계는 헛된 것이기는커녕, 그것이 없다면 진여로 돌아가는 길이 있을 수 없다. 이런 뜻에서 그것은 진여로 돌아가는 데에 우리가 의지할 수 있는 유일한 발판이다. 다만, 그래도 여전히 그것을 떠나거나 버려야 한다고 말할 수 있는 것은, 진여로 돌아가는 길은 그것과는 반대 방향을 향하고 있기 때문이다.

4. 깨달음을 위한 노력 : 四信과 五行

이제 기신론의 긴 여정의 마지막 단계인 '수행'의 영역에 들어섰다. 기신론에 관한 한, 수행이라는 것은 '진여로 돌아가는 훈습'을 위한 실천을 뜻한다고 볼 수 있다. 수행의 문제를 다루는 기신론의 장(修行信心分)에서는 수행을 통하여 수행자가 가져야 할 '네 가지 믿음'(四信)과 그 믿음을 가지기 위한 '다섯 가지 실천 항목'(五行)을 들고 있다.

'네 가지 믿음'은 1) 진여가 세상의 근본이라는 것(信根本), 2) 부처에게는 무한한 공덕이 있다는 것(信佛有無量功德), 3) 부처의 가르침은 큰 이익을 가져다 준다는 것(信法有大利益), 그리고 4) 僧團은 스스로와 다른 사람들을 이롭게 하기 위한 올바른 수행 방법을 알고 그것을 실천한다는 것(信僧能正修行 自利利他)을 그 내용으로 한다 (修行信心分, 73). 맨처음의 '근본에 관한 믿음'을 제외한 나머지 세 가지는 각각 佛·法·僧 '三寶'에 관한 것이다. 그리고 '다섯 가지 실천 항목'은 1) 자선과 시여(施門), 2) 계율의 준수(戒門), 3) 수욕의 인내 (忍門), 4) 결단과 분발(進門), 그리고 5) 상념의 정지와 본질의 통찰

(止觀門)로 되어 있다.[20] 이 다섯 가지 실천 항목은 위의 네 가지 믿음을 일으키는 방법이 된다(修行有五門 能成此信, 74).

이 각각의 수행 항목에 관한 세부사항을 자세하게 고찰하는 것은 이 해설의 목적에 비추어 별로 중요하지 않다. 여기서 중요한 것은 이 수행이 앞의 두 절에서 고찰한 기신론의 '이론' 부분과 어떻게 관련되는가, 또는 더 직접적으로는, 이 수행이 위의 네 가지 믿음 중의 첫째 것, 즉 '진여가 세상의 근본이라는 믿음'과 어떻게 관련되는가 하는 데에 있다. 사실상, 앞의 '이론' 부분에서의 논의는 그 첫째 믿음에 구체적인 내용을 부여하는 것으로 볼 수 있는 것이다.

다섯 가지 실천 항목 중에서 마지막 '상념의 정지와 본질의 통찰'이라는 것이 '세상의 근본에 관한 믿음'을 가지는 데에 도움이 된다는 것은 대체로 인정할 수 있다. 그러나 그 마지막 항목을 제외한 처음 네 가지 실천 항목에 있어서는 그것이 어떤 뜻에서 '진여로 돌아가는 훈습'에 도움이 되는지, 또는 더 근본적인 것으로서, 어째서 그 중요성이 하필 '진여로 돌아가는 훈습'과 관련하여 설명되어야 하는지 분명하지 않다. 예컨대, 자신이 가지고 있는 물질적 정신적 자산을, 그것을 필요로 하는 사람들에게 널리 베풀어야 한다든지(施門), 생명을 함부로 해치지 말며 도둑질하지 말며 음란한 행위를 하지 말아야 한다는 등의 여러 계율을 지켜야 한다든지(戒門), 억울한 일을 당하더라도 당장 보복할 생각을 품지 말아야 한다든지(忍門), 게으름을 피우지 말고 옳은

---

20) 이 5문은 일반적으로 알려져 있는 六度(六波羅蜜)—보시, 지계, 인욕, 정진, 선정, 지혜—중 마지막 두 항목을 지관문으로 합친 것이다. 여기에는 대단히 중요한 의미가 내포되어 있다. 79 주 참조.

일을 위하여 결단과 용기를 발휘해야 한다든지(進門) 하는 것은 사람이 살아가는 곳이라면 어디서나 옳은 것, 가치 있는 것으로 생각되는 것이 아닌가? 그 옳은 일을 하는 것이 예컨대 '三界虛僞'라는 믿음과 어떻게 조화될 수 있는가? 만약 이 점이 분명히 밝혀지지 않으면, 기신론은 한편으로는 보통의 사고방식으로는 이해하기 어려운 수수께끼 같은 말을 하면서 또 한편으로는 그 수수께끼같은 말과는 아무 관련 없이, 그 말을 이해하기 전에도 사람들이 이미 옳은 것으로 알고 있는 인간 사회의 보편적 규범을 내세우는 것으로 된다. 물론, 기신론이라고 하여 그 보편적 규범과 반대되는 것을 내세울 수는 없을 것이다. 그러나 기신론의 '수행신심분'과 '해석분'의 관련 문제는 기신론이 하나의 일관된 사상 체계를 나타낸다고 보기 위해서는 도저히 간과하거나 회피할 수 없는 근본적인 문제이다. 그리고 또한, 이 문제는 다음 절에서 말할 바와 같이, 기신론의 사상을 '교육이론'으로 해석할 수 있는가의 여부에 결정적인 중요성을 가진다.

이 문제를 고찰하기 위해서는 앞 절의 논의로 되돌아가서, '진여로 돌아가는 훈습'에 원인과 계기가 되는 진여의 양상(眞如體相)과 기능(眞如用)에 관하여 자세하게 알아볼 필요가 있다.[21]

이제, 진여 본체의 양상(眞如自體相)이 크다는 점을 설명하겠다. 진여는 우둔한 자건 二乘의 수행자건 大乘의 수행자건 수행을 마친 '깨달은 자'건 가리지 않고 그 누구에게 있어서나 더하거나

---

21) 이하 진여체상과 용의 규정은 '眞如 言說分別', '本覺 隨染分別', '覺體相' 등 여러 문단과 관련된다. 앞의 주 11) 참조.

덜함이 없다. 그것은 과거 언젠가 생긴 것이 아니요 미래 언젠가 없어질 것이 아니며 끝까지 항구여일하다. 진여는 처음부터 그 본성 속에 모든 훌륭한 공덕을 완전히 갖추고 있다. 그것은 큰 지혜의 빛을 가지고 있고 그것으로 모든 세상을 빠짐없이 두루 비추고 있다. 그것은 참되고 완전한 지식과 맑고 깨끗한 마음을 가지고 있다. 그것은 변하는 것, 괴로운 것, 참된 내가 아닌 것, 물든 것에서 벗어나 있으며, 맑고 산뜻한 것, 변하지 않는 것, 자유로운 것으로 되어 있다. 이와 같이 간지스하의 모래보다 더 많은 신비스러운 진리가 중단도 부정도 모순도 없이 모두 갖추어져 있고 언제나 충만하며 모자라거나 빠진 것이 없다. '여래를 감추고 있는 곳'(如來藏)이라든가 '진여 그 자체로서의 여래의 몸'(如來法身)이라는 표현은 이것을 나타낸다.

〔復次眞如自體相者 一切凡夫 聲聞緣覺 菩薩諸佛 無有增減 非前際生 非後際滅 畢竟常恒 從本已來 性自滿足 一切功德 所謂 自體 有大智慧光明義故 遍照法界義故 眞實識知義故 自性清淨 心義故 常樂我淨義故 清凉不變 自在義故 具足如是 過於恒沙 不離不斷不異 不思議佛法 乃至滿足 無有所少義故 名爲如來藏 亦 名如來法身, 43〕

그 다음, 진여의 기능(眞如用)이 크다는 점을 설명하겠다. '깨달은 자'나 '진여와 하나인 자'는 원래 수행자들과 똑같은 세상(因地)에 살면서 여러 바라밀을 행한다. 그들은 대자비심을 일으켜 중생을 어루만져 교화하며 大誓願을 일으켜 모든 중생을 빠짐없이 건져내고자 한다. 그들의 노력은 과거와 현재, 그리고 미래에 이르기까지 영원토록 계속된다. 그들은 중생을 자신과 동일한 존재로 생각하면서도 그들 자신이 중생과 동일한 존재로 되지는 않는다. 한편으로, 그들은 중생과 그들 자신이 진여와 한 가지로 차이가 없다는 것을 분명히 알고 있다. 그러나 또 한편으로, 그들은 大方便智를 가지고 있어서, 자신의 마음에서 무명을 없애며 진여와 한 몸(法身)이 된다. 그들은 특별한 의식적 노력을 하지 않고도(自然) 신비스러운 행위와 갖가지 훌륭한 기능을 나타낸다. 그들은 진여와 한 가지로 모든 곳에 두루 퍼져 있지만, 그 기능은 특정한 양상으로 파악되지 않는다. 왜냐하면 그들은 다름아닌 '진여의 화신'(法身), '지혜의 화신'(智相之身)이며, 그들이 나타내는 진리는 절대적 진리(第一義諦)로서 세상 사람들이 가지고 있는 상대적 지식의 경지를 벗어나기 때문이다. 그들의 행위는 특별한 의도에 의하여 이루어지는 것이 아니지만, 중생은 각각 자신이 보고 듣는 바에 따라 거기서 이익을 얻는다. 이것이 '진여의 기능'(用)이다.

〔復次眞如用者 所謂諸佛如來 本在因地 發大慈悲 修諸波羅蜜 攝化衆生 立大誓願 盡欲度脫 等衆生界 亦不限劫數 盡於未來 以取一切衆生 如己身故 而亦不取 衆生相 此以何義 謂如實知 一切衆生 及與己身 眞如平等 無別異故 以有如是 大方便智 除滅無明 見本法身 自然而有 不思議業 種種之用 卽與眞如 等遍一切處 又亦無有 用相可得 何以故 謂諸佛如來 唯是法身 智相之身 第一義諦 無有世諦境界 離於施作 但隨衆生 見聞得益故 說爲用. 45〕

아무리 보태고 바꾸고 한들, 진여의 양상과 기능을 기신론의 이 구절만큼 정확하게 또 감동적으로 기술할 수는 없을 것이다. 그 의미에 관해서는 따로 설명을 붙일 필요가 없다. 그러나 여기서 주목해야 할 것은 위의 구절에 나타난 '모든 훌륭한 공덕', '참되고 완전한 지식과 맑고 깨끗한 마음', '신비스러운 행위' 등은 앞의 실천 항목에서 강조되는 옳은 것, 가치있는 것 이외의 다른 것일 수 없다는 것이다. 다만, 여기서는 그것이 '진여 그 자체로서의 여래의 몸'(法身)의 특징과 행위를 나타내는 것으로 되어 있을 뿐이다.

이 '진여 그 자체로서의 여래의 몸'은 그것을 보는 사람의 인식능력에 따라 '이상적 상태로서의 여래의 몸'(報身)으로 나타나기도 하고 '사람의 형상을 한 여래의 몸'(應身)으로 나타나기도 한다.[22] 이 이른바 '여래의 3신'은 그 중의 어느 것으로 표현되고 파악되는가에 관계없이 동일한 '여래의 몸'이다(色心不二, 48). '여래'는 그 말뜻 그대로 '眞如에서 온 자' 또는 '진여와 하나인 자'이다. 진여의 특징이 그것의 구체적 표현인 '如來'를 통하여 비로소 알려지는 것이라면, 여래는 진여 바로 그것이라고 할 수 있다. 그리고 이 세상에서 여래의 생각과 행적을 모방할 때, 사람들은 그 여래가 대표하고 있는 진여의 세계에 참여한다.[23] 다시 말하면, 수행의 여러 항목을 실천하는 것은 '여래'를

---

22) 법신과 보신과 응신을 진여의 自體相과 用(또는 심지어 體, 相, 用)에 각각 어떤 방식으로든지 대응하는 것으로 파악하는 것은 기신론을 도식적으로 이해하는 데에 도움이 된다는 것 이외에 하등의 이론적인 의의가 없는, 따라서 궁극적으로는 해로운 것이다. 그와 마찬가지로, 기신론에서 보신과 응신을 진여용의 두 측면으로 규정하는 것(此用有二種 一者 名爲應身 二者 名爲報身, 46)도 훨씬 완화해서 해석하지 않으면 안될 것이다.
23) 중생이 진여에 참여하는 데에 진여자체상과 진여용이라는 두 가지 경로가 있을 수 있다는 기신론의 시사는 특히 교육학에 중요한 연구과제를 제시한다고 생각된다.

매개로 하여 '진여로 돌아가는 것'과 동일한 의미를 가지게 된다. 아마 이것이 앞에서 제기한, 실천과 이론의 관련 문제를 해명하는 유일한 방법일 것이다.

다시, 현대인의 분석적 사고방식으로 보면 이것은 하나의 공허한 '항진명제'요 흔히 볼 수 있는 뻔한 이론화의 수법에 불과한 것으로 보일지 모른다. 아닌게 아니라 기신론은 바로 그러한 '공허한 항진명제의 체계' 이외의 아무 것도 아닐지 모른다. 그러나 그 공허한 항진명제를 의미 있는 것으로 받아들여야 하는가 아닌가는 이 해설에서 대답할 문제가 아니다. 여기서는 오직 그것이 '교육이론'으로서 어떤 의미를 나타내는가를 보이고자 할 뿐이다. 이것은 다음 절의 과제이다.

그러나 그렇기는 해도, 위의 그 일견 공허한 것으로 보이는 설명이 나타내는 한 가지 의미는 여기서 말하는 것이 좋을 것이다. 즉, 인간 사회에서 옳은 것, 가치있는 것으로 여겨지는 훌륭한 자질이 모두 여래의 특징이라면, 우리는 누구나 여래와 한 가지로 진여로 향한 길을 걸어가고 있다는 것이다. 우리는 누구나 정도의 차이는 있지만 그 자질을 나타내고 있는 것이다. 우리가 더러는 앞서고 더러는 뒤쳐져서 걸어가고 있는 그 길은 여래가 서 있는 바로 그 길과 다르지 않다. 앞 절에서 말한 '동일한 궤도를 반대 방향으로 달리는 회전운동'이라는 것은 오직 '훈습'을 설명하기 위한 이론적 방편이며, 우리에게 실지로 있는 것은 오직 한 방향으로 열린 하나의 길, 상념에서 진여로 열린 하나의 길 뿐이다. 기신론의 말을 빌면, '그 길은 모든 부처가 이미 증득하여 있는 길이며, 모든 수행자가 발심하고 수행하며 나아가고 있는 길이다'(一切諸佛 所證之道 一切菩薩 發心修行 趣向義故, 58). 앞서 있건 뒤쳐져 있건 간에, 이 길에 들어서 있다는 점에서 우리는 모두 동일한 존재이다. 그리고 이 길은 '시작을 알 수 없는 때'부터 끝을 알 수 없는 영원에 이르도록 계속된다. 이것이 기신론에서 보는 '사람이 살아가는 모습'이다. '모든 중생은 마음이라는 하나의 큰 수레를 타고 있다'(8)는 기신론의 비유는 그 모습을 가장 여실하게 그려내고 있다.

5. 교육학적 해석

이제 마지막으로 기신론을 교육이론으로 해석할 가능성이 있는지 생각해 보겠다. 서론에서 말한 바와 같이, 여기서 해답하고자 하는 구체적인 질문은 기신론이 '학교교과를 가르치는 일'에 대한 이론적 설명으로 해석될 수 있는가 하는 것이다.

질문을 이와 같이 진술해 놓고 보면, 그것에 대해서는 일단 긍정적인 대답을 하기가 어렵다는 느낌이 들 것이다. 설사 기신론을 교육이론으로 해석하는 것이 가능하다 하더라도 그것과 오늘날의 교과교육을 설명하는 이론 사이에는 근본적인 차이가 있다는 느낌이 드는 것이다. 이 느낌의 근거를 따져 본다면 아마 그것은 크게 두 가지일 것이다. 첫째로, 교과교육에는 기신론의 '修行'이 나타내는 것과 같은 명백한 도덕적 의미가 결여되어 있다. 심지어 '상념의 정지와 본질의 통찰'(止觀)이라는 다분히 지적 요소를 포함하는 수행도 궁극적으로는 도덕적 의미와 연결되어 있는 반면에, 학교의 교과는 대부분의 경우에 그와 같이 간접적인 방식으로나마 도덕적 의미를 나타낸다고 보기 어렵다. 둘째로, 기신론의 관점에서 보면 학교에서 가르치는 교과는 그 자체로서 적극적인 지위를 확보하기 어렵다. 학교의 교과를 이루고 있는 '지식'—즉, 현상에 관한 개념적 이해—은 기신론의 관점에서 보면 '망심'과 '망경계'에 해당하는 것으로서, 그것은 '진여로 돌아가는' 발판은 될 수 있을지언정, 결국은 '버리거나 떠나야 할' 것이다.

물론, 이런 종류의 근거는 교과교육에 관한 일반적 견해, 즉 통념을 반영한다. 그리하여 만약 우리가 앞의 그 질문에 심각한 관심을 가지고 좀더 허심탄회한 태도로 그 대답을 모색하려고 한다면, 우리는 일단 그 통념이 과연 타당한지를 재확인해 보아야 할 것이다. 다시 말하면, 우리는 교과교육의 이론을 통념에 고정시켜 두고 기신론이 그것에 부합하는지를 따져 보려고만 할 것이 아니라, 교과교육의 이론을 좀더 기신론에 접근하도록 재조정할 필요와 가능성이 없는지도 생각해 보아야 한다. 장차 이 방면의 노력을 기대하면서, 여기서는 그 대체적인 방향만을 제시해 보겠다.

위의 두 근거 중에서 둘째 것은 명백히 교과의 의미에 관계된다. 이때까지 교과의 의미를 파악하기 위한 여러 가지 시도 중에서 기신론의 설명과 비교적 쉽게 조화될 수 있는 것을 찾는다면 그것은 오우크쇼트의 이론[24]일 것이다. 이 이론에 의하면, 교과를 이루고 있는 여러 분야의 지식은 총체로서의 '경험'을 다양한 '양상'에서 표현하는 것이다.[25] 이들 '경험의 양상'은 경험 그 자체는 아니지만, 경험의 '추상'

---

24) M. Oakeshott, *Experience and Its Modes*, Cambridge University Press, 1933. 그 후 Oakeshott는 이 책의 아이디어에 입각하여 많은 교육논문을 써내었다. T. Fuller(ed.), *The Voice of Liberal Learning : Michael Oakeshott on Education*, Yale University Press, 1989.
25) Oakeshott 이후 Hirst와 Peters는 그의 이론을 교육에 더 직접적으로 적용하여 교과를 '지식과 경험의 제양상'으로 규정하였다. P. H. Hirst and R. S. Peters,

이며 그 점에서 총체로서의 경험과 다른 것일 수 없다. 이것은 실재와 현상이 동일한 것도 상이한 것도 아니라는 기신론적 발상과 완전히 일관된다. 물론, 오우크쇼트의 이론에는, '경험의 양상'은 '망념'에 불과하다든지, 그것을 떠나서 총체로서의 경험에 돌아가야 한다는 식의 주장이 직접 나타나 있지 않으며, 총체로서의 경험이 모든 가치의 원천이라는 시사도 들어 있지 않다. 그러나 그의 이론은 교과의 의미에 관한 다음과 같은 주장을 나타내는 것으로 당장 고쳐 쓸 수 있다. 즉, 교과 공부는 '적극적인' 의미에서의 지식을 획득하는 일임과 동시에 그 이면에 가정되어 있는 '소극적인' 기준으로서의 실재에 접하게 되는 수단이며, 그것을 통하여 우리가 알아야 할 것은 궁극적으로 인간 지식의 불완전성이라는 것이다. 사실상 이것은, 교과는 인간의 '자기이해의 표현'이라는 오우크쇼트 자신의 주장에 거의 그대로 드러나 있다.[26] 뿐만 아니라, 그의 이론을, 그것이 명백히 의존하고 있는 플라톤철학 쪽으로 한 걸음만 뒤로 물리면, 그것은 실재가 모든 가치의 원천이라는 바로 그 기신론의 주장으로 된다.

설사 오우크쇼트의 이론을 이와 같이 기신론에 가깝게 고쳐쓴다 하더라도, 기신론이 나타내고 있는 도덕적 의미마저 교과교육에 부여할 수 있는가? 이것이 위의 첫째 근거와 관련하여 제기되는 의문이다. 확실히, 교육이론은, 종래의 것이든 오우크쇼트의 이론을 기초로 하여 새로 정립되는 것이든 간에, 이 면에서 기신론에 의한 보완을 필요로

The Logic of Education, RKP, 1970, pp. 60~73. 이 두 사람은 Oakeshott의 이론을 싸고도는 '형이상학적 반향'을 제거하겠다고 공언했고 또 표면상으로는 성공을 거두고 있지만, 그 반향은 여전히 거기에 의심의 여지가 없이 남아 있다.

26) M. Oakeshott, 'A Place of Learning', T. Fuller(ed.), *op. cit.*, pp. 17~42.

한다고 생각된다. 왜냐하면, 만약 교과를 가르치는 일을 설명하는 이론이 교과를, 세상의 모든 중요한 목적에 도움이 되는 것으로 설명할 수 있을지언정 도덕적 의미를 가진 것으로 설명할 수 없다면, 그 교육이론은 교육이론으로서의 올바른 지위를 누릴 수 없기 때문이다.

기신론의 도움을 받아 이 면에서 교육이론을 보완하는 한 가지 가능성은 교과를, 그것을 가르치는 교사의 삶으로부터 분리시키는 오늘날의 통념을 바로잡는 것이다. 앞의 논의에 드러나 있는 바와 같이, 기신론에서는 수행의 목적과 내용을, 그것을 구현하는 구체적인 '인물'로서의 '여래'와 관련짓고 있다. 여기에 비하여, 이때까지 교육학에서는 교과의 이론을 정립할 때 마치 교과가, 한때 그것을 배웠고 지금도 배우면서 가르치고 있는 교사가 어떤 삶을 살고 있는가 하는 문제와 별도로 논의될 수 있는 것처럼 생각해 온 것이 아닌가? '교과를 삶 속에 도로 집어 넣는다'는 것은 다른 어떤 것이기 이전에 교과를 교사의 삶―교과를 배우고 가르치는 것을 업으로 삼는 교사의 삶―속에 집어 넣는 것이 되어야 한다. 교과를 가르치고 배우는 일의 도덕적 의미는 바로 교사의 삶에 들어 있는 도덕적 의미 이외의 다른 것일 수 없고 또 다른 것일 필요도 없다. 그렇게 될 때 교사와 학생은, 기신론에서 여래와 중생이 그렇듯이, 영원에서 시작하여 영원으로 이어지는 하나의 길을 걸어가는, 진정으로 '평등한' 동류가 된다. 사실상, 여래와 교사의 비유는 얼른 생각하기와는 달리, 그다지 황당무계한 것이 아니다. 학생에게 교사는 거의 중생에게 여래가 나타내는 것에 해당하는 절대적인 권위를 가진 존재로 비친다. 이것을 사실로서 받아들일 수 없는 교사는 교사로서의 자질을 갖추었다고 말하기 어렵다. 그리하여 교사는 '중생을 자신과 동일한 존재로 생각하면서도 그 자신이 중생과 동일한 존재로 되지는 않는'(取一切衆生 如己身故 而亦不取衆生相, 45) 바로 그 여래의 모습을 띤다.

'중생을 자신과 동일한 존재로 생각하면서도 그 자신이 중생과 동일한 존재로 되지는 않는다'라는 이 기신론의 문장을 교사의 경우에 맞게 고쳐 말하면 그것은 '교사는 학생과 동일한 존재이면서 동시에 동일하지 않은 존재이다'라는 말로 풀이될 수 있을 것이다. 먼저, '교사는 학생과 동일하지 않은 존재이다'라는 말은, 교사는 학생과는 달리, 또는 학생에 비하여 상대적으로 더 충실히, 교과를 구현하고 있다는 뜻이며, '교사는 학생과 동일한 존재이다'라는 말은, 그럼에도 불구하고 교사는 학생과 마찬가지로 교과를 공부하는 단계에 있다는 뜻이다. 앞의 그 기신론의 문장은 기신론이 나타내고 있는 근본적인 파라독스—즉, 진여와 상념, 또는 열반과 사바는 동일하지도 않으면서 동시에 상이하지도 않다는 것—의 한 가지 말단적인 표현에 불과하다. 그렇다면 이 파라독스는 또한 교육에서, 한편으로 교과와 또 한편으로 그 교과를 대면하는 인간—교사와 학생—의 관계를 파악하는 데에도 적용될 수 있을 것이다. 말하자면 교육이라는 활동과 관련을 맺고 있는 인간—교육을 하고 받는 인간—은 누구나 그의 능력과 여건이 허락하는 한도 내에서 자신을 교과가 요구하는 최고의 수준으로 이끌어 올리려고 노력하고 있으며, 그렇기는 하지만 아무도 완전히 그 수준에는 도달하지 못한다는 것이다. 이것이 교육에 몸담고 있는 인간의 삶의 모습이다.

앞에서 말한 바와 같이, 이 글에서 말하는 것은 기신론을 교육이론으로 해석할 가능성을 예시하는 것에 지나지 않는다. 가령 여기에 예시된 방향으로 기신론을 해석하는 작업이 소기의 성과를 거두게 된다면, 그것은 불교 삼천 년을 덮고 있던 신비의 베일을, 비록 전부는 아니더라도, 일부는 벗기는 셈이 된다. 그러나 또한, 그것은 바로 그 베일을 교육에 도로 씌우는 셈이 될 것이다. 아마 그것은 불교와 교육 모두를 위하여 이로운 결과를 가져다 줄 것이다.

주요 용어 색인

숫자는 본문의 문단번호를 표시하며 그 뒤의 n자는 주를 표시한다. 주에 언급된 용어는 대체로 본문에도 언급되어 있지만, 그렇지 않은 경우도 있다. →는 관련을, ↔는 대립을 표시한다.

能見心不相應染 31
能止方便 63

陀羅尼 5n, 83n →總持
檀波羅蜜 65
大悲 40, 59, 61, 63, 86 →慈悲
大誓願 45, 88
大乘 60, 91 →摩訶衍
大願平等方便 63
道 58, 63, 64
兜率天 64n
頭陀 76
得入 12, 49, 81, 84

摩尼譬喩 62
摩訶衍 7, 8, 91 →大乘
妄見 63
妄境界 35, 37
妄境界熏習 37
妄念 11, 28 →念
妄法 51, 54, 70
妄想心 22
妄心 14, 28, 35, 37, 38, 42 →念
妄心熏習 37, 38
妄執 24, 57
滅 20, 33, 34, 38, 41, 42, 45, 51, 68,
　83, ↔ 起

名字 11, 24 →文字 →言說
無念 18, 19, 44, 49
無量無邊無明 39
無量三昧 82n
無漏 13n, 21, 25, 38, 46 ↔ 有漏
無明 19n, 20n, 22n, 24, 25, 26, 27, 28,
　30n, 32, 33, 35, 36, 37, 38, 39, 41,
　42n, 44, 45, 49, 55, 65, 69, 70, 87 →
　無始~ →無量無邊~
無明業相 23, 27n, 31n
無明染法 36
無明熏習 30n, 37
無分別 41, 44, 68 ↔ 分別
無相方便地 31
無始無明 19, 55
無我 56
文字 67 →言說 →名字
迷方譬喩 22
微細念 →細

波羅蜜 45n, 46, 65n, 73, 79n, 83 →施
　→戒 →忍 →進 →止觀 →檀~ →尸
　~ →羼提~ →毗梨耶~ →禪~ →
　般若~
般若波羅蜜 65
發起善根增長方便 63
發心 30, 38, 58, 59, 60, 61, 64, 67, 68
　→信成就~ →解行~ →證~

不覺心 22n →無明業相 →能見相 →
　境界相 →智相 →相續相 →執取相
　→ 計名字相 →起業相 →業繫苦相

不見之相 44

不空 13, 15, 21, 25, 50 ↔ 空

不離 10, 20, 23, 45n, 50n, 54, 79n, 89n

不思議業 20, 38, 69

不相離 →不離

不相應 ↔ 相應

不相應心 33, 68n

不相應染 31 →現色～ →能見心～ →
　根本業～

不生不滅 11, 80 ↔ 生滅

毗梨耶波羅蜜 65

毗鉢舍那 79 →觀

譬喩 →海波 →迷方 →瓦器 →淨鏡 →
　火木 →摩尼 →衣香

ㅅ

奢摩他 79 →止

娑婆世界 90n

四相(四有爲相) 18n, 19

四攝 40n, 63n

四顚倒 21n, 43n, 44n

四弘誓願 88n

三界 28n, 64n, 84

三昧 40, 81, 82, 83, 84, 85 →定 →眞
　如～ →無量～ →一行～ →一相～

三寶 1n, 63, 73n, 93

三身 17n, 46n, 48n

三十二相 46n, 83n

三藏 5n

相 7n, 8, 14, 15, 16n, 22, 28, 44, 46,
　47, 57, 80, 83 →自相 →體相 →用
　相

想念 70 →念

相似覺 18

相續 19, 27, 34

相續相 24, 27n, 31n

相續識 27, 29, 31n

相續心 20

相應 14, 15, 18, 20, 23, 27, 30, 32n,
　33, 41, 54, 55, 69 ↔ 不相應

相應心 32n, 33, 47n

相應染 31, 32n →執～ →不斷～ →分
　別智～

色 5, 46, 47, 48, 49, 51, 57

色究竟處 69

色法 51, 53 ↔ 心法

色相 25, 47, 48, 60

色性 48

色心法 53

色自在地 31

生滅 7, 26, 44, 49, 50n, 53, 57, 79,
　87n ↔ 不生不滅

生滅心 16n

誓願 45, 88n

釋迦牟尼 4n, 45n, 46n